경북대학교 인문학술원 HK+사업단 **자료총서02**

중국목간총람(상)
中國木簡總覽(上)

윤재석 편저

주류성

경북대학교
인문학술원
HK+사업단　중국
자료총서　　목간
　　　　　　총람
02　　　(상)

발 간 처 | 경북대학교 인문학술원 HK+사업단
편 저 자 | 윤재석
저　　자 | 김진우, 오준석, 다이웨이훙[戴衛紅], 금재원
펴 낸 날 | 2022년 1월 31일
발 행 처 | 주류성출판사 www.juluesung.co.kr
서울특별시 서초구 강남대로 435 주류성빌딩 15층
TEL | 02-3481-1024(대표전화) · FAX | 02-3482-0656
e-mail | juluesung@daum.net

이 저서는 2019년 대한민국 교육부와 한국연구재단의 지원을 받아 수행된 연구임
(NRF-2019S1A6A3A01055801).

잘못된 책은 교환해 드립니다.

ISBN 978-89-6246-465-8 94910
ISBN 978-89-6246-463-4 94910(세트)

* 이 책의 일부에는 함초롬체가 사용되었음.

중국목간총람(상)
中國木簡總覽(上)

윤재석 편저

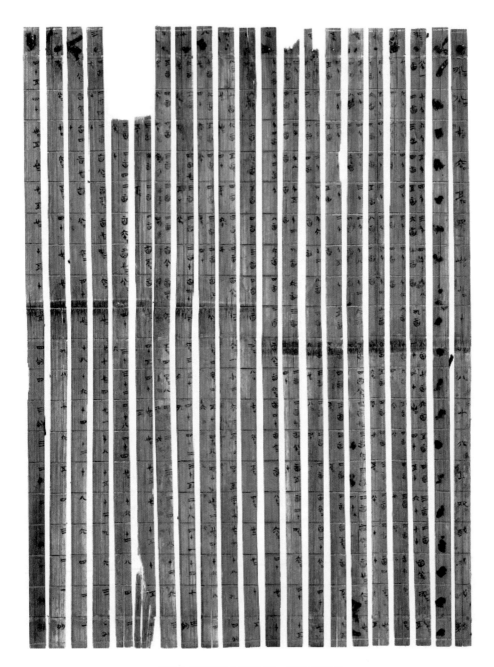

그림 1. 청화대학 소장 전국간 : 〈算表 축약도〉

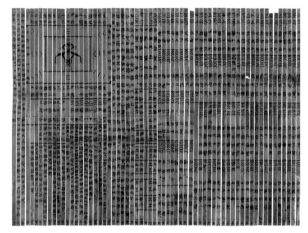
그림 2. 청화대학 소장 전국간 : 〈筮法 축약도〉

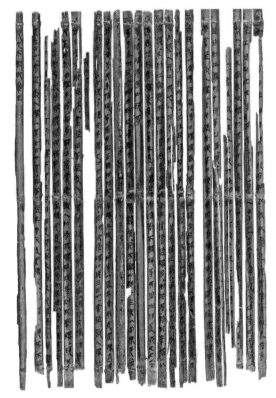
그림 3. 악록서원 소장 진간 : 〈爲獄等狀四種〉

사진 **5**

그림 4. 운몽 수호지 4호묘 진간 :　　　　그림 5. 용산 이야 진간 :
〈편지, 11호 木牘〉　　　　　　　〈구구단, J1⑯1〉

그림 6. 강릉 장가산 한간 : 〈二年律令〉

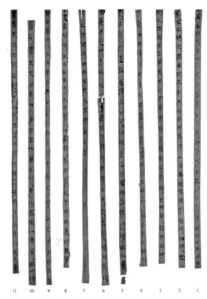

그림 7. 장사 마왕퇴 한간 : 〈十問〉

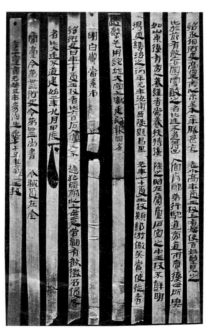

그림 8. 무위 마취자 한간 : 〈王杖十簡〉

사진 **7**

그림 9. 북경대학 소장 한간 : 〈老子〉

그림 10. 북경대학 소장 한간 : 〈趙正書〉

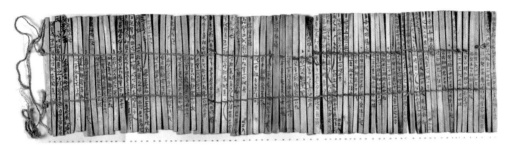

그림 11. 거연 구간 : 〈官兵釜磑月言簿, 128.1A〉

그림 12. 거연 구간 :
〈인면 목간, 155.10〉

그림 13. 거연 신간 :
〈木楬, EPT6:35B〉

그림 14. 견수금관 한간 :
〈封泥匣, 73EJT 4:50〉

사진　**9**

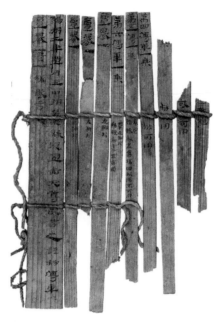

그림 15. 현천 한간 : 〈亶擧簿, Ⅰ90DXT0208②:1-10〉

그림 16. 동해 윤만 한간 : 〈神龜占, YM6D9正〉   그림 17. 청도 토산둔 한간 : 〈要具簿, M247:25-1〉

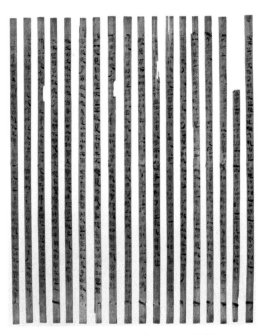

그림 18. 수주 공가파 한간 : 〈日書·歲篇〉

그림 19. 장사 오일광장 한간 : 〈君敎諾, 47木牘 CWJ1③:325-5-21〉

사진 **11**

그림 20. 장사 주마루 오간 : 〈호적 죽간〉

〈컬러 도판 인용 출전〉

번호	도판 명	출처
①	청화대학 소장 전국간 : 〈算表 축약도〉	『淸華大學藏戰國竹簡(肆)』(2014) 139쪽 轉載
②	청화대학 소장 전국간 : 〈筮法 축약도〉	『淸華大學藏戰國竹簡(肆)』(2014) 76쪽 轉載
③	악록서원 소장 진간 : 〈爲獄等狀四種〉	『嶽麓書院藏秦簡(參)』(2013), 3쪽 轉載
④	운몽 수호지 4호묘 진간 : 〈편지, 11號 木牘〉	『秦簡牘合集(壹)』(2014), 885쪽 轉載
⑤	용산 이야 진간 : 〈구구단, J1⑯1〉	『里耶發掘報告』(2007), 彩版18 轉載
⑥	강릉 장가산 한간 : 〈二年律令〉	『張家山漢墓竹簡[二四七號墓]』(2001) 彩版1 轉載
⑦	장사 마왕퇴 한간 : 〈十問〉	『長沙馬堆漢墓簡帛集成(貳)』(2014), 203쪽 轉載
⑧	무위 마취자 한간 : 〈王杖十簡〉	『甘肅武威漢簡』(2008), 18쪽 轉載
⑨	북경대학 소장 한간 : 〈老子〉	『北京大學藏西漢竹書(貳)』(2012), 3쪽 轉載
⑩	북경대학 소장 한간 : 〈趙正書〉	『北京大學藏西漢竹書(參)』(2015), 151쪽 轉載
⑪	거연 구간 : 〈官兵釜礎月言簿, 128.1A〉	『居延漢簡(貳)』(2015), 64~65쪽 轉載
⑫	거연 구간 : 〈인면 목간, 155.10〉	『居延漢簡(貳)』(2015), 132쪽 轉載
⑬	거연 신간 : 〈木楬, EPT6:35B〉	『居延新簡集釋(一)』(2016), 54쪽 轉載
⑭	견수금관 한간 : 〈封泥匣, 73EJT4:50〉	『肩水金關漢簡(壹)』(2011), 85쪽 轉載
⑮	현천 한간 : 〈算簿簿, Ⅰ90DXT0208②:1-10〉	『懸泉漢簡(壹)』(2019), 295쪽 轉載
⑯	동해 윤만 한간 : 〈神龜占, YM6D9正〉	『尹灣漢墓簡牘』(1997) 20쪽 轉載
⑰	청도 토산둔 한간 : 〈要具簿, M247:25-1〉	「山東靑島土山屯墓群四號封土與墓葬的發掘」(『考古學報』2019-3) 圖版16 轉載
⑱	수주 공가파 한간 : 〈日書·歲篇〉	『随州孔家坡漢墓簡牘』(2006) 彩版5 轉載
⑲	장사 오일광장 한간 : 〈君教諾, 47木牘 CWJ1③:325-5-21〉	『長沙五一廣場東漢簡牘選釋』(2015) 17쪽 轉載
⑳	장사 주마루 오간 : 〈호적 죽간〉	『長沙走馬樓三國吳簡(壹)』(2003) 彩版1 轉載

차 례

발간사 _ 26

서문 _ 28

범례 _ 32

중국 목간 출토 분포도 _ 34

Ⅰ. 전국시대戰國時代 목간 _ 41

  1. 호남성湖南省 출토 전국 목간 _ 42

    장사 오리패 초간長沙 五里牌 楚簡(1951~1952) _ 43

    장사 앙천호 초간長沙 仰天湖 楚簡(1953) _ 45

    장사 양가만 전국간長沙 楊家灣 戰國簡(1954) _ 48

    임풍 구리 초간臨澧 九里 楚簡(1980) _ 51

    상덕 석양파 초간常德 夕陽坡 楚簡(1983) _ 52

    자리 석판촌 초간慈利 石板村 楚簡(1987) _ 54

    상향 삼안정 초간湘鄉 三眼井 楚簡(2014) _ 56

    익양 토자산 간독益陽 兔子山 簡牘(2013) _ 58

2. 호북성湖北省 출토 전국 목간 __ 64

    강릉 망산 초간江陵 望山 楚簡(1965~1966) __ 65

    강릉 등점 전국간江陵 藤店 戰國簡(1973) __ 71

    강릉 천성관 초간江陵 天星觀 楚簡(1978) __ 73

    수주 증후을묘 전국간隨州 曾侯乙墓 戰國簡(1978) __ 76

    강릉 구점 초간江陵 九店 楚簡(1981, 1989) __ 79

    강릉 마산 초간江陵 馬山 楚簡(1982) __ 84

    강릉 우대산 초간江陵 雨臺山 楚簡(1986) __ 87

    강릉 진가취 초간江陵 秦家嘴 楚簡(1986~1987) __ 89

    형문 포산 초간荊門 包山楚簡(1986~1987) __ 91

    강릉 계공산 초간江陵 雞公山 楚簡(1991) __ 97

    강릉 전와창 초간江陵 磚瓦廠 楚簡(1992) __ 98

    양양 노하구 안강 초간襄陽 老河口 安崗 楚簡(1992) __ 100

    황강 조가강 초간黃崗 曹家崗 楚簡(1992~1993) __ 104

    강릉 범가파 초간江陵 范家坡 楚簡(1993) __ 106

    형문 곽점 초간荊門 郭店 楚簡(1993) __ 107

    조양 구련돈 초간棗陽 九連墩 楚簡(2002) __ 112

    무한 황피 초간武漢 黃陂 楚簡(2005) __ 114

    형주 팔령산 초간荊州 八嶺山 楚簡(2008) __ 115

    무한 정가저 초간武漢 丁家咀 楚簡(2009) __ 116

    형문 엄창 초간荊門 嚴倉 楚簡(2009~2010) __ 118

    형문 탑총 초간荊門 塌塚 楚簡(2010) __ 121

    형주 고대 초간荊州 高臺 楚簡(2011) __ 123

    형주 망산교 초간荊州 望山橋 楚簡(2013~2015) __ 125

    형주 하가대 초간荊州 夏家臺 楚簡(2014~2015) __ 127

형주 용회하 초간荊州 龍會河 楚簡(2018~2019) __ 129

형주 조림포 초간荊州 棗林鋪 楚簡(2019) __ 131

3. 하남성河南省 출토 전국 목간 __ 134

신양 장대관 초간信陽 長臺關 楚簡(1957~1958) __ 135

신채 갈릉 초간新蔡 葛陵 楚簡(1994) __ 138

II. 진대秦代 목간 __ 141

1. 호북성湖北省 출토 진간 __ 142

운몽 수호지 11호묘 진간雲夢 睡虎地 11號墓 秦簡(1975) __ 143

운몽 수호지 4호묘 진간雲夢 睡虎地 4號墓 秦簡(1975~1976) __ 157

운몽 용강 진간雲夢 龍崗 秦簡(1989) __ 161

강릉 악산 진간江陵 岳山 秦簡(1986) __ 167

강릉 양가산 진간江陵 楊家山 秦簡(1990) __ 169

강릉 왕가대 진간江陵 王家臺 秦簡(1993) __ 172

형주 주가대 진간荊州 周家臺 秦簡(1993) __ 176

2. 호남성湖南省 출토 진간 __ 182

용산 이야 진간龍山 里耶 秦簡(2002, 2005) __ 183

3. 사천성四川省 출토 진간 __ 192

청천 학가평 진간靑川 郝家坪 秦簡(1979~1980) __ 193

4. 감숙성甘肅省 출토 진간 __ 198

　　천수 방마탄 진간天水 放馬灘 秦簡(1986) __ 199

Ⅲ. 한대漢代 목간 __ 209

1. 감숙성·신강위구르자치구·내몽골자치구甘肅省·新疆維吾爾自治區·內蒙古自治區
　출토 한간 __ 210

　[돈황 한간燉煌 漢簡] __ 211

　　돈황 한간[스타인 제2차 중앙아시아 탐험 채집 한간] (1907) __ 214

　　돈황 한간[스타인 제3차 중앙아시아 탐험 채집 한간](1913~1915) __ 216

　　돈황 한간[소방반성 주병남 채집 한간小方盤城 周炳南 採集 漢簡](1920) __ 219

　　돈황 한간[소방반성 하내 채집 한간小方盤城 夏鼐 採集 漢簡](1944) __ 221

　　돈황 한간[옥문 화해 한간玉門 花海 漢簡](1979) __ 223

　　돈황 한간[마권만 한간馬圈灣 漢簡](1979) __ 225

　　돈황 한간[소유토 한간酥油土 漢簡](1981) __ 228

　　돈황 한간[돈황시박물관 채집 한간敦煌市博物館 採集 漢簡](1979, 1986~1988년)
　　__ 230

　　돈황 한간[청수구 한간淸水溝 漢簡](1990) __ 236

　　돈황 옥문관 한간敦煌 玉門關 漢簡(1990년 이후) __ 238

　　현천 한간懸泉 漢簡(1990~1992) __ 244

　　나포뇨이[羅布淖爾] 한간(1930) __ 250

　　니아[尼雅] 한간(스타인 제4차 중앙아시아 탐험)(1931) __ 252

　　니아[尼雅] 한간(1993) __ 254

[거연 한간居延 漢簡] __ 256

　거연 한간(구간)居延 漢簡(舊簡)(1930~1931) __ 258

　거연 한간(신간)居延 漢簡(新簡)(1972~1974, 1976, 1982) __ 262

　견수금관 한간肩水金關 漢簡(1973) __ 266

　지만 한간地灣 漢簡(1986) __ 269

　액제납 한간額濟納 漢簡(1998~2002) __ 271

　안서 구돈만 한간安西 九墩灣 漢簡(2003) __ 274

[무위 한간武威 漢簡] __ 275

　무위 날마만 한간武威 剌麻灣 漢簡(1945) __ 276

　무위 마취자 의례간武威 磨嘴子 儀禮簡(1959) __ 278

　무위 마취자 왕장십간武威 磨嘴子 王杖十簡(1959) __ 282

　무위 마취자 왕장조서령간武威 磨嘴子 王杖詔書令簡(1981) __ 285

　무위 한탄파 의간(무위 의간)武威 旱灘坡 醫簡(武威醫簡)(1972) __ 287

　무위 한탄파 후한간武威 旱灘坡 後漢簡(1989) __ 290

　무위 장덕종묘 한간武威 張德宗墓 漢簡(1974) __ 293

　무위 오패산 한간武威 五壩山 漢簡(1984) __ 295

　감곡 위양 한간甘谷 渭陽 漢簡(1971) __ 297

　장액 고대 한간張掖 高臺 漢簡(2004) __ 299

　정녕 당가원 한간靜寧 黨家塬 漢簡(2004) __ 300

　영창 수천자 한간永昌 水泉子 漢簡(2008, 2012) __ 302

2. 섬서성·청해성陝西省·靑海省 출토 한간 __ 308

　함양 마천 한간咸陽 馬泉 漢簡(1975) __ 309

　서안 미앙궁유지 한간西安 未央宮遺址 漢簡(1980) __ 311

　서안 두릉 한간西安 杜陵 漢簡(2001) __ 313

대통 상손가채 한간大通 上孫家寨 漢簡(1978) __ 315

3. 호남성湖南省출토 한간 __ 320

[장사 한간長沙 漢簡] __ 321

장사 서가만(양가대산) 한간長沙 徐家灣(楊家大山) 漢簡(1951) __ 324

장사 오가령 한간長沙 伍家嶺 漢簡(1951~1952) __ 326

장사 사자당 한간長沙 砂子塘 漢簡(1961) __ 328

장사 마왕퇴 한간長沙 馬王堆 漢簡(1972~1974) __ 331

장사왕후 어양묘 한간長沙王后 漁陽墓 漢簡(1993) __ 357

장사 구여재 한간長沙 九如齋 漢簡(1997) __ 360

장사 주마루 한간長沙 走馬樓 漢簡(2003) __ 362

장사 동패루 한간長沙 東牌樓 漢簡(2004) __ 365

장사 오일광장 한간長沙 五一廣場 漢簡(2010) __ 371

장사 상덕가 한간長沙 尚德街 漢簡(2011) __ 377

장사 동패루 한·위진간長沙 東牌樓 漢·魏晉簡(2011) __ 379

장사 파자가 한간長沙 坡子街 漢簡(2015) __ 381

장사 청소년궁 한간長沙 青少年宮 漢簡(2016) __ 383

장가계 고인제 한간張家界 古人堤 漢簡(1987) __ 384

원릉 호계산 한간沅陵 虎溪山 漢簡(1999) __ 388

주주 등공당 한간株洲 鄧公塘 漢簡(2009) __ 394

4. 호북성湖北省 출토 한간 __ 396

운몽 대분두 한간雲夢 大墳頭 漢簡(1972) __ 397

광화 오좌분 한간光化 五座墳 漢簡(1973) __ 399

강릉 봉황산 한간江陵 鳳凰山 漢簡(1973, 1975) __ 400

강릉 장가산 한간江陵 張家山 漢簡(1983~1984, 1985, 1988) __ 408

강릉 모가원 한간江陵 毛家園 漢簡(1985~1986) __ 421

형주 관저 소가초장 한간荊州 關沮 蕭家草場 漢簡(1992) __ 423

형주 고대 한간荊州 高臺 漢簡(1992, 2009) __ 426

수주 공가파 한간隨州 孔家坡 漢簡(2000) __ 432

형주 인대 한간荊州 印臺 漢簡(2002~2004) __ 436

형주 기남 송백 한간荊州 紀南 松柏 漢簡(2004) __ 439

운몽 수호지 한간雲夢 睡虎地 漢簡(2006) __ 443

형주 사가교 한간荊州 謝家橋 漢簡(2007) __ 447

의도 중필 한간宜都 中筆 漢簡(2008) __ 450

형주 유가대 한간荊州 劉家臺 漢簡(2011) __ 452

수주 주가채 한간隨州 周家寨 漢簡(2014) __ 454

형주 호가초장 한간荊州 胡家草場 漢簡(2018~2019) __ 457

5. 하남성·안휘성·강서성河南省·安徽省·江西省 출토 한간 __ 462

섬현 유가거 한간陝縣 劉家渠 漢簡(1956) __ 463

부양 쌍고퇴 한간阜陽 雙古堆 漢簡(1977) __ 465

천장 기장 한간天長 紀莊 漢簡(2004) __ 474

남창 해혼후묘 한간南昌 海昏侯墓 漢簡(2011~2016) __ 476

6. 강소성江蘇省 출토 한간

    고우 소가구 한간高郵 邵家溝 漢簡(1957)

    연운항 해주 초산 한간連雲港 海州 礁山 漢簡(1962)

    연운항 해주 곽하묘 한간連雲港 海州 霍賀墓 漢簡(1973)

    연운항 해주 시기요묘 한간連雲港 海州 侍其繇墓 漢簡(1973)

    연운항 해주 대성묘 한간連雲港 海州 戴盛墓 漢簡(1976)

    연운항 해주 화과산 한간連雲港 海州 花果山 漢簡(1978)

    연운항 고고정 한간連雲港 高高頂 漢簡(1979~1980)

    연운항 해주 서곽보묘 한간連雲港 海州 陶灣 西郭寶墓 漢簡(1985)

    연운항 해주 동공·능혜평묘 한간連雲港 海州 東公·凌惠平墓 漢簡(2002)

    연운항 해주 남문 왕망 신간連雲港 海州 南門 王莽 新簡(미상)

    염성 삼양돈 한간鹽城 三羊墩 漢簡(1963)

    우이 동양 한간盱眙 東陽 漢簡(1974)

    고우 신거산 광릉왕묘 한간高郵 神居山 廣陵王墓 漢簡(1979~1980)

    한강 호장 한간邗江 胡場 漢簡(1980)

    양주 평산 양식장 한간揚州 平山 養殖場 漢簡(1983)

    의징 서포 한간儀徵 胥浦 漢簡(1984)

    의징 연대산 한간儀徵 煙袋山 漢簡(1985)

    동해 윤만 한간東海 尹灣 漢簡(1993)

    사양 대청돈 한간泗陽 大青墩 漢簡(2002~2003)

    양주 우강 유무지묘 한간揚州 邗江 劉母智墓 漢簡(2004)

    양주 한간揚州 漢簡(2015)

7. 산동성山東省 출토 한간

    임기 은작산 한간臨沂 銀雀山 漢簡(1972)

    임기 금작산 한간臨沂 金雀山 漢簡(1978, 1983)

    내서 대야 한간萊西 岱野 漢簡(1978)

    일조 대고성 한간日照 大古城 漢簡(1987)

    일조 해곡 한간日照 海曲 漢簡(2002)

    청도 토산둔 한간青島 土山屯 漢簡(2011, 2016~2017)

8. 산서성·하북성·북경시·천진시山西省·河北省·北京市·天津市 출토 한간

　　유차 왕호령 한간楡次 王湖嶺 漢簡(1971)

　　태원 열룡대 한간太原 悅龍臺 漢簡(2017~2018)

　　정주 팔각랑 한간定州 八角廊 漢簡(1973)

　　노룡 범장 한간盧龍 范莊 漢簡(1987)

　　북경 대보대 한간北京 大葆臺 漢簡(1974)

　　천진 계현 도교 한간天津 薊縣 道敎 漢簡(2000)

9. 사천성·중경시四川省·重慶市 출토 한간

　　운양 구현평 한간雲陽 舊縣坪 漢簡(2002)

　　천회 노관산 한간天回 老官山 漢簡(2012~2013)

　　거현 성패 한간渠縣 城壩 漢簡(2014~2018)

10. 광동성·광서장족자치구·귀주성·운남성廣東省·廣西壯族自治區·貴州省·雲南省 출토 한간

　　귀현 나박만 한간貴縣 羅泊灣 漢簡(1976)

　　광주 남월국 한간廣州 南越國 漢簡(1983, 2004~2005)

　　귀항 심정령 한간貴港 深釘嶺 漢簡(1991)

　　안순 영곡 한간安順 寧谷 漢簡(1996)

　　광남 모의 한간廣南 牡宜 漢簡(2007)

IV. 삼국·위진남북조·수당·서하·원명청三國·魏晉南北朝·隋唐·西夏·元明淸시대 목간

　1. 삼국三國 목간

　　무위 신화향 조위간武威 新華鄕 曹魏簡(1991)

　　남창 고영묘 오간南昌 高榮墓 吳簡(1979)

　　남경 설추묘 오간 南京 薛秋墓 吳簡(2004)

　　무한 임가만 정추묘 오간武漢 任家灣 鄭醜墓 吳簡(1955)

　　악성 수니창 오간鄂城 水泥廠 吳簡(1970년대 말~1980년대 초)

　　악성 전실묘 오간鄂城 磚室墓 吳簡(1993)

　　남릉 마교 오간南陵 麻橋 吳簡(1978)

　　마안산 주연묘 오간馬鞍山 朱然墓 吳簡(1984)

　　침주 소선교 오간郴州 蘇仙橋 吳簡(2003)

　　장사 주마루 오간長沙 走馬樓 吳簡(1996)

남경 황책가원 목간南京 皇冊家園 木簡(2002, 2004)

남경 안료방 목간南京 顏料坊 木簡(2009~2010)

2. 서진西晉 목간

주천 삼패만 위진간酒泉 三壩灣 魏晉簡(2013)

일과수 봉수 유지 서진간一棵樹 烽燧 遺址 西晉簡(2008)

니아유지 서진간尼雅遺址 西晉簡(1901, 1906, 1914)

투르판 아스타나 서진간吐魯番 阿斯塔那 西晉簡(1966~1969)

액제납 파성자 위진간額濟納 破城子 魏晉簡(1982)

침주 소선교 서진간郴州 蘇仙橋 西晉簡(2003~2004)

남창 오응묘 서진간南昌 吳應墓 西晉簡(1974)

누란고성(L.A.I) 목간樓蘭古城(L.A.I)木簡(1906, 1914)

누란고성(L.A.II) 목간樓蘭古城(L.A.II)木簡(1901, 1906, 1980)

누란고성(L.A.III) 목간樓蘭古城(L.A.IV)木簡(1906, 1980)

누란고성(L.A.IV) 목간樓蘭古城(L.A.IV)木簡(1906, 1914)

누란고성(L.A.V) 목간樓蘭古城(L.A.V)木簡(1906, 1914)

누란고성(L.A.VI.i) 목간樓蘭古城(L.A.VI.i)木簡(1914)

누란고성(L.A.VI.ii) 목간樓蘭古城(L.A.VI.ii)木簡(1906, 1914, 1980)

나포뇨이 사막(L.B.) 목간羅布荒原(L.B)木簡(1900, 1906)

나포뇨이 사막(L.E) 목간羅布荒原(L.E)木簡(1914)

나포뇨이(L.F) 간독羅布荒原(L.F)木簡(1914)

나포뇨이(L.K) 간독羅布荒原(L.K.)木簡(1909)

임택 황가만탄 서진·전량간臨澤 黃家灣灘 西晉·前涼簡(2010)

3. 동진·십육국東晉·十六國 목간

남창 동진 뇌해묘 목간南昌 東晉 雷陔墓 木簡(1997)

남창 동진 뇌조묘 목간南昌 東晉 雷鋽墓 木簡(2006)

무위 한탄파 전량 목간武威 旱灘坡 前涼 木簡(1985)

무위 전량 승평십이년 목간武威 前涼 升平十二年 木簡(1991)

무위 전량 승평십삼년 목간武威 前涼升平十三年 木簡(1991)

옥문 화해 필가탄 전량 손구녀 목간玉門 花海 畢家灘 前涼 孫狗女 木簡(2001)

옥문 화해 필가탄 동진 목간玉門 花海 畢家灘 東晉 木簡(2002)

옥문 금계량 전량 21호묘 목간玉門 金鷄梁 前涼 21號墓 木簡(2009)

옥문 금계량 전량 5호묘 목간玉門 金鷄梁 前涼5號墓 木簡(2009)

옥문 금계량 전량 10호묘 목간玉門 金鷄梁 前涼10號墓 木簡(2009)

옥문 화해 필가탄 전량 조의 목간玉門 花海 畢家灘 前涼 趙宜 木簡(2002)

옥문 화해 필가탄 전진 주소중 목간玉門 花海 畢家灘 前秦 朱少仲 木簡(2002)

옥문 화해 필가탄 후량 일명 목간玉門 花海 畢家灘 後涼 佚名 木簡(2002)

옥문 화해 필가탄 후량 황평 목간玉門 花海 畢家灘 後涼黃平 木簡(2002)

옥문 화해 필가탄 서량 여황녀 목간玉門 花海 畢家灘 西涼 呂皇女 木簡(2002)

옥문 필가탄 51호묘 일명 목간玉門 畢家灘 51號墓 佚名 木簡(2002)

옥문 필가탄 3호묘 일명 목간玉門 畢家灘 3號墓 佚名 木簡(2002)

고대 낙타성 전량 조쌍·조아자 목간高臺 駱駝城 前涼 趙雙·趙阿茲 木簡(2010)

고대 낙타성 전량 손아혜묘 목간高臺 駱駝城 前涼 孫阿惠墓 木簡(1998~2001)

고대 낙타성 전량 주위묘 목간高臺 駱駝城 前涼 周闌墓 木簡(미상)

고대 낙타성 전량 경소평·손아소 합장묘 목간高臺 駱駝城 前涼 耿小平·孫阿昭 合葬墓 木簡(1998~2001)

고대 낙타성 전량 영사 목간高臺 駱駝城 前涼 盈思 木簡(2000)

고대 낙타성 전량 목간高臺 駱駝城 前涼 木簡(미상)

고대 낙타성 전량 호운우 목간高臺 駱駝城 前涼 胡運于 木簡(2001)

고대 낙타성 전진 고후·고용남묘 목간高臺 駱駝城 前秦 高侯·高容男墓 木簡(2001)

고대 나성 진 목간高臺 羅城 晉 木簡(1986)

고대 낙타성 전량 주여경 목간高臺 駱駝城 前涼周女敬 木簡(2000)

고대 낙타성 전량 일명 목간高臺 駱駝城 前涼 佚名 木簡(1998)

고대 낙타성 전량 주남 목간高臺 駱駝城 前涼 周南 木簡(2000)

고대 낙타성 전량 하후승영 목간高臺 駱駝城 前涼 夏侯勝榮 木簡(1998)

고대 허삼만 전진 목간高臺 許三灣 前秦 木簡(2000)

스타인 수집 아스타나 전량 목간阿斯塔那 前涼 木簡(1914)

투르판 아스타나 북량 62호묘 목간吐魯番 阿斯塔那 北涼 62號墓 木簡(1966~1969)

투르판 아스타나 북량 177호묘 목간吐魯番 阿斯塔那 北涼 177號墓 木簡(1972)

카라호자 고묘군 출토 목간哈拉和卓 古墓群 出土 木簡(1975)

4. 남북조南北朝 목간

투르판 아스타나 고묘군 도인 목간吐魯番 阿斯塔那 古墓群 桃人 木簡(1984)

투르판 아스타나 고창국 90호묘 목간吐魯番 阿斯塔那 高昌國 90號墓 木簡(1966~ 1969)

신강 빠다무 201호묘 목간新疆 巴達木 201號墓 木簡(2004)

산동 임구 북제 왕강비 목간山東 臨朐 北齊 王江妃 木簡(미상)

5. 수당隋唐 목간

당 서주 국창독 목간唐 西州 麴倉督 木簡(2006)

크야크쿠두크 당대 봉수대 목간克亞克庫都克 唐代 烽燧臺 木簡(2016)

크야크쿠두크 당대 봉수유지 목간克亞克庫都克 唐代 烽燧臺 木簡(2019)

6. 토번·우전·카로슈티·쿠차 출토 목간

토번 목간吐蕃 木簡(1959, 1973, 1974)

도란 열수묘군 티베트 문자 목간都蘭 熱水墓群 藏文 木簡(1982, 1999, 2005)

도란 열수묘군 2018혈위1호묘 티베트 문자 목간都蘭 熱水墓群2018血渭一號墓 藏文 木簡(2018)

2006년 수집 티베트 문자·브라흐미 문자 목간(2006)

약강 미란 유지 토번 목간若羌 米蘭 遺址 吐蕃 木簡(2012)

도란 왜연 티베트 문자 목간都蘭 哇沿 藏文 木簡(2014)

바추 투어쿠즈샤라이 고성 목간巴楚 脫庫孜沙來 古城 木簡(1959)

왕병화 수집 우전 문자 목간王炳華 收集 于闐文 木簡(1973)

처러 티에티커리무 유지 우전 문자 목간策勒 鐵提克日木 遺址 于闐文 木簡(1978)

니아 유지 카로슈티 문자 목간尼雅遺址 佉盧文 木簡(1980)

니아 유지 채집 카로슈티 문자 목간尼雅遺址 採集 佉盧文 木簡(1981)

니아 유지 중일 학술조사대 발굴 카로슈티·한문 목간尼雅遺址 中日學術調査隊 發掘 佉盧文·漢文 木簡(1988~1997)

카라돈 유지 우전 문자 목간喀拉墩 遺址 于闐文 木簡(1990년대 초)

7. 서하西夏 목간

무위 소서구 수행동 출토 티베트문자 목간武威 小西溝 修行洞 出土 藏文 木簡(1971)

서하 흑성 목간西夏 黑城 木簡(1980년대 중반)

영하 굉불탑 서하문자 목간寧夏 宏佛塔 西夏文 木簡(1990~1991)

영하 배사구방탑 서하문자 목간寧夏 拜寺溝方塔 西夏文 木簡(1990~1991)

무위 서관 서하묘 목간武威 西關 西夏墓 木簡(1997)

무위 서교 서하묘 주서 목간武威 西郊 西夏墓 朱書 木簡(1998)

8. 원·명·청元明淸 목간

거연 출토 원대 목간居延 出土 元代 木簡(1930)

무위 영창 출토 원대 목간武威 永昌 出土 元代 木簡(1998)

V. 대학·박물관 소장 목간

상해박물관 소장 전국 초간上海博物館 所藏 戰國 楚簡

무한대학 소장 전국간武漢大學 所藏 戰國簡

청화대학 소장 전국간淸華大學 所藏 戰國簡

안휘대학 소장 전국간安徽大學 所藏 戰國簡

절강대학 소장 전국 초간浙江大學 所藏 戰國 楚簡

악록서원 소장 진간嶽麓書院 所藏 秦簡

북경대학 소장 진간北京大學 所藏 秦簡

북경대학 소장 한간北京大學 所藏 漢簡

중국국가박물관 소장 한간中國國家博物館 所藏 漢簡(1998)

과주현박물관 소장 한간瓜州縣博物館 所藏 漢簡

섬서역사박물관 소장 한간陝西歷史博物館 所藏 漢簡(2000)

무한대학 간백연구센터 소장 목간武漢大學 簡帛硏究中心 所藏 木簡

홍콩중문대학 소장 목간香港中文大學 所藏 木簡

고대현박물관 징집 전량 목간高臺縣博物館 徵集 前凉 木簡

고도문명박물관 소장 전량 목간古陶文明博物館藏 前凉 木簡

신강 쿠차연구원 소장 쿠차어 목간新疆 龜玆硏究院藏 龜玆語 木簡(1988~1990)

영국국가도서관 소장 스타인 수집 당대 목간英國國家圖書館藏 斯坦因 收集 唐代 木簡(1914)

무위시박물관 수집 당대 목간武威市博物館 收集 唐代 木簡(1970년대)

프랑스 국가도서관 소장 펠리오 수집 목간法國國家圖書館藏 伯希和 收集 木簡(1908)

영국 국가도서관 소장 명대 목간英國國家圖書館 所藏 明代 木簡(1914)

중국제일역사당안관 소장 청대 만주문자 목간中國第一歷史檔案館 所藏 淸代 滿文 木簡(1935, 1979, 2013)

부록 1. 1900년 이래 출토 중국 목간 일람표
부록 2. 1970년 이래 중국 목간 관련 한국 연구성과

발간사

　　인류가 문자 생활을 영위한 이래 기록물의 효용성은 단순히 인간의 의사소통과 감성 표현의 편의성 제공에만 머물지 않았다. 각종 지식과 정보의 생산·가공·유통에 기초한 인간의 사회적 존립을 가능케 하고, 축적된 인류사회의 경험과 기억의 전승 수단으로서 역사발전을 추동하는 원천으로 작용하였다. 이 과정에서 기록용 도구는 기록물의 제작과 보급의 정도를 질적 양적으로 결정하는 중요 인자로서, 특히 종이는 인류사회 발전의 창의와 혁신의 아이콘으로 작용하였다. 그러나 인류사에서 종이의 보편적 사용 기간이 약 1천 5백 년에 불과한 점에서 볼 때, 종이 사용 이전의 역사는 非紙質 문자 자료의 발굴과 연구에 의존할 수밖에 없다. 한국·중국·일본 등 동아시아지역에서 공통으로 발굴되는 목간을 비롯하여 이집트의 파피루스와 서양의 양피지 등은 종이 사용 이전 역사 연구의 필수 기록물임은 잘 알려진 사실이다.

　　경북대 인문학술원에서 2019년 5월부터 7년간 수행하는 인문한국플러스(HK+) 지원사업의 연구 아젠다인 "동아시아 기록문화의 원류와 지적네트워크 연구"의 주요 연구 대상이 바로 非紙質 문자 자료 중 한국·중국·일본에서 발굴된 약 100만 매의 '木簡'이다. 이들 목간은 기록물 담당자 또는 연구자에 의해 가공과 윤색을 거치지 않은 1차 사료로서 당해 사회의 면면을 고스란히 간직하고 있다. 따라서 목간은 문헌자료가 전해주지 못하는 고대 동아시아의 각종 지식과 정보를 함축한 역사적 기억공간이자 이 지역의 역사와 문화적 동질성을 확인하는 터전이기도 하다. 그런 만큼 목간에 대한 연구는 고대 동아시아세계의 역사적 맥락을 재조명하는 중요한 계기가 될 것이다.

　　지금까지의 목간 연구는 주로 문헌자료의 부족으로 인하여 연구가 미진하거나 오류로 밝혀진 각국의 역사를 재조명하는 '一國史' 연구의 보조적 역할을 하거나, 연구자 개인의 학문적 취향을 만족시키는 데 머문 경향이 없지 않았다. 그 결과 동아시아 삼국의 목간에 대한 상호 교차

연구가 미진할 뿐 아니라 목간을 매개로 형성된 고대 동아시아의 기록문화와 여기에 내재된 동아시아 역사에 대한 거시적이고 종합적 연구가 부족하였다. 이에 우리 HK+사업단에서는 목간을 단순히 일국사 연구의 재료로서만이 아니라 고대 동아시아 기록문화와 이를 바탕으로 형성·전개된 동아시아의 역사적 맥락을 再開하고자 한다. 그리고 기존의 개별 분산적 분과학문의 폐쇄적 연구를 탈피하기 위하여 목간학 전공자는 물론이고 역사학·고고학·어문학·고문자학·서지학·사전학 등의 전문연구자와 협업을 꾀하고자 하며, 이 과정에서 국제적 학술교류에 힘쓰고자 한다.

본서는 이러한 연구목표를 달성하기 위한 기초작업으로서, 1900년대 초반부터 지금까지 한중일 삼국에서 발굴된 모든 목간의 형태와 내용 및 출토 상황 등을 포함한 목간의 기본 정보를 망라하여 『한국목간총람』, 『중국목간총람』, 『일본목간총람』의 세 책에 수록하였다. 이를 통하여 동아시아 목간에 대한 유기적·통섭적 연구를 기대함과 동시에 소위 '동아시아목간학'의 토대가 구축되기를 희망한다. 아울러 본서가 학문후속세대와 일반인들에게 목간이라는 생소한 자료를 이해하는 길잡이가 되기를 바란다. 나아가 이러한 학문적 성과의 나눔이 고대 동아시아 세계가 공유한 역사적 경험과 상호 소통의 역량을 오늘날 동아시아세계의 소통과 상생의 에너지로 재현하는 중요한 계기가 되기를 희망한다.

짧은 기간임에도 불구하고 방대한 분량의 원고를 집필해주신 HK연구진에 감사를 드린다. 아울러 본서의 완성도를 높이기 위해 꼼꼼하게 감수와 조언을 아끼지 않으신 한중일 목간학계와 자료 정리 등의 궂은 일을 마다하지 않은 연구보조원들에게도 감사의 마음을 전한다. 그리고 본서의 출간을 포함한 경북대 인문학술원의 HK+연구사업을 지원하고 있는 한국연구재단과 본서의 출간을 흔쾌히 수락해주신 주류성 출판사에 고마움을 표한다.

윤재석

경북대학교 인문학술원장

HK+지원사업연구책임자

2022.1

서문

이 책은 경북대학교 HK+ 사업단 '동아시아 기록문화의 원류와 지적 네트워크 연구'의 1단계 사업의 성과로 간행되는 한중일 목간총람 중 『중국 목간 총람』이다. 『중국 목간 총람』은 1900년 이래 지금까지 중국에서 출토된 목간 자료를 대상으로, 출토 상황에 대한 개요 및 목간의 구체적인 내용을 정리했다.

목간은 종이 보급 이전 고대동아시아 세계의 일반적인 서사 재료였다. 문자가 사용된 이래로 고대 중국에서 서사 재료는 갑골, 청동, 목질 재료(대나무와 나무), 비단 등 다양했지만, 그중에서도 대나무를 가공한 죽간과 일반 목재로 만든 목간·목독이 殷周時代부터 시기와 장소를 불문하고 가장 보편적으로 사용되어 왔다. 따라서 '지질기록물' 이전 문자 기록자료에 대한 연구는 목간을 중심으로 할 수밖에 없다.

중국의 경우만 놓고 보면, 죽간과 목간·목독의 합칭을 簡牘이라고 하며, 혹은 문자가 서사된 비단[帛]까지 포함하면 簡帛이라고 부르는 것이 좀 더 일반적인 호칭이라고 할 수 있다. 다만 본 총람에서는 동아시아의 한국, 중국, 일본에서 출토된 목질 서사재료를 총망라하고 있기 때문에 '목간'으로 용어를 통일한다.

중국 목간 출토의 역사는 한대로 거슬러 올라간다. 한 무제 때 공자의 고택에서 나온 것으로 알려진 先秦時代 고서나 西晉 무제 때 戰國時代 魏나라 고묘에서 나온 『汲冢書』는 모두 전국시대 목간으로 알려져 있다. 이렇게 발견된 선진 고서는 일부 정리되어서 지금까지 전해지고 있지만, 발견된 목간의 실물 자체는 전하는 바가 없어서 구체적인 것은 확인하기 어렵다.

오늘날 고대 중국을 연구하는 기본 자료로서 목간에 대한 체계적인 발굴·정리·연구는 20세기 초 영국의 고고학자 오렐 스타인 등이 타림 분지의 니아, 누란, 돈황 유적지에서 漢·晉 목간을 발견하면서부터 시작되었다. 1900년 이래 1949년까지 주로 외국 탐사대에 의해 중국 서북

지역의 목간이 발견되었지만, 아직은 체계적인 발굴이 아니라 탐사대가 사막의 유지에서 수집하는 수준이었다. 1949년 이후 보다 체계적이고 과학적인 발굴이 시작되었고, 특히 1970년대 이후로는 이전의 서북지역만이 아니라 호남·호북을 비롯한 중국 전역에서 목간이 대량으로 출토되었다. 1975년 호북성 운몽 수호지에서 나온 秦簡을 전기로 해서, 이후 장가산 한간, 주마루 오간, 용산 이야 진간, 장사 오일광장 간독, 익양 토자산 간독 등 일일이 헤아리기도 어려울 정도로 많은 지역에서 목간 출토가 보고되었다. 특히 2000년대 이후로는 정식 발굴로 출토된 목간과 함께, 도굴되어 국외로 밀반출되었다가 다시 중국 내 기관이 입수한 목간도 적지 않다. 상해박물관, 청화대학, 안휘대학, 악록서원, 북경대학 등에서 소장하고 있는 전국 및 진한시대의 목간이 그것이다.

이처럼 중국에서 지금까지 나온 목간은 약 50여 만 매로 추산되며, 시기는 기원전 4세기 전국시대에서 진한시기를 거쳐 3~4세기 삼국·위진시대까지이다. 다만 서북 지역에서는 남북조·수당 및 서하 목간까지 계속 발견되고 있으며, 한자 이외에 토번·쿠차·우전·카로슈티 문자 목간도 출토되었다. 심지어 원, 명, 청시대의 木質 문자자료도 일부 확인되고 있는데, 이들 목간은 紙木 병용시대의 기록 문화 및 역사 연구에도 도움을 준다.

20세기 이래 지금까지 대량으로 출토되고 있는 목간은 중국 고대의 보편적인 서사 재료였던 만큼, 그 내용도 문자 기록의 거의 모든 면을 포괄하고 있다. 각종 행정문서·법률문서·편지·일서·전적·역보·견책·고지서·출입증·계약문건·유언장·습자·명함 등을 망라하며, 서사 재료의 용도에 맞게 簡·牘·觚·檢·楬·符·券·檄·致·傳·柿·槧 등 다양한 형태의 목간이 사용되었다. 따라서 방대한 수량에 다양한 내용과 형태를 갖춘 목간이라는 새로운 자료의 축적은 고대 중국에 대한 전면적이고 종합적인 새로운 연구의 물꼬를 트게 되었다. 일찍이 왕국유가 "새로운 학문은 새로운 발견에서 시작한다"고 했듯이, 1900년 이래 중국 목간의 발견은 목간 그 자체의 종합적이고 독자적인 연구 영역으로 자리매김하는 이른 바 '간독학'의 성립으로 이어졌다. 체계적인 '간독학' 연구의 성과는 역사·지리·언어·문자·의학·과학기술 등 제 방면의 활발한 연구를 이끌어 내었고, 이러한 상호 작용은 목간이라는 자료에 기반하는 '고대중국학(고대학+중국학)'이라는 융복합적인 종합 학문으로 발전해간다고 해도 과언이 아니다.

이러한 추세에 한국 학계도 예외는 아니었다. 일찍이 1970년대 운몽 수호지 진간의 출토는 한국 학계에도 직접적인 자극을 주어, 목간을 적극적으로 활용하는 새로운 연구 경향이 나타나기 시작하였다. 초창기 제한된 정보 속에서도 소수 연구자들의 고군분투로 목간 자료를 활용한 중국 고대사 연구역량은 점차 축적되었다. 현재 한국 학계의 역량은 여전히 소수의 연구자와 제한된 연구 영역이라는 한계가 있음에도, 더 이상 국내에 고립되지 않고 중국·일본·구미 등 해외 학계와 동시적인 학술 교류를 할 수 있을 정도로 성숙하여, 어느 정도 창의성과 독자성을 갖추었다고 자평할 수 있다.

1970년대 이래 지난 반세기 동안 한국에서의 중국 목간 연구 역량의 성숙은 바로 본 사업단의 연구 아젠다를 가능케 하는 기반이 되었다. 본 사업단의 연구 아젠다는 중국 목간과 함께 한국과 일본에서의 목간 자료도 아울러서, 종이 보급 이전 고대 동아시아 세계 기록문화의 원류를 탐색하고 종횡으로 이어지는 지적 네트워크를 모색하려는 시도이다. 이러한 사업을 수행하기 위한 토대 구축의 일환으로서 본 사업단은 우선 지금까지 출토된 한·중·일 목간에 대한 기본 정보를 총망라해서 정리할 필요가 있었고, 그 결과 한중일 목간 총람을 편찬하게 되었다.

그중 『중국 목간 총람』은 1900년 이래 가장 최근까지 중국에서 출토된 목간을 망라해서 정리하고자 했다. 이를 위해 사업단 내 중국 목간팀은 먼저 출토 목간의 목록을 전국 목간 36종, 진간 10종, 한간 113종, 삼국·위진·남북조·수당·서하·원명청 시기 목간 94종, 대학·박물관 소장 목간 21종을 포함하는 총274종의 목간을 망라해서 작성했다. 이어서 목간의 최초 발굴보고, 정식 도판·석문 출판물, 관련 연구성과 등 필요한 자료를 수집하였고, 이에 근거하여 본 사업단 HK연구교수들이 분담하여 각 시대별 목간에 대한 집필을 진행하였다. 戰國時代 목간 부분은 다이웨이훙[戴衛紅]·오준석, 秦代 목간 부분은 오준석, 漢代 목간 부분은 김진우·오준석, 삼국·위진·남북조·수당·서하·원명청 시기의 목간은 다이웨이훙과 금재원이 집필을 전담하였다. 자료 수집과 참고문헌 목록 작성 및 중문 원고 번역과 초고 윤문 등 많은 일을 경북대 대학원 석·박사 과정에 있는 연구보조원 이근화·김종희·이계호·유창연 등이 담당하였다.

방대한 중국 목간 자료를 총망라하여 정리하면서 최대한 빠짐없이 상세한 정보를 담고자 하였다. 다만 집필 내용은 새로운 의견을 제시하기보다는 목간의 발굴 상황과 내용 및 형태를 정리 소개하는 정도이다. 그럼에도 1년여의 짧은 시간을 고려하면 집필은 쉽지 않은 과정이었고, 여전히 부족하고 잘못된 부분도 적지 않게 발견될 것이다. 부족하고 잘못된 부분은 전적으로 집필자의 책임이며, 당연히 총람 출간 이후에도 계속 수정하고자 한다. 방대한 중국 목간에 대한 정리를 하면서, 무엇보다 '愚公移山'과 '日日新又日新'의 의미가 새롭게 와닿았다. 부족한 부분에 대해 연구자를 비롯한 독자 여러분의 질정을 바란다.

범례

一. 이 책에 수록된 목간은 2020년 12월 말까지 중화인민공화국 영토 내에서 출토·보고된 것을 대상으로 하였다. 낙랑한간의 경우 시기 및 내용으로는 한대 목간이지만, 출토지가 한반도이므로, 『한국 목간 총람』에 수록하였다.

一. 이 책은 기본적으로 해당 목간의 발굴 및 정리를 담당한 정리자 혹은 정리소조의 정식 발굴보고 및 출판 간행물에 기반하여 작성하였고, 필요한 경우 개별 연구 성과도 반영하였다.

一. 이 책은 I. 전국시대 목간, II. 진대 목간, III. 한대 목간, IV. 삼국·위진남북조·수당·서하·원명청시대 목간, VI. 대학·박물관 소장 목간 등 크게 5항목으로 분류하였다.

一. 서술 순서는 1. 출토지, 2. 개요(발굴기간, 발굴기관, 유적종류, 시대, 시기, 출토상황), 3. 내용, 4. 참고문헌 순으로 하였다.

一. 목간의 編號·配置·標點 등은 해당 목간을 수록한 정식 출판물(발굴보고서, 도록 등)에 따랐다.

一. 이 책에서 사용하는 중국 목간 관련 인명·지명 등은 과거와 현대를 구분하지 않고 한국 한자음에 따라 표기하는 것을 원칙으로 했다. 다만 신강위구르 지역 중 일부 지명은 현지음에 따라서 표기했다.

一. 이 책에서 사용하는 목간 관련 용어는 기본적으로 현재 중국에서 통용되는 것으로 사용했다. 예를 들어 목간을 깎아 낸 얇은 파편을 한국에서는 '목간부스러기', 일본에서는 '削屑', 중국에서는 '削衣'라고 표기하는데, 본서에서는 중국의 사용례에 따라 '削衣'로 표기했다.

一. 〈1900년 이래 출토 중국 목간 일람표〉는 본 『중국 목간 총람』에 수록된 목간을 각 시대별로 구분한 후 가급적 출토연도 순으로 배열 정리한 것이다.

一. 〈참고문헌〉은 중국목간에 관한 전체 목록이 아니라, 1970년대 이후 현재까지 한국에서의 관련 연구만을 대상으로 작성하였다.

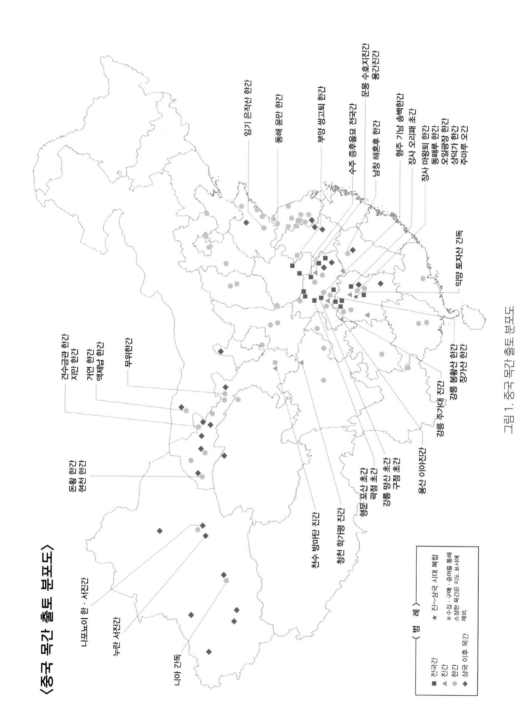

〈중국 목간 출토 분포도〉

임기 은작산 한간
동해 윤만 한간
부양 쌍고퇴 한간
수주 공후을묘 전국간
남창 해혼후 한간
형주 기남 송백한간
장사 마왕퇴 한간
운몽 수호지진간
용강진간
오일광장한간
성덕가 한간
주마루 오간

악양 토자산 간독

견수금관 한간
지만 한간
거연 한간
액제납 한간
무위한간

돈황 한간
현천 한간

강릉 봉황산 한간
장가산 한간

강릉 주가대 진간

현문 포산 초간
곽점 초간
강릉 망산 초간
구점 초간

용산 이야진간

천수 방마탄 진간

청천 학가평 진간

니포뇨이 한·서진간

누란 서진간

니야 간독

그림 1. 중국 목간 출토 분포도

〈범 례〉

■ 전국간
▲ 진간
● 한간
◆ 삼국 이후 목간

★ 전~삼국 시대 목간

※수입·구매·증여를 통해
소장한 목간은 지도 표시에서
제외

〈중국 목간 출토 분포도 : 신강 위구르 일대〉

〈 범 례 〉
● 한간
◆ 삼국 이후 목간

※번호: 하단 표 참조

※수집·구매·증여를
통해 소장한 목간은
지도 표시에 제외.

1 나포뇨이 호수 인근
나포뇨이 한간(1930)

2 나포뇨이 호수 인근
나포뇨이 사막(L.B) 목간(1900, 1906) /
나포뇨이 사막(L.E) 목간(1914) / 나포뇨이(L.F) 간독(1914) /
나포뇨이(L.K) 간독(1909) / 토번 목간(1959, 1973, 1974) /
약강 미란 유지 토번 목간(2012)

3 민풍현
니아 한간(1931) / 니아 한간(1993)

4 민풍현
니아유지 서진간(1901, 1906, 1914) /
니아 유지 카로슈티 문자 목간(1980) /
니아 유지 채집 카로슈티 문자 목간(1981) /
니아 유지 중일 학술조사대 발굴 카로슈티·한문 목간(1988~1997)

5 투르판시(위리현)
투르판 아스타나 서진간(1966~1969) /
스타인 수집 아스타나 전량 목간(1914) /
투르판 아스타나 북량 62호묘 목간 /
투르판 아스타나 북량 177호묘 목간(1972) /
카라호자 고묘군 출토 목간(1975) /
투르판 아스타나 고묘군 도인 목간(1984) /
투르판 아스타나 고창국 90호묘 목간(1966~1969) /
당 서주 국창독 목간(2006) /
크야크쿠두크 당대 봉수대 목간(2016) /
크야크쿠두크 당대 봉수유지 목간(2019) /
2006년 수집 티베트 문자·브라흐미 문자 목간(2006)

6 누란고성
누란고성(L.A.I) 목간(1906, 1914) /
누란고성(L.A.II) 목간(1901, 1906, 1980) /
누란고성(L.A.III) 목간(1906, 1980) /
누란고성(L.A.IV) 목간(1906, 1914) /
누란고성(L.A.V) 목간(1906, 1914) /
누란고성(L.A.VI.i) 목간(1914) /
누란고성(L.A.VI.ii) 목간(1906, 1914, 1980)

7 빠다무
빠다무 201호묘 목간(2004)

8 바추현
바추 투어쿠즈샤라이 고성 목간(1959)

9 호탄시
왕병화 수집 우전 문자 목간(1973) /
카라돈 유지 우전 문자 목간(1990년대 초)

10 처러현
티에티커리무 유지 우전 문자 목간(1978)

쿠차현
신강 쿠차연구원 소장 쿠차어 목간(1988~1990)

그림 2. 중국 목간 출토 분포도(신강 위구르 일대)

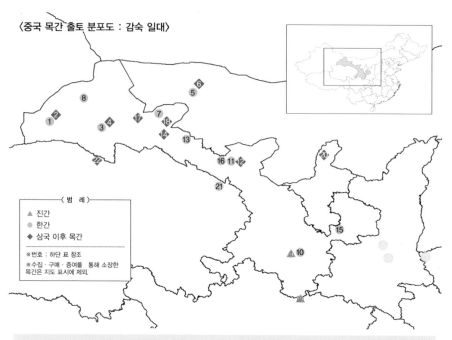

〈중국 목간 출토 분포도 : 감숙 일대〉

〈 범 례 〉
▲ 진간
● 한간
◆ 삼국 이후 목간

※번호 : 하단 표 참조
※수집·구매·증여를 통해 소장한
목간은 지도 표시에 제외

1 돈황시
돈황 한간(1907) / 돈황 한간(1913~1915) / 돈황 한간(1920) / 돈황 한간(1944) / 돈황 한간(1979) / 돈황 한간(1981) / 돈황 한간(1979, 1986~1988) / 돈황 한간(1990) / 돈황 옥문관 한간(1990년 이후) / 현천 한간(1990~1992)

2 돈황시 일과수 봉수 유지 서진간(2008)

3 옥문시 돈황 한간(1979)

4 옥문시
화해 필가탄 전량 손구녀 목간(2001) / 화해 필가탄 동진 목간(2002) / 금계량 전량 21호묘 목간(2009) / 금계량 전량 5호묘 목간(2009) / 금계량 전량 10호묘 목간(2009) / 화해 필가탄 전량 조의 목간(2002) / 화해 필가탄 전진 주소중 목간(2002) / 화해 필가탄 후량 일명 목간(2002) / 화해 필가탄 후량 황평 목간(2002) / 화해 필가탄 서량 여황녀 목간(2002) / 필가탄 51호묘 일명 목간(2002) / 필가탄 3호묘 일명 목간(2002)

5 액제납하 거연 한간(구간)(1930~1931) / 거연 한간(신간)(1972~1974, 1976, 1982) / 액제납 한간(1998~2002)

6 액제납하 액제납 파성자 위진간(1982) / 서하 흑성 목간(1980년대 중반) / 거연 출토 원대 목간(1930)

7 금탑현 견수금관 한간(1973) / 지만 한간(1986)

8 안서현 구돈만 한간(2003)

9 천수시 방마탄 진간(1986)

10 천수시 감곡 위양 한간(1971)

11 무위시
날마만 한간(1945) / 마취자 의례간(1959) / 마취자 왕장십간(1959) / 마취자 왕장조서령간(1981) / 한탄파 의간(무위 의간)(1972) / 한탄파 후한간(1989) / 장덕종묘 한간(1974) / 오패산 한간(1984)

12 무위시
신화향 조위간(1991) / 한탄파 전량 목간(1985) / 전량 승평십이년 목간(1991) / 전량 승평십삼년 목간(1991) / 소서구 수행동 출토 티베트문자 목간(1971) / 서관 서하묘 목간(1997) / 서교 서하묘 주서 목간(1998) / 영창 출토 원대 목간(1998)

13 장액시 고대 한간(2004)

14 임택현 황가만탄 서진·전량간(2010)

15 정녕현 당가원 한간(2004)

16 영창현 수천자 한간(2008, 2012)

17 주천시 심패산 위진간(2013)
과주현 과주현박물관 소장 한간

18 고대현
낙타성 전량 조쌍·조아자 목간(2010) / 낙타성 전량 손이혜묘 목간(1998~2001) / 낙타성 전량 주위묘 목간(미상) / 낙타성 전량 경소평·손아소 합장묘 목간(1998~2001) / 낙타성 전량 영사 목간(2000) / 낙타성 전량 목간(미상) / 낙타성 전량 호운우 목간(2001) / 낙타성 전진 고후·고용남묘 목간(2001) / 나성 진 목간(1986) / 낙타성 전량 주여경 목간(2000) / 낙타성 전량 일명 목간(1998) / 낙타성 전량 주남 목간(2000) / 낙타성 전량 하후승영 목간(1998) / 허삼만 전진 목간(2000) / 고대현박물관 징집 전량 목간

19 청천현 학가평 진간(1979~1980)

20 하란현 굉불탑 서하문자 목간(1990~1991) / 배사구방탑 서하문자 목간(1990~1991)

21 대통현 상손가채 한간(1978)

22 도란현
도란 열수묘군 티베트 문자 목간(1982, 1999, 2005) / 도란 열수묘군 2018혈위1호묘 티베트 문자 목간(2018) / 도란 왜연 티베트 문자 목간(2014)

그림 3. 중국 목간 출토 분포도(감숙 일대)

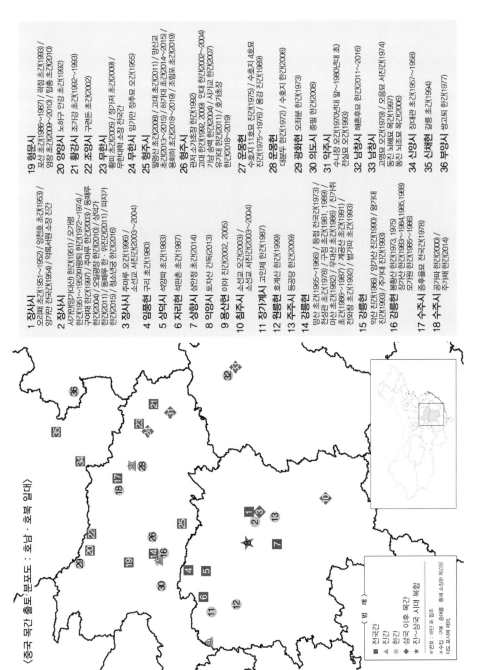

〈중국 목간 출토 분포도 : 호남·호북 일대〉

그림 4. 중국 목간 출토 분포도(호남·호북 일대)

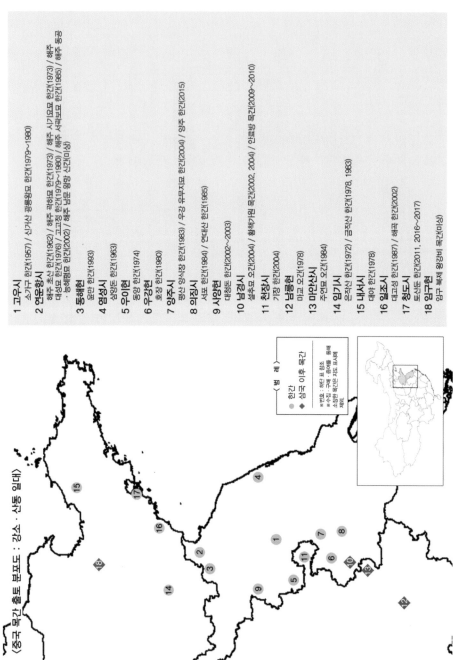

〈중국 목간 출토 분포도 : 강소·산동 일대〉

〈범 례〉
● 한간
◆ 성국 이후 목간

※ 번호: 해당 표 참조
　수치: 구체·종애 등에 동여 소장명 목간된 지도 표시제외

1 고우시
소가구 한간(1957) / 신거산 광릉왕묘 한간(1979~1980)
2 연운항시
해주 초산 한간(1962) / 해주 곽하묘 한간(1973) / 해주 시기요묘 한간(1973) / 해주 대성묘 한간(1976) / 고고정 한간(1979~1980) / 해주 서곽보묘 한간(1985) / 해주 동공 능혜평묘 한간(2002) / 해주 남문 왕망 신간(미상)
3 동해현
윤만 한간(1993)
4 염성시
삼양돈 한간(1963)
5 우이현
동양 한간(1974)
6 우강현
홍강 한간(1980)
7 양주시
평산 양식장 한간(1983) / 우강 유묘지묘 한간(2004) / 양주 한간(2015)
8 의정시
서포 한간(1984) / 연재산 한간(1985)
9 사양현
대청돈 한간(2002~2003)
10 남경시
설추묘 오간(2004) / 황책가원 목간(2002, 2004) / 인벽방 목간(2009~2010)
11 전장시
가장 한간(2004)
12 남통현
마교 오간(1978)
13 마안산시
주연묘 오간(1984)
14 임기시
은작산 한간(1972) / 금작산 한간(1978, 1983)
15 내서시
대아 한간(1978)
16 일조시
대고성 한간(1987) / 해곡 한간(2002)
17 청도시
토산둔 한간(2011, 2016~2017)
18 임구현
암구 목제 왕강비 목간(미상)

그림 5. 중국 목간출토 분포도(강소 산동 일대)

I

전국시대戰國時代 목간

1. 호남성湖南省 출토 전국 목간

장사 오리패 초간(1951~1952)

長沙 五里牌 楚簡

1. 출토지 : 호남성 장사시 오리패 406호 초묘

2. 개요

    1) 발굴기간 : 1951년~1952년

    2) 발굴기관 : 중국과학원 고고연구소

    3) 유적종류 : 고분

    4) 시대 : 전국시대

    5) 시기 : 기원전 3세기(?)

    6) 출토상황 : 호남성 장사시 근교는 동, 남, 북 3면으로 모두 고분군이 위치해서 도굴이 광범위하게 이루어지던 지역이었다. 1949년 이후에도 장사시 근교에서 주택 등을 건축하는 과정에서 고분이 계속 발견되었다. 이에 중국과학원 고고연구소는 발굴단을 파견하여 긴급 발굴을 하게 되었다. 발굴단은 1951년 10월 18일부터 1952년 2월 7일까지, 약 3개월에 걸쳐 장사시 근교 4개 지점에 대한 발굴조사를 진행하여, 장사시 동쪽 五里牌 楊家山에서 발견된 전국시대 고분 406호묘에서 37매(일부 자료에서는 38매로 기록)의 죽간을 발굴하였다. 보고에 따르면 이 묘는 장사 지역 전국시대 초나라 묘장 중 그 구조가 완전한 4기의 대형 목곽묘 중 하나이지만, 1948년에 이미 도굴되어 남아있는 유물은 많지 않았고, 크게 파손되어 있었다고 한다. 묘장은 2곽2관의 형태로 되어 있었고, 정리 당시 죽간의 부근에서 竹笥 잔편이 발견되었는데, 아마도 죽간은 원래 이 竹笥 안에 보관된 것으로 보인다. 이 묘에서 발굴된 37매의 죽간 역시 파손된 상태로 발굴되어 간의 길이는 모두 일정하지 않았다. 가장 긴 것은 15.5㎝에 달하고, 가장 짧은 것은 겨우 4.9㎝에 불과하였다. 끊어진 간들을 이어 붙여 18매의 간을 얻을 수 있었다. 이 중에서 간의 머리 부분이 확실한 것은 14매이며, 나머지는 죽간의 상단부 혹은 하단부의 잔

간으로 생각된다. 죽간의 문자는 모두 마멸되어 알아보기가 쉽지 않았다.

3. 내용

앞에서 언급했다시피 이 죽간은 마멸상태가 심하여 알아볼 수 있는 글자가 많지 않았다. 하지만 알아볼 수 있는 글자 중 "金戈八", "鼎八" 등의 글자가 있어 묘의 부장 물품과 건수를 기록한 遣策類 죽간으로 추정된다. 이 죽간은 최초로 발굴된 전국시대 초간이라는 점에서 큰 의미를 지니고 있다. 발굴단은 발굴이 끝난 이후 「長沙近郊古墓發掘記略」(1952)을 발표하여 발굴상황에 대한 개략적인 보고를 하였다. 『長沙發掘報告』(1957)에는 21매 간의 사진과 38매 간의 摹本, 부분 考釋이 수록되었고, 『戰國楚竹簡匯編』(1995)에서는 이 묘장 출토 죽간의 내용, 사진, 모본, 석문 등이 수록되었다. 『楚地出土戰國簡冊[十四種]』(2009)에는 전체 석문과 주석이 수록되었다.

4. 참고문헌

考古研究所湖南調査發掘團 編, 「長沙近郊古墓發掘記略」, 『文物參考資料』 1952-2.

中國科學院考古研究所, 『長沙發掘報告』, 科學出版社, 1957.

商承祚 編著, 『戰國楚竹簡匯編』, 齊魯書社, 1995.

騈宇騫·段書安 編著, 『二十世紀出土簡帛綜述』, 文物出版社, 2006.

陳偉 等著, 『楚地出土戰國簡冊[十四種]』, 經濟科學出版社, 2009.

장사 앙천호 초간(1953)
長沙 仰天湖 楚簡

1. 출토지 : 호남성 장사시 앙천호 25호 초묘

2. 개요

　　1) 발굴기간 : 1953년 7월

　　2) 발굴기관 : 호남성 문물관리위원회

　　3) 유적종류 : 고분

　　4) 시대 : 전국시대

　　5) 시기 : 기원전 3세기(?)

　　6) 출토상황 : 仰天湖는 호남성 장사시 남쪽 지역으로, 市區에서 약 1㎞ 떨어진 지점에 있다. 1953년 5월 湖南省工程公司가 이 지역에서 건축공사를 하던 중 고분의 墓口를 발견하였다. 湖南省文物管理委員會는 즉시 이 지역에 대한 발굴조사를 진행하여 1기의 전국시대 목곽묘를 발굴하였다(묘장 원편호: 53長. 仰墓025, 이후 출간된 『長沙楚墓』(2000)에서는 편호를 M167로 고침). 묘장은 발견 당시 이미 墓道 및 墓壁의 상부가 제거된 상태였고, 일찍이 도굴된 흔적이 남아 있었다. 墓口의 길이는 4.48~4.75m, 너비 3.23~3.48m였다. 墓室은 "凸"자의 형태이며, 관곽은 모두 4중으로 內棺, 外棺, 內槨, 外槨의 2곽2관 구조였다.

　　주요 부장품은 대부분 내곽과 외곽 사이의 邊箱 내에 수장되어 있었는데, 최소 두 차례의 도굴로 인해 대부분의 부장품은 파손되거나 없어진 것으로 보인다. 묘장에서는 43편의 죽간과 길이 50㎝ 정도의 木俑, 동검을 비롯한 몇 가지 종류의 동기, 도기, 絲織品 등의 유물이 발견되었다. 묘장의 규모 및 출토 유물로 보아 전국시대 초 대부급 귀족의 묘장으로 보인다.

　　장사 앙천호 초묘에서 발굴된 43매 죽간 중 완전한 간은 19매로 길이는 20.6~23.1㎝, 너비는 0.9~1.1㎝, 두께는 0.1㎝였다. 죽간에는 초 문자가 묵서되어 있었으며, 매 간에 기록된 글자

수는 최소 2글자에서 최대 21자까지였다. 일부 문자는 흐릿해 알아볼 수 없는 상태였다.

3. 내용

장사 앙천호 초간의 내용은 遣策類 죽간이다. 죽간은 모두 43매가 출토되었지만, 그중 3매는 부식이 심하고 字迹의 식별이 어려워 사진이 공개되지 않았다. 죽간은 발굴 이후 「湖南省文管會清理長沙仰天湖木槨楚墓發現大量竹簡彩繪木俑等珍貴文物」(1953)에 처음 발굴상황과 출토 문물 정황 등이 보고되었고, 「長沙仰天湖戰國墓發現大批竹簡及彩繪木俑、雕刻花板」(1954)와 「長沙仰天湖第25號木槨墓」(1957)에 죽간의

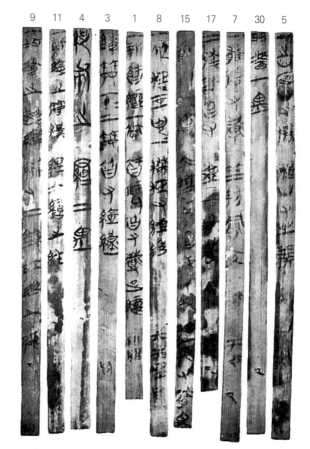

〈장사 仰天湖楚簡(「長沙仰天湖第25號木槨墓」 圖版肆 轉載)〉

사진 등이 소개되었다. 『長沙仰天湖出土楚簡研究』(1955), 「長沙仰天湖戰國竹簡文字的摹寫和考釋」(1986), 『戰國楚竹簡匯編』(1995)에서는 죽간의 사진, 모본 등이 수록되었다. 『長沙楚墓』(2000)에는 전체 석문이 수록되었고, 『楚地出土戰國簡冊[十四種]』(2009)에는 전체 석문과 함께 주석이 수록되었다.

4. 참고문헌

湖南省文物管理委員會 編, 「湖南省文管會清理長沙仰天湖木槨楚墓發現大量竹簡彩繪木俑等珍貴文物」, 『文物參考資料』 1953-12.

湖南省文物管理委員會 編, 「長沙仰天湖戰國墓發現大批竹簡及彩繪木俑、雕刻花板」, 『文物參考資料』 1954-3.

史樹靑, 『長沙仰天湖出土楚簡硏究』, 群聯出版社, 1955.

湖南省文物管理委員會 編, 「長沙仰天湖第25號木槨墓」, 『考古學報』 1957-2.

郭若愚, 「長沙仰天湖戰國竹簡文字的摹寫和考釋」, 『上海博物館集刊』, 1986.

商承祚 編著, 『戰國楚竹簡匯編』, 齊魯書社, 1995.

湖南省博物館 等編, 『長沙楚墓』, 文物出版社, 2000.

駢宇騫·段書安 編著, 『二十世紀出土簡帛綜述』, 文物出版社, 2006.

陳偉 等著, 『楚地出土戰國簡冊[十四種]』, 經濟科學出版社, 2009.

장사 양가만 전국간(1954)

長沙 楊家灣 戰國簡

1. **출토지** : 호남성 장사시 양가만 6호 전국묘

2. **개요**

　　1) 발굴기간 : 1954년 8월

　　2) 발굴기관 : 호남성 문물관리위원회

　　3) 유적종류 : 고분

　　4) 시대 : 전국시대

　　5) 시기 : 기원전 3세기(?)

　　6) 출토상황 : 양가만은 호남성 장사시 북쪽 지역으로, 五家嶺의 서쪽, 李家湖의 동남쪽에 위치하고 있다. 현지 주민들의 말에 따라 1954년 7월 湖南省文物管理委員會의 文物淸理工作隊는 이 지역에 대해 세 차례 조사를 진행하였다. 제1, 2차 조사에서는 中國科學院이 발굴한 묘갱 외에 몇 기의 당송대 묘장을 발견하였고, 1954년 8월11일부터 진행된 제3차 조사에서 몇 기의 한대 묘장을 발견하였다. 8월 22일부터는 7일간에 걸쳐 5호묘의 서북쪽에 위치한 6호묘를 발굴하기 시작하였다. 이 묘장은 形制상 전국시대 말기의 것으로 보이지만, 전한대 묘장의 특징도 일부 확인된다. 따라서 정리자들은 이 묘를 전국시대 말, 전한 초 사이의 묘장으로 추정하였다.

　　묘장은 동쪽에 墓道가 위치하고, 서쪽에 장방형의 墓穴이 이어지는데, 墓口의 길이는 3.65~3.68m, 너비 2.65~2.68m였다. 1곽1관의 구조로 되어 있으며, 관과 곽 사이 3면에 각종 기물이 수장되어 있었다. 곽의 길이는 2.74m, 너비 1.9m, 높이 1.11m였으며, 관의 길이는 2.05m, 너비 0.67m, 높이 0.65m였다. 묘주는 30세를 전후한 여성으로 추정되며, 키는 164㎝ 정도였다. 관과 곽 사이 공간, 시신의 좌측, 우측 및 발 부분에는 각각 하나씩의 邊箱, 足箱이 있었는데, 소수의 부장품이 관 내부에 부장된 것을 제외하고 대부분의 부장품은 足箱과 邊箱 내

부에 부장되어 있었다. 부장된 기물은 총 215건으로, 木俑을 비롯한 각종 목기, 동경 등의 동기와 도기, 옥기, 칠기 등이 있었으며, 이와 함께 죽간 72매가 발견되었다. 죽간은 漆盒 내부 동경 아래쪽에서 발견되었다. 색깔은 흑갈색이며, 두 갈래의 編繩으로 편철된 하나의 冊書였던 것으로 추정된다. 간은 帛帶를 이용해 편련되었고, 간의 상단 4㎝ 지점과 하단 3.5㎝ 지점에는 編繩을 묶었던 契口 흔적이 있다. 출토 당시에는 편승이 이미 썩어 산란된 상태였다. 간의 길이는 14.1㎝~14.8㎝ 정도, 너비는 0.6㎝ 정도로, 장사 앙천호 초묘에서 출토된 죽간보다 길이가 짧다. 출토된 죽간 중 50매에서 문자를 확인할 수 있었는데, 두 글자가 쓰여져 있는 4매의 간을 제외한 나머지는 모두 한 글자만 쓰여져 있었고, 이 중 상당수는 字迹이 모호해 글자를 알아볼 수가 없었다.

3. 내용

장사 양가만 죽간은 대부분이 한 글자 또는 두 글자만 쓰여져 있는 간이며, 상당수 간의 경우 보존상태가 좋지 않고, 字迹이 모호해 글자를 석독할 수 없는 것이 많았다. 따라서 이 죽간의 내용이 무엇인지는 거의 알 수 없다. 이 죽간은 초간으로 추정되지만, 그마저도 불확실해 전국간으로 정리하였다. 이 죽간은 발굴 직후인 「長沙楊家灣M006號淸理簡報」(1954)에 자세한 발굴 상황과 묘장의 形制 및 출토 문물 등이 소개되었고, 「長沙出土的三座大型木槨墓」(1957)에 다시 출토정황 등이 소개되었다. 『戰國楚竹簡匯編』(1995)에서는 죽간의 사진, 모본 등이 수록되었고, 『長沙楚墓』(2000)에는 전체 석문이 수록되었으며, 『楚地出土戰國簡冊[十四種]』(2009)에는 전체 석문과 함께 주석이 수록되었다.

4. 참고문헌

湖南省文物管理委員會 編, 「長沙楊家灣M006號淸理簡報」, 『文物參考資料』 1954-12.

湖南省文物管理委員會 編, 「長沙出土的三座大型木槨墓」, 『考古學報』 1957-1.

商承祚 編著, 『戰國楚竹簡匯編』, 齊魯書社, 1995.

湖南省博物館 等編, 『長沙楚墓』, 文物出版社, 2000.

駢宇騫·段書安 編著,『二十世紀出土簡帛綜述』, 文物出版社, 2006.

陳偉 等著,『楚地出土戰國簡冊[十四種]』, 經濟科學出版社, 2009.

임풍 구리 초간(1980)

臨澧 九里 楚簡

1. 출토지 : 호남성 임풍현 구리 1호 초묘

2. 개요

   1) 발굴기간 : 1980년

   2) 발굴기관 : 미상

   3) 유적종류 : 고분

   4) 시대 : 전국시대

   5) 시기 : 기원전 4~3세기(?)

   6) 출토상황 : 1980년 호남성 임풍현 구리 1호 초묘에서 수십 매의 죽간이 발굴되었다. 현재까지 발굴보고가 이루어지지 않았기 때문에 자세한 상황은 알 수 없다.

3. 내용

미상

4. 참고문헌

駢宇騫·段書安 編著, 『二十世紀出土簡帛綜述』, 文物出版社, 2006.

상덕 석양파 초간(1983)
常德 夕陽坡 楚簡

1. 출토지 : 호남성 常德市 德山區 夕陽坡 2호 초묘
2. 개요
   1) 발굴기간 : 1983년
   2) 발굴기관 : 호남성 문물정리공작대
   3) 유적종류 : 고분
   4) 시대 : 전국시대
   5) 시기 : 기원전 4세기(?)
   6) 출토상황 : 1983년 호남성 常德市 德山區 夕陽坡 2호 초묘에서 2매의 죽간이 발굴되었다. 묘장은 비교적 완정하게 보존되어 있었으며, 1곽1관 형태로 곽실 내부는 棺室, 頭箱, 邊箱으로 구분되어 있었다. 이 묘장은 전국시대 중후기 묘장으로 생각된다. 묘장에서 발굴된 2매 죽간 중 1매는 간의 머리 부분에 약간의 잔결이 있어 길이 67.5㎝이며, 다른 1매는 완전한 형태의 간으로 길이 68㎝이다. 두 간의 너비는 약 1.1㎝이다. 간에는 문자가 묵서되어 있는데 비교적 선명한 편이다. 1매에는 32자가 쓰여져 있고, 다른 1매에는 22자가 쓰여져 있어 모두 54자가 확인된다.

3. 내용

석양파 2호 초묘에서 발굴된 2매의 죽간은 그 내용이 서로 연결된 것으로 초왕과 관련된 기록으로 보인다. 대체적인 내용은 '越涌君'이 무리를 이끌고 楚에 귀부한 해의 4월 己丑日에 초왕이 戚郢의 游宮에 거하며 봉록을 하사한 기록인 듯하다. 간문에는 "悼哲王"이라는 이름이 보이는데 이는 楚 悼王의 아들 楚 肅王(B.C.380~370 재위)으로 볼 수 있다. 석양파 초간은 비록 2

매밖에 되지 않지만, 기년이 기록된 중요한 내용을 담고 있는 간으로서 의의가 있다. 석양파 초
간 간문은 「楚史與楚文化研究」(1987)에 처음 소개되었으며, 『早期文明與楚文化研究』(2001),
『楚地出土戰國簡冊[十四種]』(2009), 『沅水下游楚墓』(2010)에도 수록되었다.

4. 참고문헌

楊啓乾, 「楚史與楚文化研究」, 『求索』 1987年增刊.

劉彬徽, 『早期文明與楚文化研究』, 嶽麓書社, 2001.

駢宇騫·段書安 編著, 『二十世紀出土簡帛綜述』, 文物出版社, 2006.

陳偉 等著, 『楚地出土戰國簡冊[十四種]』, 經濟科學出版社, 2009.

湖南省常德市文物局, 『沅水下游楚墓』, 文物出版社, 2010.

자리 석판촌 초간(1987)

慈利 石板村 楚簡

1. 출토지 : 호남성 慈利縣 石板村 36호 초묘

2. 개요

   1) 발굴기간 : 1987년 5~6월

   2) 발굴기관 : 호남성 문물고고연구소, 자리현 문물보호관리연구소

   3) 유적종류 : 고분

   4) 시대 : 전국시대

   5) 시기 : 기원전 5~4세기(?)

   6) 출토상황 : 호남성 문물고고연구소, 자리현 문물보호관리연구소는 1987년 5~6월에 자리현 城關 석판촌에서 전국시대 및 전한대 묘장군을 발굴하였다. 묘장군은 자리현성 동쪽 3.5㎞ 지점에 위치하고 있으며, 서쪽으로 零陽水를 접하고 있다. 묘장군 중 36호묘는 규모가 가장 큰 전국시대 묘장으로 다량의 죽간이 발굴되었다.

석판촌 36호묘는 장방형의 수혈토갱묘로서, 墓口는 길이 8.35m, 너비 6.7m이며, 墓口부터 바닥까지의 깊이는 5.4m였다. 墓道는 묘장의 동쪽벽 중간부분에 있으며 넓이는 1.76~ 1.93m, 경사도는 25도였다. 墓道 위에 민가가 있었기 때문에 전체 墓道를 발굴할 수 없있다. 묘장은 1곽1관으로 구성되어 있으며, 보존상태는 양호한 편이었다. 곽실은 길이 3.3m, 너비 1.4m, 높이 1.3m의 크기로 이루어져 있었다. 곽실 내부는 頭箱, 邊箱, 棺室의 세 부분으로 구분되는데 관은 길이 2.48m, 너비 0.74m의 크기를 가지고 있었다. 묘장의 부장품은 대부분 頭箱과 동측 邊箱에 수장되어 있었다. 출토된 주요 유물은 銅鼎, 銅鏡, 銅劍, 銅戈, 銅矛 등의 동기와 각종 도기, 칠기, 죽기 등으로, 병기와 악기 등이 다수를 이루고 있었다. 이 묘장은 석판촌에서 발견된 전국시대 묘장 중 규모가 가장 크며, 부장된 기물로 보아 下大夫급 귀족의 무덤으로 생각된다.

죽간은 頭箱 북측에서 발견되었는데, 발굴 당시 관 내부로 진흙이 들어와 있었기 때문에 압력을 받아 대부분 잔결이 심한 상태였다. 진흙에 뭉쳐 있어 원래 상태를 찾아볼 수 없었고, 착란이 매우 심각한 상황이었다. 발굴된 竹片은 매우 얇아 두께가 0.1~0.2㎝에 불과했고, 너비는 0.4~0.6㎝ 정도였다. 완전한 형태의 간은 하나도 없었는데, 잔간의 길이로 추정하면 완전한 형태의 간은 약 45㎝에 달하며, 그 수량은 800~1,000매 정도였을 것으로 보인다. 정리 결과 잔간은 모두 4,557편이었다. 죽간에는 초 문자가 묵서되어 있었는데, 60% 정도의 문자가 字迹이 모호하여 알아보기 어려운 상태였다. 서체 또한 서로 달라 한 사람에 의해 서사된 것이 아님을 알 수 있다. 문자의 서사 풍격은 하남 신양 장대관 초간, 호북 강릉 망산 1, 2호묘 초간과 서로 유사하다.

3. 내용

자리 석판촌 초간의 내용은 記事적 성격을 지닌 古書類 문헌으로 보인다. 구체적인 내용은 주로 吳, 越 두 나라의 역사를 기록한 것인데, 潢池의 盟이나 吳越爭霸 등의 역사를 서술하고 있으며, 『國語』, 『戰國策』, 『越絶書』 등의 기록과 서로 비슷하다. 죽간은 보존상태가 좋지 않고 잔간으로 이루어져 있지만, 전국시대 초간 중에서 수량이 비교적 많고 서술하고 있는 시대가 가장 빨라 역사 사료로서의 가치가 상당히 크다고 할 수 있다. 즉 澧水유역의 전국시대 초문화를 연구하는데 큰 자료적 가치를 지니고 있다. 죽간이 발견된 후 「湖南慈利石板村36號戰國墓發掘簡報」(1990년)에 구체적인 발굴상황 및 묘장의 形制, 기물 등을 자세히 소개한 글이 발표되었고, 2004년 출간된 『新出簡帛硏究』(文物出版社)에도 소개되었다.

4. 참고문헌

湖南省文物考古硏究所·慈利縣文物保護管理硏究所 編, 「湖南慈利石板村36號戰國墓發掘簡報」, 『文物』 1990-9.

艾蘭·邢文, 『新出簡帛硏究』, 文物出版社, 2004.

騈宇騫·段書安 編著, 『二十世紀出土簡帛綜述』, 文物出版社, 2006.

상향 삼안정 초간(2014)

湘郷 三眼井 楚簡

1. 출토지 : 호남성 湘郷市 崑崙橋 사무소 남쪽 正街社區 三眼井 유지

2. 개요

1) 발굴기간 : 2014년 10월

2) 발굴기관 : 호남성 문물고고연구소

3) 유적종류 : 古井 유적

4) 시대 : 전국 초

5) 시기 : 전국 초

6) 출토상황 : 2014년 10월, 호남성 문물국은 전문가들을 모아 현지조사를 진행하며, 현지조사 범위를 湘郷市 中醫院 건설공사 구역으로 정하였다. 시공범위는 31m×47m이고, 지표면 이하 6m는 시공기계에 의해 이미 제거되어 있었다. 장방형의 네모난 구덩이를 만들고 벽을 콘크리트로 가공한 뒤 저층부에서 네 곳의 우물 흔적을 볼 수 있었다. 그중에 한 곳은 병원에서 물을 얻기 위해 판 것이고, 3곳은 古代의 문화유적이다(순서번호 J1·J2·J3). J1의 직경은 1.8m, 남은 깊이 1.1m, 쌓인 진흙 속에 협기와·판기와·陶器·대나무 재질의 물품 등이 뒤섞여 있었다.

3. 내용

상향 삼안정 유지에서는 1,000여 매의 전국 초 죽간이 나왔는데, 보존 상태가 양호하며 길이는 23㎝ 정도이다. 전형적인 전국 초 문자로 서사되어 있는데, 전국시대 초나라 지방 문서행정을 확인할 수 있는 중요한 자료의 발견이라고 할 수 있다. 즉 湘郷에 縣이 설치된 것은 『漢書』王子侯表에 기록된 한 애제 建平4년(기원전 3년)이 아니라, 기원전 250년경 초나라에서부터 시

작되었음이 증명되었다. 또 전국 말 초나라의 縣 아래 鄕과 村邑 등 기층 사회 관리 방식을 구체적으로 이해하는데에도 도움이 된다.

4. 참고문헌

「湘鄕發現三眼井古文化遺址: 出土戰國政府檔案」, 中國文化報 2015.2.18.

익양 토자산 간독(2013)

益陽 兎子山 簡牘

1. **출토지** : 호남성 익양시 赫山區3里 橋鉄鋪嶺社區 토자산 유지

2. **개요**

　　1) 발굴기간 : 2013년 5월~11월

　　2) 발굴기관 : 호남성 문물고고연구소, 익양시 문물처

　　3) 유적종류 : 古井 유적

　　4) 시대 : 전국, 진, 전·후한, 삼국

　　5) 시기 : 전국~삼국

　　6) 출토상황 : 兎子山 유지는 호북성 익양시 혁산구3리 교철포령사구의 나지막한 언덕에 위치한다. 가장 높은 곳은 해발 45m 정도에 불과하다. 현지 개발사업으로 인해 긴급구제발굴을 하게 되어 2013년 5월부터 11월까지 호남성 문물고고연구소는 익양시 문물처와 함께 兎子山 유지에 대한 발굴 조사를 진행했다. 그 결과 전국~진한~남북조~당송에 이르는 모두 14口의 古井을 발견했고, 그중에서 8곳의 古井에서 戰國~秦漢~三國 吳에 걸친 대량의 간독 자료를 출토했다.

　전국시대 초부터 진대의 간독이 나온 古井은 4호井(J4)과 9호井(J9)이고, 진말한초에 해당하는 8호井(J8), 전한시기에 해당하는 1호井(J1), 3호井(J3), 5호井(J5), 7호井(J7)이 있고, 후한에서 삼국 오에 해당하는 6호井(J6)이 각각 있다. 토자산 유지는 전국 초부터 당송시기까지 익양현의 치소가 소재한 지역으로, 각 시기별로 나온 간독은 전국이래 오랜시간에 걸쳐 익양지역의 정치·경제·사법·사회제도의 변화를 살펴볼 수 있는 진귀한 자료의 발견이라고 할 수 있다.

3. 내용

9호井(J9) 출토 전국 초간 및 진간은 13,000여 매에 달한다. 죽간의 보존 상황은 비교적 나쁜데, 썩거나 분해가 심하고 끊어짐과 세로로 갈라진 것이 많다. 글자가 있는 간독은 총 579매로, 그중 J9③ 목간이 2매, J9⑦ 죽간이 567매, J9⑧ 죽간이 10매이다. 글자가 없는 간독은 총 201매로, 그중 J9⑤ 목간이 7매, J9⑦ 죽간 154매·목간 2매, J9⑧ 죽간이 38매이다. 글자가 있는 간과 글자가 없는 간은 합계 780매이다. 재질로 계산하면 목간이 11매, 죽간이 769매이다.

모두 簿籍類의 문서로, 간문은 붓으로 묵서했으며, 대부분 한면에 난을 나누어 서사하였다. 하나의 간에는 한 사람, 혹은 한 가지 일을 기록하였으며, 간의 簡面은 대부분 하얗고, 끊어진 이후에는 하단부에 글자가 없다. 다만 잘못된 위치 때문에 綴合이 어려운데, 통계를 할 때 동일한 계통의 간이더라도 글자가 있는 잔편은 글자가 있는 간에, 글자가 없는 잔편은 글자가 없는 간으로 계산했다.

簿籍을 綴合·복원하는 것은 대단히 어려운데, 간문의 내용에 따라 J9⑦의 죽간 순서를 조정하였다. 簡 7·1 "事卒凡五十四人, 遠之月乙亥之日, □□□□不□將卒"은 기타 간문을 참조하였다. 張春龍 등은 이는 일종의 簿籍으로 서사 순서는 '事卒'의 수량, 사건이 발생한 시간, '將(率領)'事卒의 관리 성명(監某人·事某人)이며, 집행의 임무는 '行(모종의 활동을 진행)', 그리고 '事卒'의 성명·소재한 '里'의 이름을 별도로 기록하고 그 일에 참여한 기타 관리의 성명과 직위를 기록했다고 보았다. 간문의 끝에 年名을 기재하였는데, 초나라의 독특한 방식인 '遠', '刑' 등의 간지 記日을 사용하여 月을 기재하였다. 事卒과 吏員을 기록하는 방식은 州·邑·里+人名·縣名+직위+인명·신분(혹은 작위)+인명+거주하는 里名이며, '行'에 참여한 관원의 관직과 성명을 기록하였다. J9⑦ 죽간의 대다수는 益陽縣(益陽 또는 □昜)의 현서에서 '事卒'을 기록한 簿籍이다. 간문의 대부분은 초나라 문자로 서사되었으며, 7·145에서 150까지 간의 문자 형식은 秦代 예서체에 훨씬 가깝다. 비교적 특이한 것은 7·151간으로, 길이는 겨우 3㎝이며, 양면에 서사하였는데 한면은 초나라 문자, 다른 한면은 秦 문자인 '郡縣'이다. '事卒簿'는 고고발굴로 처음 발견된 전국시대 縣級 관서의 공문서로, 초나라 기층 행정을 검토하는 데 매우 중요한 자료이며, 초나라의 縣·鄕·里 등의 설치·관제·인구관리·역사지리 등을 연구할 수 있다.

9호정 간독 중 특기할 만한 것으로 〈秦二世胡亥文告〉간이 있다. 조서의 글자는 104자로, 태산각석·낭야각석 및 동판 등에 새겨진 이세황제의 조서보다 내용이 풍부하다. 내용은 진 이세황제 호해가 즉위한 후 반포한 조서이다. 조서 목독의 내용 중 '朕奉遺詔'는 진시황의 뒤를 이어 즉위한 이세황제의 정통성을 강조하는 표현이며, '盡爲解除流罪'는 진시황 때의 엄격한 형벌을 완화하겠다는 사법 개혁의 표명이라고 할 수 있다. 또 '分縣賦援黔首'는 백성들을 구제하겠다는, '毋以細故苛刻縣吏'는 관리들을 단속하겠다는 의지를 표출한 것이다. 즉 이세황제 즉위 조서는 진시황으로부터의 정통성을 강조하는 한편, 신 황제의 즉위를 맞아 국정을 쇄신하겠다는 포부를 밝힌 것이다. 조서의 내용만으로 보면, 『사기』 진시황본기나 이사열전을 통해서 인식된 이세황제 호해의 어리석고 잔혹한 모습과는 차이가 있다. 특히 『北京大學藏西漢竹書』의 「趙正書」에서 진시황이 직접 호해를 후계로 승인하는 내용과 함께 고려한다면, 호해의 정통성 문제에 대한 지난 수천 년 간의 역사적 상식을 재고하게 되는 새로운 자료의 등장이라고 평가할 만하다. 다만 그럼에도, 해당 조서간은 이세황제 쪽에서 일방적으로 반포한 내용으로, 선전에 가까운 표면의 내용을 있는 그대로 받아들이기에는 한계가 있다는 점도 분명히 인식할 필요가 있다.

4호井(J4)에서는 죽간 8매가 나왔는데, 내용은 衣物疏이다.

진말한초에 해당하는 8호정(J8)에서는 10여 매의 간독이 출토되었는데, 특히 '張楚之歲'가 기재되어 있는 정육면체의 觚가 나와서 주목된다.

1호정(J1)에서는 전한 초에 해당하는 죽간 10여 매가 나왔

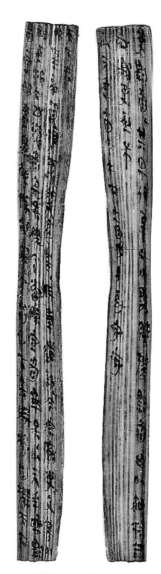

〈秦二世胡亥文告〉『湖南考古』
http://www.hnkgs.com/show_news.aspx?id=973

〈漢平帝元始二年張勳貪汚案〉『湖南考古』
http://www.hnkgs.com/show_news.aspx?id=974

고, 3호정(J3)에서는 모두 8,000여 매의 전한 말 장사국 익양현의 관부 공문서 간독이 출토되었다. 3호정 간독 중 공개된 것으로 전한 말 平帝 때의 사법 문서가 있다. 〈漢平帝元始二年張勳貪汚案〉(J3:1)이라는 제목의 鞫 문서이다. 鞫은 피의자의 체포, 구금, 심문 절차가 끝난 후, 심리한 사실이 모두 확실하다고(審) 확인하는 안건조사의 최종 단계에 작성하는 사법문서로 이에 근거하여 판결하게 된다. 내용은 작위가 不更이면서 益陽縣 金曹의 守令史 직을 맡고 있던 張勳이 평제 元始二年(기원후 2년) 익양현에서 장사국의 치소인 臨湘으로 보내야 했던 작년 세금 중 池加錢 13,000전을 보내지 않고 횡령해서 탄핵당한 사건이다. 사건 처리는 盜罪가 적용되어 횡령한 전은 몰수되고, 장훈 본인은 작으로 감형을 받았지만 髡鉗爲城旦으로 司에서 노역하는 처벌을 받았다. 또 장훈의 가족에게는 배상금을 少內로 납부토록 하고 있다.

5호정(J5)에서는 수량 미상의 전한대 간독이 나왔고, 7호정(J7) 역시 수량 미상으로 내용은 전한 초 장사국 익양현의 인구·식량·賦稅 등의 장부 문서 기록이다.

후한에서 삼국 오에 해당하는 6호정(J6)에서는 1,000여 매의 간독이 출토되었다. 6호정 간독 중에 공

〈漢獻帝建安十九年三聯單〉『湖南考古』
http://www.hnkgs.com/show_news.aspx?id=975

개된 것으로, 후한 헌제 建安19년(214년)때의 창고 물품 출입부 문서가 있다. 〈漢獻帝建安十九年三聯單〉(J6⑥3)이라는 제목인데, 3매의 목간을 이어붙인 형태라서 '三聯單'이라고 했다. 내용은 창고의 곡식을 출납한 수량을 기록한 것이다.

4. 참고문헌

「兔子山遺址還藏着多少祕密」, 『光明日報』 2013.7.23.

「一批承載歷史的簡牘」, 『益陽日報』 2013.7.30.

「湖南益陽兔子山遺址的祕密」, 『中国文化报』 2014.5.6.

國家文物局 編, 『2013年中國重要考古發現』, 文物出版社, 2014.

張春龍・張興國, 「湖南益陽兔子山遺址九號井出土簡牘槪述」, 『國學學刊』 2015-4.

張春龍 등, 「湖南益陽兔子山遺址九號井發掘簡報」, 『文物』 2016-5.

張興國, 「湖南益陽兔子山遺址九號井發掘報告」, 『湖南考古輯刊』 12, 2016.

2. 호북성湖北省 출토 전국 목간

강릉 망산 초간(1965~1966)
江陵 望山 楚簡

강릉 망산 1호 초묘 죽간 江陵 望山 1號 楚墓 竹簡

1. 출토지 : 호북성 강릉현 망산 1호 초묘

2. 개요

   1) 발굴기간 : 1965~1966년

   2) 발굴기관 : 湖北省文化局文物工作隊(현 湖北省文物考古研究所)

   3) 유적종류 : 고분

   4) 시대 : 전국시대

   5) 시기 : 기원전 4~3세기(?)

   6) 출토상황 : 楚國 故都인 湖北省 江陵縣 紀南城 서쪽, 江陵縣 城關鎭 서북쪽 12㎞ 지점에 八嶺山古墓區가 위치하는데, 길이 8㎞, 너비 5㎞로 봉토를 가진 크고 작은 무덤들이 즐비하다. 이 지역은 춘추전국시대 楚王과 楚國 왕공귀족들의 묘장이 위치한 곳이다. 1965년 가을 湖北省文化局文物工作隊는 湖北省 荊州지구 漳河水庫渠道 건설 공정에 따라 팔령산고분구에서 고고조사를 진행하여 봉토가 있는 중대형 묘장 20여 기와 봉토가 없는 소형 묘장 30여 기를 발견하였다. 1965년 겨울부터 1966년 봄까지 공작대는 八嶺山 左脈 동북쪽 기슭에 있는 望山과 沙塚을 조사하여 각각 4기의 춘추전국시대 묘장을 발굴하였다. 망산에서는 중,소형묘 각 2기를 발굴하였고, 사총에서는 중형묘 1기와 소형묘 3기를 발굴하였다. 이 중 망산 1, 2호묘는 전국시대의 중형 묘장으로서 楚簡이 출토되었는데, 이 초간은 楚國의 故都 紀南城 부근 및 호북성 경내에서 발굴된 최초의 초간으로 큰 학술사적 가치를 지니고 있다.

   망산 1호 초묘는 1965년 겨울 발견되었다. 이 묘장은 전국시대 초국의 중형묘장으로 보이는데, 봉토는 도로건설 과정에서 파괴되었다. 묘장의 형태는 장방형의 수혈토갱묘로서 길이 16.1m, 너비 13.4m이며, 墓口에서 槨底板까지의 깊이는 7.98m였다. 묘실의 정중앙에 관곽이 안치되었는데, 1곽2관의 구조로 이루어져 있었다. 곽실 내부는 頭箱, 邊箱과 棺室로 구성되는데, 관실은 장방형의 外棺 안에 안치되어 있었다. 묘장에서 발굴된 유물은 굉장히 풍부한데, 죽간 외에도 도기, 동기, 칠기, 목기, 죽기, 철기, 옥기, 사직물 등 다양한 유물이 발견되었으며, 이외에도 동물의 유해 및 식물 등 600여 건 이상의 유물이 발견되었다. 이런 부장품은 각각 두상, 변상, 관실 세 부분에 나누어져 있었는데, 관실 내에서는 "越王句踐劍" 등 진귀한 유물들이 발견되었다.

죽간은 변상의 동쪽부분에서 발견되었으며, 칠기 아래에 짓눌려 있었다. 죽간은 곽실 안까지 가득찬 물과 칠목기 등의 압력으로 발굴 당시 編繩은 이미 썩어버린 상태였으며, 원래의 편련 순서를 알아볼 수 없는 상태였다. 더구나 모든 죽간은 완전한 형태의 간이 없는 잔간으로, 파손이 비교적 심한 상태였다. 잔간 중 길이가 가장 긴 것은 39.5㎝, 가장 짧은 것은 1㎝ 정도이며, 일반적으로 10㎝ 이하의 것이 많았다. 簡의 폭은 1㎝ 정도, 두께는 0.1㎝였다. 죽간의 문자는 정면에만 묵서로 서사되어 있었고, 문자는 비교적 분명하였지만, 흐릿해 알아볼 수 없는 문자도 있었다. 매 간에 쓰여진 문자의 수는 서로 달라 가장 많은 것은 30여 자에 달하고 가장 적은 것은 1자 정도인데, 일반적으로는 5자에서 15자 정도가 많았다. 망산 1호 초묘 죽간은 일련의 복원과정을 거쳐 207매로 정리되었는데, 가장 긴 간은 52.1㎝이고, 일반적으로 15㎝ 정도였다.

3. 내용

망산 1호 초간의 주된 내용은 점을 치고 기도하는 이른바 '卜筮祭禱'에 대한 기록으로, 이는 중국에서 최초로 발견된 卜筮祭禱簡으로서 상당한 학술적 가치를 지니고 있다. 복서제도간의 형식을 보면 통상적으로 먼저 복서의 시간을 기록하고, 뒤이어 복서 공구, 질문사항, 복서의 결과 등을 기록하고 가장 마지막으로 묘주의 복을 구하고 병을 쫓는 조치를 기록하고 있다. 간문에 기록된 복서의 내용은 주로 3가지인데, 첫 번째는 "出入侍王"에 관한 것, 둘째는 묘주의 仕進에 관한 것, 셋째는 질병 길흉에 관한 것이다. 간문의 내용에 따르면 묘주는 당시 心病이 있어

음식을 먹지 못하고 足骨病, 首疾, 胸疾 등도 앓고 있었던 것 같다. 따라서 이런 류의 내용을 기록한 간문이 비교적 많다. 간문에 기록된 祭禱는 묘주가 병의 치료를 위해 거행한 것으로, 祭禱의 대상은 초나라의 先主들, 묘주의 先君들과 后土, 司命, 大水, 山川 등의 귀신들이었다. 祭禱의 용품은 주로 佩玉, 酒食, 白犬, 말, 소, 양, 돼지 등이었다. 祭禱의 방법에도 다양한 형식이 있었다.

죽간이 발견된 직후 「湖北江陵三座楚墓出土大批重要文物」(1966년)에 망산 1호 초간 및 망산 2호 초간 등의 발굴상황과 일부 죽간의 사진 등을 소개한 글이 발표되었으며, 학계 전문가들을 초청하여 이들 초간에 대한 연구작업도 진행되었다. 하지만 문화대혁명 발발로 인해 정리작업이 중단되었다가 1970년대 초에야 정리작업이 다시 시작되었다. 『望山楚簡』(1995)에는 망산 1호 초묘 죽간 및 망산 2호 초묘 죽간 전체의 사진과 석문이 수록되었다. 『戰國楚竹簡匯編』(1995)과 『江陵望山沙塚楚墓』(1996)에서는 죽간의 사진, 모본 등이 수록되었고, 『楚地出土戰國簡冊[十四種]』(2009)에는 전체 석문과 함께 주석이 수록되었다.

4. 참고문헌

湖北省文化局文物工作隊 編, 「湖北江陵三座楚墓出土大批重要文物」, 『文物』 1966-5.

湖北省文物考古研究所·北京大學中文系 編, 『望山楚簡』, 中華書局, 1995.

商承祚 編著, 『戰國楚竹簡匯編』, 齊魯書社, 1995.

湖北省文物考古研究所 編, 『江陵望山沙塚楚墓』, 文物出版社, 1996.

駢宇騫·段書安 編著, 『二十世紀出土簡帛綜述』, 文物出版社, 2006.

陳偉 等著, 『楚地出土戰國簡冊[十四種]』, 經濟科學出版社, 2009.

강릉 망산 2호 초묘 죽간 江陵 望山 2號 楚墓 竹簡

1. 출토지 : 호북성 강릉현 망산 2호 초묘

2. 개요

1) 발굴기간 : 1966년

2) 발굴기관 : 호북성 문화국 문물공작대(현 호북성문물고고연구소)

3) 유적종류 : 고분

4) 시대 : 전국시대

5) 시기 : 기원전 4~3세기(?)

6) 출토상황 : 1965년 겨울 호북성 강릉 망산 1호 초묘가 발굴된 이후, 1966년 봄 호북성 문화국 문물공작대는 계속해서 망산 2호 초묘의 발굴을 진행하였다. 망산 2호 초묘 역시 墓坑과 墓道로 구성된 중형 초묘로 墓口의 길이는 11.84m, 너비 9.4m였다. 직사각형의 수혈토갱묘인 망산 2호 초묘는 1곽3관의 구조로 이루어져 있었다. 관곽은 묘실의 중앙에 안치되어 있었으며 곽실은 길이 5.04m, 너비 2.82m의 크기로 이루어져 있었다. 곽실 내부는 頭箱과 남쪽 邊箱, 棺室의 세 부분으로 구성되어 있었고, 관실에는 外棺, 中棺, 內棺이 3중으로 놓여져 있었다.

묘장은 일찍이 도굴되었지만 출토된 유물은 상당히 풍부하여 각종 동기, 도기, 칠기, 목기, 죽기, 옥기, 석기, 골기 및 絲織物 등 600여 건이 출토되었다. 대부분의 유물은 頭箱과 邊箱에서 발견되었으며, 관 내부에서 발견된 유물은 소수였다. 죽간은 邊箱의 최상층 중간과 동쪽부분에서 발견되었는데, 출토 당시 5매의 죽간은 비교적 완정한 형태였지만, 나머지 대부분의 죽간은 곽실에 가득찬 물로 인해 죽간의 편련이 이미 썩어버려 흩어진 상태로 발굴되었다. 죽간의 보존상태가 좋지 못해 출토 당시 죽간은 짙은 갈색을 띠고 있었고, 대부분은 파손된 상태였다. 완정간의 길이는 64.1㎝, 가장 짧은 잔간은 길이가 1㎝가 되지 않았으며, 일반적인 간은 4~10㎝ 정도의 길이만 남아 있었다. 간의 너비는 0.6~0.67㎝ 정도였고, 두께는 0.1~0.16㎝였다. 완정간의 경우 상단과 하단에 간의 편련에 사용된 삼각형의 작은 契口가 있었다. 또한 죽간의 문자는 모두 정면에만 서사되어 있었고, 뒷면 및 간의 상단과 하단에는 문자가 쓰여있지 않았다. 따라서 이들 죽간은 간문을 쓴 후에 편련하여 冊書로 만든 것으로 보인다. 출토 당시 대부분 간의 字迹은 분명했지만 일부 간은 잔결로 字迹이 흐릿한 것도 있었다. 매 간에 쓰여진 글자 수는 완전한 간의 경우 최대 73자에 달하고, 가장 적은 것은 3~4자 정도가 쓰여져 있었다. 이들 죽간은 정리 및 철합을 거친 이후 66매의 간으로 정리되었다.

3. 내용

망산 2호 초묘 죽간의 주된 내용은 遣策이다. 죽간의 내용은 당시 이 묘에 부장된 기물의 명칭을 파악하는데 중요한 자료가 된다. 이들 죽간의 편철 순서를 복원하는 것은 곤란하지만 대체로 "...周之歲八月辛..."이라는 글자가 쓰여진 간을 첫머리로 하여 車輿器, 銅器, 陶器, 漆器, 木器, 竹器, 絲織物 등 기물의 명칭과 수량이 기록된 것으로 추정된다. 이 자료는 부장물품의 명칭을 파악하는데 중요한 자료를 제공할 뿐만 아니라 묘주의 신분등급과 기물의 부장과 관련된 전국시대 초인의 습속을 연구하는 데에도 중요한 자료가 된다.

이 죽간은 망산 1호묘 죽간과 마찬가지로 발견된 직후 「湖北江陵三座楚墓出土大批重要文物」(1966년)에 발굴상황과 일부 죽간의 사진 등을 소개한 글이 발표되었고, 학계 전문가들을 초청하여 이들 초간에 대한 연구작업도 진행되었다. 하지만 문화대혁명의 발발로 인해 정리작업이 중단되었다가 1970년대 초에야 정리작업이 다시 시작되었다. 『望

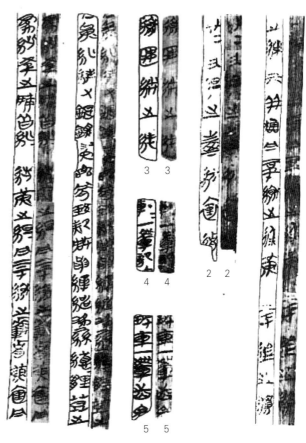

〈望山2號楚墓竹簡 2~5簡(『望山楚簡』, p.52 轉載)〉

山楚簡』(1995)에는 망산 1호 초묘 죽간 및 망산 2호 초묘 죽간 전체의 사진과 석문이 수록되었다. 『戰國楚竹簡匯編』(1995)과 『江陵望山沙塚楚墓』(1996)에서는 죽간의 사진, 모본 등이 수록되었고, 『楚地出土戰國簡冊[十四種]』(2009)에는 전체 석문과 함께 주석이 수록되었다.

4. 참고문헌

湖北省文化局文物工作隊 編, 「湖北江陵三座楚墓出土大批重要文物」, 『文物』 1966-5.

湖北省文物考古研究所·北京大學中文系 編, 『望山楚簡』, 中華書局, 1995.

商承祚 編著, 『戰國楚竹簡匯編』, 齊魯書社, 1995.

湖北省文物考古研究所 編, 『江陵望山沙塚楚墓』, 文物出版社, 1996.

駢宇騫·段書安 編著, 『二十世紀出土簡帛綜述』, 文物出版社, 2006.

陳偉 等著, 『楚地出土戰國簡冊[十四種]』, 經濟科學出版社, 2009.

강릉 등점 전국간(1973)

江陵 藤店 戰國簡

1. 출토지 : 호북성 강릉현 등점 1호 전국묘

2. 개요

    1) 발굴기간 : 1973년 3월

    2) 발굴기관 : 형주지구박물관

    3) 유적종류 : 고분

    4) 시대 : 전국시대

    5) 시기 : 기원전 5~4세기(?)

    6) 출토상황 : 1973년 3월 호북성 강릉현 藤店公社의 社員이 수리시설 건설공사 중 한 기의 전국시대 중기 묘장을 발견하여 바로 현지 文化部門에 보고하였다. 형주지구박물관은 湖北省博物館의 협조 하에 3월 중, 하순에 걸쳐 藤店 1號墓에 대한 발굴작업을 진행하였다. 藤店 1號墓는 紀南城 서북쪽 9㎞지점에 위치하고 있으며, 江陵縣城(荊州城)과는 약 23㎞ 떨어져 있다. 묘장은 비교적 높은 언덕 위에 있으며 이미 봉토는 남아있지 않았다. 발굴 전 墓口가 이미 노출되어 있어 墓口 아랫부분이 부분적으로 훼손되었다.

    묘장은 직사각형의 토갱목곽묘이며, 墓坑의 동쪽에 墓道가 이어져 있다. 墓口의 길이는 11m, 너비 9.6m이며, 묘 바닥까지의 깊이는 6.6m였다. 묘장의 구조는 1槨2棺으로서 槨의 길이는 4.26m, 너비 2.42m, 높이 2m였다. 槨室은 棺室, 頭箱, 邊箱으로 구분되어 있었다. 外棺 안에는 內棺이 안치되어 있었는데, 內棺은 3가닥의 가로줄과 2가닥의 세로줄로 묶여져 있었으며, 棺 바깥에는 검은색, 棺 내부에는 붉은색 칠이 되어 있었다. 묘주는 大夫급에 해당하는 전국시대 귀족이었던 것으로 보인다.

    묘장 내부에서는 약 300여 건의 유물이 출토되었는데, 대부분은 頭箱과 邊箱에 부장되어 있었고, 棺 내부에는 무기와 장식품 등이 부장되어 있었다. 부장품은 "越王朱句自作用劍"이라는 銘文이 새겨진 銅劍 등의 銅器, 陶器, 竹器, 木器, 皮甲, 玉器, 石器, 骨器 등의 종류가 있었다. 용도에 따라 구분하면 兵器와 車馬器, 생활용구, 악기 등으로 구분할 수 있다. 또한 邊箱의 서쪽부분에서 죽간 24매가 발굴되었다. 출토 당시 이미 파손이 심해 대부분은 잔간이었으며, 가장 긴 것도 길이가 18㎝, 너비가 0.9㎝ 정도였다. 가장 많은 문자가 쓰여진 간에는 7자가 쓰여져 있었으며, 알아볼 수 있는 글자는 모두 47자였다.

3. 내용

江陵 藤店 戰國簡의 경우 파손이 심하고 쓰여져 있는 글자 수가 적어 그 내용은 잘 알 수 없다. 죽간이 발견된 직후 「湖北江陵縣藤店1號墓發掘簡報」(1973)에 자세한 출토 정황 및 일부 죽간의 사진을 수록한 발굴보고가 소개되었다.

4. 참고문헌

荊州地區博物館 編, 「湖北江陵縣藤店1號墓發掘簡報」, 『文物』 1973-9.

駢宇騫·段書安 編著, 『二十世紀出土簡帛綜述』, 文物出版社, 2006.

강릉 천성관 초간(1978)
江陵 天星觀 楚簡

1. **출토지** : 호북성 강릉현 천성관 1호 초묘

2. **개요**

1) 발굴기간 : 1978년 1~3월

2) 발굴기관 : 형주지구박물관

3) 유적종류 : 고분

4) 시대 : 전국시대

5) 시기 : 기원전 5~4세기(?)

6) 출토상황 : 天星觀 1호묘는 호북성 강릉현 紀南城 동쪽 약 30㎞ 지점에 위치하고 있다. 清代에 묘장의 봉토 퇴적층 위에 "天星觀"이라는 도관이 건립되었기 때문에 "天星觀1號墓"라는 명칭이 붙여졌다. 발견 당시 묘장은 동북쪽으로 長湖라는 호수를 접하고 있기 때문에 봉토의 2/5 가량이 이미 붕괴된 상태였다. 호북성 荊州地區博物館은 유물을 수습하기 위해 1978년 1월 8일부터 3월 28일까지 발굴조사를 진행하였다. 이 묘장은 장방형의 수혈토갱목곽묘로 원 묘갱은 길이 41.2m, 너비 37.2m에 달하는 대형 무덤으로, 戰國時代 楚 묘장 중 가장 큰 크기의 묘장 중 하나이다.

묘장은 1槨3棺으로 구성되어 있는데 槨 내부는 5개의 大室, 7개의 小室로 구분된다. 木槨은 길이 8.2m, 너비 7.5m, 높이 3.16m이며, 보존상태가 비교적 양호했다. 槨室의 횡격판에는 11폭의 벽화와 각종 문양 등이 채색되어 있었다. 棺은 槨 中室에 3중 관으로 안치되어 있었는데, 묘주의 시신은 남아 있지 않았다. 일찍이 심각한 도굴 피해를 입어 7室 중 北室을 제외하고 모두 도굴되었다. 하지만 도굴 피해를 피한 유물만 계산해도 陶器, 銅器, 兵器, 車馬器, 樂器, 漆器, 竹簡 등 2,440여 건에 달한다. 槨의 南室과 北室에는 주로 青銅容器·漆木器 등이 부장되어 있

었고, 東室에는 樂器, 西室에는 車馬器·兵器·竹簡, 中室에는 소량의 玉石器가 부장되어 있었다.

죽간은 모두 70여 매의 완전한 형태의 간과 일부 잔간이 西室에 부장되어 있었다. 죽간 중 일부는 漆皮 사이에 끼여 있거나 兵器 밑에 깔려 있었고, 도굴꾼에 의해 훼손된 것도 있었지만, 竹笥 내부에 비교적 완정하게 보존된 것도 있었다. 완전한 형태의 간은 길이 64~71㎝, 너비 0.5~0.8㎝ 정도였다. 간의 좌측 상,하단에 각각 하나씩의 삼각형 編口가 있었다. 간문은 앞면에만 서사되었고, 상단의 공간을 따로 남기지 않고 서사되었다.

3. 내용

江陵 天星觀 楚簡의 내용은 "卜筮"기록과 "遣策"으로 구분되며, 완전한 형태의 간 70여 매와 기타 잔간을 합쳐 모두 4,500여 자가 서사되어 있었다. 字迹은 대부분 분명하였다. "遣策"은 파손이 비교적 심하여 일련의 복원과정을 거쳐 주요 내용을 이해할 수 있게 되었다. 遣策 중 일부는 묘주인 邸殤君을 위해 助喪한 사람들의 이름, 관직 및 증여물품을 기록한 것이다. 물품의 증여로 助喪한 관원에는 "集脰尹", "集精尹", "宰尹", "集尹墨", "陽令", "小司馬" 등이 있었고, 묘주와 同姓인 "番之里人"과 관직이 없는 사람의 이름도 있었다. 증여물품은 車輛 위주인데 수레의 상부물품, 장식물의 명칭과 질 등을 상세히 기록하고 있다. 遣策 중의 또 다른 기록은 묘주의 送喪시에 사용된 수레, 의장, 수레를 모는 御者의 관직, 이름, 수레를 모는 위치 및 수레의 명칭, 싣고 가는 儀仗, 兵器, 甲冑, 장식물 등을 상세히 기록하고 있다. 이런 遣策 자료는 당시 상장제도와 사용된 기물의 명칭을 이해하는 것 뿐만 아니라 楚國의 封君제도를 이해하는 데에도 큰 도움을 주고 있어, 상당한 가치를 지닌 문서라고 할 수 있다.

〈江陵 天星觀楚簡(「江陵天星觀1號楚墓」 圖32 轉載)〉

"卜筮"기록은 죽간의 수량이 비교적 많아 약 2,700여 자가 쓰여져 있다. 대부분의 내용은 묘주의 卜筮기록이며, 제사에 관한 내용도 일부 포함되어 있다. 卜筮의 구체적인 내용은 세 종류로 구분 할 수 있는데, 첫 번째는 묘주의 "侍王"이 순조로울지 여부를 점치는 것이고, 둘째는 우환·질병의 길흉에 관한 점이며, 셋째는 새로운 집으로 거처를 옮기는데 있어 오래도록 거처할 수 있을 것인지, 그 앞날이 어떠할 것인지를 점친 것이다. 卜筮기록의 형식은 크게 두 가지로 구분되는데, 첫째는 먼저 연월일을 기록하고 卜人이 사용하는 占卜 공구와 점치는 사항, 점복의 결과를 기록한 것이며, 둘째는 연월일을 기록하지 않고 卜人의 이름, 占卜 공구 및 驗辭만 기록한 것이다. 기도의 대상으로는 선조인 "卓公", "惠公" 등이 있으며, 기도의 대상인 귀신에는 "司命", "地宇", "雲君", "大水", "東越夫人" 등등이 있다. 이 "卜筮"기록은 보존상태가 비교적 좋아 당시 楚國의 卜筮 상황, 귀족들의 의식형태 등을 연구하는데 있어 중요한 자료적 가치를 지니고 있다. 또한 天星觀楚簡의 字體는 楚 문사를 기본으로 하면서 대량의 별체자, 통가자 등을 포함하기 때문에 고문자학 연구에도 상당한 활용가치를 지니고 있다.

묘장의 발굴상황과 출토기물의 종류, 출토죽간의 내용 및 일부 석문 등을 소개한 글은 「江陵天星觀1號楚墓」(1982)에 발표되었다.

4. 참고문헌

湖北省荊州地區博物館 編, 「江陵天星觀1號楚墓」, 『考古學報』 1982-1.

駢宇騫·段書安 編著, 『二十世紀出土簡帛綜述』, 文物出版社, 2006.

수주 증후을묘 전국간(1978)

隨州 曾侯乙墓 戰國簡

1. 출토지 : 호북성 수현(현 수주시) 증후을묘(擂鼓墩1호묘)

2. 개요

　1) 발굴기간 : 1978년 5월~6월

　2) 발굴기관 : 隨縣 擂鼓墩1호묘 고고발굴대

　3) 유적종류 : 고분

　4) 시대 : 전국시대

　5) 시기 : 기원전 5세기

　6) 출토상황 : 曾侯乙墓(원명 : 擂鼓墩1호묘)는 호북성 수현(현 수주시) 서북쪽 약 3㎞ 지점인 뇌고돈 지방에 위치하고 있다. 이 지역은 작은 구릉지대로 묘갱은 동서방향의 작은 언덕 동쪽 끝에 위치하고 있다. 1977년 9월 중국인민해방군 수현 주둔 부대가 영지 건설 공사를 진행하며 이 묘를 발견하였다. 1978년 3월 湖北省, 襄陽地區, 隨縣의 유관부서들은 연합으로 묘에 대한 전면적인 조사를 진행하였다. 5월 상순에는 발굴을 시작하여 6월 말까지 이어졌다. 발굴에 참여한 기관은 湖北省博物館, 武漢大學歷史系考古專業, 襄陽地區博物館, 隨縣文敎局, 隨縣文化館 및 기타 이 지역 문물관련 간부와 亦工亦農考古訓練班 학생들이었다.

　묘갱은 평면상 불규칙한 다변형으로 정남쪽을 향하고 있었다. 발견 당시 잔존 墓口는 동서 길이 21m, 남북 너비 16.5m로 총면적은 220평방미터였다. 묘갱은 주로 암석에 건설된 岩坑竪穴式 묘장이었다. 묘갱 내에는 木槨이 안치되었는데 목곽의 사방 벽면은 묘갱 벽면과 20㎝에서 70㎝ 사이의 공간을 두고 떨어져 있었다. 곽실은 北室, 東室, 中室, 西室의 4室로 구성되어 있었고, 각 室은 벽으로 막혀져 있었다. 또한 곽실 내부에는 물이 가득차 있었다. 곽실 중 東室 중앙으로 묘주의 관이 2중으로 안치되어 있었고, 主棺 동쪽과 서쪽에는 순장자의 관으로 보이는 陪

棺이 각각 6구와 2구가 안치되어 있었다. 또한 主棺의 서쪽으로 中室로 통하는 곳 근처에 狗棺 1구가 있었다. 東室 내에는 兵器, 樂器, 漆器, 金器 등의 부장품이 안치되어 있었다. 中室에는 禮樂器가 안치되었고, 西室에는 陪棺 13구, 北室에는 兵器, 車馬器와 竹簡이 안치되어 있었다. 主棺은 內棺과 外棺의 2중관으로 되어 있었고, 內棺 안에 묘주의 시신과, 시신을 싼 것으로 보이는 비단의 썩고 남은 흔적 및 玉器, 角器, 骨器와 소량의 金器가 있었다. 인골 감정결과 묘주는 40~45세 사이의 남성이며, 東室과 西室에 매장된 陪棺의 시신은 15세에서 25세까지의 여성으로서 모두 순장자의 시신으로 보인다. 또한 中室의 북쪽 槨 덮개에는 도굴꾼이 뚫은 것으로 보이는 80㎝의 구멍이 있었으며, 3건의 도굴 공구가 함께 발견되었다. 공구를 통해 볼 때 이 묘는 전국시대 중후기에 이미 도굴된 것으로 보인다. 다만 槨室 안에 물이 가득차 있었기 때문에 도굴의 범위는 中室의 동북쪽 영역에만 국한되었다.

이 묘장에서는 樂器, 靑銅禮器, 容器, 兵器, 車馬器, 金器, 玉器 등 7,000여 건에 달하는 부장품이 출토되었다. 부장품 외에도 漆箱의 덮개 위에 28宿 도안도 그려져 있었다. 부장품 중 兵器에는 銘文이 새겨져 있었는데 대부분 "曾侯乙之□□"라는 銘文이 있어 이 묘의 주인이 曾侯乙임을 알 수 있었다. 이러한 다량의 부장품과 함께 北室에서 200여 매의 죽간이 발견되었다. 편련을 했던 끈은 이미 썩고 없어져 출토 당시에는 이미 흩어진 상태였다. 완전한 형태의 간의 길이는 72~75㎝이며, 너비 1㎝ 정도였다. 간에 남아 있는 編繩 흔적으로 볼 때 이 죽간은 상,하 두 갈래 編繩으로 편련된 簡冊이었음을 알 수 있다. 編繩 상하의 글자 사이 간격이 비교적 넓은 것을 볼 때, 이 간책은 먼저 편련한 후에 문자가 서사되었음을 알 수 있다.

3. 내용

曾侯乙墓에서 출토된 죽간은 양면에 문자가 서사된 일부를 제외하고 대부분의 간은 정면에만 문자가 묵서되어 있었다. 簡文의 字體는 흔히 보이는 전국 楚簡과 같았다. 죽간의 보존상태는 대부분 양호하여 字迹을 거의 식별할 수 있었다. 간의 문자는 상단의 공간[天頭]을 남기지 않고 간의 머리부분부터 서사되어 있었다. 매 간에 묵서된 글자 수는 모두 다르며, 총 6,600자가 서사되어 있었다.

죽간은 주로 喪葬 의례에 사용된 車馬甲兵을 기록하고 있는데 대체로 다음과 같은 것들을 포괄한다. 첫째는 車馬의 구성에 관한 것으로 말 몇 필이 끄는 수레를 타고 있는 사람 및 그가 어떤 기구에 속하는지를 기술한 것이다. 둘째는 수레를 모는 사람의 구성을 기술한 것이며, 셋째는 각종 車輛의 甲胄, 兵器, 부속기물, 장식물 등을 포괄한 장비에 대해 기술한 것이다. 죽간에 기록된 내용은 묘장에서 출토된 실물과 서로 부합하지 않는데, 이는 죽간에 기술된 車馬가 葬儀에 참가한 의장의 대오를 기록한 것임을 분명히 보여준다. 또한 죽간에는 "令尹", "宮廐尹", "連敖" 등 楚國의 관명들이 기록되어 있는데 이를 曾侯乙墓 부장품 명문과 비교하면 楚國과 曾國의 밀접한 관계를 짐작할 수 있다.

이 묘장의 주인인 曾侯乙은 曾國의 제후로서 이 묘는 기원전 433년 전후를 즈음한 전국시대 초기 묘로 생각된다. 曾國은 문헌상의 隨國으로 당시 曾國은 楚의 부용국이었다. 또한 이 묘장의 규모와 출토 유물의 종류와 양을 보면 曾國의 제후가 天子의 예에 따라 葬儀를 사용하였음을 알 수 있는데, 이러한 점은 당시 이미 周王의 권위가 무너졌음을 보여주는 것으로 문헌의 기록과 서로 부합한다.

증후을묘는 전국시대 초기 제후의 묘장으로서 그 규모 및 출토 부장품의 수량, 질 등은 다른 묘장에서는 찾아보기 힘들다. 따라서 이 묘장은 발굴당시부터 중화인민공화국 성립 이래 최대의 고고학적인 수확으로 크게 주목을 받았다. 「湖北隨縣曾侯乙墓發掘簡報」(1987)」은 묘장의 刑制 및 출토상황, 부장기물 등을 소개하고 있고, 또 『隨縣曾侯乙墓』(1989)는 출토 문물 및 죽간에 대해 자세히 소개하고 있다. 『楚地出土戰國簡冊[十四種]』(2009)에는 출토 죽간의 전체 석문과 함께 주석이 수록되었다.

4. 참고문헌

隨縣擂鼓墩1號墓考古發掘隊 編, 「湖北隨縣曾侯乙墓發掘簡報」, 『文物』 1987-7.

湖北省博物館 編, 『隨縣曾侯乙墓』, 文物出版社, 1989.

駢宇騫·段書安 編著, 『二十世紀出土簡帛綜述』, 文物出版社, 2006.

陳偉 等著, 『楚地出土戰國簡冊[十四種]』, 經濟科學出版社, 2009.

강릉 구점 초간(1981, 1989)

江陵 九店 楚簡

1. 출토지 : 호북성 강릉현 구점 56호 초묘, 621호 초묘, 411호 초묘

2. 개요

    1) 발굴기간 : 1981년, 1989년

    2) 발굴기관 : 호북성박물관

    3) 유적종류 : 고분

    4) 시대 : 전국시대

    5) 시기 : 기원전 4~3세기(?)

    6) 출토상황 : 춘추전국시대 楚國의 고도 紀南城의 동북쪽 1.2~1.5㎞ 지점에는 다수의 묘장이 분포되어 있다. 이 묘장군 江陵縣城(荊州城) 북쪽 약 8.5㎞ 지점, 九店 남쪽 2㎞ 지점에 위치한다. 1978년 湖北省 江陵縣 九店公社磚瓦廠(현 紀南第2磚瓦廠) 雨臺大隊가 이 지역에서 取土 공정을 하면서 일련의 楚墓가 계속해서 발견되었다. 1981년 磚瓦廠의 규모가 확대되고 取土量이 증가함에 따라 1981년 5월 湖北省博物館 江陵工作站은 이 지역에 대한 정식 발굴조사를 시작하였다. 발굴작업은 1989년 말까지 이어졌다. 9년간 이 지역에서 600기의 묘장, 1기의 車馬坑, 4기의 古井을 발굴하였는데, 그중에는 西周 말기묘 1기, 춘추전국시대 묘장 596기, 唐 이후의 磚室墓 3기가 포함되어 있었다. 그리고 이들 묘장 중 56號墓에서 205매의 죽간, 621號墓에서 127매의 잔간, 411號墓에서 2매의 죽간을 발굴하였다.

3. 내용

1) 56호묘 죽간

1981년 발굴된 九店 56
호묘에서는 전체 205매의
죽간이 출토되었다. 죽간은
묘장의 측면 龕室 내에서 출
토되었는데, 죽간 상에 세
갈래 편승의 흔적이 발견되
었고 卷冊으로 말려 부장되
었던 것으로 보인다. 죽간과
함께 검은색 盒과 削刀가 출
토되었다. 발견 당시 죽간은
흑갈색을 띠고 있었고 간문
은 정면에만 묵서되어 있었
다. 205매 죽간 중 완정간은
35매에 불과하고 나머지는
모두 잔간이다.

간문의 내용은 크게 두
부분으로 나눌 수 있다. 첫

〈九店56호묘 楚簡 16~18簡(『江陵九店東周墓』圖版104 轉載)〉

째는 1호간부터 12호간까지로, 곡물의 명칭 및 수량, 수량단위 등이 기록되어 있어 농작물 관
련 기록으로 추정된다. 둘째는 睡虎地秦簡〈日書〉와 그 성격이 비슷한 數術類 기록으로 다시
몇 개의 부분으로 구분할 수 있다.

① 13~24호간

상, 하 양단으로 나누어 문자가 서사되어 있으며, 楚 建除家의 설이 기록되어 있다. 睡虎地秦
簡〈日書〉甲種 1號簡부터 13號簡까지와 乙種 1號簡부터 25號簡까지 기록된 建除 명칭과 기본

적으로 같은 내용이 수록되었다.

② 25~36호간

역시 建除家의 설이 기록되어 있으며 睡虎地秦簡〈日書〉甲種 1號簡부터 13號簡까지의 내용과 비슷하다.

③ 27~40호간

매 계절 3개월 중 어느 天干의 날이 길한지, 불길한지에 대한 기록과, 5子日, 5卯日, 5亥日, 城日, 吉日, 不吉日 등에 무엇을 해야 이로운지, 무엇을 하면 이롭지 않은지를 기록하고 있다.

④ 43~44호간

某神의 일종의 巫術 활동을 기록하고 있다.

⑤ 45~59호간

주택을 건축할 때의 방위가 인간사의 길흉에 미치는 영향을 기록한 相宅의 書에 속한다.

⑥ 60~94호간

睡虎地秦簡〈日書〉乙種 158號簡부터 180號簡까지의 내용과 서로 비슷하며, 시일 및 행동에 따른 금기를 기록하고 있다.

⑦ 95호간 이후

잔간으로 의미를 파악하기 힘들지만 모두 數術 방면의 내용으로 보인다.

56호묘 초간의 출토는 시일선택에 따른 길흉을 설명하는 서적이 전국시대 楚國에서 상당히 유행하고 있었음을 시사한다. 또한 이 초간에서 1년의 시일 길흉을 설명하며 12개월을 순서대로 배열하고 있어 전국시대 楚國의 曆法 연구에도 중요한 자료가 된다. 간문 중에 언급된 "入人", "入人民", "逃人不得", "寇盜" 등은 노예 매매 및 노예의 도망과 관련된 글자로서 당시 초나라의 사회 성격을 연구하는데에도 중요한 자료를 제공한다.

2) 621호묘 죽간

1989년 호북성박물관 강릉공작참은 九店 621호묘에서 127매의 죽간 잔간을 발굴하였다. 죽간은 관곽 사이 동쪽 가운데 부분에서 출토되었는데, 출토 당시 죽간은 흑갈색을 띠고 있었으며, 간문은 정면에만 墨書되어 있었다. 127매 잔간 중 字迹이 분명한 간은 32매, 字迹이 불명확한 간이 57매, 無字簡 38매였다. 죽간 중 알아볼 수 있는 문자의 내용으로 볼 때, 이 죽간은 요지와 관련된 내용이 기록된 고대 요리류 佚書로 추정할 수 있다. 묘장의 특징으로 볼 때 이 죽간은 전국시대 중후기의 초간으로 보인다.

3) 411호묘 죽간

1989년 호북성박물관 강릉공작참은 九店 411호묘에서 2매의 죽간을 발굴하였다. 죽간은 묘장 관곽 사이 동남쪽 부분에서 출토되었는데, 하나의 간은 완정한 형태였고, 다른 하나는 잔결이 있었다. 두 간 모두 字迹은 불명확하였다.

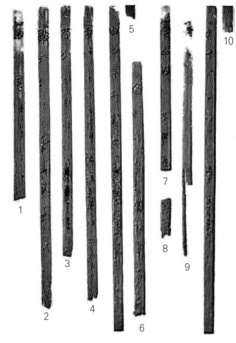

〈九店621호묘 楚簡 1~10簡(『江陵九店東周墓』 圖版 123 轉載)〉

湖北省 江陵 九店 고분군은 거의 600여 기에 달하는 전국시대 楚國의 대형 고분군이다. 고분군에서 출토된 죽간은 전국시대 楚나라의 사회상을 여실히 보여주는 중요 자료라고 할 수 있다. 九店楚簡 중 가장 중요한 56호묘 죽간은 『楚文化考古大事記』(1984)에 소개되었고, 56호, 621호, 411호묘 출토의 전체 九店楚簡은 『江陵九店東周墓』(1995)에 전체 묘장의 形制, 출토문물 등과 함께 소개되어 있다. 『九店楚簡』(2000)에는 전체 죽간의 사진, 釋文, 考釋 등이 수록되었다. 또한 『楚地出土戰國簡冊[十四種]』(2009)에는 九店 56호묘, 621호묘 출토 죽간의 석문과 주석이 수록되었다.

4. 참고문헌
楚文化研究會 編, 『楚文化考古大事記』, 文物出版社, 1984.
荊州博物館 編, 『江陵九店東周墓』, 科學出版社, 1995.

湖北省文物考古研究所·北京大學中文系 合編,『九店楚簡』, 中華書局, 2000.

駢宇騫·段書安 編著,『二十世紀出土簡帛綜述』, 文物出版社, 2006.

陳偉 等著,『楚地出土戰國簡冊[十四種]』, 經濟科學出版社, 2009.

강릉 마산 초간(1982)

江陵 馬山 楚簡

1. **출토지** : 호북성 강릉현 마산 전창 1호 초묘

2. **개요**

　1) 발굴기간 : 1982년

　2) 발굴기관 : 형주지구박물관

　3) 유적종류 : 고분

　4) 시대 : 전국시대

　5) 시기 : 기원전 4~3세기(?)

　6) 출토상황 : 1982년 1월 荊州地區博物館은 江陵縣 馬山公社磚廠의 취토장에서 1기의 소형 묘장을 발견하여 즉시 발굴을 시작하였다. 그리고 30여 일간의 발굴 끝에 대량의 진귀한 絲織品과 함께 1매의 죽간을 발굴하였다. "馬山公社磚廠1號墓"라는 편호가 붙여진 이 묘장은 楚 故都 紀南城 서북쪽 약 8㎞ 지점에 위치하고 있으며, 과거 죽간이 발견된 望山1號墓와 藤店1號墓와 가까운 묘장 밀집지대로 볼 수 있다.

　이 묘장은 발굴 전 取土 당시 이미 묘갱의 상부가 파괴되었는데, 잔존 墓口는 길이 3.98m, 넓이 2.48m였고, 槨 盖板까지의 깊이는 1.9m였다. 묘갱의 동쪽으로는 墓道가 연결되어 있었다. 이 묘장은 1棺1槨의 수혈토갱묘로서 묘장의 규모는 작지만 묘갱 전체가 진흙층 안에 싸여 있어 棺槨과 부장기물의 보존상태가 비교적 양호하였다. 묘주는 160㎝가량의 신장을 가진 40~45세 사이의 여성으로 추정된다.

　부장품은 대부분 槨室 내 頭箱과 邊箱에서 출토되었는데, 銅器, 陶器, 漆木器, 竹器 등이 출토되었지만 가장 큰 관심을 모은 것은 대량의 絲織物이었다. 여기서 출토된 絲織物은 수량이 많을 뿐만 아니라 화려한 색깔과 정교한 수가 놓여진 양질의 絲織物이었다. 현재까지도 이 묘장

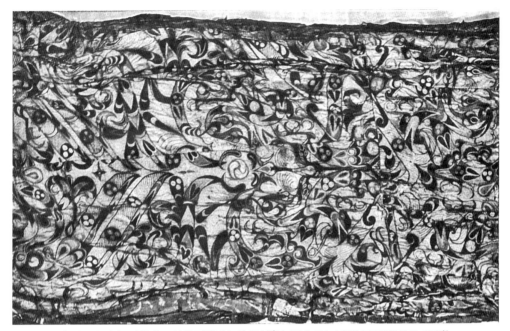

〈江陵馬山磚廠1號墓 출토 絲織品(「湖北江陵馬山磚廠1號墓出土大批戰國時期絲織品」 轉載)〉

은 長沙馬王堆1號漢墓와 함께 "고대 비단의 보고"로 불리고 있다.

3. 내용

이 묘장의 槨室 내부 邊箱에 있던 竹笥 안에서 1매의 죽간이 발견되었는데, 죽간의 길이는 11㎝, 너비는 0.7㎝였다. 죽간에는 7~8자가 묵서되어 있었는데, 그 내용을 보면 死者에게 바쳐진 衣物을 기록하고 있어 遣策類 죽간으로 볼 수 있다. 묘장 발굴 직후 1982년 10월『文物』에는 이 묘장 출토상황과 기물 등을 소개한 3편의 글이 발표되었는데, 그중에서 「湖北江陵馬山磚廠1號墓出土大批戰國時期絲織品」에 죽간의 석문과 간략한 내용이 소개되었다.

4. 참고문헌

荊州地區博物館 編,「湖北江陵馬山磚廠1號墓出土大批戰國時期絲織品」,『文物』1982-10.

駢宇騫·段書安 編著,『二十世紀出土簡帛綜述』, 文物出版社, 2006.

강릉 우대산 초간(1986)

江陵 雨臺山 楚簡

1. **출토지** : 호북성 강릉현 우대산 21호 초묘

2. **개요**

    1) 발굴기간 : 1986년

    2) 발굴기관 : 호북성박물관

    3) 유적종류 : 고분

    4) 시대 : 전국시대

    5) 시기 : 기원전 5~4세기(?)

    6) 출토상황 : 1986년 湖北省博物館은 荊(門)沙(市)鐵路 공정에 맞추어 江陵縣 雨臺山에서 수 십기의 묘장을 발굴하였는데, 그중 21호묘에서 4매의 죽간이 출토되었다. 雨臺山21號墓는 湖北省 江陵縣 雨臺村에 위치하고 있으며 楚 고도 紀南城 동쪽 약 1㎞지점에 위치하고 있다. 21호묘는 직사각형의 수혈토갱목곽묘로서 墓口는 길이 4.7m, 너비 4m이며, 墓口로부터 묘 바닥까지의 깊이는 5.16m였다. 이 묘장은 1棺1槨의 구조로 이루어져 있었고 槨室은 길이 2.72m, 너비 1.34m, 높이 1.46m의 크기를 가지고 있었다. 棺은 槨室의 북측에 위치하였고, 길이 2.04m, 너비 0.7m, 높이 0.82m의 크기를 가지고 있었다. 부장품은 대부분 棺 바깥 묘주의 머리쪽에 안치되어 있었는데 木器, 竹器, 木俑, 陶器 등 20여 건이 출토되었다.

3. **내용**

    이 묘장의 죽간 4매는 棺의 남측 및 棺 하단에서 발견되었는데, 槨室에 물이 들어와 棺이 기울어지면서 압력을 받아 잔간이 된 것으로 보인다. 간의 내용이 고대 音律의 명칭을 기록한 것으로 보아, 이 죽간은 殘竹 律管으로 추정된다. 律管은 보통 小竹管으로 만들어지는데 상단의

管口는 원형으로 되어 있고 管口로부터 표피를 깎아서 만들었다. 이것은 중국 音樂考古 방면의 중요한 발견으로, 이 律管의 출토상황 및 사진은 「湖北江陵雨臺山21號戰國楚墓」(1988)에 소개되었다.

4. 참고문헌

湖北省博物館 編, 「湖北江陵雨臺山21號戰國楚墓」, 『文物』 1988-5.

강릉 진가취 초간(1986~1987)
江陵 秦家嘴 楚簡

1. **출토지** : 호북성 강릉현 진가취 1호 초묘, 13호 초묘, 99호 초묘

2. **개요**

    1) 발굴기간 : 1986년 5월~1987년 6월

    2) 발굴기관 : 호북성박물관

    3) 유적종류 : 고분

    4) 시대 : 전국시대

    5) 시기 : 기원전 4~3세기(?)

    6) 출토상황 : 1986년 5월부터 1987년 6월까지 湖北省荊沙鐵路考古隊는 湖北省 江陵縣 秦家嘴鐵路구간에서 105기의 전국시대 초묘를 발굴하였는데 그중 3기의 묘장에서 죽간이 출토되었다. 秦家嘴1호묘에서는 7매의 죽간이 출토되었고, 秦家嘴13호묘에서는 18매의 죽간이, 秦家嘴99호묘에서는 16매의 죽간이 출토되었다.

  秦家嘴는 雨臺山 남단에서 이어진 구릉지대로서 묘지 발굴 전 이 지역에는 稻田이 있어 墓塚을 발견할 수 없었다. 죽간이 발견된 1호묘, 13호묘, 99호묘는 모두 墓道가 있는 1棺1槨墓로서 3기의 묘장에서 모두 41매의 잔간이 발견되었다.

3. **내용**

  1호묘 죽간은 邊箱의 바닥에서 발견되었는데, 여기서 발견된 7매 죽간은 모두 잔간으로 주로 "祈福于王父" 등 卜筮祭禱의 문구가 새겨져 있었다. 13호묘 죽간은 邊箱 아래에서 모두 18매가 발견되었는데, 이 18매 역시 모두 잔간으로 槨室 안이 모두 진흙으로 차있었기 때문에 字迹은 모두 불명확했다. 이 죽간의 내용은 "占之曰吉" 등으로 占卜류 문서로 볼 수 있다. 99호묘

죽간은 邊箱 뒤쪽 바닥과 棺室 뒤쪽에서 발견되었는데, 여기서 발견된 16매 죽간 역시 모두 잔간이었다. 그 내용은 "貞之吉無咎" 등 占卜, 卜筮祭禱류 문서와 함께 소량의 遣策이 포함되어 있었다. 秦家嘴 묘장군의 묘장 형태와 출토기물 및 출토 죽간의 내용을 간략하게 소개한 글이 「江陵秦家嘴楚墓發掘簡報」(1988)에 소개되었다.

4. 참고문헌

荊沙鐵路考古隊 編, 「江陵秦家嘴楚墓發掘簡報」, 『江漢考古』 1988-2.

駢宇騫·段書安 編著, 『二十世紀出土簡帛綜述』, 文物出版社, 2006.

형문 포산 초간 (1986~1987)

荊門 包山楚簡

1. 출토지 : 호북성 형문시 포산 2호 초묘

2. 개요

    1) 발굴기간 : 1986년 11월~1987년 1월

    2) 발굴기관 : 호북성 荊沙鐵路考古隊

    3) 유적종류 : 고분

    4) 시대 : 전국시대

    5) 시기 : 기원전 4~3세기(?)

    6) 출토상황 : 包山墓地는 호북성 荊門市 十里鋪鎭 王場村의 "包山大冢"이라고 불리는 언덕 위에 위치하고 있다. 이 지역은 十里鋪鎭 남쪽 3㎞ 지점, 楚 고도 紀南城 북쪽 약 16㎞ 지점에 위치하고 있다. 1986년 11월부터 1987년 1월까지 湖北省 荊沙鐵路考古隊는 荊門-沙市鐵路 건설공사에 따라 이 묘지에 대한 발굴조사를 진행하여 모두 9기의 고대 묘장을 발굴하였다. 이 중에서 3, 7, 8호묘는 前漢代 묘장이었고, 1, 2, 4, 5, 6호묘는 戰國時代 楚 묘장이었다. 이 중에서 2호묘의 경우 규모가 가장 크고 봉토 역시 비교적 잘 보존되어 현지인들이 "包山大冢"으로 칭하는 묘장이었는데, 이 묘장에서 戰國時代 楚 竹簡 448매가 출토되었다.

包山2호묘의 봉토는 반구형에 가깝고 직경 54m, 높이 5.8m의 대형 봉토였다. 묘장의 墓坑은 직사각형으로 墓口는 동서방향 길이 34.4m, 남북 방향 너비 31.9m였고, 묘 바닥까지의 깊이는 12.45m였다. 묘갱은 밑으로 갈수록 좁아져 墓底는 길이 7.8m, 너비 6.85m였다. 묘갱의 동쪽에는 경사진 墓道가 있는데 묘도의 길이는 19.8m, 너비 4.65m였다. 도굴의 흔적은 있었지만 棺槨은 비교적 잘 보존되어 있었다. 槨室은 사각형에 가깝고 槨 내부는 동, 남, 서, 북, 중의 5실로 구분되어 있었다. 中室 내에는 4중의 棺이 안치되어 있었고, 棺 내부의 시신은 50세 정도

〈包山 2호묘 전경(「荊門市包山楚墓發掘簡報」圖2 轉載)〉

의 남성으로 추정되었다. 나머지 東室, 西室, 南室, 北室에는 부장품들이 안치되어 있었는데, 종류에 따라 東室에는 주로 禮器, 食器가, 南室에는 兵器, 車馬器, 西室에는 생활용기, 北室에는 竹簡과 일상용구 등 전체적으로 1,000여 건의 기물이 부장되어 있었다.

죽간은 東室, 西室, 南室, 北室 모두에서 출토되었는데 北室에서 출토된 것이 가장 많았고, 西室에서 출토된 죽간은 1매를 제외하고 모두 無字簡이었다. 包山2호묘에서는 모두 448매의 죽간이 출토되었는데, 그중에서 문자가 있는 것은 278매였고, 竹牘이 1매 있었다. 쓰여진 총 문자수는 12,472자였다. 출토 당시 죽간의 編繩은 이미 썩어져 남아있지 않았지만 죽간의 보존상태는 비교적 양호했고, 字迹 또한 분명했다.

3. 내용

包山2호묘 죽간은 출토 당시 이미 編繩은 없었지만 정리자들은 文意에 따라 편호를 정리하였고, 내용의 순서대로 편호를 정하였다. 無字簡은 원래 위치를 확인할 수 없었기 때문에 편호를 부여하지 않았다. 죽간의 내용은 크게 卜筮祭禱 기록, 사법문서, 遣策 등의 몇 가지 종류로 나눌 수 있는데, 卜筮祭禱簡 및 사법문서 죽간은 비교적 정교하게 제작되었고, 遣策은 상대적으로 조악했다. 죽간의 길이는 두 종류로 나눌 수 있는데, 길이 59.6~72.6㎝의 죽간에는 卜筮祭禱 기록, 사법문서와 遣策이 서사되었고, 길이 55.2㎝, 너비 0.5~1㎝의 간에는 "糴種"에 관한 문자가 서사되었다. 대부분 간의 편련은 상, 하 두 갈래로 이루어졌고, 각 간은 상·하단에 공백을 남기지 않고 서사되었다. 문자는 대부분 죽간의 앞면에만 서사되었지만, 24매의 간은 뒷면에도 문자가 서사되었는데, 뒷면에 서사된 기록은 정면의 내용과 관련된 것이었다. 소수이지만 간 뒷면 기록끼리 서로 이어져 독립된 단락을 이루는 것도 있었다. 각 간의 문자 수는 최소 2자에서 최대 92자에 달하는 등 다양하다. 일반적으로는 50자에서 60자 정도가 한 간에 서사되었다. 篇題가 쓰여진 간이 많지는 않았지만, 篇題는 대부분 간의 뒷면에 쓰여졌고 字形이 비교적 컸는데〈集箸〉,〈集箸言〉,〈受期〉,〈疋獄〉4종의 편제는 모두 문서류에 속하는 것이다.

1) 卜筮祭禱簡

包山楚簡의 卜筮祭禱 기록은 정리를 거쳐 모두 26組로 구분되었다. 그 내용은 모두 묘주가 점을 쳐 길흉화복의 여부를 물은 것이다. 매 組는 한 가지 사안을 기록하고 있는데, 많은 것은 4~5簡이 1組를 이루고, 적은 것은 1簡이 1組를 이룬다. 각 組의 간문은 시간 순서에 따라 배열되었다. 간문의 형식은 대체로 비슷한데 일반적으로 前辭, 命辭, 占辭, 禱辭와 제2차 占辭 부분을 포괄한다. 前辭는 간문의 첫 부분으로 卜筮祭禱를 거행한 시간, 貞人의 이름, 卜筮의 명칭과 貞問을 청하는 자의 성명이 기록되어 있다. 시간은 연, 월, 일로 나누어 기록되었다. 命辭는 일반적으로 貞問의 사유를 포괄한다. 貞問의 구체적인 사안은 주로 궁중을 출입하며 왕을 모시는 것의 순리 여부, 언제 爵位를 얻을 것인지, 질병길흉에 관한 것 등이다. 占辭는 卜筮의 결과에 따른 판단이다. 卜을 사용하면 龜甲의 "兆"에 따라 길흉을 판단하고, 筮를 사용하면 얻은 卦象에 따라 판단하였다. 禱辭는 귀신을 향해 화를 피하고 복을 구하기 위해 드리는 기도이다. 제2차 占辭는 귀신을 향해 祭禱한 후 얻은 판단이다.

簡文에는 부분적으로 貞卜의 卦畫가 그려져 있는데 매 卦畫는 두 卦로 이루어져 좌우가 병렬되어 있다. 간문에는 卦畵의 명칭은 나오지 않으며 구체적인 해설도 나오지 않지만 卜筮의 文辭를 통해 卦畵의 함의를 추정할 수 있다.

2) 사법문서

包山楚簡 간문에는 독립적인 사건을 다룬 사법 기록이 있는데 이들은 모두 각 지방의 관원이 중앙정부에 보고한 문건이다. 〈集箸〉, 즉 集著는 모두 13매의 간으로 名籍을 검사한 안건 기록이다. 〈集箸言〉은 5매의 간으로 名籍과 관련된 고소 및 주관 관원의 보고 기록이다. 간의 뒷면에는 이 문서를 左尹에게 보낸 기록 및 王이 審閱한 기록이 있다. 〈受期〉는 모두 61매 간으로 각종 소송 안건의 수리 시간과 심리 시간 및 초보적인 결론의 적요 기록이다. 일반적으로 1매에 한 사안을 기록하며, 기록 내용은 주로 고소를 접수한 관원의 성명 및 직위, 범인의 성명 및 신분, 심문 결과 및 심리인의 성명 등이다. 이 간문 중에는 고소를 접수한 관원으로 司敗, 司馬, 大正, 大夫, 里公, 大宮 등의 관명과 피고소인으로 庶人 및 奴, 大司敗, 司馬, 太師, 大夫, 縣正, 左喬尹, 小宮, 里人 등이 기록되어 있어 전국시대 楚國의 관제를 이해하는 데 중요한 자료이다. 〈疋獄〉, 즉 記獄은 모두 23매 간으로 고소의 제기와 관련된 간단한 기록이다. 소송이 제기된 죄명으로는 살인, 도망, 反官, 토지분규, 妻妾의 强占, 계승권 분쟁, 執法不公 등이 있다.

이상의 4가지 종류의 문서 외에 사법문서에 속한 나머지 94매 간에는 篇題가 없는데 이들 간은 내용에 따라 3조로 나눌 수 있다. 제1조는 모두 17매의 간으로 이루어지며 이들은 子司馬, 令尹子士,

包山楚簡(包山楚簡 圖版 轉載)

大師子 및 楚王의 命과 관련된 기록이다. 제2조는 모두 42매 간으로 이루어지며 안건의 정황과 심리상황과 관련된 상세 기록이다. 이들 모두는 左尹에게 보고된 회보였다. 안례 중에는 살인 안건이 비교적 많으며 안건의 기록 및 조사 심리는 모두 세밀하고 신중하게 이루어졌음을 알 수 있다. 제3조는 모두 35매 간으로 이루어지며, 이 조에 속하는 간문의 첫머리에는 "所詛告於" 혹은 "所詛於"라는 문구가 나오는데, 이 "詛告"를 접수한 대상은 모두 앞서 서술한 안건의 심리를 담당한 책임 관원으로, 이 조의 간은 각급 사법관원이 정리한 소송 안건의 보존 등기 문서이다.

이상의 사법문서 기록들은 전국시대 楚國의 사법제도, 사회상황을 이해하는데 있어 중요한 가치가 있는 자료들이다.

3) 遺策

包山楚簡의 견책은 모두 27간으로 이루어진다. 이는 槨室의 頭箱, 南邊箱, 足箱 중에 흩어져 있었고, 대부분은 잔간 상태로 발견되었다. 부장 물품의 이름과 수량을 기록하고 있다. 한편 包山2호묘에서는 竹牘 1매가 발견되었는데, 이는 南室에 수장된 馬甲 안에서 발견되었다. 모두 154자가 기록되어 있으며, 葬車 1량의 내용을 기록하고 있다. 이들 견책의 기록으로 볼 때 묘갱에 하장된 수레는 모두 6량으로 볼 수 있다.

包山楚簡은 중국 출토 전국시대 초간 중 쓰여진 글자 수가 비교적 많고 잘 보존된 초 문자 자료이다. 卜筮祭禱簡은 당시 卜筮와 祭禱의 體例 및 卜과 筮에 사용된 재료, 貞人의 지위와 貞問의 시한, 卜과 筮의 작용 등에 대해 상세한 자료를 제공할 뿐만 아니라 楚人의 시조와 관련된 정보도 제공하고 있다. 遺策은 출토 초 기물의 실제 명칭과 명명 원칙 등에 관한 자료를 제공한다. 사법관련 문서는 전국시대 楚國의 사법안건 처리와 관련된 다양한 정보를 제공하며, 楚國의 관방 역법에 대해서도 많은 자료를 담고 있다. 특히 지금까지 출토된 초간 중 상당수가 遺策 혹은 고문헌이라는 점에서 包山楚簡의 간문은 전국시대 楚나라의 행정 및 통치 시스템을 규명하는데 매우 중요한 자료가 된다. 또한 包山楚簡 문자의 이체자, 간체자, 번체자 등은 楚 문자의 특징을 그대로 보여주고 있다. 이처럼 包山楚簡은 역사학, 고고학, 고문자학 등의 학문 연구에 있어 중요한 자료를 제공하고 있다.

包山楚簡 발굴 이후 「荊門市包山楚墓發掘簡報」(1988)는 包山2호묘의 출토 정황 및 주요 문물을 소개했고, 「包山2號墓竹簡槪述」(1988)은 包山楚簡의 내용, 가치, 의의를 상세하게 소개했다. 『包山楚簡』(1991)은 包山楚簡의 도판, 석문, 考釋을 수록하였다. 『楚地出土戰國簡冊[十四種]』(2009)은 包山楚簡의 전체 석문과 함께 주석이 수록되었다.

4. 참고문헌

湖北省荊沙鐵路考古隊包山墓地整理小組 編, 「荊門市包山楚墓發掘簡報」, 『文物』 1988-5.

包山墓地竹簡整理小組 編, 「包山2號墓竹簡槪述」, 『文物』 1988-5.

荊沙鐵路考古隊 編, 『包山楚簡』, 文物出版社, 1991.

駢宇騫·段書安 編著, 『二十世紀出土簡帛綜述』, 文物出版社, 2006.

陳偉 等著, 『楚地出土戰國簡冊[十四種]』, 經濟科學出版社, 2009.

강릉 계공산 초간(1991)

江陵 雞公山 楚簡

1. 출토지 : 호북성 강릉현 계공산 48호 초묘

2. 개요

   1) 발굴기간 : 1991년

   2) 발굴기관 : 미상

   3) 유적종류 : 고분

   4) 시대 : 전국시대

   5) 시기 : 미상

   6) 출토상황 : 미상

3. 내용

1991년 湖北省 江陵縣 雞公山 48호 초묘에서 죽간이 출토되었지만, 자세한 발굴상황 및 출토수량은 미상이다. 죽간의 내용은 遣策으로 보인다.

4. 참고문헌

滕壬生, 『楚系簡帛文字編(修訂版)』, 湖北教育出版社, 2008.

강릉 전와창 초간(1992)
江陵 磚瓦廠 楚簡

1. **출토지** : 호북성 강릉현 전와창 370호 초묘

2. **개요**

    1) 발굴기간 : 1992년

    2) 발굴기관 : 형주박물관 고고공작대

    3) 유적종류 : 고분

    4) 시대 : 전국시대

    5) 시기 : 기원전 4~3세기(?)

    6) 출토상황 : 1992년 荊州博物館 考古工作隊는 荊州城 서쪽 약 1.5㎞ 지점 江陵 磚瓦廠에서 초묘 1기(M370)를 발굴하였다. 이곳에서 죽간 6매를 발굴하였는데, 발굴 당시 묘장은 이미 파괴되어 있었으며 죽간 역시 파손된 상태였다.

3. **내용**

江陵 磚瓦廠 370호묘에서는 楚簡 잔간 6매를 발굴하였다. 6매의 죽간 중 3매는 비교적 길고 3매는 비교적 짧았다. 그리고 4매의 죽간에는 문자가 있었고, 2매의 죽간에는 문지가 없었다. 1, 2, 3호간의 경우 비교적 문자가 많았고, 4매의 有字簡 중 알아볼 수 있는 문자는 모두 95자였다. 1호간은 簡 머리에 약간 잔결이 있지만 완전한 형태에 거의 가깝다. 간의 길이는 61.1㎝, 너비 0.9㎝, 두께 0.9㎝이고 확인할 수 있는 글자는 29자이다. 2호간은 간의 양단에 잔결이 있어, 간의 길이는 45.4㎝, 너비 0.8~0.9㎝이고 확인할 수 있는 글자는 25자이다. 3호간은 완전한 형태의 간에 가까운데 길이는 62.4㎝, 너비 0.8㎝이고 확인할 수 있는 글자는 33자이다. 4호간은 간의 양단에 잔결이 있어, 길이는 17.4㎝, 너비 0.8~0.9㎝이고 확인할 수 있는 글자는 8자이

다. 5호간은 간의 양단에 잔결이 있어, 길이는 23.6㎝, 너비 0.8~0.9㎝이고 문자는 쓰여 있지 않았다. 6호간은 간의 양단에 잔결이 있어, 길이는 24.3㎝, 너비 0.7~0.9㎝이고 문자는 쓰여 있지 않았다.

磚瓦廠 楚簡의 경우 내용상 잔결이 많지만 대체적으로 사법류 문서에 속함을 확인할 수 있다. 簡文을 통해 볼 때, 磚瓦廠 370호묘의 묘주는 사법과 관련된 小官吏로 추정된다. 이 죽간은 包山楚簡과 유사하여 楚國의 사법제도 연구를 보충할 수 있는 자료라고 할 수 있다. 이 죽간은 아직 정식으로 발표되지는 않았고 『楚系簡帛文字編』(1995)과 「楚國第二批司法簡芻議」(1993)에 소개되었으며, 「江陵磚瓦廠M370楚墓竹簡」(2001)에도 소개되었다.

4. 참고문헌

陳偉, 「楚國第二批司法簡芻議」, 『簡帛研究』第3輯, 法律出版社, 1993.

滕壬生 編, 『楚系簡帛文字編』, 湖北教育出版社, 1995.

滕壬生·黃錫全, 「江陵磚瓦廠M370楚墓竹簡」, 『簡帛研究2001』, 廣西師範大學出版社, 2001.

駢宇騫·段書安 編著, 『二十世紀出土簡帛綜述』, 文物出版社, 2006.

양양 노하구 안강 초간(1992)

襄陽 老河口 安崗 楚簡

1. **출토지** : 호북성 양양시 노하구 안강 1호묘, 2호묘

2. **개요**

　　1) 발굴기간 : 1992년 10월

　　2) 발굴기관 : 湖北省文物考古研究所, 襄陽市博物館, 老河口市博物館

　　3) 유적종류 : 고분

　　4) 시대 : 전국시대

　　5) 시기 : 기원전 4세기(?)

　　6) 출토상황 : 安崗 묘지군은 湖北省 老河口市 仙人渡鎭 安崗村에 위치하고 있다. 1992년 10월 仙人渡鎭 磚瓦廠에서 取土 공정시 한 기의 전국시대 초묘(安崗1號楚墓)를 발견하였다. 襄陽市博物館, 老河口市博物館은 연합 考古隊를 구성해 긴급 구제 발굴을 진행하였다. 1호묘의 발굴, 정리와 동시에 고고대는 주변 지역에 대한 조사를 진행하여, 1호묘 동쪽 7m 지점에서 또 한 기의 전국 초묘(安崗2號楚墓)를 발견하였다. 이후 湖北省文物考古研究所가 이 묘장에 대한 발굴을 진행하였다.

　　안강 1호 초묘는 장방형의 수혈토갱묘로 2棺1槨의 구조로 되어 있었으며, 현존 묘갱의 길이는 6m, 너비는 4.75m, 깊이 3.25m였다. 발견 당시 이미 封土, 墓道 및 墓口의 상부는 일정부분 파괴된 상태였다. 묘장의 곽실은 頭箱, 東邊箱, 西邊箱과 棺箱의 4부분으로 구분되어 있었다. 內棺에는 인골 한 구가 仰身直肢葬의 형태로 안치되어 있었는데, 약 36세 가량에 사망한 남성 시신으로 추정되었다. 부장품은 주로 頭箱과 邊箱, 그리고 內棺과 外棺 사이에 위치해 있었는데, 발굴 당시 이미 적지 않은 물이 가득 찬 상태였다. 부장품으로는 195건의 銅器를 비롯해 木器, 竹器, 玉器, 骨器, 石器, 革器 등 1,231건의 기물이 수장되어 있었다. 또한 東邊箱에서 모

두 21매의 竹簡이 출토되었는데, 그중 6매는 완전한 형태의 간이며 나머지는 파손 정도가 모두 다른 잔간이었다.

안강 2호 초묘 역시 장방형의 수혈토갱묘로 2棺1槨의 구조로 되어 있으며, 현존 墓口는 길이 4.6m, 너비 2.6~2.8m이며, 묘갱 바닥까지의 깊이는 4.35m였다. 묘장의 棺槨은 비교적 잘 보존되어 있었으며, 곽실은 頭箱과 棺箱의 두 부분으로 구분되어 있었다. 內棺에는 인골 한 구가 仰身直肢葬의 형태로 안치되어 있었는데, 약 46세 가량에 사망한 여성 시신으로 추정되었다. 부장품은 대부분이 頭箱에 위치해 있었고, 棺箱 및 內棺에 소량의 기물이 흩어져 있었다. 부장품으로는 13건의 銅器를 비롯해 木器, 竹器, 陶器, 鐵器, 革器, 玉器, 石器 등 154건의 기물이 수장되어 있었다. 竹簡은 頭箱의 북측에서 모두 4매가 발견되었는데, 1매(4號簡)를 제외하고 모두 파손된 잔간이었다.

3. 내용

1) 안강 1호 초묘 죽간

안강 1호 초묘에서 발견된 21매 죽간 중 완전한 형태의 간은 6매로 길이는 68.9㎝, 너비는 0.6㎝ 정도였다. 죽간의 양 끝은 모두 평평하여 모서리를 깍지 않은 상태였고, 어떤 간의 상부에는 대나무마디가 있었다. 죽간은 두 갈래 編繩으로 편련되었으며, 일부 간의 우측에는 삼각형의 契口가 있었고, 일부 간에는 편련의 흔적이 있었다. 죽간 상,하의 編繩으로 구획되는 簡首와 簡尾는 14~16㎝ 정도이다. 죽간의 문자는 한 면에만 서사되었고, 일부 죽간의 뒷면에는 사선 방향의 刻劃線이 있었지만, 이들 刻劃線이 서로 연관되지는 않았다.

간문의 서체는 완전히 정제된 것은 아니었고, 서사 풍격도 완전히 일치하지는 않았다. 글자 사이의 간격 역시 일정하지 않았고, 내용 중 단락이 나누어지는 부분은 이어서 쓰지 않고 다른 간에 서사하였다. 안강 1호 초묘 죽간의 경우 이미 산란된 상태였고, 다수가 잔간이었으며 일부 간문의 字迹은 비교적 모호하여 간의 순서를 복원하는 것은 어려웠다. 죽간 정리팀은 간의 형태 및 字迹의 풍격, 문장 내용 등에 근거해 철합과 간의 순서를 정하는 작업을 진행하였다. 하지만 이렇게 복원된 간의 순서가 반드시 원래 모습 그대로라고 볼 수는 없다.

안강 1호 초간의 내용은 遣策에 속하는 것으로 墓主의 助喪 및 부장 물품에 대한 기록이다. 이 묘장에서는 1,231건의 부장품을 발견하였는데, 그중에는 車馬器, 食器, 樂器, 兵器 및 생활 용구 등이 포함되어 있다. 죽간 견책에 기록된 물품으로는 주로 車乘 및 車馬器, 食器, 食物, 兵器, 工具, 樂器, 服飾과 생활용구 등이 있는데, 실제 출토된 부장기물의 종류와 대체로 부합한다. 또한 이 죽간 견책에 이름이 기록된 물건 중 상당수는 다른 초간 견책 중에서도 보이는 것이다. 특히 이 죽간 견책에 기록된 兵器의 종류와 수량은 상대적으로 많아서 다른 초간 견책에 기록된 것을 넘어선다.

전체 죽간 중 1號簡은 견책의 첫 부분으로서 안강 1호 초묘 墓主의 下葬 紀年을 기록하고 있다. 이 죽간의 첫머리에는 "周客南公痶跖楚之歲夏柰之月癸酉之日"이라고 기록되어 있다. 이 문장은 당시 楚國에서 일어난 사건으로 紀年을 표시한 것이다. "周客"은 包山楚簡〈廷志〉에도 보이는데 "周王의 使者"를 의미하는 것이다. 뒤에 나오는 "君葬賢子"라는 문장은 "君"의 아들이 묘주임을 나타내는 것이다. 앞서 언급했다시피 이 묘의 묘주는 36세 가량에 사망한 남성으로 비교적 젊은 나이에 사망한 것으로 볼 수 있다. 또한 뒤에 나오는 "列尹"은 楚의 職官으로 簡文에 따르면 列尹이 속관을 파견해 "君" 자식의 장례를 주관하게 한 것으로 생각된다.

2) 안강 2호 초묘 죽간

안강 2호 초묘에서 발견된 4매 죽간 중 완전한 형태의 간은 1매(4號簡)로, 길이는 71㎝, 너비는 0.6㎝ 정도였다. 죽간의 양 끝은 모두 평평하여 모서리를 깎지 않은 상태였고, 간의 상부에는 대나무마디가 있었다. 죽간은 두 갈래 編繩으로 편련되었으며, 간의 우측에는 삼각형의 契口가 있었고, 編繩의 흔적도 남아 있었다. 죽간 상,하의 編繩으로 구획되는 簡首와 簡尾는 각각 14.3㎝, 14.1㎝였다. 간문은 모두 한 면에만 서사되었고 두 매 簡의 자적은 비교적 모호하였다.

안강 2호 초묘에서 발견된 죽간 역시 1호묘 죽간과 마찬가지로 遣策에 속하는 문서이다. 2호묘 墓主는 46세 가량에 사망한 여성으로 부장품으로는 食器, 樂器, 車馬器, 服飾 및 생활용구 등이 발견되었다. 따라서 2호묘 죽간 견책에 기록된 물품은 주로 食器, 樂器, 服飾, 工具 등으로 1호묘 죽간 견책에 기록된 물품 명칭과는 일정한 차이가 있다. 즉 2호묘 견책은 服飾과 寢居器具

가 주로 기록되었고, 食物과 樂器 기록은 비교적 적고, 兵器, 車馬器 기록은 거의 보이지 않는다. 이것은 분명 2호묘의 묘주가 여성인 것과 관련된 것이다.

양양 노하구 안강 초묘는 전국시대 중기 후반에 조영된 下大夫 혹은 元士 등급의 귀족묘로서, 여기에서 발견된 遣策 죽간은 상당한 의의를 가지고 있다. 특히 1호묘 견책 첫머리에 기록된 "周客南公痛跰楚之歲"는 증후을묘간 및 포산 2호 초묘 죽간 遣策의 뒤를 이어 세 번째로 발견된, "사건으로 연대를 기록한" 전국시대 喪葬 문서로서, 호북성 서북부 지역 고고 연대 분기 및 전국시대 楚國 曆法 연구에 상당히 중요한 紀年 자료를 제공한다. 또한 1,2호묘 遣策의 기물 기록방식은 포산 2호 초묘, 망산 2호 초묘의 遣策과 서로 비슷하여, 遣策 기록방식에 대한 연구에도 중요한 자료를 제공한다. 또한 이들 죽간은 전국시대 중기 중간급 귀족의 묘장제도 연구에도 활용될 여지가 있다. 이들 죽간의 전제 석문은 아직 공개되지 않았지만 지난 2017년 『文物』에 이들 묘장의 발굴 簡報와 함께 일부 죽간의 사진 및 석문 등을 소개한 글이 발표되었다.

4. 참고문헌

襄陽市博物館·老河口市博物館 編, 「湖北老河口安崗一號楚墓發掘簡報」, 『文物』 2017-7.

湖北省文物考古研究所·襄陽市博物館·老河口市博物館 編, 「湖北老河口安崗二號楚墓發掘簡報」, 『文物』 2017-7.

劉國勝·胡雅麗 編, 「湖北老河口安崗楚墓竹簡槪述」, 『文物』 2017-7.

황강 조가강 초간(1992~1993)

黃崗 曹家崗 楚簡

1. 출토지 : 호북성 황강시 조가강 5호 초묘

2. 개요

   1) 발굴기간 : 1992년 12월~1993년 4월

   2) 발굴기관 : 黃崗市博物館, 黃州區博物館

   3) 유적종류 : 고분

   4) 시대 : 전국시대

   5) 시기 : 기원전 4~3세기(?)

   6) 출토상황 : 黃崗市는 호북성 동북부 장강 북쪽 지역에 위치하고 있다. 황강시 북쪽 5㎞ 지점에는 東周시대 성곽유지로 추정되는 禹王城유지가 있는데, 1992년 12월부터 1993년 4월까지 黃崗市博物館은 黃州區博物館과 함께 黃州區 禹王辦事處의 기단 건설 공정에 따라 禹王城 남쪽 曹家崗墓地에 대한 발굴조사를 진행하였고, 그중 曹家崗5號墓에서 7매의 죽간이 출토되었다.

   조가강묘지는 禹王城 남쪽 1㎞ 지점에 위치하고 있다. 황강시박물관은 이 지역에서 9기의 춘추전국시대 초묘를 발굴하였는데, 그중 5호묘는 중형급 묘장이다. 조가강 5호묘는 묘지의 중앙에서 서쪽으로 치우친 지점에서 발견되었다. 묘갱은 장방형으로 墓口의 동서 길이는 6.4m, 남북 너비는 6m이며, 묘갱의 바닥에서 지표면까지의 깊이는 6.56m였다. 묘갱의 동쪽 벽 중앙에는 墓道가 위치하는데 잔존 묘도의 길이는 6.44m, 너비는 2.08~2.28m였다. 묘장은 1槨3棺으로서 보존상태는 비교적 양호하였다. 槨室은 頭箱, 邊箱, 棺室의 세 부분으로 나뉘어져 있었다. 棺室은 內棺, 中棺, 外棺의 3중관으로 이루어져 있었고, 묘주는 여성으로 추정되었다. 이 묘장에서는 陶器, 銅器, 漆木器, 竹器, 石器 등 모두 73건의 부장품이 발견되었는데, 대부분의 부장품은 頭箱과 邊箱에서 발견되었다.

조가강 5호묘의 죽간 7매는 변상에서 출토되었다. 출토 당시 죽간은 흑색을 띠고 있었으며, 비교적 조악하게 제작된 죽간이었다. 簡의 길이는 12.8~12.9㎝, 너비 0.7~0.75㎝, 두께 0.15㎝였다. 모든 간의 상,하 양단에는 契口가 있었는데, 契口는 삼각형 모양으로 길이는 0.2~0.25㎝, 너비 0.1~0.2㎝, 깊이 0.05㎝였다. 어떤 죽간의 契口에는 썩은 絲織物의 흔적이 있었는데 編繩의 흔적으로 볼 수 있다.

3. 내용

조가강 5호묘 출토 죽간 7매에는 모두 문자가 쓰여져 있었는데, 문자가 가장 적은 간은 2자 정도이다. 가장 많은 간은 10자 정도이다. 7매에 쓰여진 총 글자 수는 모두 40자인데 분명하게 알아볼 수 있는 문자는 33자이다. 문자는 죽간의 앞면에만 서사되었고, 서체는 수려하며, 字數가 많은 간은 상하단에 공백을 남기지 않고 간의 머리부분부터 문자가 서사되었다. 글자 수가 적은 간은 간의 말미에 약간의 공백이 있다. 죽간의 내용은 모두 遣策으로 볼 수 있으며, 遣策 죽간에 기록된 부장품 양은 실제 출토 부장품과 대체로 부합한다.

「湖北黃岡兩座中型楚墓」(2000)는 증가강 5호묘의 形制와 발굴정황, 출토기물 및 죽간의 사진과 석문을 수록하고 있다.

4. 참고문헌

黃崗市博物館·黃州區博物館 編, 「湖北黃岡兩座中型楚墓」, 『考古學報』 2000-2.
駢宇騫·段書安 編著, 『二十世紀出土簡帛綜述』, 文物出版社, 2006.

강릉 범가파 초간(1993)

江陵 范家坡 楚簡

1. 출토지 : 호북성 강릉현 범가파 27호 초묘

2. 개요

    1) 발굴기간 : 1993년

    2) 발굴기관 : 미상

    3) 유적종류 : 고분

    4) 시대 : 전국시대

    5) 시기 : 미상

    6) 출토상황 : 1993년 湖北省 江陵縣 范家坡 27호 초묘에서 1매의 죽간이 발견되었지만 아직 관련 자료가 발표되지 않아 자세한 출토상황은 알 수 없다.

3. 내용

1993년 호북성 강릉현 범가파 27호 초묘에서 발굴된 1매의 죽간에는 모두 27자가 서사되어 있었고, 그 내용은 卜筮祭禱 기록으로 추정된다.

4. 참고문헌

駢宇騫·段書安 編著, 『二十世紀出土簡帛綜述』, 文物出版社, 2006.

滕壬生, 『楚系簡帛文字編(修訂版)』, 湖北教育出版社, 2008.

형문 곽점 초간(1993)

荊門 郭店 楚簡

1. **출토지** : 호북성 형문시 곽점 1호 초묘

2. **개요**

   1) 발굴기간 : 1993년 10월 18일~24일

   2) 발굴기관 : 호북성 형문시박물관

   3) 유적종류 : 고분

   4) 시대 : 전국시대

   5) 시기 : 기원전 4~3세기(?)

   6) 출토상황 : 郭店墓地는 湖北省 荊門市 沙洋區 四方鄉 郭店村1組에 위치하고 있으며, 남쪽으로 楚 고도 紀南城과 약 9㎞ 떨어져 있다. 묘지 동쪽 약 1㎞ 지점에는 207번 국도가 남북으로 지나가고 있다. 묘지는 주위 지면보다 약 3~5m 정도 높은, 남북방향 길이 700m, 동서방향 너비 350m 크기의 구릉지역이다. 이 지역은 墕冢子, 大陳灣冢, 李家冢 등 10여기의 중소형 楚墓들이 분포하고 있고, 郭家崗墓地, 尖山墓地, 馮家崗墓地, 大薛家窪墓地 등 22곳의 묘장군과 서로 이어지는 방대한 楚 묘장군 중 한 곳이다.

   1993년 8월 23일 곽점 1호묘가 槨板부분까지 도굴된데 이어, 10월 중순에는 재차 도굴을 당해, 도굴꾼이 槨 盖板 동남쪽에 작은 구멍을 뚫어 邊箱에서 많은 유물을 도굴하였다. 이로 인해 묘장 내의 기물이 훼손되었을 뿐만 아니라 빗물이 곽실내로 유입되기에 이르렀다. 묘장에 남아 있는 잔존 문물을 수습하기 위해 호북성 형문시박물관은 10월 18일부터 24일까지 곽점 1호묘에 대한 긴급 구제발굴을 진행하였다.

   곽점 1호묘는 곽점묘지 언덕 남단에 위치하고 있으며 발굴 전에는 경지로 활용되어 봉토는 일찍이 유실되었다. 묘갱은 직사각형의 수혈토광묘로 墓口는 길이 6m, 너비 4.6m의 크기를 가지고 있었고 묘 바닥까지의 깊이는 7.44m였다. 묘실의 동벽에는 직사각형의 墓道가 있었다. 묘장은 1곽1관으로 구성되어 있는데 보존상태는 비교적 양호했다. 곽실은 頭箱, 邊箱, 棺室로 이루어진다. 관실은 곽실의 북측에 있었고 관의 길이는 2m, 너비 0.72m, 높이 0.86m였다.

부장품은 주로 頭箱과 邊箱 중에 안치되었으며, 관 내부에는 썩은 絲織物의 흔적만이 남아 있었다. 도굴을 피한 기물은 禮器, 생활용구, 兵器, 車馬器, 喪葬器, 樂器, 공구, 장식품, 죽간 등 이었고, 재료에 따라 구분하면 銅器, 陶器, 漆木器, 竹器, 鐵器, 玉器, 骨器 등이 있었다. 이러한 기물의 형상 및 문양은 모두 전형적인 전국시대 楚문화의 풍격을 보여준다. 발굴자들은 이 묘 장의 건설연대를 전국시대 중후기로 추정하였다.

묘장의 頭箱에서는 죽간 804매가 출토되었다. 이 죽간은 출토 당시 이미 도굴꾼에 의해 파괴 되어 훼손된 것들이 비교적 많았다. 또한 출토 당시 이미 編繩이 썩어 순서가 섞여 있었다. 정리 결과 죽간에는 13,000자 정도가 쓰여져 있었고 대부분 字迹이 분명하였다. 죽간의 길이는 15㎝부터 32.4㎝까지 다양하고, 너비는 0.45~0.65㎝ 사이였다. 출토 죽간은 형태상 양 끝부분 이 평평한 것과, 양 끝부분이 깎여져 있는 것으로 구분할 수 있다. 간에는 두 갈래 또는 세 갈래 編繩의 흔적이 있다.

3. 내용

곽점 1호묘 초간은 초나라 문자의 아름답고 수려한 특징을 잘 보여주고 있으며, 내용상으로 다양한 고서적들을 포괄하고 있다. 그중에는 도가학파의 저작이 비교적 많고 유가학파의 저작 역시 상당 부분 있다. 출토 당시 각 고적의 편제는 대부분 없었는데, 정리자들이 내용에 근거해 서 편제를 붙여 발표했다. 소수의 편목은 현존 고적에 이름이 없으며, 일부 현존 고적에 편목이 있는 것들도 편장의 구조와 순서, 내용 등이 오늘날의 문헌과는 큰 차이가 있다. 곽점초간의 출 토 후 정리는 彭浩 등 형주박물관 연구자들이 정리소조를 구성하여 담당하였다. 그 구체적인 편목과 내용은 다음과 같다.

1) 老子

정리자들은 老子의 내용을 각각 老子甲組, 老子乙組, 老子丙組로 구분하였다. 老子甲組는 모

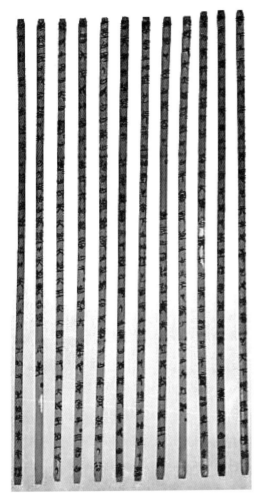
〈郭店楚簡 〈老子〉竹簡(『郭店楚墓竹簡』 轉載)〉

두 39매 죽간으로 이루어지며, 今本 〈老子〉 20여 장 내에 포함되는 것들이다. 老子乙組는 모두 18매 죽간으로 今本 〈老子〉 8장 내에 포함, 老子丙組는 모두 14매 간으로 今本 〈老子〉 5장 내에 포함되는 것들이다. 이들 3조의 老子簡은 모두 2,046자로서 今本 〈老子〉의 2/5에 상당한다. 편장의 순서 및 내용은 今本 〈老子〉와 상당한 차이가 있으며, 〈道經〉과 〈德經〉을 나누지 않고 있는 것이 특징이다.

2) 〈太一生水〉

모두 14매 죽간으로 이루어진 〈太一生水〉는 도가류 서적 佚文으로 보이는데, "太一"은 선진시기 "道"를 칭하는 것이다. 간문은 주로 "太一"과 天, 地, 四時, 陰陽 등과의 관계를 논술하고 있는데, 이는 매우 중요한 도가저작으로 볼 수 있다.

3) 〈緇衣〉

〈緇衣〉는 모두 47매이며 간문의 내용은 『禮記』 緇衣篇과 대체로 비슷한데, 分章 및 章의 순서와 내용 모두 상당한 차이가 있다. 양자는 동일한 篇書의 서로 다른 판본으로 볼 수 있는데, 죽간 〈緇衣〉가 今本 〈緇衣〉의 원본보다 훨씬 이른 시기의 것으로 추정된다.

4) 〈魯穆公問子思〉, 〈窮達以時〉

이 두 편은 形制가 서로 같은 간에 초사되어 있다. 전자의 경우 현재 전해지지 않는 佚書로 보이며, 후자의 대부분 내용은 『荀子』 宥坐, 『孔子家語』 在厄, 『韓詩外傳』 卷7 및 『說苑』 雜言 등의 편에 보인다.

5) <五行>

<五行>편은 모두 50매의 죽간으로, 내용은 주로 子思, 孟子의 仁, 義, 禮, 智, 聖의 五行學說을 이야기한 것이다.

6) <唐虞之道>

<唐虞之道>편은 모두 29매의 죽간으로, 내용은 堯舜의 선양을 찬양하며, 舜의 知命修身 및 仁, 義, 孝, 悌의 品德을 중점적으로 서술하고 있다.

7) <忠信之道>

<忠信之道>편은 모두 9매의 죽간으로, 내용은 忠信의 각종 표현을 열거하며, 마지막으로 "忠, 仁之實也. 信, 義之期也"로 귀결하고 있다.

8) <性自命出>, <成之聞之>, <尊德義>, <六德>

<性自命出>은 모두 67매, <成之聞之>는 40매, <尊德義>는 39매, <六德>은 49매의 죽간이다. 이들 모두 비슷한 形制의 죽간에 서사되었고, 서사된 문자의 字體 또한 유사하다.

9) <語叢>

<語叢>은 모두 4組로 구성되며, 265매의 죽간으로 이루어져 있다. 이들은 모두 가장 짧은 죽간에 서사되어 있는데, 그 내용은 仁義禮德, 喜怒哀樂, 君臣父子, 結交謀友 등에 관련있는 격언 문구이다. 그 형식은 『說苑』談叢, 『淮南子』說林과 서로 비슷하다.

곽점초간에 수록된 고서류 문헌 중 사람들의 관심을 가장 많이 받은 것은 바로 <老子>이다. 곽점초간 <老子>는 지금까지 알려진 <老子>의 각종 판본과 전혀 다른 판본으로 전국시대 도가 학설의 전모를 깊이 이해하는데 큰 도움이 된다. <老子>와 함께 사람들의 많은 관심을 받은 것은 <緇衣>이며, 이를 통해 『禮記』의 일부 편이 전국시대에 이미 成書되었음을 분명히 알 수 있게 되었다.

곽점초간은 초 문화 및 선진시기 문헌을 연구하는데 극히 중요한 자료를 제공하고 있다. 곽점 1호묘의 묘주는 묘장의 규모로 보아 "上士"의 신분을 가진 사람으로 추정된다. 부장품의 방대함이나 周代 매장제도와의 차이점은 이 묘의 시대배경을 이해하는데 도움을 준다.

곽점 1호묘 발굴 이후, 「荊門郭店一號楚墓」(1997)에 발굴정황 및 출토문물을 상세히 소개한 글이 발표되었고, 『郭店楚墓竹簡』(1998)에 곽점 1호묘 출토 죽간의 도판, 석문, 고증 등을 전체적으로 수록하였다. 『楚地出土戰國簡冊[十四種]』(2009)에는 전체 석문과 함께 주석이 수록되었다.

4. 참고문헌

湖北省荊門市博物館 編, 「荊門郭店一號楚墓」, 『文物』 1997-7.

荊門市博物館 編, 『郭店楚墓竹簡』, 文物出版社, 1998.

駢宇騫·段書安 編著, 『二十世紀出土簡帛綜述』, 文物出版社, 2006.

陳偉 等著, 『楚地出土戰國簡冊[十四種]』, 經濟科學出版社, 2009.

조양 구련돈 초간(2002)
棗陽 九連墩 楚簡

1. 출토지 : 호북성 조양시 오점진 구련돈 1호묘, 2호묘

2. 개요

1) 발굴시간 : 2002년 9~12월

2) 발굴기관 : 湖北省 文物考古硏究所 등

3) 유지종류 : 고분

4) 시대 : 전국시대

5) 시기 : 미상

6) 출토상황 : 2003년 1월, 국가문물국의 허가에 따라 湖北省文化廳, 文物局의 공동 주도 하에 60여 명으로 구성된 考古 小組가 구성되었다. 고고 소조는 이미 공사가 시작된 湖北省 孝襄의 고속도로와 겹치는 조양 구련돈 묘지 1호묘, 2호묘 및 1호, 2호 車馬坑에 대하여 구제발굴 작업을 진행하였다.

2호묘의 동, 서, 남, 북 4개 묘실에는 예기, 악기, 생활 용기, 상장 용기, 車馬器 등 총 587점이 수장되어 있었다. 東室에는 세트로 된 청동 예기와 목제 예기가 수장되어 있었으며, 鼎, 簋, 蕙, 敦, 鑿, 方壺, 鑒, 蹲 등도 있었다. 또한, 北室에는 木鼎과 扁이 놓여 있었고, 西室에는 木盤, 匜 등의 목제 예기가 수장되었다. 北室에는 주로 악기가 수장되었는데, 編鍾, 編磬, 虎座鳥架鼓, 瑟, 笙, 旎 등이 있으며, 또한 형체가 비교적 크고 구성품이 온전한 竹木車 한 대가 있었다. 南室에서 출토된 대량의 漆木器는 주로 豆, 耳杯, 酒具盒, 豆座方盒, 豆座小姐, 案, 幾, 座屛, 辟邪 등 기물 종류였다. 南室의 서쪽에서 4묶음의 죽간 총 1359매가 출토되었다. 西室에는 銅鼎, 鑿, 盤, 匜, 耳杯, 方爐盤, 馬, 竹席, 筒, 扇, 麻鞋 등의 기물들이 수장되어 있었다. 동, 서, 남, 북 4개의 실에 모두 각기 수량이 다른 木俑들이 수장되어 있었다. 이것을 통해 묘장의 주인은 초나라의 大

夫級 관리 혹은 작위를 가진 사람이라 간주할 수 있다.

3. 내용

2號 墓에서 1,359매의 죽간이 출토되었는데, 죽간에는 선명한 編聯 흔적이 남아있다. 죽간은 4묶음으로 쌓아두었고, 죽면을 좁은 막대기 형태로 제작하여 뒷면의 양 끝, 혹은 전체에 흑칠로 勾連卷雲紋을 그렸다. 문양을 합친데 근거하면 14~18매의 죽간이 한 책으로 편성되었는데, 네 귀퉁이에는 각각 서로 마주보고 대응하는 "≠" 형태의 勾連卷雲紋帶가 있다. 또 양 측면에는 각각 3매의 죽간에 문양을 가득차게 그렸다. 양 끝에 남아있는 편련 흔적으로 볼 때, 일부 가장자리의 죽간을 연결하여 매듭을 맺은 흔적이 있다. 단일 죽간의 길이는 29.8~31.5㎝, 너비는 0.8~1㎝, 두께 0.2~0.3㎝이다. M2: 238은 18매의 죽간이 하나의 책으로 구성된 것이다. 전체 길이는 31㎝, 너비는 16.1㎝이다.

4. 참고문헌

「湖北棗陽九連墩楚墓」, 『中國重要考古發現 2002年』, 文物出版社, 2003.

劉國勝, 「湖北棗陽九連墩楚墓獲重大發現」, 『江漢考古』 2003-2.

湖北省文物考古研究所, 「湖北棗陽市九連墩楚墓」, 『考古』 2003-7.

湖北省文物考古研究所·襄陽市文物考古研究所·棗陽市文物考古隊, 「湖北棗陽九連墩M2發掘簡報」, 『江漢考古』 2018-6.

무한 황피 초간(2005)
武漢 黃陂 楚簡

1. 출토지 : 호북성 무한시 황피 육지가 토고만 초묘

2. 개요

　1) 발굴기간 : 2005년 7월 25일

　2) 발굴기관 : 무한시 문물고고연구소 羅宏斌

　3) 유적종류 : 고분

　4) 시대 : 전국시대

　5) 시기 : 미상

　6) 출토상황 : 이 묘는 총 3개의 墓室과 主棺, 陪葬棺이 각각 1개씩 있다. 主棺의 밑 부분에서 2000년이 넘을 정도로 오래된 竹席이 발견되었다. 頭箱·邊箱·足箱에서는 陶鼎·陶豆·陶壺 등 도기 단편과 목기의 잔해가 나왔다. 또 온전하게 보존된 古琴도 발견되었다. 足箱의 왼편에서는 일련의 竹器들이 나왔는데, 아마도 竹簡일 가능성이 높다.

3. 내용

미상

4. 참고문헌

「黃陂首座戰國貴族墓現身 出土完整古琴珍及竹簡」, 武漢晚報 2005.7.27.
(https://news.sina.com.cn/c/2005-07-27/09206539704s.shtml)

형주 팔령산 초간(2008)
荊州 八嶺山 楚簡

1. 출토지 : 호북성 형주시 형주구 팔령산 진양장촌 1조 연심석료창 4호 초묘

2. 개요

　　1) 발굴기간 : 2008년 4월

　　2) 발굴기관 : 형주박물관

　　3) 유적종류 : 고분

　　4) 시대 : 전국시대

　　5) 시기 : 미상

　　6) 출토상황 : 묘장의 형태는 장방형 수혈 토갱식이며, 2곽1관의 구조이다. 수장품 중에는 대량의 견직물 종류의 유물이 있었다. 竹笥 안에는 온전한 의물 등이 담겨 있었다. 또한, 관 안에는 인골이 온전하게 보존되어 있었는데, 목·가슴·손·허리·발 부분에 총 200점이 넘는 대량의 옥제 장식품과 구슬이 착용되어 있었다. 邊箱에서 출토된 칠목·대나무 종류로는 虎座鳥架鼓·笙·瑟 등이 있고, 죽간은 30매 정도 있었다.

3. 내용

　　형주 팔령산 출토 죽간은 수량이 30매 정도라는 것만 소개되었고 상세한 내용은 아직 알려진 바가 없다.

4. 참고문헌

張正發, 「荊州市八嶺山連心石料廠楚墓」, 『中國考古學年鑒2009』, 文物出版社, 2010.

무한 정가저 초간(2009)

武漢 丁家咀 楚簡

1. **출토지** : 호북성 무한시 강하구 정가저 1호 초묘, 2호 초묘

2. **개요**

   1) 발굴기간 : 2009년 5~6월

   2) 발굴기관 : 무한시 문물고고연구소, 강하구박물관

   3) 유적종류 : 고분

   4) 시대 : 전국시대

   5) 시기 : 미상

   6) 출토상황 : 무한시 정가저 1호 초묘, 2호 초묘는 모두 장방형의 수혈 토갱 목곽묘이다. 경사진 墓道가 있고 평면의 '凸'자 형이다. 墓道는 東向이고 묘지 방향은 모두 88°이다. 1호묘는 이전에 도굴당한 적이 있으며, 수장품은 漆木戈柄·銅箭鏃·漆木幾案·漆木豆 및 파손된 竹簡 1매가 남아있다. 2호묘의 수장품은 칠목기·仿銅陶禮器·도기 등 100여 점이 있으며, 청동기와 옥기는 없었다. 가장 중요한 것은 槨蓋 위쪽과 棺室 안쪽에서 출토된 각각 길이 10~30㎝의 파손된 죽간 20여 매이다.

3. **내용**

   무한 정가저 1호묘는 도굴을 당하여 잔간 1매만이 남아있다. 2호묘에서는 槨蓋 위쪽과 棺室 안쪽에서 각각 길이 10~30㎝의 파손된 죽간 20여 매가 출토되었다. 20여 매의 죽간은 보존상태가 양호하고 글자 필적도 선명하여 식별이 가능하다. 내용은 卜筮 기록과 遣策으로 나눌 수 있다.

4. 참고문헌

李永康, 「武漢江夏丁家咀發現戰國楚墓並出土竹簡」, 『江漢考古』 2009-3.

형문 엄창 초간(2009~2010)
荊門 嚴倉 楚簡

1. **출토지** : 호북성 형문시 사양현 후항진 송림촌 엄창묘군 1호 초묘

2. **개요**

   1) 발굴기간 : 2009년 10월~2010년 1월

   2) 발굴기관 : 호북성 문물고고연구소

   3) 유적유형 : 고분

   4) 시대 : 전국 중·후기

   5) 시기 : 기원전 344년 이후

   6) 출토상황 : 嚴倉墓群은 荊門市 沙洋縣 後港鎭 松林村에 위치한다. 後港集鎭과의 거리는 약 15㎞이고, 長湖에 바로 붙어서 荊州에 맞닿아 있는 곳에 총 13기의 古墓가 있었다. 2009년 10월부터 호북성 문물고고연구소는 엄창묘군 중에 규모가 가장 큰 獾子塚1號墓 및 부속 車馬坑에 대해 과학적인 발굴을 진행하였다. 1호묘의 묘실은 5개로 구분되어 棺室, 東室, 南室, 西室, 北室이 있다. 묘주의 관은 가운데에 위치한 관실에 두었다. 嚴倉 古墓는 적어도 3번 이상의 도굴을 당하였기 때문에 훼손 상태가 심각한데, 죽간, 병기, 철기, 漆木竹器 잔편, 銅 장식물 세트, 생활용품 및 甲片 등이 출토되었다. 槨室 서쪽 곁채에서 비교적 보존상태가 완전한 두개골 하나가 발견되었다. 車馬坑은 獾子塚의 서쪽에 위치하며 남북으로 배열된 1호갱(主坑)과 2호갱으로 구성된다. 거마갱 출토 銅戈의 명문을 통해 1호묘의 연대는 기원전 344년 이후로 추정된다. 또 1호묘 출토 죽간에 나오는 '大司馬'는 바로 묘주의 생전 직위였을 것인데, 1호묘의 묘주는 초의 大司馬 悼愲이라는 사실이 확인되었다.

   「湖北荊門嚴倉1號楚墓出土竹簡」(2020)에 따르면, 죽간은 주로 西室과 南室에서 출토되었는데 전부 약 650매 정도 된다. 대부분의 죽간에 글자가 있고 묵서이며 총 글자 수는 약 2,950자

이다. 西室에서 나온 죽간은 卜筮祭禱의 기록이고, 南室의 죽간은 주로 遣策이었다. 이외에 南室에서 보존 상태가 좋은 1매의 籤牌로 보이는 잔간도 출토되었는데, 묘지 내부의 진흙에서 출토되었다. 또한 墓葬의 매립토에서 문서로 의심되는 잔간 1매가 발견되었다.

3. 내용

1) 卜筮 祭禱簡

정리된 卜筮 祭禱는 14매의 글자가 있는 簡이 있고, 그중 1매는 완전하다. 簡文은 일반적으로 죽간의 안쪽 면 혹은 앞면에 서사되었고, 簡3에만 양면에 모두 글자가 있었다. 간문의 내용과 서체에 따라 2組의 卜筮, 祭禱간으로 구분할 수 있다. 제1조는 簡1~6에 해당하고 상하단 여백 없이 상, 중, 하 우측에 契口가 남아 있는 것이 특징이다. 상, 하 契口 부분은 문자의 서사를 피한 듯이 보이며, 가운데 契口는 대체로 글자가 서사되었다. 앞면의 卜筮 문자는 동일인이 서사한 것으로 추정된다. 제2조는 簡7~14에 해당하고 죽간은 모두 절단된 상태이다. 상하 양 끝부분은 가지런하고, 여백을 두지 않았으며 契口는 없다. 서체는 동일인이 서사한 것으로 보이지만, 제1조의 것과는 다르다. 제1조는 주로 悼惛이 "走趣於邦, 出入侍王"한 이야기와 관련된 기록으로 卜筮 문서이다. 제2조는 悼惛이 "有病之故"의 이유로 祭禱를 진행하는 기록으로 祭禱 문서에 속한다.

2) 遣策

정리된 遣策은 364매의 글자가 있는 죽간이다. 모두 파손된 상태이며 상하 양단을 가지런히 하여 여백을 두지 않았다. 대체로 契口 아래 위를 넓게 비워 글자를 쓰지 않았는데, 간혹 契口의 근처에 글자가 비교적 밀집된 경우도 있다. 서사 과정에서 글자를 지우고 보충한 흔적도 나타나는데, 이 경우 원문의 서체와 다르기 때문에 遣策 작성 후 재교정한 것으로 추정된다. 일부 죽간 뒷면에는 선이 새겨져 있거나 묵서의 선이 있다. 遣策에 사용된 죽간의 전체 형태는 기본적으로 같지만, 하나의 책으로 연결할 수 있는지의 여부는 확실하지 않다. 遣策의 수량과 순서는 심각한 파손 상태로 인해 복원할 수 없다. 정리 과정에서 형태, 내용, 서체 등의 요인에 따라 대략의 분류와 순서를 정리하였다. 遣策은 유형을 구분하여 물품을 기록하였는데, 현재 8매의 小標題簡이 남아있다. 예를 들면 "大府所具"(簡133), "之行器"(簡139) 등이 있으나, 각 小標題簡에 속한 簡文은 확인할 수 없다.

3) 簽牌

1호 簽牌는 묘지 내부의 진흙에서 출토되었는데, 보존상태가 좋으며 길이는 9.3㎝이다. 죽간에 "□赤(錦)十二尋"이라는 문구를 기록하고 있다. 이외에 南室의 簡470은 상단이 가지런하게 남아있고 하단은 잔결된 상태이다. 죽간의 길이는 7.8㎝이며 "董君之衣一笥"라는 문구가 서사되었고, "笥"의 아래에 여백이 있다. 죽간의 남아있는 부분은 일반 죽간과 다르지 않지만, 문자의 내용과 서식은 遣策과는 다르기 때문에 簽牌일 가능성이 크다.

4) 기타 죽간

묘장의 매립토에서 잔간 1매가 출토되었고, 길이는 8.3㎝이다. 현재 남아있는 5글자는 "周郤(蔡), 周役￦"으로, 두 사람의 이름을 포함하고 있다. 그 성격이 분명하지 않지만, 문서로 추정된다.

4. 참고문헌

「湖北沙洋嚴倉墓主身份解開-確定爲楚國大司馬」, 新華網.

(http://www.hinews.cn/news/system/2010/10/06/011230534.shtml)

湖北省文物考古研究所·武漢大學簡帛研究中心, 「荊門嚴倉1號楚墓出土竹簡」, 『文物』2020-3.

형문 탑총 초간(2010)

荊門 塌塚 楚簡

1. **출토지** : 호북성 형문시 사양현 후항진 황헐촌1조 탑총 1호묘

2. **개요**

    1) 발굴기간 : 2010년 11월

    2) 발굴기관 : 호북성 고고연구소

    3) 유적종류 : 고분

    4) 시대 : 전국시대

    5) 시기 : 미상

    6) 출토상황 : 호북성 형문 탑총 1호묘는 黃歇村 東周墓群 중 1기로 수혈식 토갱 목곽묘이다. 墓道의 방향은 동쪽이고 墓坑의 평면은 "甲"자형이며 봉토를 쌓았다. 묘실의 開口部는 길이 18m, 너비 16m이며 계단이 7개가 있다. 곽실은 길이 5m, 너비 4m이며, 頭厢 南室 棺室 등 3개의 방으로 나뉜다. 葬具는 1곽2관이며, 묘주는 남성이다. 탑총 1호묘는 車馬坑을 배장하였고, 갱내에 5승의 車를 묻었다. 탑총 1호묘는 도굴을 당했음에도 1,000여 건의 유물이 출토되었는데, 그중에는 金銀帶鉤·金鐵帶鉤·銀車䡍·銀衡帽·銀軏帽과 麻鞋底·漆俑·鐵馬銜·鐵斧·鐵刻刀·鐵帶鉤 등이 포함되어 있다.

3. **내용**

  탑총 1호묘에서 출토된 죽간 중 글자가 있는 간은 13매인데, 간의 길이는 11.4~11.6㎝로 短簡에 속한다. 전형적인 전국시기 초 문자로 서사되어 있지만, 잔결이 심해서 판독하기가 쉽지 않다.

4. 참고문헌

湖北省文物局·湖北省南水北調管理局, 『沙洋塌塚楚墓』, 科學出版社, 2017.

형주 고대 초간(2011)

荊州 高臺 楚簡

1. **출토지** : 호북성 형주시 형주구 기남진 고대촌 4·5조 고대 67호 古井

2. **개요**

   1) 발굴기간 : 2011년 12월

   2) 발굴기관 : 형주박물관

   3) 유적종류 : 古井 유적

   4) 시대 : 전국시대

   5) 시기 : 미상

   6) 출토상황 : 高臺의 옛 우물군은 형주구 기남진 고대촌 4·5조에 위치하는데, 남쪽으로 형주성과 약 5㎞, 동남쪽으로 郢城과 3㎞, 북쪽으로 초 기남 고성과 1㎞, 동쪽으로 長湖·汊湖·廟湖와 400m 떨어져 있으며, 서쪽으로 500m 떨어진 곳에 207호 국도가 남북 방향으로 통과한다. 우물군은 江·濟·漢 河道를 건설할 때 발견되었다. 우물군은 '江濟漢 공사'의 하도에 위치하며 남쪽은 고대촌의 거주지이고, 북쪽은 농지이다. 2011년 12월, '南水北調'의 '江濟漢 공정'의 荊州 구간에서 공사를 진행하던 중에 대량의 묘장과 우물군이 발견되었다. 우물군은 공사의 영향으로 인해 파괴되어 고고 자료의 완전성에 큰 영향을 미쳤다.

3. **내용**

   J67에서 3매의 간독이 출토되었으나 모두 파손되었다. 죽간의 안쪽에 문자가 기록되었는데, 簡1·簡2는 각각 7자가 남아있고, 簡3은 9자가 남아있다. 죽간 문자는 모두 묵서이며, 묵흔이 희미하게 남아있다. 그중에 簡3의 상단은 온전하며 죽간의 상단부터 글자를 기록하였는데, 아마도 죽간 전체에 글자를 서사하여 상·하단에 여백을 남겨두지 않았던 것으로 보인다. 죽간 3

매 모두 뒷면에 획흔으로 표기한 것은 없었다. 죽간의 파손 상태 때문에 죽간의 뒷면에 이러한 순서표기가 존재했는지는 알 수 없다. 다만, 簡1의 '鄝'과 '言'자 사이의 우측에는 契口가 있으며, 이는 죽간의 編繩 위치일 것으로 보인다. 簡2의 '邑'과 '造'자 사이의 우측에는 묵서의 흔적이 남아있는데, 구두 부호일 가능성이 크다.

4. 참고문헌

荊州博物館, 「湖北荊州高臺古井群2012年考古發掘簡報」, 『西部考古』 16, 2018.

형주 망산교 초간(2013~2015)

荊州 望山橋 楚簡

1. **출토지** : 호북성 형주시 형주구 천점진 망산촌 3조 망산교 1호 초묘

2. **개요**

   1) 발굴기간 : 2013년 9월~2015년 1월

   2) 발굴기관 : 형주박물관

   3) 유적종류 : 고분

   4) 시대 : 전국시대

   5) 시기 : 미상

   6) 출토상황 : 망산교 묘지는 호북성 형주시 형주구 천점진 망산촌 3조에 위치한다. 망산교 1호묘는 羅家塚의 아래에 위치하고 있으며, 봉토는 이미 고속도로의 건설작업[荊應公路]과 하도의 건설[二幹渠]로 인해 3/4 정도 이전되었다. 묘도와 묘갱의 입구는 '二幹渠'의 건설에 의해 이미 파괴되었다. 지속적인 차량 통행으로 인한 진동과 오수 침투 등의 문제 때문에 묘장의 보존상태와 보존환경은 심각하게 파괴되었다.

   M1에서 동기·칠목기·도기·철기·골각기·옥기·석기 등 유물 781점이 출토되었다. 또 죽기 53점·錫器 103점·구슬 3점·金箔 32점·견직물 1점·가죽 1점 등이 있다. 죽기는 주로 笥·筒·席·弓 등이 있으며, 석기는 주로 節約·錫皮 등이다. 이러한 기물은 모두 심각하게 파손되어 원래의 형태를 파악할 수 없다. 이외에 발굴 당시 85점의 수장품은 보존상태가 매우 좋지 않아 정식으로 일련번호를 부여받지 못하였다.

3. **내용**

2015년 1월 16일, 망산교 1호 초묘에서 15매의 죽간이 출토되었다. 이 죽간은 곽실의 南室

에서 출토되었지만 모두 파손된 상태였다. 죽간의 형태와 내용에 따라 卜筮祭禱簡과 遣策 두 부분으로 구분할 수 있다. 묵서로 죽간의 안쪽에 서사되었으며, 卜筮祭禱簡의 글자는 비교적 크고 서체도 뛰어나다. 遣策의 글자는 비교적 작은데 두 명의 다른 서사자[書手]가 작성한 것으로 보인다. 卜筮祭禱簡 5매는 1~5호로 구별된다. 遣策의 내용은 (滕)公이 墓主 中廐尹을 매장하였을 때 증여한 기물을 기록한 것이다. 曾侯乙簡 '入車' 종류의 간문과 유사한 순장한 수레와 수레의 병기·장비를 기술한 것 등이다.

4. 참고문헌

「昨日出土文字竹簡和鼎足」, 湖北日報 2015.1.17.

「湖北荊州楚墓的重大發現一望山橋墓地一號墓」, 中國文物報 2015.2.27.

國家文物局 編, 『2015年中國重要考古發現』, 文物出版社, 2016.

蔣魯敬·劉建業, 「荊州望山橋一號楚墓出土卜筮祭禱簡及墓葬年代初探」, 『江漢考古』 2017-1.

荊州博物館, 「湖北荊州望山橋一號楚墓發掘簡報」, 『文物』 2017-2.

형주 하가대 초간(2014~2015)

荊州 夏家臺 楚簡

1. 출토지 : 호북성 형주시 형주구 영성진 하가대 106호 초묘

2. 개요

    1) 발굴기간 : 2014년 8월 16일~2015년 8월 13일

    2) 발굴기관 : 형주박물관

    3) 유적종류 : 고분

    4) 시대 : 전국시대

    5) 시기 : 미상

    6) 출토상황 : 2014년 8월 16일~2015년 8월 13일 사이에 형주시 형주중학교의 신축건설 현장에서 형주박물관은 형주구 영성진 형북촌과 영남촌의 접경에 위치한 유가대와 하가대 묘지에 대해 구제발굴을 진행하였다. 두 묘지는 동서 방향으로 인접하고 있으며, 공백 구간으로 구역이 명확히 나뉘어 있었다. 묘지의 시대와 묘장의 제도·습속·문화 특징은 기본적으로 동일하다. 공동으로 발굴한 전국 묘장은 총 350기가 되며, 출토 수장 기물은 총 3058점이다. 그중에는 도기 1797점, 동기 398점, 죽간 400여 매, 칠목기 375점, 옥 제품 30점, 견직물 제품 3점, 가죽 제품 3점 및 기타 문물, 32점 등이 있다. 출토된 문물 중, 전국 죽간 『詩經』, 『尙書』는 최초로 출토된 사례이다.

3. 내용

하가대 M106에서 출토된 전국 초간은 400여 매(잔간 포함)이다. 내용은 『詩經』 邶風 14편, 『尙書』 呂刑篇, 日書 등이 있다. 이 중 『詩經』과 『尙書』는 전국시대 초나라 묘에서는 최초로 발견한 것이었다.

4. 참고문헌

「湖北荊州劉家臺與夏家臺墓地發現大批戰國墓葬」,『中國文物報』2016.4.8.

형주 용회하 초간(2018~2019)

荊州 龍會河 楚簡

1. 출토지 : 호북성 형주시 용회하 북안 324호 초묘

2. 개요

    1) 발굴기간 : 2018년 6월~2019년 4월

    2) 발굴기관 : 형주박물관

    3) 유적종류 : 고분

    4) 시대 : 전국 초

    5) 시기 : 기원전 4~3세기(?)

    6) 출토상황 : 형주박물관은 207 국도의 형주 구간 증축공사의 일환으로 2018년 6월 ~2019년 4월까지 형주 용회하 북안의 묘지에서 고분 416기를 발굴하였다. 그중 324호 초묘 는 장방형 토갱 수혈 목곽묘로서 1곽1관을 갖추고 있었는데, 여기서 수장 유물 23점과 전국 초 간 324매가 출토되었다.

3. 내용

    형주 용회하 북안의 묘지 324호묘에서 전국 초간 324매가 출토되었다. 초간은 곽실의 頭箱 에서 발견되었고, 죽간의 형태와 문자 특징을 통하여 두 가지로 구분할 수 있다.

    제1유형의 간은 비교적 길어서 죽간의 전체 길이는 약 44㎝이다. 서체는 전형적인 초나라 문자이다. 간문에 언급된 초왕의 시호는 文王·成王·穆王·莊王·共王·康王·靈王·平王·昭王· 惠王·簡王·聲王 등 12명으로, 『史記』楚世家에 기재된 '楚王世系'와 일치한다. 예를 들면 272 호簡의 '成王即位五歲, 乃春於焚桃'와 같은 내용이 있다.

    제2유형의 간은 周 武王과 周公 旦과 관련된 내용을 기록하였다. 『尚書』周書 및 『逸周書』와

유사한데, 서주 초기의 '周公輔政'과 관련이 있을 가능성이 있다.

4. 참고문헌

「"考古中國"重大研究項目又獲新發現」, 中國文物報 2019.5.7.

형주 조림포 초간(2019)

荊州 棗林鋪 楚簡

1. **출토지** : 호북성 형주시 형주구(원 강릉현) 기남진 조림포 고묘군

2. **개요**

   1) 발굴기간 : 2019년 5월

   2) 발굴기관 : 형주박물관

   3) 유적종류 : 고분

   4) 시대 : 전국시대

   5) 시기 : 기원전 4~3세기(?)

   6) **출토상황** : 형주 조림포 고묘군은 호북성 형주시 형주구(원 강릉현) 기남진에 위치해 있으며, 초국 고도 기남성 북쪽 담장 근교 지점이다. 이 지역은 전국시대 초의 "邦墓地"로서, 주로 士, 庶 계층의 묘장이 집중되어 있다. 2019년 봄부터 여름까지 "棗林苑" 주택 지구 건설 공정에 따라 형주박물관은 조림포 고묘군 중 唐維寺, 熊家灣, 彭家灣 세 곳의 고분에 대해 고고 발굴조사를 진행하였다. 그중 두 기의 전국시대 소형 초묘 당유사 126호묘와 웅가만 43호묘에서 소량의 죽간을 발굴하였다.

당유사 126호묘는 2019년 5월 16일에 발굴되었다. 묘장의 형태는 장방형의 수혈식 토갱묘로서, 발굴 당시 묘갱의 상부는 약 1.5m 깊이까지 파괴된 상태였다. 남은 묘갱은 길이 4.49m, 너비 3.38m, 깊이 3.62m였다. 묘장은 1곽1관의 구조로 이루어져 있었고, 보존상태가 양호하여 槨木의 대부분은 출토 당시 짙은 황색을 띠고 있었고, 출토 후 급속히 산화되어 흑갈색을 띠게 되었다. 출토 당시 곽실 내부는 맑은 지하수로 가득 차 있었다. 곽실 동쪽에 위치한 頭箱에는 각종 도기, 목기, 골기, 동기, 죽기 등이 부장되어 있었고, 관 내부에도 소량의 목기와 1건의 동검이 부장되어 있었다. 당유사 126호묘의 묘주는 "產"이란 사람으로 부장 기물 중 병기가 비교적

많은 점과 유골의 특징을 보면 남성으로 판단된다. 또한 곽실이 頭箱과 棺室 두 부분으로 나뉘는 점과 부장 기물을 보면 묘주는 士 등급 중 신분이 비교적 높은 "元士" 신분으로 생각된다.

웅가만 43호묘는 2019년 5월 27일에 발굴되었다. 묘장의 형태는 장방형의 수혈식 토갱묘로서, 발굴 당시 묘갱의 상부는 약 2m 깊이까지 파괴된 상태였다. 남은 묘갱은 길이 2.98m, 너비 1.6m, 깊이 1m였다. 묘장은 1곽1관의 구조로 출토 당시 槨木은 짙은 갈색을 띠고 있었다. 곽실 내부에는 혼탁한 지하수와 진흙으로 가득 차 있었다. 주요 부장품은 곽실 남쪽 빈 공간에 위치해 있었는데 소량의 도기와 목기, 竹簡 잔편들이었다. 웅가만 43호묘 묘주의 이름은 "女聖"으로서 兵器가 부장되어 있지 않다는 점과 유골의 특징을 보면 여성으로 생각된다. 또한 곽실내에 箱이 분리되어 있지 않는 점과 부장기물을 함께 보면 전형적인 士 등급의 인물로 볼 수 있다.

3. 내용

1) 唐維寺 126호묘

당유사 126호묘 죽간은 곽실에서 총 8매가 출토되었다. 字迹은 비교적 선명했지만 곽실 내부 지하수로 인해 원래 순서는 이미 흩어져 알 수 없게 되었다. 이외에도 편호가 부여되지 않은 잔간이 있는데 이는 아마도 5호간이나 6호간 하단부의 결실 부분으로 보인다. 죽간의 문자는 주로 정면에만 서사되어 있었고, 1,2,3,5,7간의 뒷면에는 대각선 방향의 획흔이나 墨線이 있었으며, 편호가 부여되지 않은 잔간의 뒷면에 "四"라는 한 글자가 서사되어 있었다.

죽간의 내용은 卜筮祭禱簡으로 기남성 동쪽 우대산 고묘군 진가취 M1, M13, M99에서 발견된 죽간과 유사하다. 1,2,3,8호간은 卜筮의 원인과 결과를 상술하고 있으며, 祭禱의 구체적인 내용을 싣고 있는데, 이런 격식은 포산 초간, 망산 초간의 卜筮祭禱簡에서 자주 보이는 것이다. 4, 5, 6호간은 "告又□□"의 형식으로 貞人이 神靈을 향해 禱告할 때 외우는 말을 기록하고 있는데, 그 성질은 包山楚簡 205, 206, 224, 225간과 유사하다. 7호간은 "曾臣產敢告…"의 형식으로 묘주인 產 본인이 외우는 禱辭를 기록한 것으로 이런 형식은 葛陵楚簡 중에 보인다. 이 죽간에는 "緤失", "巫公", "陳目"이라고 하는 3명의 貞人이 등장한다. 祭禱의 대상으로는 "袚", "地主", "司命", "北方" 등의 이름이 나오는데, 이들은 熊家灣 43호묘에 나오는 祭禱의 대상인 "二天

子"와 함께 楚人들이 신앙한 神靈들로 생각된다.

2) 熊家灣M43

죽간은 관의 덮개 위에서 2매가 발굴되었는데 모두 절단된 상태였고 字迹도 흐릿했다. 웅가만 43호묘 죽간의 문자는 모두 정면에 서사되었고, 뒷면에는 획흔이나 묵선이 없었다. 이 죽간 역시 당유사 126호묘 죽간과 마찬가지로 卜筮祭禱의 내용을 담고 있다.

조림포 고묘군의 부장 기물 중 동기, 도기 등 禮器와 九店 東周墓에서 출토된 같은 종류의 기물을 비교해보면, 당유사 126호묘는 전국 중기 후반, 웅가만 43호묘는 전국 말기 전반에 조성된 묘로 보인다. 초간 중에서 이미 卜筮祭禱의 내용을 담고 있는 간이 여러 차례 소개되었지만, 형주 조림포 고묘군 출토 죽간은 전국시대 초의 도읍 郢의 중하 계층 士들이 가지고 있던 종교신앙에 대해 새로운 자료를 제시하고 있다. 또한 당유사 126호묘의 8호간은 하나의 絲帶가 45도 각도로 간을 묶고 있으며, 다른 간독에도 비슷한 흔적이 보이는데 이런 현상은 지금까지 발견된 간독 중에서는 보이지 않던 것으로 당시 종교신앙에서 비롯된, 일종의 신성한 물건의 보존방법으로 보인다. 이들 묘장의 발굴정황 및 죽간의 석문, 주석, 사진 등의 자료는 「荊州棗林鋪楚墓出土卜筮祭禱簡」(2019)에 수록되어 있다.

4. 참고문헌

趙曉斌, 「荊州棗林鋪楚墓出土卜筮祭禱簡」, 『簡帛』第19輯, 2019.

3. 하남성河南省 출토 전국 목간

신양 장대관 초간(1957~1958)

信陽 長臺關 楚簡

1. **출토지** : 하남성 신양시 장대관 소류장 1호, 2호 초묘

2. **개요**

    1) 발굴기간 : 1957~1958년

    2) 발굴기관 : 河南省 文化局 文物工作隊 第一隊

    3) 유적종류 : 고분

    4) 시대 : 전국시대

    5) 시기 : 미상

    6) 출토상황 : 신양 장대관 1호 초묘와 2호 초묘는 모두 방형 목판으로 만든 大槨室이 있고, 그 안에 묘주의 목관과 수장품이 놓여 있었다. 유물의 내용은 매우 풍부하였다. 1호묘의 前室과 後左室에서 竹書와 遣策이 발견되었다. 後左室에서는 서사 공구 상자도 발견되었는데, 상자 안에는 농으로 만든 削·錛·鋸·錐·刻刀·夾刻刀 및 毛筆 등 12건의 죽간을 가공하는 공구와 서사 도구가 들어 있었다. 1호와 2호묘에서는 그밖에 각각 규격화된 악기, 한 세트의 車馬器, 병기 및 선명한 색조로 칠한 생활용 漆木器, 금은 도안으로 상감한 동기·철기, 여러 종류의 도기, 정교하게 조각한 옥기, 세밀하게 짜놓은 죽기와 견직물 등이 출토되었다.

3. **내용**

죽간은 모두 2종류로 죽서와 견책인데, 각각 1호묘의 前室과 後左室에서 출토되었다. 前室에서는 竹書가 나왔는데 총 119매에 모두 斷簡이며, 後左室에서 나온 遣策은 모두 29매로 비교적 온전한 편이다. 죽서는 모두 손상되어서 각 간의 길이가 일정하지 않다. 잔간 중 가장 긴 것은 33㎝이고 너비는 0.7~0.8㎝, 너비 0.1~0.15㎝이다. 간을 편철했던 흔적에서 본래 간은 약

45㎝에 30여 자가 쓰여졌던 것으로 추정된다. 상중하 세 갈래로 황색 비단실을 사용해서 편철했다. 묵서로 죽간의 한면에 글자를 썼는데 전적류에 속한다. 주된 내용은 死者의 일생을 노래하며 기리는 것인데, 초기 유가의 어휘를 사용하고 있다. 간문에 여러 차례 대화체로 周公, 君子 등의 말이 나온다. 내용상 어떤 학파에 속하는 지 분명하지 않지만, 유가 저작 혹은 『墨子』의 일문으로 여겨진다. 본래 편제가 없는데, 정리자는 "竹書"라고 했고 李零은 『申徒狄』이라고 했다. 그 내용상 엄격한 의미에서 "典籍"에 속한다고 했는데, 전래 先秦 전적과 매우 비슷하다. 예를 들어 "周公慨然作色曰, 役夫賤人格上, 則刑戮之(1.01)", "曰, 役夫賤人强識而扑于刑者, 有上賢(1.02)", "君子之道, 必若五浴之溥(1.05)" 등과 같은 것이다.

遣策은 온전히 보존되어 있었다. 대부분 간의 길이는 68.5~68.9㎝ 정도인데, 가장 긴 간은 길이 69.5㎝, 너비 0.5~0.9㎝, 두께 0.1~0.15㎝이다. 남아 있는 간의 끈을 살펴보면, 죽간의 위아래 끝단을 각각 검은색 홑겹 끈으로 묶여 그 형태를 유지했음을 알 수 있다. 위쪽에 묶인 것은 간의 상단에서 18㎝ 떨어져 있으며, 아래쪽에 묶인 끈은 간의 하단에서 약 15.5㎝ 떨어져 있다. 간의 뒷면에는 종종 하나의 작은 구멍이 나 있는데, 간의 끈을 고정하는데 사용되었다. 죽간이 출토되었을 때의 정황에 따르면, 일부 죽간의 編聯은 4매 간마다 한 세트로 묶였다고 볼 수 있다. 2매씩 서로 대응하며, 글자가 쓰인 면이 안쪽에 있다. 먼저 編聯된 뒤에 내용이 서사되어 매 간은 전부 單行으로 묵서되었다. 각 간의 글자 수는 일정하지 않은데, 많은 경우는 48자이고 적은 것은 16자에 불과하다. 이미 식별된 글자 수를 계산해보면 잔존 글자는 총 957자이고, 주로 부장품의 명칭과 그 수량을 기록하고 있다. 초나라 사람들의 일상생활 기물 및 생활예절·풍속을 탐구할 수 있는 희귀한 자료이다.

4. 참고문헌

河南省文化局文物工作隊第一隊, 「我國考古史上的空前發現-信陽長臺關發現一座戰國大墓」, 『文物參考數据』 1957-9.

河南省文化局文物工作隊第一隊, 「信陽長臺關第2號楚墓的發掘」, 『考古通信』 1958-11.

『河南信陽楚墓圖錄』, 河南人民出版社, 1959.

河南省文物研究所, 『信陽楚墓』, 文物出版社, 1986.

裴明相, 「信陽楚墓的主要遺存及其特点」, 『中原文物』 1989-1.

商承祚 纂辑, 『戰國楚竹簡彙编』, 齊魯書社, 1995,

『楚地出土战国简册合集(二)-葛陵楚墓竹簡, 長臺關楚墓竹簡』, 文物出版社, 2013.

陳偉 等 著, 『楚地出土戰國簡冊十四種』, 北京:經濟科學出版社, 2009.

신채 갈릉 초간(1994)
新蔡 葛陵 楚簡

1. **출토지** : 하남성 신채 갈릉고성 초묘

2. **개요**

   1) 발굴기간 : 1994년

   2) 발굴기관 : 하남성 문물고고연구소

   3) 유적종류 : 고분

   4) 시대 : 전국시대 중기

   5) 시기 : B.C 340년경

   6) 출토상황 : 1985년 河南省 新蔡 文物保管所가 문물조사를 전면적으로 시행할 때, 葛陵 故城 동북부에서 2기의 묘장이 발견되었다. 葛陵故城은 新蔡縣에서 서북쪽으로 25㎞ 떨어진 李橋鎭 葛陵村 주변에 위치하고 있다. 문물보관소는 문물에 대한 시추작업을 진행하여, 이 묘장 구역의 연대는 전국시대 중기~말기에서 전한 초기 사이라고 추정하였다. 1992~1993년에 묘 장이 도굴을 당한 탓에, 1994년 5월에 하남성 문물고고연구소에서 조직된 고고팀이 구제발굴 을 진행하였다. 묘주는 초나라의 封君 平夜君 成이었다. 1994년 8월 16일, 묘장의 南室에서 죽 간이 발견되었다. 당시 발굴 인원이 木車의 傘盖 위에서 竹片을 떼어내었는데 형식과 너비를 확인한 결과 槨板의 席片이 아닌 것으로 분석되었다, 발굴자가 竹片을 뒤집어 正面에 적힌 문 자를 발견하였다.

3. **내용**

   산채 갈릉 초간은 卜筮祭禱와 遣策을 기록한 賵書인데, 그 수량은 1571매에 달한다. 내용은 두 종류로 나눌 수 있다. 첫 번째는 卜筮祭禱의 기록으로, 이는 다시 3종류로 나눌 수 있다. 첫 번째는 묘의 주인인 平夜君 成이 생전에 占卜祭禱한 기록으로, 점복의 내용은 그의 병세를 묻는 것이 주를 이루고 있다. 前辭·命辭·占辭 등의 부분으로 구성되어 있는데, 이에 따르면 墓主 생전의 질병 상황을 알 수 있다. 두 번째는 "小臣 成(즉, 平夜君 成)" 자신이 祭禱한 기록이다. 세 번째 내용은 祭禱 기록만 있을 뿐이며, 占卜은 보이지 않는다.

두 번째는 遣策이다. 그 내용은 墓主에게 증여된 물품의 명단인데, 이러한 문서도 "賵書"라 불렀다. 賵는 재물을 보냄으로써 다른 사람을 도와 장례를 치른다는 의미이다. 이러한 죽간은 전부 20여 매이다.

簡文의 紀年자료가 비교적 풍부하고, 제사 대상으로 楚 文王·平王·昭王·惠王·簡王·聲王·平夜文君·子西 등이 있어서, 죽간 및 묘장의 연대를 판단하는 데에 중요한 단초를 제공한다. 초나라 상층 귀족의 卜筮祭禱 등 습속과 禮制 및 상층 귀족과 하층 귀족의 차이점을 연구하는 데에 중요한 자료를 제공한다.

4. 참고문헌

宋國定·曾曉敏·謝巍, 「新蔡發掘一座大型楚墓」, 中國文物報 1994.10.23.

河南省文物考古研究所 編著, 「河南新蔡平夜君成墓的發掘」, 『文物』 2002-8.

河南省文物考古研究所 編著, 『新蔡葛陵楚墓』, 大象出版社, 2003.

II
진대秦代 목간

1. 호북성 湖北省 출토 진간

운몽 수호지 11호묘 진간(1975)
雲夢 睡虎地 11號墓 秦簡

1. 출토지 : 호북성 운몽현 수호지 11호 진묘
2. 개요
    1) 발굴기간 : 1975년 12월 18일~12월 29일
    2) 발굴기관 : 孝感地區亦工亦農考古訓練班, 孝感地區文化局, 雲夢縣文化局, 雲夢縣宣教戰
       線, 湖北省博物館
    3) 유적종류 : 고분
    4) 시대 : 전국시대~진대
    5) 시기 : 기원전 3세기
    6) 출토상황 : 1975년 11월 중국 湖北省 雲夢縣 城關公社 사원이 睡虎地 묘지의 배수구 공
사 중 秦代의 土坑木槨을 발견해 雲夢縣 문화부에 보고했다. 중국공산당 호북성 운몽현위원회
는 유적에 대한 보호조치를 취하고, 孝感地區亦工亦農考古訓練班 전체 성원과 관련 기관 전문
가들을 동원해 유적에 대한 정리와 발굴작업에 착수하였다. 발굴팀은 총 12기의 전국시대 및
진대 고분을 발굴하였고, 그중 제11호묘에서 죽간 1,100여 매를 발굴하였다.

죽간이 발견된 睡虎地11號秦墓는 장방형의 수혈식 소형 토갱묘로서 그 북면은 睡虎地 9號,
10號墓와 이어져 있고, 동남쪽으로 雲夢 기차역과 100여m 떨어진 지점에 위치하고 있었다.
묘는 하나의 棺과 槨으로 이루어져 있으며, 발굴 당시 거의 완정한 형태로 보존되어 있었다. 槨
室의 동면 길이는 3.52m, 남북 너비는 1.72m로서, 곽실 내부는 관이 안치된 부분과 각종 기물
이 부장되어 있는 부분으로 나뉘어져 있었다. 관은 길이 2.26m, 너비 1m의 크기로, 棺 내부에
는 死者의 시신이 안치되어 있었다. 감정에 의하면 사자는 40세 가량의 남성으로 仰身屈肢의
형태로 매장되었다. 관 내부에는 1,100여 매의 죽간과 함께 붓, 玉器 등이 시신과 함께 부장되

어 있었고, 관 외부 곽실 안에 漆器, 竹器, 銅器, 陶器 70여 점이 부장되어 있었다.

죽간은 시신과 함께 관 내부에 부장되어 있었는데, 人骨의 머리부분, 우측부분, 발 부분과 복부 부분에 놓여져 있었다. 발견 당시 죽간의 상태는 발 부분에 놓여진 죽간의 파손이 비교적 많았고, 나머지 대부분의 죽간은 거의 완전한 형태로 발견되었다. 대부분 簡의 길이는 23.1~27.8㎝ 정도였고, 너비는 0.5~0.8㎝였다. 簡文은 秦隸의 墨書로 쓰여져 있었고, 문자의 대부분은 字迹이 분명해 쉽게 알아볼 수 있었다. 간에 남아있는 끈의 흔적을 볼 때, 죽간은 상,중,하 세 부분에 걸쳐 끈으로 묶여져 冊의 형태를 하고 있었음을 알 수 있다. 다만 간을 묶었던 끈은 이미 썩었기 때문에 간의 순서는 대부분 섞여버렸다.

3. 내용

수호지11호진묘에서 발굴된 죽간은 과학적 보존처리와 복원작업을 거친 후 총 1,155매(잔편80매)로 정리되었다. 전체 죽간은 編年記, 語書, 秦律十八種, 效律, 秦律雜抄, 法律答問, 封診式, 爲吏之道, 日書 甲種, 日書 乙種의 10종 문서로 구성되어 있다.

이상의 편명들 중 語書, 編年記, 封診式, 日書(乙種)의 4종은 죽간 자체에 기재된 편명을 그대로 따른 것이며, 나머지 6종은 문서의 내용을 참작하여 정리자들이 붙인 편명이다. 각 편의 내용은 다음과 같다.

1) 編年記

편년기는 전체 53매의 죽간으로 묘주의 머리 밑부분에서 발견되었다. 발굴 당시 편년기 죽간의 위치 및 簡文의 내용을 통해 복원해볼 때 원래는 하나의 冊書로 말려 있었던 것으로 보인다. 편년기는 秦昭王 원년(B.C.306)부터 秦始皇 30년(B.C.217)까지 있었던 통일전쟁 등 국가적인 대사를 "喜"라는 인물과 관련된 개인적인 기록과 함께 연대별로 작성한 기록이다. 처음 편년기 죽간이 발견되었을 때 정리자들은 〈大事記〉로 칭했지만, 이후 죽간 자체에 쓰여진 〈編年記〉라는 편명이 발견되면서, 編年記로 고쳐 부르게 되었다. 2014년 출간된 『秦簡牘合集(壹)』(武漢大學出版社)에서는 印臺漢簡 및 松柏漢簡이 포함된 유사 문서의 명칭에 따라 編年記를 〈葉書〉로 고쳐 부르고 있다. 하지만 본서에서는 일반적인 명칭인 〈編年記〉를 사용한다. 편년기 죽간은 상,하 두 부분으로 나뉘어 서사되어 있는데, 상단에는 昭王 원년부터 昭王 53년까지의 기록이, 하단에는 昭王 54년부터 秦始皇 30년까지의 기록이 각각 서사되어 있다.

　편년기 죽간이 가진 의미는 다음의 2가지로 정리할 수 있다. 첫째, 편년기 기록이 기존 『史記』六國年表, 秦本紀, 秦始皇本紀 등 문헌사료의 중요 사건들, 특히 秦의 전국 통일 과정에서 진행된 주요 전쟁들이 일어난 시기를 교정 및 확정하는데 큰 도움을 주는 것이다. 편년기 간문에 기록된 역사적 사실은 『사기』 등의 문헌사료 기록과 비교하면 매우 많은 기록이 일치됨을 알 수 있다. 하지만 어떤 기록은 1년 이상의 시간차를 보이는 기록도 있다. 예를 들어 『사기』 육국년표에는 진의 '皮氏' 공격이 秦昭王 원년에 일어난 것으로 기재되어 있지만, 편년기에 의하면 진의 皮氏 공격은 秦昭王 2년에 일어난 것임을 알 수 있다. 또한 『사기』 진본기에 의하면 秦昭王 7년에 '新城'이 함락된 사실만을 알 수 있지만, 편년기 기록을 통해 진의 新城 공격이 秦昭王 6년에 시작되어 7년에 마무리되었음을 알 수 있다.

　전쟁을 제외한 주요 인물과 제도에 관한 기록도 편년기에서 찾아볼 수 있다. 『사기』 진시황본기 16년조 기사에는 "初令男子書年"이라는 기사가 보이는데, 편년기 (今)16년에 "自占年"이라는 기록이 있어 진이 처음으로 일반 백성들로 하여금 스스로의 나이를 신고하게 한 연대를 확정할 수 있었다. 또한 『사기』 진시황본기 21년조 기록에는 "新鄭反. 昌平君徙於郢"이라는 기사가 있는데, 편년기 (今)20년, 21년에 "韓王居□山. 韓王死. 昌平君居其處"라는 기록이 있어, 秦王政 21년에 진에 항복했던 韓王이 新鄭에서 일어난 반란과 연루되어 사망하는 사건이 있은 후 昌平君이 南郡 郢지역으로 옮겨졌음을 추측하게 한다. 뿐만 아니라 편년기 (今)23년 기록에는 "昌文君死"라는 기사가 있어, 문헌사료를 통해 잘 알 수 없었던 昌平君과 昌文君에 대해 약간의 힌트를 제공하고 있다.

　편년기 죽간이 가진 두 번째 의미는 편년기 기록을 통해 수호지11호 墓主의 신분과 생애를 알 수 있게 된 점이다. 편년기 기록에는 전쟁 등 국가적인 대사에 관련된 기록뿐만 아니라 "喜"라는 사람의 개인적인 기록도 함께 적혀 있다. 편년기에 의하면 喜는 秦昭王 45년에 태어나 17세가 되던 秦王政 원년 傅(籍)을 하고, 19세가 되던 해에 史로 임용되어, 20세에 安陸□史, 22세에 安陸令史, 23세에 鄢令史가 되었다가 28세에 鄢의 治獄업무를 맡게 된 것으로 보인다. 또한 29세와 31세에 從軍했다는 기록도 있다. 홈의 사망연대는 기록되어 있지 않지만, 만약 편년기 연대표기가 끝나는 秦始皇 30년에 사망한 것으로 추정할 수 있다면, 홈는 46세 되던 해에 사망한 셈이 된다. 수호지11호묘의 인골이 40대 남성으로 추정된다는 보고를 참조하면 수호지 11호묘의 墓主는 바로 홈라고 생각할 수 있고, 그의 생전 경력을 생각할 때 墓中에 다수의 법률 관련 죽간이 부장된 이유도 쉽게 유추할 수 있다.

또한 편년기에 기록된 홈의 각종 이력 기록은 진대 지방 속리로서의 '史'職에 대해 여러 가지 정보를 제공하고 있다. 특히 1983년 발굴된 張家山漢簡의 史律 기록과 연관해 史가 되기 위해 홈가 거쳐야 했던 과정과 홈의 경력, 홈가 史로서 담당한 직무에 대한 연구가 다수 발표되었다. 즉 수호지진간 편년기는 진대 지방 관현 속리 연구에 있어 실증적인 자료를 제공하고 있다.

2) 語書

어서는 전체 14매의 죽간으로 묘주 인골 복부 아래쪽 오른손 밑에서 발견되었다. 14매 죽간은 8매로 이루어진 전반부와 6매로 이루어진 후반부로 구분된다. 14매 간은 길이 및 필체가 일치하지만, 후반부 6매 상단에 묶여져 있던 끈의 흔적이 전반부 8매 상단에 있는 끈의 흔적보다 약간 아래에 위치해 있어 두 부분의 죽간이 원래는 서로 분리되어 편철되어 있었음을 알 수 있다. 죽간이 처음 발견되었을 때 정리자들은 이 문서를 南郡 郡守였던 '騰'이 발포한 문서라고 해서 "南郡守騰文書"로 칭했지만, 마지막 14매 簡 뒷면에서 "語書"라는 편명이 발견됨에 따라 편명을 고치게 되었다.

어서의 내용은 秦王 政 20년(B.C.227) 4월 2일, 남군의 군수인 등이 남군 휘하 각 縣, 道에 반포한 공문서로서, 국가가 제정한 법령의 준수, 지방 惡俗의 제거 및 법령을 준수하지 않는 관리의 처벌, 良吏와 惡吏의 구분 등에 관한 명령이다. 진의 남군 지역은 원래 초나라 영토로서, 秦昭王 28년부터 29년까지(B.C.279~278) 秦나라 장군 白起의 공격으로 획득한 지역이다. 진은 이 영토를 획득한 후 초나라 수도였던 郢의 이름을 '江陵'으로 개칭하고 이 지역을 관할하는 郡으로 南郡을 설치하였다. 어서가 발포된 秦王 政 20년은 남군이 설치된 지 50년이 지난 시기였지만, 당시 이 지역에는 여전히 舊楚系 세력이 강한 영향력을 발휘하고 있었고, 진의 법령을 어기면서 초의 풍속을 따르는 일들이 있었음을 알 수 있다. 편년기 (今)19년조에 "南郡備警(南郡

에서 경계태세를 갖추다)"의 기사가 있는 것은 이 시기 진과 초 사이의 이 지역을 둘러싼 정치, 군사적 투쟁이 얼마나 격렬하게 이루어졌는지를 잘 반영하고 있다. 이러한 점은 어서가 당시 남군 지역의 상황을 연구하는데 얼마나 중요한 자료인지를 반영하는 것이다.

어서 전반부에서 남군 군수 등은 남군의 상황을 다음과 같이 정리하고 있다. 즉 "지금 法律令이 이미 갖추어져 있으나 관리와 백성이 이를 준수하지 않고, 지방의 풍속을 음란케 하는 백성이 끊이지 않으니 이것은 군주의 밝은 법을 폐하는 것이고, 사악하고 음란한 백성이 날뛰도록 조장하는 것이다. … 그러므로 騰은 이를 바로잡기 위해 … 법령을 정비하고 이를 하달하여 관리로 하여금 이를 분명하게 반포하도록 하고 관리와 백성으로 하여금 … 죄를 범하지 못하도록 하였다. 그런데 … 관리와 백성으로 법을 어기고 … 지방마다의 풍속에 안주하고자 하는 마음에 변화가 없으며, 縣의 … 관리들은 이러한 사실을 알면서도 죄상을 들추어내어 논죄하지 않는다." 이같이 남군의 상황을 진단한 군수는 다음과 같은 명령을 내린다. "이제 사람을 시켜 장차 각지를 돌며 시찰케 하여 令을 따르지

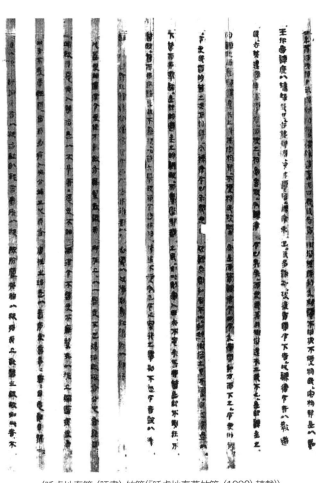

〈睡虎地秦簡〈語書〉竹簡(『睡虎地秦墓竹簡』(1990) 轉載)〉

않는 자를 검거하여 조사하게 하고, 律에 따라 처벌케 하며, ... 어느 縣의 관리가 令을 많이 어겼음에도 令, 丞이 이를 발각하지 못하였을 경우 令, 丞의 행위를 상부에 보고하도록 하여 상부에서 처리하도록 하겠다."

어서 후반부에서는 良吏와 惡吏의 차이를 다음과 같이 규정한다. 즉 "良吏는 法律令에 통달하고 청렴하고 충성스러우며 성실하여 훌륭하게 윗사람을 보좌한다. ... 惡吏는 法律令을 이해하지 못하고 사무를 어떻게 처리할지 알지 못하며, 청렴하지 않고 ... 게으르게 일을 대충 처리하거나 ... 언쟁하기를 좋아한다." 이같이 양리와 악리를 구분한 남군의 군수는 "각 縣,道에서 이를 휘하의 각 부서로 이송하도록 하는데, 휘하의 각 부서에서 이 문서에 기록된 명을 받들지 않는다면, 縣,道에서는 이를 郡에 보고해야 하고, 郡에서는 ... 이를 책임지고 처리하도록 명령해야 한다"라고 명령하고 있다.

수호지진간 어서는 진 전국통일 직전 남군 지역의 상황을 생생하게 알려주는 자료일뿐만 아니라, 당시 진의 지방관리가 가지고 있던 사상이나 통치 철학 등에 대해서도 한 실례를 보여주는 자료이다. 또한 군에서 발포된 문서가 縣,道를 거쳐 휘하의 각 부서에 전달되는 과정과 행정문서의 처리 과정을 잘 보여주는 공문서라는 점에서 중요한 의의를 지닌 자료이다.

3) 秦律十八種

진률십팔종은 모두 201매의 죽간으로 묘주 인골 우측에서 발견되었다. 출토시 簡冊은 이미 흩어져버린 상태였고, 매 조의 律文 말미에는 모두 律名 혹은 律名의 약칭이 기록되어 있었다. 그 구체적인 율명으로는 田律, 廏苑律, 倉律, 金布律, 關市, 工律, 工人程, 均工, 徭律, 司空, 軍爵律, 置吏律, 效, 傳食律, 行書, 內史雜, 尉雜, 屬邦의 18종이 있었으므로, 정리자들은 이 죽간의 편명을 '秦律十八種'으로 칭하였다. 이 18종 각각의 율문은 해당 율의 전문이 아니며, 초사자가 필요에 따라 18종 秦律의 일부를 발췌하여 기록한 것이다.

진률십팔종의 율문이 포함하는 내용은 상당히 광범위하다. 田律과 廏苑律은 農田의 水利, 산림보호, 牛馬 사육에 관한 법률이다. 倉律과 金布律은 국가의 양식 저장, 보관, 방출 및 화폐의 유통, 시장 교역과 관련된 법률이다. 徭律, 司空律은 요역의 징발, 토목 공사, 刑徒의 관리 및 감독에 관한 법률이다. 置吏律, 軍爵律, 效, 內史雜은 관리의 임면, 軍功爵 및 賞賜의 지급, 관리의 직무 규정과 관련된 법률이다. 즉 정치, 경제, 사회제도 등 다양한 분야와 관련된 진대의 법률이 진률십팔종에 반영되어 있어, 진대 사회를 이해하는데 있어 극히 중요한 자료라고 할 수 있다.

전국시대 진의 법률은 저명한 법가 사상가인 商鞅이 제정한 것으로 알려져 있다. 『晉書』刑法志의 기재에 따르면 상앙의 법률은 魏文侯 시기 李悝가 저술한 法經 6편(盜,賊,囚,捕,雜,具)을 계승한 것으로 알려져 있고, 이후 漢初 蕭何가 興,廐,戶의 3편을 더해 九章律을 편찬했다고 한다. 수호지진간이 발굴되기 전 완정하게 보존된 가장 오랜 법률은 唐律이었다. 隋代 이전의 율문을 몇몇 연구자가 집록한 적은 있었지만 이를 통해서는 겨우 몇 가지 단편적인 율문만을 확인할 수 있었을 따름이다. 하지만 수호지진간의 진률십팔종 등 다량의 진대 율문이 발견되면서 중국 고대 법제사 연구에 획기적인 전환이 이루어지게 되었다. 진률십팔종을 통해 진대 법률편의 수가 이리의 법경 6편을 훨씬 초과했음을 알 수 있게 되었고, 진이 정치, 경제, 사회제도 등 다양한 방면의 분야를 다종의 법률로 엄밀하게 통제하고 있었음도 알 수 있게 되었다. 수호지진간의 뒤를 이어 張家山漢簡, 嶽麓秦簡 등 주로 진한대 율령을 포함한 간독자료들이 대거 공개되면서 중국 고대 법제사 분야의 연구는 공전의 활황을 띠게 되었다. 지금은 전국시대 진의 율령제도가 진제국 시대를 거쳐 한대로 어떻게 발전해왔는가 하는 연구도 다수 이루어지고 있는 상황이다.

4) 效律

효률 죽간은 모두 60매로서, 語書, 秦律雜抄, 爲吏之道와 함께 묘주 인골 복부 밑부분에서 발견되었다. 글자체로 보면 효률과 진률잡초는 한 사람이 초록한 것으로 보이지만, 이 두 편은 간의 길이에 약간의 차이가 있다. 효률의 경우 첫 간의 뒷면에 "效"라는 律名이 기록되어 있고, 각 조문의 끝에는 율명이 기록되어 있지 않아, 진률십팔종의 매 조문 말미에 율명이 기록되어 있는 것과는 구별되며, 이러한 형식으로 보아 효률은 한 편의 완정한 율문집으로 생각된다. 진률십팔종에도 '效'를 편명으로 하는 율문이 보이는데, 진률십팔종의 '效'와 '效律'의 율문을 비교 대조해보면, 진률십팔종 '效'는 '效律'의 일부를 발췌해 초사한 율문으로 생각된다.

효률은 縣과 都官의 물자 회계를 검사하는 것과 관련된 일련의 법률 규정이다. 특히 병기, 갑옷, 피혁 등과 같이 군사상 중요한 의미가 있는 물품에 대하여 더욱 상세히 규정하고 있다. 또한 도량형기의 관리에 관련해 오차의 허용 한도를 명확하게 규정한 율문도 있다. 이는 도량형 통일정책을 철저히 집행하기 위해 가장 기초가 되는 법률규정이라고 할 수 있다.

5) 秦律雜抄

진률잡초는 42매의 죽간으로 이루어져 있고, 語書, 效律, 爲吏之道 등과 함께 묘주 인골 복부 밑부분에서 발견되었다. 진률잡초의 율문은 진률십팔종 율문과 달리 각 조문 뒷부분에 율명이 기록된 簡과 기록되지 않은 簡이 모두 존재하고, 내용도 비교적 잡다한 부분이 있다. 진률잡초는 해당 율의 사용자가 자신의 필요에 따라 전체 진률 중에서 일부를 발췌하여 기록한 것으로 일부 조문은 발췌자가 개괄적으로 기록하거나 요점만 뽑아 기록하고 있기 때문에 이해가 쉽지 않은 부분도 있다. 따라서 정리자들은 이 편을 '秦律雜抄'라고 이름하였다.

진률잡초에 수록된 율명으로는 除吏律, 游士律, 除弟子律, 中勞律, 藏律, 公車司馬獵律, 牛羊課, 傅律, 敦表律, 捕盜律, 戍律 등 11종이 있다. 律의 명칭상으로는 除吏律이 진률십팔종의 置吏律과 유사한 것을 제외하고 진률십팔종의 율명과 겹치는 것이 단 하나도 없음을 알 수 있다. 이는 진률의 종류가 대단히 방대함을 보여주는 것이지만, 동시에 이 전체를 모두 진의 정식 율명으로 볼 수 있을까 하는 의문도 갖게 한다. 예를 들어 捕盜律의 경우 이리의 법경 6편에 포함된 盜律과 捕律을 합친 율명이지만, 장가산한간을 통해 도률과 포률이 각각 별개의 율명임을 알 수 있으므로, 이 둘을 합친 捕盜律을 포률, 도률과 구분되는 별개의 율명으로 볼 수 있을지는 의문이다.

진률잡초 중 대부분의 율문은 군사와 관련된 것으로서, 이 중에는 군관의 임면, 군대의 훈련, 전장에서의 기율 문제, 전시 민간의 지원 및 전후 상벌과 관련된 법률조문이 포함되어 있다. 요컨대 진률잡초 죽간은 진대 군사제도를 연구하는데 있어 매우 중요한 자료라고 할 수 있다.

6) 法律答問

법률답문은 총 210매의 죽간으로 이루어져 있고 묘주의 목 오른쪽 부분에서 발견되었다. 발견 당시에는 이미 흩어진 상태였지만, 원래는 冊書의 형태로 부장되었던 것으로 추정된다. 법률답문은 총 187개의 조문으로 구성되어 있고, 그 내용은 문답형식으로 진률의 특정 조문과 전문 법률용어 및 율문의 제정 의도 등에 관하여 해석을 한 것이 대부분이다. 법률답문 죽간에는 편명이 기재된 간이 없었기 때문에 정리자들은 簡의 내용과 형식을 고려하여 "法律答問"이라는 편명을 붙였다.

진이 법률답문이라는 율령 해석집을 만든 것은 율령 중에 있는 법률용어를 명확히 설명하고, 율령의 적용에 애매한 부분을 명확하게 하기 위해서였다. 따라서 법률답문은 율령이 제정된 이후에 만들어졌을 것인데, 법률답문에 인용된 율령 중 어떤 것은 상당히 이른 시기에 제정된 율령으로 생각되는 것도 있다. 예를 들어 395簡에는 "公祠"라는 표현이 나오는데, 이는 이 율문이 秦惠文王이 '王'을 칭하기 전 제정된 율문이라는 것을 보여준다. 반면 里正을 "典"으로 칭하는 율문이 있는데, 만약 이 "典"을 秦始皇의 이름을 피휘한 것이라고 본다면 이 율문들은 秦王政 시기에 제정된 셈이 된다. 즉 법률답문에 인용된 율문은 어느 한 시기에 제정된 율령 조문이 아니며 다양한 시기에 제정된 율문을 포함하고 있음을 알 수 있다.

또한 법률답문 중에는 진대 사법제도의 특징을 보여주는 여러 용어들이 있다. 그중 하나가 "廷行事"라는 표현이다. 이는 사건 판결의 근거가 되는 "판례"를 가리키는 것인데, 즉 진대 사법 제도상 과거에 내린 사건의 판결에 근거하여 현재 사건의 심리를 진행하는 것이 이미 제도화되어 있음을 보여준다. 또한 "辭者辭廷", "州告", "公室告", "非公室告" 등도 진대 사법제도 및 소송 과정과 관련된 용어들이다.

요컨대 법률답문 죽간은 진대 율령에 대한 이해에 큰 도움을 주고 있으며, 秦 사법제도 및 소송, 재판의 절차 및 특징의 이해에도 중요한 자료라고 할 수 있다. 뿐만 아니라 다양한 법률 용어의 명확한 의미를 설명함으로써 진대 가족제도 및 사회제도의 이해에도 상당한 도움을 준다고 할 수 있다.

7) 封診式

봉진식은 모두 98매의 죽간으로 日書 甲種과 함께 묘주 인골 머리 오른쪽 부분에 부장되어 있었다. 출토 위치를 볼 때 이 두 문서는 하나의 冊書로 이루어져 있었을 것으로 추정되지만 발견 당시에는 모두 흩어져 있던 상태였다. 봉진식 발굴 초기에는 편명을 발견하지 못해 정리자들이 "治獄案例"로 명명했지만, 이후 제일 마지막 簡의 뒷면에서 "封診式"이라는 글자가 발견되면서 편명이 수정되었다. 봉진식은 전체 25개 조문으로 구성되어 있으며, 매 조문의 첫 번째 죽간 머리부분에 해당 조문의 소제목이 쓰여져 있었다. 25개 조문 중 2개 조문의 소제목은 字迹이 모호해 석독할 수 없었다.

봉진식 각 조문의 내용은 대부분 사건의 수사, 심문 등 진대 사법처리 절차를 보여주는 각종 사법 안건들이다. 봉진식에 수록된 사법 안건의 내용은 굉장히 광범위하다. 소, 말, 돈, 의복의 절도, 본적지에서의 도망, 요역 도피, 살인 등과 관련된 내용이 포함되어 있고, 자살로 추정되는 사건도 수록되어 있다. 이런 사법 안례들에 나오는 피해자, 피의자, 사법 안건 처리자 등의 이름은 대부분 甲, 乙, 丙 등으로 표기되어 있어, 봉진식 문서는 獄事를 담당하는 관리의 학습용 또는 사법 처리과정 중 관리가 참조하는 용도로 제공된 문서임을 짐작할 수 있다.

봉진식에 수록된 사법 안건들 중 아버지가 자식을 "불효"의 죄목으로 고소한 사례가 두 건 있다. 이 건은 각각 아버지가 자식을 '불효'를 이유로 죽이거나 다리를 자르고 촉으로 천사시켜 달라고 요청하고 있는데, 국가는 이를 그대로 받아들이고 있어서 진의 경우에도 불효자를 엄중하게 처벌했음을 보여준다. 또한 "성질이 사납고 주인의 말을 듣지 않는다"라는 이유로 자신의 노비를 처벌 혹은 매입해 달라는 노비 소유주의 고소를 받아들이는 안건도 있어 당시 국가의 사노비 매입 및 매각과 관련된 제도를 이해하는데 도움을 주고 있다. 한편 두 명이 하나의 수급을 들고 와 서로 자신이 획득한 적의 수급임을 주장하는 안건도 있어 진대 軍功爵制 운용의 실례를 보여주고 있다. 또한 한 안건에서는 里人들이 같은 里에 사는 사람 한 명을 상대로 말할 때마다 입에서 독이 나온다는 이유로 고소하고 있어 진대 촌락사회의 일면을 보여주기도 한다.

요컨대 봉진식 문서는 진의 사법제도와 獄事의 진행 절차 및 과정을 전체적으로 보여주는 자료이기도 하면서, 거기에 수록된 여러 사법 안건을 통해 진대 사회를 이해하는데 있어 큰 도움을 주는 자료라고도 할 수 있을 것이다.

8) 爲吏之道

위리지도는 모두 51매의 죽간으로, 語書, 效律, 秦律雜抄 등과 함께 묘주 인골 복부 밑부분에서 발견되었다. 위리지도의 모든 간은 다섯 난으로 나누어져 서사되었는데, 자세히 보면 매 난 각 행의 문자 상단에 칼날을 이용해 가로로 그은 선을 발견할 수 있는데, 이는 먼저 죽간을 편철한 후 다섯 난을 나누어 문자를 서사했음을 설명하는 것이다.

위리지도의 전체적인 내용은 관리로서 갖추어야 할 도리와 자세, 덕목, 관리로서 피해야 할 잘못 등 진대 위정자의 통치철학과 관련된 내용이 주로 수록되어 있다. 그중에서 "除害興利"로 시작되는 문장은 모두 4자1구로 구성되어 관리들이 자주 사용하는 단어와 어구로 이루어져 있으며, 문장의 의미가 서로 연결되지 않는 부분도 있는데 이는 이 문장이 관리가 되기 위해 공부하는 사람이 사용한 습자교본이었을 가능성을 보여주는 것이다. 4자1구 형식의 문장은 진대의 습자서인 蒼頡篇 등에서도 찾아볼 수 있는 형식이다. 또한 죽간의 다섯 번째 난에는 여덟 수의 운문이 들어 있는데 이는 형식상 당시 백성들이 방아를 찧을 때 부르는 노래의 곡조인 "相"으로 판단된다. 이와 관련해서는 『荀子』의 成相篇을 참고할 수 있다. 또한 죽간 다섯 번째 난 말미에는 전국시대 魏나라의 법률을 수록하고 있는데, 이는 魏安釐王 25년(B.C.252)에 반포된 것으로서 내용상 秦法과의 유사성을 확인할 수 있다. 이는 전국시대 진 법률과 위 법률의 상관관계를 보여주는 중요 자료라고 할 수 있다.

9) 日書

수호지11호진묘 중 두 지점에서 日書가 발견되었으므로 정리자들은 편의상 이를 日書 甲種, 日書 乙種으로 구분하였다. 日書라는 편명은 乙種의 마지막 죽간 뒷면에서 발견되었다. 日書 갑종은 모두 166매의 죽간으로 이루어져 있으며, 봉진식과 함께 묘주 인골 머리 우측부분에서 발견되었다. 일서 갑종의 경우 보존상태가 양호하여 잔결을 거의 찾아볼 수 없다. 갑종의 경우 편제는 없으며, 簡의 正面과 背面에 모두 日書의 내용이 쓰여져 있으며, 을종에 비해 글자가 작고 세밀한 것이 특징이다. 갑종의 경우 簡의 문자 수가 을종보다 많기 때문에 내용도 비교적 더 복잡한 편이다.

일서 을종은 잔간을 제외하고 모두 257매의 죽간으로 이루어져 있으며, 묘주 인골의 발 밑 부분에서 발견되었다. 출토 당시 잔결 부분이 많았고, 갑종과 달리 문자가 簡의 정면에만 쓰여져 있었고, 편제가 있었다.

일서의 내용은 대부분 시일에 따라 일의 길흉을 보여주는 것이다. 일서 갑종과 을종의 내용은 서로 같은 부분도 있지만 다른 곳도 있다. 이 두 종류의 일서 모두 초사 당시에 탈루된 부분이 있었는데, 내용이 서로 같은 부분은 갑종과 을종을 서로 대조해 보완할 수 있다. 일서는 『漢

書』藝文志의 서적 분류법에 따르면 數術類 문헌에 들어가는 것이며, 과학기술이 발전하지 않았던 고대 시기 많은 사람들이 길흉화복을 예단하기 위해 일상적으로 사용하던 문서였다. 고대 시기 이러한 數術을 조작하는 사람을 "日者"라고 칭했는데, 『史記』에서 日者列傳을 찾을 수 있어, 이러한 일서의 유전이 상당히 오래전부터 지속되었음을 짐작하게 해준다. 수호지진간의 발견 이후 발굴된 放馬灘秦簡이나 수많은 漢簡에 일서가 포함되어 있어 당시 많은 사람들이 일상적으로 數術類 문헌을 애용하였음을 보여주고 있다.

수호지진간에 포함된 일서는 진대의 역법 및 사회상을 보여주는 중요한 자료이기도 하다. 예를 들어 일서 중에는 진 역법과 초 역법의 상호관계를 보여주는 簡文이 있어 관련 분야 연구에 큰 의미를 지니고 있다. 또한 "臣妾馬牛", "臣妾馬", "馬牛臣妾" 등의 문구를 통해 당시 노비가 馬牛와 같이 재산의 일종으로 간주되었음도 확인할 수 있다.

수호지진간이 처음 발견되었을 때 일서에 대해서는 간단한 설명이나 일서가 가진 의의 기술만이 이루어졌고, 다른 부분과 달리 석문의 공개는 이루어지지 않았다. 1977년과 1978년에 출판된 『睡虎地秦墓竹簡』에서도 일서 부분의 석문은 빠져 있었다. 그러다 1981년 『雲夢睡虎地秦墓』의 출판으로 일서 죽간의 사진과 석문이 공개되었고, 1990년 『睡虎地秦墓竹簡』 정장본이 출판되면서 주석을 포함하고 있는 일서의 석문이 공개되었다. 이런 이유로 인해 수호지진간의 다른 문서에 비해 관련 연구가 비교적 더디게 이루어졌지만, 일서의 경우 당시 일반인들의 생활상을 그대로 보여준다는 점에서 법률문서 못지않은 중요성을 가진 문서라고 할 수 있다.

수호지진묘죽간의 경우 발굴 이후 李學勤, 高恒, 裘錫圭 등 총 13명의 전문가가 정리 및 석독 작업에 참가하였고, 이들 중 8명이 주석과 역문, 설명 등의 집필에 참여하였다(일반적으로 중국에서는 이들을 "睡虎地秦墓竹簡整理小組"로 칭한다). 죽간이 발굴된 후 몇 달 지나지 않아 季勛이 쓴 「雲夢睡虎地秦簡概述」(1976)이 발표되어, 출토 죽간의 내용을 간략히 소개하였다. 그 뒤에 바로 湖北省孝感地區第2期亦工亦農文物考古訓練班의 「湖北雲夢睡虎地11號秦墓發掘簡報」(1976)가 발표되어, 해당 묘장의 形制, 발굴상황, 연대 및 죽간을 비롯한 출토문물에 대한 상세한 소개를 하였다. 또한 발굴보고와 같이 雲夢秦簡整理小組가 정리한 「雲夢秦簡釋文(1)」(『文物』 1976-6)이 발표되어 語書, 編年記, 爲吏之道의 석문이 공개되었다. 이어서 「雲夢秦簡釋文

(2)」(『文物』1976-7), 「雲夢秦簡釋文(3)」(『文物』1976-8)이 연이어 발표됨으로써 秦律十八種, 秦律雜抄 및 法律答問, 封診式의 석문이 공개되었다. 1977년에는 睡虎地秦墓竹簡整理小組가 편찬한 『睡虎地秦墓竹簡』(선장본)(文物出版社)이 출판되어 日書甲種과 日書乙種을 제외한 모든 석문과 주석, 도판이 공개되었다. 1978년에는 『睡虎地秦墓竹簡』(평장본)이 역시 문물출판사에서 간행되어 日書甲種과 日書乙種을 제외한 모든 석문, 주석과 함께 현대 중국어 역문이 공개되었다. 1981년에는 雲夢睡虎地秦墓編寫組가 편찬한 『雲夢睡虎地秦墓』(文物出版社)가 출판되어 睡虎地 12기 고분 전체의 形制 및 조성연대, 출토기물 등에 대해 상세히 기술한 발굴보고서가 출판되었고, 1990년에는 睡虎地秦墓竹簡整理小組가 편찬한 『睡虎地秦墓竹簡』(정장본)(文物出版社)이 출판되어 日書甲種, 日書乙種을 포함한 수호지11호진묘 출토 전체 죽간의 도판, 석문, 주석 등이 공개되었다. 특히 編年記, 爲吏之道, 日書甲種, 日書乙種을 제외한 나머지 석문에는 현대 중국어 역문을 병기하였다.

2014년 출간된 『秦簡牘合集』(壹)(武漢出版社)에는 수호지11호묘 죽간의 적외선 사진과 석문 및 주석을 다시 정리하였다.

이상에서 알 수 있다시피 수호지진간은 발굴과 동시에 다수의 전문가가 동원되어 석독작업에 착수하였고, 그 결과 발굴된지 불과 2년만에 대부분 簡의 석문이 공개되었다. 뿐만 아니라 석문과 함께 현대 중국어 역문을 석문에 병기하여 출판한 것은 중국 간독자료의 출판 역사상 유례가 없는 일이었다. 이처럼 빠른 속도로 석독작업과 석문의 출판이 이루어진 것은 수호지진간이 가진 중요성을 잘 보여주는 것이다. 수호지진간은 최초로 발굴된 진 간독이며, 동시에 대량의 법률자료를 포함한 간독 중 최초로 발굴된 간독으로서 발굴 당시부터 중국고대사 연구를 획기적으로 전환시킬 자료로 주목을 받았다.

수호지진간의 석독작업이 대단히 빠른 속도로 진행된 또 다른 이유로는 당시의 정치적인 상황 때문이었다. 수호지진간이 발굴된 1975년은 문화대혁명이 막바지로 치닫던 시기였다. 당시 중국은 정치적인 목적을 이루기 위한 수단으로 역사연구를 활용하는 影射史學이 판을 치는 시대였다. 특히 이 시기의 권력자인 4인방은 정치적인 목적으로 법가사상과 진시황을 칭송하였으므로, 진대 법률자료를 포함한 죽간의 발견은 정치적으로도 굉장히 중요한 이슈가 되었다.

이로 인해 당시 역사학계와 고고학계의 최고 전문가들을 동원해 석문의 정리와 현대 중국어 역문을 작성할 수 있었던 것이다.

이처럼 수호지진간은 자료 자체가 가진 중요성과 함께 시대적인 상황으로 인해 큰 주목을 받았고, 앞에서 언급한 것처럼 여러 차례에 걸쳐 다양한 판본의 서적으로 출판되었다. 수호지진간이 가진 중요성을 반영하듯, 중국 바깥에서도 수호지진간을 이용한 연구가 활발히 이루어졌고 한국어, 일본어 및 영어로 수호지진간의 내용을 번역한 역주서가 각국에서 출간되기도 하였다. 또한 수호지진간은 중국 고대사의 연구방법 또한 바꾸어놓았다고 할 수 있다. 수호지진간의 발굴 이후 문헌사료의 보조적인 형태로 간독자료를 이용하던 기존의 연구방법이 간독자료 자체에 대한 연구가 주를 이루는 것으로 빠르게 전환되어 갔다. 그리고 이러한 연구경향은 지금까지도 이어진다고 할 수 있는데, 이렇게 볼 때 중국고대사 분야에서 수호지진간이 가지는 중요성을 가히 짐작할 수 있을 것이다.

4. 참고문헌

季勛, 「雲夢睡虎地秦簡槪述」, 『文物』 1976-5.

湖北省孝感地區第2期亦工亦農文物考古訓練班, 「湖北雲夢睡虎地11號秦墓發掘簡報」, 『文物』 1976-6.

睡虎地秦墓竹簡整理小組, 『睡虎地秦墓竹簡』, 文物出版社, 1978.

雲夢睡虎地秦墓編寫組, 『雲夢睡虎地秦墓』, 文物出版社, 1981.

駢宇騫·段書安 編著, 『二十世紀出土簡帛綜述』, 文物出版社, 2006.

수호지진묘죽간정리소조 엮음, 윤재석 옮김, 『수호지진묘죽간 역주』, 소명출판, 2010.

陳偉 主編, 『秦簡牘合集』(壹), 武漢大學出版社, 2014.

운몽 수호지 4호묘 진간(1975~1976)

雲夢 睡虎地 4號墓 秦簡

1. **출토지** : 호북성 운몽현 수호지 4호 진묘

2. **개요**

　　1) 발굴기간 : 1975년 12월 1일~1976년 1월 9일

　　2) 발굴기관 : 孝感地區亦工亦農考古訓練班, 孝感地區文化局, 雲夢縣文化局, 雲夢縣宣教戰
　　　　　　　線, 湖北省博物館

　　3) 유적종류 : 고분

　　4) 시대 : 전국시대~진대

　　5) 시기 : 기원전 3세기

　　6) 출토상황 : 1975년 11월 중국 湖北省 雲夢縣 城關公社 사원이 睡虎地 묘지의 배수구 공
사 중 진대의 土坑木槨을 발견해 雲夢縣 문화부에 보고했다. 중국공산당 호북성 운몽현위원회
는 유적에 대한 보호조치를 취하고, 孝感地區亦工亦農考古訓練班 전체 성원과 관련 기관 전문
가들을 동원해 유적에 대한 정리와 발굴작업에 착수하였다. 발굴팀은 총 12기의 전국시대 및
진대 고분을 발굴하였는데, 그중 11호묘에서 대량의 죽간이 출토된데 이어, 4호묘에서는 2매
의 목독을 발굴하였다.

　목독이 발견된 수호지 4호 진묘는 동서방향으로 관곽이 놓여진 장방형의 수혈식 소형 土坑
墓로서, 목독은 관 머리 부분 상자 중간에서 발견되었다. 정리자들은 이 2매의 목독을 각각 11
號 木牘과 6號 木牘으로 편호하였는데, 11호 목독의 경우 거의 완정한 형태로 발견되었고, 그
길이는 23.4㎝, 너비 3.7㎝, 두께 0.25㎝였다. 6호 목독의 경우 아래쪽 부분이 끊어진 채 발견
되었고, 남은 간의 길이는 16㎝, 폭 2.8㎝, 두께 0.3㎝였다. 이 두 건의 목독은 모두 정면과 뒷
면 모두에 문자가 墨書되어 있었으며, 秦隷 문자 527자가 쓰여져 있었다. 목독의 문자 상태는

양호하여 대부분 글자를 분명히 판독할 수 있었다.

3. 내용

수호지 4호 진묘에서 발굴된 목독 2매는 모두 편지글, 즉 서신류 문서이다. 특히 수호지 4호 秦墓 목독은 중국에서 최초로 발견된 사적인 서신으로서 율령이나 행정문서 등 공적인 문서를 통해 알 수 없는 진대 사회의 실상을 생생히 보여주는 자료이다. 편지를 보낸 주체는 형제 사이로 추정되는 黑夫와 驚으로서, 이 2매의 목독은 淮陽전투에 참가한 이 두 사람이 집에 보낸 편지로 생각된다. 각 목독의 구체적인 내용은 다음과 같다.

1) 11號 목독

11호 목독은 정면과 뒷면에 모두 문자가 쓰여져 있다. 正面은 5행으로 문자가 기록되어 있으며, 글자가 선명해 모두 249자를 식별할 수 있다. 뒷면은 전체 6행으로 문자가 기록되어 있지만 한 부분에 검은색으로 칠해진 부분이 있어 식별할 수 있는 글자는 110여자에 불과하다. 11호 목독은 흑부와 경이 함께 집에 보낸 편지로서, 편지를 보낸 연도는 기록되어 있지 않지만 "二月辛巳"라는 날짜 표기는 되어 있다.

11호 목독의 내용은 흑부와 경의 상황을 집안에 알리고, 어머니를 비롯한 가족들의 문안을 묻는 동시에, 돈과 "襌裙襦"라는 여름 의복을 보내달라는 흑부의 요청이 함께 기록되어 있다. 특히 흑부의 본가가 있는 安陸 지역의 布 가격을 살펴보고 값이 싸면 직접 옷을 만들어 보내주고, 값이 비싸다면 흑부가 직접 布를 살 수 있도록 돈으로 보내달라는 기록이 있어 주목을 끈다. 또한 이 목독에는 爵이 집에 내려졌는지 여부를 확인하는 문장도 기록되어 있다.

이러한 기록들은 당시 편지글의 전형적인 형식이 어떠한지를 잘 보여주는 동시에, 당시 군대에서 의복을 필요로 하는 상황과 전공을 세운 대가로 집안에 爵이 내려지는 상황을 생생히 보여주고 있다.

2) 6號 목독

6호 목독 역시 정면과 뒷면에 모두 문자가 기록되어 있다. 정면의 경우 5행으로 되어 있지만 아랫 부분이 끊어져 있기 때문에 87자만이 확인된다. 뒷면 역시 5행으로 되어 있고 81자의 글

자가 확인된다. 6호 목독의 경우 11호 목독과 달리 기년은 물론 편지를 보낸 날짜도 보이지 않는다.

6호 목독은 11호 목독과 달리 驚 혼자 집안의 형으로 추정되는 衷에게 보낸 편지이다. 편지에서는 어머니를 비롯한 가족들의 문안을 묻는 동시에 5,600전 정도의 돈과 2장5척 이상의 布를 보내어 줄 것을 요구하고 있다. 특히 "室不遺, 卽死矣. 急急急"이라는 문구가 있어 상당히 급박한 상황임을 느낄 수 있다. 또한 『진간독합집』에서 "新地人盜"(혹은 "新地多盜")라고 석독한 문구가 있어 진이 점령한 구 6국 지역과 구 6국의 민을 각각 "新地" 및 "新地人"이라고 일컫고 있다. 이는 당시 진이 새롭게 점령한 지역의 치안이 상당히 불안정함을 보여주는 것이다. 특히 "新地"라는 기록은 최근에 공개되고 있는 嶽麓秦簡에도 다수 보이고 있어, 관련 연구가 이어지고 있는 상황이다. 즉 이 목독은 진의 전국통일 전쟁이 이루어지던 당시의 사회적 상황을 생생히 보여주는 중요 자료라고 할 수 있다.

수호지 4호묘 진간의 경우 함께 발굴된 수호지 11호묘 진간에 비해서는 많은 관심을 받지 못했지만 상당히 빠르게 석문이 공개되었다. 1976년 湖北省孝感地區第2期亦工亦農文物考古訓練班이 저술한 「湖北雲夢睡虎地十一座秦墓發掘簡報」(1976)가 발표되어 해당 목독의 도판 및 석문이 공개되었고, 1981년 雲夢睡虎地秦墓編寫組가 편찬한 『雲夢睡虎地秦墓』(文物出版社)에서도 도판과 석문이 수록되었다. 1990년에는 李均明, 何雙全이 편찬한 『散見簡牘合輯』(文物出版社)에도 석문이 수록되었고, 2007년에는 湖北省博物館에서 편찬한 『書寫歷史 – 戰國秦漢簡

牘』(文物出版社)에 11호 목독 컬러 도판이 공개되기도 하였다. 2014년에 출간된 『秦簡牘合集』(壹)(武漢大學出版社)에서 적외선 사진과 함께 석문을 수록하였다.

수호지 4호묘 진간의 경우 이 편지가 쓰여진 연도가 기록되어 있지 않지만 대체로 전국시대 말기 淮陽지역에서 벌어진 진의 초 겸병 전쟁이 한창 진행되던 B.C.223년에 쓰여진 것으로 추정된다. 이 목독의 경우 당시 가정구조, 군사제도 및 군사적 형세, 사회상황, 爵制 등 사회제도, 경제구조 등과 관련해 생생한 상황을 전하는 실물자료로서 상당히 중요한 가치를 지닌 간독문서이다. 특히 종군한 일반 백성이 집에 보낸 편지라고 하는 점에서 율령이나 행정문서 등 공적인 문서를 통해서는 알 수 없는 당시의 사회적 실상을 여실히 보여준다는 점에서 더욱 귀중한 자료라고 할 수 있다.

4. 참고문헌

湖北省孝感地區第2期亦工亦農文物考古訓練班, 「湖北雲夢睡虎地十一座號秦墓發掘簡報」, 『文物』 1976-9.

黃盛璋, 「雲夢秦墓兩封家信中有關歷史地理的問題」, 『文物』 1980-8.

雲夢睡虎地秦墓編寫組, 『雲夢睡虎地秦墓』, 文物出版社, 1981.

騈宇騫·段書安 編著, 『二十世紀出土簡帛綜述』, 文物出版社, 2006.

陳偉 主編, 『秦簡牘合集』(壹), 武漢大學出版社, 2014.

운몽 용강 진간(1989)
雲夢 龍崗 秦簡

1. **출토지** : 호북성 운몽현 縣城 東郊 용강 6호 진묘

2. **개요**

　1) 발굴기간 : 1989년 10월 23일~12월 14일

　2) 발굴기관 : 湖北省文物考古硏究所, 孝感地區博物館, 雲夢縣博物館

　3) 유적종류 : 고분

　4) 시대 : 진대

　5) 시기 : 기원전 3세기

　6) 출토상황 : 龍崗지역은 호북성 雲夢縣城 동쪽 교외에 위치하고 있으며 북쪽으로 "楚王城 유지" 남쪽 벽과 약 450m 떨어진 지점에 위치하고 있다. 그 서남쪽으로는 성급 중점 문물 보호단위인 "珍珠坡墓地"와 서로 인접해 있다. 그리고 이 두 묘지를 사이에 두고 316호 국도가 남북방향으로 통과하는 지점이다. 또한 초왕성 유지 서쪽 벽은 수호지진간이 발굴된 수호지11호진묘와 직선거리로 3㎞ 지점에 위치하고 있다.

　1989년 가을 雲夢縣 公安局이 이 지역에 건물을 신축함에 따라 湖北省文物考古硏究所를 주축으로 孝感地區博物館, 雲夢縣博物館이 함께 이 지역에 대한 고고조사를 진행하였고, 이 지역이 古墓地임을 확인하였다. 1989년 10월 23일부터 12월 14일까지 이 지역에 대한 제1차 발굴조사를 진행하여 9기의 묘장을 발굴하였다. 이 중 6號墓에서 목독 1매와 죽간 150여 매를 발굴하였다.

　간독이 발견된 용강6호묘는 직사각형의 소형 수혈식목곽묘로서 길이 3.2m, 너비 2.15m의 墓口에 하나의 관과 하나의 곽이 안치되어 있었다. 관 속의 시신은 남성으로 시신의 상태로 보아 생전에 범죄로 인해 刖刑을 받고 禁苑에서 복역하던 자로 생각된다. 도기, 칠기 등의 부장품

은 곽의 頭箱에 위치하고 있었고, 죽간과 목독은 관 내부에 수장되어 있었다.

죽간은 관 내부 시신의 발 부근에서 발견되었으며, 보존 상태가 좋지 않고 끊어진 斷簡이 대부분이었다. 정리의 편의를 위해 정리자들은 죽간 잔편 10매를 포함해 전체 죽간에 293개의 편호를 부여하였는데, 정리 결과 원래는 150여 매의 죽간이었던 것으로 생각되고 있다. 매 간마다 상, 중, 하 세 가닥의 編繩이 있었던 것으로 보이지만 간 측면에 끈을 묶었던 楔口는 보이지 않는다. 이 죽간의 경우 먼저 글자를 쓰고 이후에 편철한 것으로 보인다. 또한 이 죽간은 원래 하나의 簡冊으로 시신 매장시 말린 상태로 부장된 것으로 추측된다. 완정한 죽간의 길이는 28㎝, 너비 0.5~0.7㎝, 두께 0.1㎝ 정도이다. 簡文은 秦隷 서체로 묵서되어 있었고 가장 글자가 많은 간에는 24자가 쓰여져 있었다(253간). 간 뒷면에는 글자의 흔적이 없었다. 간 정면 상반부의 경우 글자 흔적이 비교적 선명하지만 하반부는 심하게 마멸되어 알아보기 쉽지 않았다. 통일된 서체로 쓰여진 것으로 보아 한 사람이 서사한 것으로 보인다.

목독은 단 1매만 발견되었는데, 묘주 시신 허리부분에서 나왔다. 손상이 없는 거의 완정한 상태로 발견되었으며 목독의 표면은 칼로 평평하게 깎은 흔적이 보인다. 목독의 길이는 36.5㎝, 너비 3.2㎝, 두께 0.5㎝였다. 목독의 정면과 뒷면에는 秦隷의 서체로 38자가 묵서되어 있었다.

3. 내용

1) 竹簡

용강6호묘에서 발굴된 죽간의 경우 주된 내용은 율령으로서, 수호지진간과 달리 잔간이 많았기 때문에 편철 및 考釋에 어려움이 있었고, 율명으로 생각되는 표제도 발견되지 않았다. 簡文의 律文은 전문을 서사한 것으로는 보이지 않았다. 초기 정리자들은 수호지진간의 율문과 비교해 용강진간의 전체 내용을 다섯 가지로 분류하고 각각의 편명을 부가하였는데, 각각 "禁苑", "馳道", "馬牛羊", "田贏", "其它"가 그것이다.

① 禁苑

禁苑과 관련된 율문은 용강진간의 주요한 내용이다. 용강진간은 전체 150여 매 정도에 1,770여 글자가 쓰여져 있는데, 그중 금원과 관련된 것이 60여매, 600자 정도를 점하고 있다.

禁苑과 관련된 율문의 내용은 묘주가 생전에 하던 일과 관련이 있던 것으로 생각된다.

금원과 관련된 율문은 수호지진간 진률십팔종 전률의 내용과 비슷한 것이 있다. 정리자들 역시 수호지진간의 내용에 근거해 용강진간의 잔결 부분을 보충하였다. 주의할 것은 簡文 중에 "皇帝"나 "黔首"라는 문구가 있다는 점이다. 수호지진간의 관련 율문에 "黔首" 대신 "百姓"이란 말이 보이는 것에서 알 수 있듯이 용강진간 율문은 진시황의 통일 이후 출현한 것이며, 수호지진간보다는 조금 뒷시대의 것임을 알 수 있다. 또한 금원과 관련된 용강진간 율문은 금원을 출입했을 때 엄격한 처벌을 가하는 구체적인 율문이 규정되어 있는데, 이는 이전의 율문에는 보이지 않던 것이다. 또한 "參辨券"과 관련된 율문도 있어 당시 "參辨券"

〈龍崗秦簡1–5簡(秦簡牘合集[貳]圖版 轉載)〉

제도를 이해하는데 도움을 준다.

② 馳道

馳道는 진시황이 통일 후 전국적으로 건설한 황제 전용 도로를 뜻한다. 문헌사료에서는 치도와 관련된 기록들을 찾을 수 있지만 지금까지의 고고발굴자료 중 치도 관리에 대해 기록한 것은 거의 찾을 수 없었다. 용강진간의 치도 관련 율문은 현재 진한 치도 관리에 대해 찾을 수 있는 거의 유일한 실물자료이다. 용강진간 치도 관련 율문에는 치도 뿐 아니라 "弋射甬道" 및 "駑道" 등의 도로로 생각되는 구절이 있어 관련 연구에 큰 도움을 주고 있다.

③ 馬牛羊

馬,牛,羊 등 가축 관리에 관한 율문은 수호지진간 진률십팔종 廐苑律 및 秦律雜抄 등에 많이 보인다. 그러나 용강진간에는 수호지진간에서 찾아볼 수 없는 馬牛羊 관련 율문도 다수 있다. 예를 들면 馬牛가 지나는 곳에는 이들을 상해할 수 있는 기구 등의 설치를 금하는 율문(212,216②簡)이 보이는데 당시 국가가 법률적으로 馬, 牛 등 중요가축의 보존과 관리에 주의하고 있었음을 보여주고 있다.

④ 田贏

"田贏" 관련 율문은 용강진간에서 매우 큰 비중을 차지하고 있지만, 잔결 역시 심해 석독이 곤란한 부분이 특히 많다. "田贏"이라는 말은 용강진간 116간 "廿四年正月甲寅以來吏行田贏…"이라는 문장에서 나온 것으로 분명하지는 않지만 여기서의 "田贏"을 律名으로 보는 견해도 있다. 용강진간 전영 율문에 보이는 특징적인 내용은 바로 "假田" 관련 율문이다. 용강진간 簡文에 나오는 "假田"은 "錢財나 기타 가치가 있는 물건으로서 국가, 지방정부로부터 토지를 조차"하는 것을 의미한다. 이런 내용은 진한대 토지제도 연구에 상당히 중요한 부분이다. 田贏 부분에서 주목할 수 있는 또 다른 부분은 田租 징수 관련 율문이다. 용강진간은 진대 전조징수의 방법과 절차에 대해 대단히 풍부한 자료를 제공하고 있다. 田租 징수와 관련해 이를 수행하는 "租者監者"라는 주체가 등장하며, 전조 징수의 구체적인 액수는 보이지 않지만 "一程", "二程", "三程" 등의 기록이 보이는데 이는 진대 전조가 단위면적당 생산량의 일정한 액수로 계산되어 징수되었음을 설명한다.

⑤ 기타

이 기타류에는 내용을 확정할 수 없는 잔간 및 "黔首不幸死未葬及"(152簡) 등의 간이 포함되어 있다.

하지만 이런 분류방법은 초기 정리자들이 간문의 내용에 따라 분류한 것으로, 편명이 없고 잔결이 심한 용강진간의 간문을 지나치게 번잡하게 분류한 것이라는 비판이 제기되었다. 따라서 2001년 中華書局에서 출판한 재교정본『운몽진간』에서는 용강진간 진률의 중심 주제는 "禁苑"이며, 용강진간 진률은 당시 雲夢지역의 都官인 禁苑에서 초록한 秦 田律의 일부 율문이라고 판단하였다. 따라서 초기 정리자들이 율명으로 보았던 "禁苑", "田贏", "馬牛羊" 등의 부분을 모두 秦 田律의 일부분으로 수정 정리하였다.

2) 木牘

용강6호묘에서는 다수의 죽간과 함께 목독 1매가 출토되었는데, 목독의 서체는 죽간과는 조금 달랐고 牘文은 극히 간략하게 서술되어 있었다. 목독의 내용은 "辟死"라는 刑徒의 재심(乞鞫) 관련 내용이다. 城旦刑을 받게 된 辟死는 억울하다고 생각해 乞鞫을 하게 되었고 여기에 대한 관리의 覆審 결과 "辟死를 사면하여 庶人으로 하며, 自尙하도록 하라(免辟死爲庶人, 令自尙也)"는 판결을 받게 된다는 내용이 기술되어 있다. 이와 같이 牘文의 내용은 재심과 관련된 사법문서로 볼 수 있지만 우리들이 알고 있는 奏讞書와는 형식이나 체제가 완전히 다르기 때문에 이 문서는 정식 문서가 아니라 일종의 초록본이나 새로이 만들어진 문서로 볼 수 있다. 발굴보고에 보이는 것처럼 용강6호묘의 묘주를 "刑刑을 받은 형도"로 본다면 목독문서는 묘주와 관련된 기록으로 생각된다. 즉 묘주의 이름은 목독에 나오는 辟死일 가능성이 높고, 후에 刑刑을 받고 城旦이 되어 雲夢의 禁苑에서 복역했던 사람으로 볼 수 있다. 하지만 목독에 보이는 재심(乞鞫)의 내용이 반드시 사실이라고는 할 수 없으며, 그가 죽은 후 유족들이 免罪를 위해 만들어낸 문서일 가능성도 있다.

용강진간은 수호지진간이 발굴된 지점으로부터 굉장히 가까운 지점에서 출토된 간독이며, 수호지진간과 같은 율령자료라는 점에서 상당한 가치를 지니고 있다. 용강진간의 경우 수호지진간에 비해 수가 적고, 잔간도 많으며 명확한 석독이 어렵고 내용도 제한적이라는 한계가 있지만 수호지진간과의 비교 연구를 통해 수호지진간 석독의 일부 문제점과 오류를 수정할 수 있는 간독이라는 점에서 그 의의를 찾을 수 있다. 또한 용강진간 율문의 경우 사용된 시대가 비교적 명확하다는 점도 그 특징으로 볼 수 있다. 그 점은 수호지진간 율문과의 비교를 통해 분명히 드러난다. 즉 수호지진간과 달리 "皇帝", "黔首", "馳道" 등 진시황의 통일 이후에 만들어진 용어들이 사용되고 있으며, 수호지진간에서 "辠"로 쓰여진 글자가 용강진간에서는 "罪"로 쓰여지고 있어 용강진간 율문이 통일 이후에 사용된 율문임을 분명히 알 수 있다.

용강진간의 경우 이러한 중요성으로 인해 출토된지 얼마 지나지 않아 발굴보고와 함께 간독의 내용이 소개되었다. 1990년 「雲夢龍崗秦漢墓地第一次發掘簡報」가 먼저 공개되었고, 이와 함께 용강진간의 주요 내용과 가치를 저술한 「雲夢龍崗秦簡綜述」도 나왔다. 1993년에는 劉信芳, 梁柱 編 「雲夢龍崗秦代簡牘述略」(『簡帛硏究』第1輯, 法律出版社)이 출판되었고, 1994년 12월에 출판된 『考古學專刊』第8期에는 龍崗秦簡의 전체 자료가 수록되었다. 1998년에는 劉信芳, 梁柱가 編著한 『雲夢龍崗秦簡』(科學出版社)이 출판되어 龍崗秦簡의 전체 석문과 도판이 공개되었다. 3년 후인 2001년 8월에는 적외선사진을 활용해 전체 龍崗秦簡을 다시 校釋한 『龍崗秦簡』이 출판되어 적지 않은 석독의 문제점들이 해결되었다. 2014년에 출간된 『秦簡牘合集』(貳)(武漢大學出版社)에는 수정 석문과 함께 상세한 주석이 병기되었다.

4. 참고문헌

湖北省文物考古硏究所·孝感地區博物館·雲夢縣博物館 編, 「雲夢龍崗秦漢墓地第一次發掘簡報」, 『江漢考古』1990-3.

劉信芳·梁柱, 「雲夢龍崗秦簡綜述」, 『江漢考古』1990-3.

劉信芳·梁柱, 『雲夢龍崗秦簡』, 科學出版社, 1998.

中國文物硏究所·湖北省文物考古硏究所 編, 『龍崗秦簡』, 中華書局, 2001.

駢宇騫·段書安 編著, 『二十世紀出土簡帛綜述』, 文物出版社, 2006.

陳偉 主編, 『秦簡牘合集』(貳), 武漢大學出版社, 2014.

강릉 악산 진간(1986)

江陵 岳山 秦簡

1. **출토지** : 호북성 강릉현 岳山崗 36호 진묘

2. **개요**

　　1) 발굴기간 : 1986년 9월 4일~10월 12일

　　2) 발굴기관 : 湖北省江陵縣文物局, 荊州地區博物館

　　3) 유적종류 : 고분

　　4) 시대 : 전국시대~진대

　　5) 시기 : 기원전 3세기

　　6) 출토상황 : 호북성 강릉현 악산은 荊州城 동북쪽 2.5km 지점에 위치하고 있으며, 그 북쪽으로 약 500m 지점에는 한대의 郢城 故址가 있다. 이 지역은 원래 남북방향의 언덕 지역이며, 주민들이 거주하고 있던 곳이다. 1986년초 江陵縣食品工業公司의 창고 진입 도로 건설공사 중 고대 묘장이 발견되었다. 湖北省江陵縣文物局 등이 도로공사 지역에 대해 1986년 9월 4일부터 10월 12일까지 발굴조사를 진행하여 46기의 고대 묘장을 발굴하였다. 발굴된 46기 묘장 중에는 秦墓 10기, 漢墓 31기, 宋墓 2기가 포함되어 있었다.

　발굴된 10기의 진묘는 직사각형의 토갱수혈목곽묘로서 墓道는 없었다. 묘장의 규모는 조금씩 차이가 있었는데, 비교적 큰 규모의 묘장인 36호묘에서 木牘 2매가 발견되었다. 정리자들은 이 2매의 목독을 각각 43호와 44호 목독으로 편호하였는데, 43호 목독의 경우 길이 23cm, 너비 5.8cm, 두께 0.55cm였고, 44호 목독의 경우 길이 19cm, 너비 5cm, 두께 0.55cm였다. 44호 목독에 비해 43호 목독에 비교적 많은 문자가 서사되어 있었다.

3. 내용

강릉 악산 36호 진묘에서 발견된 2매 목독의 내용은 日書로서 水, 土, 木, 火, 玉, 金 및 人, 牛, 馬, 羊, 犬, 猪, 鷄 등 五行, 사람, 동물의 良日(길일)에 해당하는 날의 干支와 각 일자별 시일금기의 내용 등이 기술되어 있었고, 大父, 門, 竈 등에게 제사하기 좋은 良日(길일)에 해당하는 干支가 서사되어 있었다. 36호 진묘의 경우 묘장은 인근 묘장에 비해 규모가 조금 크고 부장품이 비교적 풍부하기 때문에 일반 백성보다는 조금 높은 중하층 관리의 묘로 짐작된다. 악산진목독日書의 내용은 수호지진간에 포함된 日書와 서로 비슷한 시기의 문물일 뿐 아니라 내용적으로 비슷한 면이 있다.

악산진목독의 경우 간독이 발견된 후 어느정도 시간이 지난 2000년 전체 묘장군의 발굴보고인 「江陵岳山秦漢墓」에 석문과 도판이 공개되었고, 2014년에 출간된 『秦簡牘合集』(參)(武漢大學出版社)에서 적외선 사진과 함께 석문을 수록하였다.

4. 참고문헌

湖北省江陵縣文物局·荊州地區博物館 編, 「江陵岳山秦漢墓」, 『考古學報』 2000-4.

駢宇騫·段書安 編著, 『二十世紀出土簡帛綜述』, 文物出版社, 2006.

陳偉 主編, 『秦簡牘合集』(參), 武漢大學出版社, 2014.

강릉 양가산 진간(1990)

江陵 楊家山 秦簡

1. **출토지** : 호북성 강릉현 荊州鎭 양가산 135호 진묘

2. **개요**

   1) 발굴기간 : 1990년 12월

   2) 발굴기관 : 荊州地區博物館

   3) 유적종류 : 고분

   4) 시대 : 전국시대~진대

   5) 시기 : 기원전 3세기

   6) 출토상황 : 1990년 12월 湖北省荊州地區博物館은 宜(昌)黃(石)간 도로 江陵구간 공사지역에 대한 발굴조사를 진행하여 양가산지역에서 서로 시대가 다른 178기의 묘장을 발굴하였다. 이 중에서 127기의 묘장이 진한대 묘장으로 판명되었다. 양가산 지역은 호북성 강릉현 형주진 黃山村五組와 黃山村一組 교계지의 남북방향 언덕지역으로, 서남쪽으로 江陵縣城(荊州城)이 약 4㎞ 떨어져 있고 서북쪽으로 楚 紀南城 유지가 5㎞ 떨어진 지점에 위치하고 있다.

  양가산에서 발굴된 178기 묘장 중 규모가 가장 크고 보존이 잘 된 135호 진묘에서 75매의 죽간이 발굴되었다. 양가산 135호묘는 언덕 북단의 지세가 가장 높은 곳에 위치하고 있었고, 남쪽으로 116호 진묘와 병렬되어 있었다. 묘장 위쪽으로 封土가 있고 현지인들은 이를 "賀家冢"으로 칭하고 있었다. 봉토는 지름 30m, 높이 4.5m의 크기로 잘 보존되어 있었으며 전체적으로 타원형을 띠고 있지만 꼭대기 부분은 비교적 평평한 상태였다. 135호 묘장은 장방형의 수혈식 토갱묘로서 墓口는 동서방향으로 길이 6.3m, 너비 4.5m, 깊이 6.48m 정도의 크기였다. 묘장은 內棺, 外棺 두 개의 관과 하나의 곽으로 구성되며, 관곽의 보존상태는 양호하였다. 槨室은 頭箱, 邊箱, 棺室의 세 부분으로 구분되는데 죽간은 邊箱 안의 頭箱쪽 바닥 위에서 발견되었

다. 발견된 죽간은 한 묶음의 75매로 부분적으로 잔결이 있었지만 대부분은 거의 완정하게 보존된 상태였다. 완정한 簡의 길이는 22.9㎝, 너비 0.6㎝, 두께 0.1㎝ 정도였고 황갈색을 띤 면에 秦隸 문자가 묵서되어 있었다. 정리 당시 죽간의 編繩은 이미 썩어버린 상태였다.

3. 내용

강릉 양가산 135호 진묘에서 발굴된 75매 죽간 내용은 遣策으로 묘장의 부장된 물품을 상세히 기록하고 있다. 문자는 주로 죽간의 상단에만 기록되어 있고 하단은 대부분 글자가 없는 공백상태였다. 매 간마다 하나에서 2~3개의 부장 물품을 기록하고 있으며, 매 간의 글자수는 적게는 2자에서 많게는 열 몇 자 정도로 차등이 있었다. 양가산 135호묘에서는 기년을 알 수 있는 자료가 출토되지 않았지만 묘장의 棺槨 形制나 묘장의 부장된 기물이 강릉 지역 진묘 및 운몽수호지진묘와 서로 비슷하기 때문에 양가산 135호묘 역시 진묘로 추정할 수 있다. 출토된 죽간 문자 字體 역시 강릉 장가산 한초 묘에서 출토된 대량의 한간 字體와 상당한 차이가 있고 수호지11호진묘에서 출토된 죽간의 서체와 서로 비슷하다. 전체적으로 양가산 135호 묘장은 진묘로 확정할 수 있지만 묘장의 形制 및 부장기물에는 초 문화의 요소도 보인다. 따라서 이 묘장의 연대 상한은 진이 강릉지역을 점령한 기원전 278년 위로는 올라가지 않으며, 하한 역시 전한시대로 내려가지 않는다고 추정할 수 있다. 양가산 135호묘의 경우 2棺1槨의 形制로 묘갱의 길이가 6m 이상이며, 출토 부장기물 또한 90여 건으로 당시까지 강릉지역에서 발굴된 묘장 중 가장 큰 규모의 진묘였다. 또한 묘장에서 출토된 대부분의 漆器에 "李"라는 침각문자가 있었고 낙인문자로는 "□亭" 또는 "亭上"이라는 문자가 있었다. 이 문자를 칠기의 생산지라고 본다면 침각된 "李"자는 묘주의 성씨일 가능성이 높고, 묘장의 규모로 보아 중소귀족 정도의 신분으로 볼 수 있을 것이다. 양가산 135호묘 출토 죽간 75매는 진대 문자 연구와 부장된 기물의 명칭을 추정하는데 중요한 근거가 되는 자료적 가치를 지니고 있다. 양가산 135호묘 묘장의 구체적인 形制 및 죽간을 비롯한 출토문물을 소개한 「江陵揚家山135號秦墓發掘簡報」(1993)가 나왔지만, 죽간의 도판 일부만 소개되었을 뿐 전체 도판과 석문은 아직 공개되지 않았다.

4. 참고문헌

湖北省荊州地區博物館 編, 「江陵揚家山135號秦墓發掘簡報」, 『文物』 1993-8.

駢宇騫·段書安 編著, 『二十世紀出土簡帛綜述』, 文物出版社, 2006.

강릉 왕가대 진간(1993)

江陵 王家臺 秦簡

1. **출토지** : 호북성 강릉현 荊州鎭 왕가대 15호 진묘

2. **개요**

   1) 발굴기간 : 1993년 3월

   2) 발굴기관 : 荊州地區博物館

   3) 유적종류 : 고분

   4) 시대 : 전국시대~진대

   5) 시기 : 기원전 3세기

   6) 출토상황 : 1993년 3월 호북성 형주진 郢北村의 한 촌민이 땅을 파던 중 묘장을 발견하였다. 荊州地區博物館은 이 지역에서 진한대 묘장 16기를 발굴하였고, 그중 15호묘에서 대량의 진대 죽간을 발굴하였다. 이 지역은 동서방향의 작은 흙언덕으로 남쪽으로는 한대 古郢城의 북쪽 담장과 약 1㎞ 떨어져 있으며, 서북쪽으로는 楚 紀南城 유지와 약 5㎞ 떨어져 있었다. 王家臺 15호묘가 발굴된 지역은 동북쪽의 지세가 비교적 높은 흙언덕 위로, 발굴 전 이곳에는 稻田이 있었고 봉토의 흔적은 없었다. 묘장은 장방형의 수혈식 토광묘로 槨室, 墓道는 없었다. 墓口의 길이는 2.9m, 너비 1.8m, 깊이 1.3m였다. 묘갱의 바닥에는 하나의 棺이 안치되어 있었는데 관의 길이는 1.86m, 너비 0.8m, 높이 0.8m였다. 관내 인골의 보존 상태는 좋지 않아 두 개골만이 남아 있었고 肢骨은 모두 부패되어 없어진 상태였다. 관 내부에서 죽간과 죽독을 비롯한 유물들이 발견되었다.

   이 묘에서 출토된 기물 중에는 간독을 제외하고, 陶器, 木器, 占卜用具 등이 있었다. 간독은 관 내부 시신 발 부분에서 발굴되었는데, 죽간의 보존상태는 비교적 좋지 않아 이미 심하게 파손된 상태였다. 따라서 발굴 당시 수량을 파악하기 곤란하여 "M15:7"이라는 하나의 편호를 붙

였다. 죽간 중 일부는 진흙에 섞여 흩어져버린 상태였고, 대부분은 잔간 상태였다. 하부의 죽간은 보존 상태가 비교적 양호하여 죽간 위에 잔존 編繩이 있었다. 죽간은 상, 중, 하 세 가닥의 편승으로 편철된 상태였다. 하지만 정리 당시 편철된 끈이 모두 썩어 끊어져버려 순서는 섞여버렸고, 출토 당시 죽간은 3층으로 쌓여진 상태였다. 출토된 죽간의 수량은 800여 점에 달했는데(편호 : 1~813), 죽간의 너비는 0.7~1.1㎝ 사이였고, 길이는 45㎝와 23㎝ 두 종류의 규격으로 나누어진다. 발굴된 죽간은 황갈색을 띠고 있었으며, 簡文은 秦隸의 서체로 묵서되어 있었다. 모든 글자는 한 면에 쓰여져 있었고 字迹은 대부분 석독할 수 있을 정도로 분명하였다.

3. 내용

강릉 왕가대 15호 묘장의 연대 상한은 전국시대 진이 江陵지역을 차지한 기원전 278년 즈음이며, 연대 하한은 진대로 볼 수 있다. 왕가대 15호 진묘에서 발굴된 800여 매 죽간의 주요 내용은 效律, 日書, 易占의 세 부분으로 구분된다.

1) 效律

왕가대진간에는 진대 율령 중 하나인 효률이 포함되어 있는데, 그 내용은 운몽수호지진묘죽간에 포함된 〈效律〉과 같다. 다만 서사의 순서가 완전히 같지는 않다.

2) 日書

왕가대진간 일서는 "建除", "夢占", "病", "日忌", "門" 등의 내용을 포함하고 있다. "建除" 부분은 운몽수호지진묘죽간 일서 중 "秦除"와 비슷하다. "夢占"간의 내용이 비교적 완정한데, 수호지진묘죽간 일서에 포함된 내용과 완전히 같지는 않다. "病"의 내용은 각각 서로 다른 時辰 중 사람에게 걸린 질환의 길흉을 말하는 것이다. "日忌"는 馬, 牛, 羊, 鷄, 豕의 良日과 忌日을 포함해 1일부터 30일 사이의 길흉을 언급한 내용이다. "門"의 내용은 수호지진묘죽간과 비슷하며, 아울러 사방 각 門의 위치 및 명칭을 묘사하고 있다.

3) 易占

역점 죽간의 체제는 모두 易卦가 먼저 나오며, 뒤에 卦名 및 그 해설의 문장이 따라 나오는 형식으로 되어 있다. 卦畵는 모두 "一"로써 陽爻를 표시하고, "∧" 혹은 "八"로써 陰爻를 표시한다. 식별할 수 있는 괘화는 모두 50여 개가 있는데 그중에는 부분적으로 중복된 괘화와 괘명이 있다. 簡文에 보이는 괘명은 대부분 금본 『易』의 괘명과 서로 같은데, 예를 들면 人, 旅, 兌, 師 등이다. 간문에 보이는 괘명 중 일부는 금본 『易』 괘명의 가차자로 볼 수 있는 것으로 "麗"는 "離"의 가차자, "臣"은 "頤"의 가차자로 볼 수 있다. 해설 문장 또한 금본 『易』의 象, 爻辭와 완전히 같지는 않으며, 古史 中 占筮의 예를 많이 채용하고 있다. 예를 들면 黃帝, 炎帝, 穆天子, 共王, 武王, 夸王, 羿 등이며, 羿가 해를 활로 쏜 일이나 武王이 殷을 정벌한 일 등도 기록하고 있다. 이 죽간은 잔결이 비교적 심하며, 그 내용으로 보아 지금까지 나오지 않았던 서적이므로 "易占"이라고 명명하였다.

4) 기타

앞의 세 종류의 서적과 달리 왕가대진간에는 또 다른 종류의 간이 있는데 서체가 반듯하며 글자와 글자 사이의 간격이 비교적 넓은 것이 특징이다. 매 간의 시작 부분은 모두 "邦有"라는 문구로 시작하며, 자연계의 이상현상과 그것이 보여주는 邦國의 재난을 서술하고 있다. 이런 류의 간독은 전에는 발견되지 않았던 것이다.

5) 竹牘과 式盤

왕가대 15호 진묘에서는 800여 매의 죽간 외에 1매의 죽독이 출토되었다(M15:10). 관 내부의 머리부분에서 나왔으며 잔결이 심하고 글자가 모호해 그 내용을 잘 알 수 없다. 남아있는 牘의 길이는 21㎝, 너비 4㎝이다. 또한 죽독 외에 정사각형에 가까운 목질의 式盤이 한 매 출토되었는데(M15:5), 한쪽 면의 가장자리로 28宿의 명칭이 묵서되어 있었으며, 그 안의 사방에는 "金", "木", "水", "火"가, 중앙에는 "土"가 기록되어 있었고, 그 바깥으로 月名이 기록되어 있었다. 나믄 한쪽 면에는 "一"이나 "ㄴ" 등의 부호가 음각으로 새겨져 있었다. 이 식반의 길이는 16㎝, 너비 14㎝, 두께 0.9㎝였다. 이 식반은 이전에 발견된 한대 식반과 外方內圓의 배치가 완전히 일치하지는 않으며, 안의 문자 내용 또한 상당한 차이가 있었다.

왕가대 15호 진묘의 形制, 葬具 등을 보면 강릉지역의 진묘와 서로 비슷하며, 강릉지역 초묘와도 유사한 특징이 있다. 왕가대진간의 경우 출토된 간의 숫자 및 그 내용이 상당히 풍부하다.

效律 등 진대의 법률자료를 포함해 數術, 易學 등의 자료가 함께 발견되었는데, 그중에는 내용상 그전에는 보이지 않았던 서적도 포함되어 있어 관련분야 연구에 매우 중요한 가치를 지니고 있다. 왕가대 15호 묘장의 구체적인 形制 및 죽간을 비롯한 출토문물을 소개한 「江陵王家臺15號秦墓」(1995)가 있지만, 죽간의 도판과 석문 일부만 소개되었을 뿐 전체 도판과 석문은 아직 공개되지 않았다.

4. 참고문헌

湖北省荊州地區博物館 編, 「江陵王家臺15號秦墓」, 『文物』 1995-1.

駢宇騫·段書安 編著, 『二十世紀出土簡帛綜述』, 文物出版社, 2006.

형주 주가대 진간(1993)

荊州 周家臺 秦簡

1. **출토지** : 호북성 형주시 沙市區 關沮鄕 淸河村 주가대 30호 진묘

2. **개요**

　　1) 발굴기간 : 1993년 6월

　　2) 발굴기관 : 荊州市周梁玉橋遺址博物館

　　3) 유적종류 : 고분

　　4) 시대 : 전국시대~진대

　　5) 시기 : 기원전 3세기

　　6) 출토상황 : 宜黃(宜昌-黃石)公路 건설에 따라 해당 지역의 발굴조사를 진행하던 湖北省 荊州市周梁玉橋遺址博物館(원명: 湖北省沙市市博物館)은 1992년 11월 호북성 형주시 사시구에서 蕭家草場 26號 漢墓를 발굴하였고, 이어서 1993년 6월에는 인근 지역에서 周家臺 30號 秦墓를 발굴하여 죽간 389매와 목독 1매를 발굴하였다. 주가대는 湖北省 荊州市 沙市區 關沮鄕 淸河村 太湖港 동안에 위치하는데, 서쪽으로는 漢代 郢城의 동쪽담장과 1.7km 떨어져 있으며, 서남쪽으로는 荊州古城과 4.4km 떨어진 지점에 위치하고 있다. 주가대 30호묘의 경우 주가대 묘지군 동쪽 稻田 가운데 위치하고 있었다. 발굴 전 이곳에는 封土가 남아있지 않았다. 주가대 30호묘의 경우 도로공사 取土 공정 중 일부분이 파괴되어 墓口의 표토층, 坑口 및 槨室의 덮개가 일부 파손된 상태였으며, 부장 기물의 일부도 갱 밖으로 옮겨진 상태에서 발굴이 이루어졌다.

　　주가대 30호묘의 경우 장방형의 수혈식 토갱묘로 복원된 墓口의 길이는 3.5m, 너비 2.24m, 깊이 3.2m였다. 묘장은 1棺1槨의 형태로 이루어져 있었지만 보존상태가 좋지 않아 槨板 표면은 이미 썩어버린 상태였다. 棺의 내부는 진흙으로 가득차 있었으며 인골의 상태가 좋지 않아

그 성별은 잘 알 수 없었고 30~40세에 사망한 것으로 보고되었다. 관곽 내부에는 간독과 함께 銅器, 陶器, 漆器, 木器, 竹器 등의 기물이 부장되어 있었다는데 묘장의 규모나 수량 모두 운몽 수호지11호진묘에 미치지 못한다. 부장된 간독 중에는 秦二世 원년의 기년을 가진 목독이 발견되었기에 수호지11호진묘보다 조금 늦은 진 말년에 조성된 묘장으로 추정할 수 있다. 간독의 기록과 묘장의 形制 등을 분석한 결과 墓主는 생전에 南郡의 관서에서 근무하던 佐史類의 屬吏로 추정된다.

　죽간과 목독은 모두 곽실의 앞부분에서 발견되었는데, 죽간은 竹笥의 내부에 있었으며, 竹笥 안에는 竹筆, 竹桿, 墨盒, 墨塊, 算籌, 鐵削刀 등의 물품이 함께 놓여져 있었다. 죽간의 編繩은 이미 썩어버려 일부는 흩어진 상태였지만 대체로 3卷의 簡이 같은 방향으로 포개진 채 竹笥 내부에 놓여져 있던 것으로 보인다. 簡의 머리 부분은 묘내 기물의 압력을 받아 손상되었지만, 簡尾는 대부분 완정한 상태였다. 정리자들은 죽간이 形制상 길고 짧은 것이 나뉘어져 있고, 긴 簡의 경우 상,하층에 재료의 차이에 따라 죽간이 구분된다고 생각해 죽간을 상, 중, 하 세 부분으로 정리하였고, 각각 甲組, 乙組, 丙組의 편호를 부여하였다. 정리 결과 갑조는 공백간 10매를 포함해 244매였고, 을조는 공백간 4매를 포함한 75매, 병조는 70매였다. 甲組, 을조간의 길이는 29.3~29.6㎝, 너비 0.5~0.7㎝, 두께 0.08~0.09㎝였다. 병조간은 길이 21.7~ 23㎝, 너비 0.4~ 1㎝, 두께 0.06~0.15㎝였다. 1매의 죽간 뒷면에 標題가 서사되어 있던 것을 제외하고 모든 간은 한 면에만 문자가 서사되어 있었다. 죽간에 쓰여진 글자는 약 5천여 자였다. 갑조와 을조간의 경우 세 갈래의 편승 흔적이 있었으며, 글자는 모두 상, 하 편승의 사이에 서사되어 위아래 부분에 각각 공백을 남기고 있었다. 병조간은 상, 하 두 갈래 편승의 흔적이 있었으며, 위아래 공백 부분 없이 서사되어 있었다. 木牘 1매는 단독으로 놓여져 있었고 양면에 149자가 서사되어 있었다. 목독의 길이는 23㎝, 너비 4.4㎝, 두께 0.25㎝였다.

　3. 내용
　주가대진간 중 죽간은 갑, 을, 병조간으로 나뉘어지는데, 내용상으로는 『曆譜』, 『日書』, 『病方及其他』의 세 부분으로 구분할 수 있다. 갑조간에는 "二十八宿"占, "五時段"占, "戎磨日"占, "五

行"占 등의 『日書』와 秦始皇36년, 37년의 月朔日과 日干支를 기록한 『曆譜』가 포함되어 있었다. 을조간은 秦始皇34년의 日干支를 기록한 『曆譜』(質日)로 구성되며, 병조간은 醫藥病方, 祝由術, 擇吉避凶占卜, 農事 등에 관한 기록으로 구성되어 있었다. 정리자들은 갑조와 을조의 曆譜부분을 합하여 『曆譜』라는 제목으로, 갑조의 日書 부분은 『日書』라는 제목으로, 병조간은 『病方及其他』라는 제목으로 정리하였다.

1) 曆譜(質日)

주가대진간 역보간은 갑조와 을조로 나뉘어져 있다. 갑조에는 秦始皇36년, 37년의 月朔日과 각 月의 大小, 日干支의 일부가 62매의 죽간(69~130호)에 서사되어 있고, 을조에는 秦始皇34년 전체의 月朔日, 日干支가 68매의 죽간(1~68호)에 서사되어 있다. 을조간인 秦始皇34년 曆譜에는 일부의 日干支 아래에 짧은 기사가 함께 병기되어 있는데 묘주가 생전에 관리로 임직하던 기간 중 이행한 공무 기록으로 볼 수 있다. 簡文에 따르면 묘주는 생전에 두 차례에 걸쳐 江陵과 竟陵 사이를 출장으로 왕복하였으며, 육로와 수로를 겸하여 이용한 것으로 보인다. 갑조간 日干支에는 이런 기록이 거의 보이지 않기 때문에 月朔日과 日干支가 나온다는 이유로 이 두 종류의 죽간을 "曆譜"로 함께 분류할 수 있을지에 대해서는 많은 논란이 있었다. 특히 2010년 嶽麓秦簡 공개 이후 秦始皇34년 曆譜의 경우 그 形制와 내용이 嶽麓秦簡 "二十七年質日", "卅四年質日" 등과 유사하기 때문에 曆譜가 아닌 "質日"로 칭해야 한다는 주장이 제기되었으며, 갑조간에 포함되어 있는 秦始皇36년, 37년 曆譜는 같은 甲組簡에 있는 日書류 서적과 깊은 연관성이 있다는 주장도 있다. 이러한 연구에 따라 2014년 『秦簡牘合集』(參)이 출간될 때는 주가대진간 을조간을 독립시켜 〈三十四年質日〉이라는 편명으로 분류하였다.

2) 日書

주가대진간 일서는 대부분 갑조의 간으로 이루어져 있다. 전체 주가대진간 중 일서에 속하는 죽간의 수량이 가장 많고 그 문자의 편폭 또한 가장 길다. 정리자들은 주요 내용을 "二十八宿"占, "五時段"占, "戎磨日"占, "五行"占 등으로 정리하였다. 〈二十八宿占〉은 12개월을 28宿에 각각 비정한 후 각각의 별자리에 대응한 사안의 길흉을 기술하고 있다. 마지막 부분에는 "繋行"이라는 문구가 있는데 정리자들은 이를 이 편의 표제라고 보았고, 2014년 출간된 『秦簡牘合集』

(參)에는 이 부분의 제목을 〈二十八宿占〉이 아니라 〈繫行〉으로 수정하였다. 〈五時段占〉은 12地支와 고대의 5時段인 "朝", "莫食", "日中", "日失時", "日夕時"를 각각 대응시켜 각 날짜의 어느 시간에 장관을 알현하면 길한 지를 서술한 내용이다. 정리자들은 이 부분의 표제를 "五時段占"이라고 정리하였지만, 이후 내용이 수호지진 간 일서 갑종의 "吏"라는 표제를 가진 부분과 유사하며, 放馬灘秦簡에도 이와 유사한 기록이 있다는 주장이 제기되었고, 이에 따라 2014년 출간된 『秦簡牘合集』(參)에는 이 부분의 표제를 〈吏〉로 수정하였다. 〈五行占〉은 五行과 天干을 대응시키는 짧은 내용으로 이루어져 있는데, 2014년 출간된 『秦簡牘合集』(參)에는 이 부분을 〈五行〉과 고대 方術語로 생각되는 〈孤虛〉로 분리하였다. 〈戎磨日〉은 다섯 조의 「一目」라는 부호가 나오고 이후에 "此所謂戎磨日也"라는 문장과 해설이 기술된 부분이다. 원래 이 부분은 〈二十八宿占〉 중간과 〈五行占〉 뒤에 들어가 있는 부분을 내용상 정리자들이 통합해 놓았는데, 2014년 출간된 『秦簡牘合集』(參)에서는 각각의 부분에 들어가 있는 "戎磨日"편을 각각 〈戎磨日(1)〉, 〈戎磨日

〈周家臺秦簡(「關沮秦漢墓淸理簡報」彩版 貳 轉載)〉

(2)〉로 분리하고, 〈戎磨日(1)〉 뒤에 있는 〈産子占〉을 독립시켜 하나의 편명으로 수정하였다. 또한 주가대진간 일서에는 5개의 綫圖가 포함되어 있는데, 2014년 출간된 『秦簡牘合集』(參)에서는 이를 秦始皇36년 "五行"과 "主歲"의 신령 사이의 대응관계를 나타내는 것으로 보아 〈三十六年置居〉라는 편명을 붙였다. 또한 앞서 언급한 바와 같이 秦始皇 36년, 37년 曆譜를 秦始皇 34년 曆譜와 분리시켜 日書 부분에 〈三十六年日〉이라는 편명으로 수록하였다.

3) 病方及其他

이 부분은 대부분 병조간으로 이루어진 73매의 죽간으로 구성된다. 출토시 하나의 卷으로 전체 죽간의 최하층에서 발견되었다. 정리자들은 이 부분 죽간에 아래 위 공백이 없고 編繩이 있던 자리에도 문자가 있던 것으로 보아 문자가 서사된 이후 冊으로 편철된 것이라고 보았다. 이 부분의 주요 내용은 醫藥病方, 祝由術, 擇吉避凶占卜, 農事 등을 기술하고 있어 "病方及其他"로 명명하였다. 이 부분은 다양한 내용을 가진 여러 조목의 간으로 구성되었고 일서와 관련된 내용의 간도 있는 것으로 보아 묘주가 생전에 사용상 필요에 따라 여러 조목의 간을 冊書로 집성한 것이거나, 혹은 임시적으로 여러 조목의 간을 수집해 책서로 편철한 후 부장한 것으로 추측할 수 있다. 이들 죽간은 보존상태가 좋지 않아 원래의 책서를 복원하는데 상당한 어려움이 있었기 때문에, 정리자들은 간의 내용에 따라 이 부분을 病方, 祝由術, 擇吉避凶占卜, 農事 등으로 구분하고 이 순서에 따라 정리하였다.

4) 목독

주가대 30호 진묘에서는 380여 매의 죽간 외에 1매의 木牘이 출토되었다. 보존상태는 비교적 양호하였고 하단 부분에 조금 끊어진 부분이 있었다. 문자는 단을 나누어 서사되었는데, 정면은 양단으로 서사되었고, 상단에는 7행, 하단에는 5행의 문자가 서사되었다. 뒷면은 5단으로 나누어지는데 각 단별 행수는 서로 달랐다. 정면 문자의 내용은 秦二世 원년 12개월 朔日干支 및 月의 大小로 볼 수 있고, 뒷면의 내용은 생전의 묘주가 현정의 세금 납부하는 곳에 부세를 납부하기 위해 왕복한 일수와 관련된 기록으로 추측된다. 이 부분을 원 정리자들은 曆譜〈秦二世元年〉으로 분류했지만, 2014년 출간된 『秦簡牘合集』(參)에서는 목독의 내용을 독립시켜 〈二世元年日〉이라는 편명으로 따로 수록하였다.

주가대진간은 진시황과 진이세시대의 曆譜와 묘주의 생전 공무 활동을 간략하게 기술한 부분이 있고, 二十八宿, 五行 등의 占卜을 기록한 일서의 내용도 포함하고 있어 진대의 역사 및 관련 부분을 연구하는데 중요한 자료이다. 1999년 「關沮秦漢墓淸理簡報」가 저술되어 蕭家草場 26호 한묘와 주가대 30호 진묘의 발굴상황 및 출토 유물을 상세히 소개하였고, 2001년에는

『關沮秦漢墓簡牘』이 출판되어 소가초장 26호 한묘 출토 간독과 함께 주가대 30호 진묘 출토 간독의 도판과 석문이 모두 공개되었다. 2014년에 출간된 『秦簡牘合集』(參)에서는 간독의 편명 및 순서를 새롭게 정리하여 적외선 사진과 함께 석문을 수록하였다.

4. 참고문헌

湖北省荊州市周梁玉橋遺址博物館 編, 「關沮秦漢墓清理簡報」, 『文物』1999-6.

荊州市周梁玉橋遺址博物館 編, 『關沮秦漢墓簡牘』, 中華書局, 2001.

陳偉 主編, 『秦簡牘合集』(參), 武漢大學出版社, 2014.

駢宇騫·段書安 編著, 『二十世紀出土簡帛綜述』, 文物出版社, 2006.

2. 호남성湖南省 출토 진간

용산 이야 진간(2002, 2005)

龍山 里耶 秦簡

1. 출토지 : 호남성 湘西土家族苗族自治州 龍山縣 里耶鎭 古城

2. 개요

    1) 발굴기간 : 2002년 4월~11월, 2005년 10월~2006년 6월

    2) 발굴기관 : 湖南省文物考古研究所

    3) 유적종류 : 古城 유적

    4) 시대 : 전국시대 말~진대

    5) 시기 : 기원전 3세기

    6) 출토상황 : 2002년 4월 碗米坡水電站 건설에 따라 湖南省文物考古研究所는 湘西自治州, 龍山縣 文物部와 함께 공사로 인해 수몰되는 지역에 대한 고고 조사를 진행하였다. 2002년 4월부터 같은 해 11월까지 里耶古城 약 5,500평방미터에 걸쳐 220개 探方에 대한 고고발굴을 진행하였다. 또한 2005년 10월부터 2006년 6월까지는 이야고성 보호 공정에 따라 城壕에 대한 전면적인 발굴을 진행하였다.

  대부분의 이야진간은 이야고성 1호정(편호 : J1) 내에서 출토되었다. 이야고성 1호정은 2002년 5월 28일 발견되었고, 발굴자들은 6월 3일, 1호정 제5층의 木屑을 수습하던 중 초간1매를 발굴하였다. 6층 이하로 내려가자 출토되는 목간의 수가 급증하였는데 그 대부분은 진대 간독이었다. 1호정 발굴은 6월 27일에 종료되었다. 1호정 내부는 상부부터 시작해 전체 18층의 퇴적층으로 나누어지는데, 제5층에서 竹木屑 및 전국 초 죽간 잔간 수 매가 발굴되었다. 제6층부터 제17층까지 약 37,000여 매의 진대 간독이 대량으로 발굴되었으며, 제18층에서는 간독이 발굴되지 않았다. 간독이 집중적으로 분포한 층은 6층, 8층, 9층, 10층, 12층, 15층, 16층이었다. 1호정 내에서 출토된 유물을 분석해볼 때, 이 井은 전국시대 초 말년에 개착되어 진 말

년에 이르러 폐기된 것으로 보인다. 간독의 출토 상황으로 볼 때 1호정 간독은 무질서한 상태로 매장되었으며, 진 말의 혼란한 시기에 이 井에 폐기된 문서로 볼 수 있다. 1호정에서 출토된 간독의 크기는 상당히 다양한데, 일반적인 간의 길이는 23㎝ 정도였으며 너비는 좁은 것은 1.4㎝부터 넓은 것은 8.5㎝까지 있었다. 간의 길이가 46㎝ 이상이고, 폭이 10㎝ 이상 되는 異形 간독도 일부 존재하였다.

이밖에 2005년 10월부터 2006년 6월까지 이야고성 보호 공정에 따라 고성을 둘러싸고 있는 城壕에 대한 전면적인 발굴을 진행하여 西城門, 西門道, 環城道路를 비롯해 다수의 진대 유물을 발굴하였는데, 그중에서 북쪽 城壕 중간부분 凹자 모양의 坑(편호:K11)에서 51매의 잔간을 발굴하였다. 정리결과 이 51매의 잔간은 10매의 완정한 간과 14매의 잔간으로 정리되었다. 간의 길이는 46㎝ 정도였고, 너비는 0.9㎝에서 3㎝ 사이로 차이가 있었다.

3. 내용

이야진간에서 발굴된 간독은 대부분 진대 당시 里耶鎭 지역에 있었던 遷陵縣에서 실제 사용한 공문서로서, 일반적으로 하나의 간에 하나의 사안이 기록되어, 완정한 공문을 구성하고 있었다. 양 갈래의 編繩이 있었던 간독도 있고, 편승이 없었던 간독도 있는데 모두 먼저 문자가 서사된 후 편련된 것으로 추정된다.

1) 1호정 간독

1호정에서 출토된 37,000매 간독은 대부분 진대 관부에서 사용된 공문서로서 조정의 정령, 각급 행정기관 사이에서 왕래된 공문, 사법문서, 吏員簿, 물자등기와 운송

〈里耶古城 전경(『里耶發掘報告』彩版6 轉載)〉

장부, 里程書 등을 포함하고 있는데, 간독 상에서 언급되는 지역적 범위는 진대의 內史, 南郡, 巴郡, 洞庭郡, 蒼梧郡 등을 포괄한다. 이야진간은 진대 지방에서 실제 사용된 행정문서를 대량으로 포함하고 있어 진대사 연구를 획기적으로 진전시킨 간독자료로 볼 수 있다. 이야진간 1호정 간독의 구체적인 주요 내용은 다음과 같다.

① 문서행정제도

1975년 호북성 운몽현 수호지에서 진대 간독이 처음으로 발견된 이래 10여 건 이상의 진대 간독이 추가로 출토되었지만, 이야진간을 제외한 대부분의 진간독은 고분에 부장된 유물로서 그 내용은 율령 및 사법문서, 일서, 점복류 문서, 算術, 方技類 서적 등이 대부분이었다. 하지만 이야진간은 실제 지방 縣廷에서 사용되다가 폐기된 행정문서로서 진대 당시 문서행정제도의 실상을 여실히 보여준 자료이다. 이야진간에는 〈中央↔郡〉, 〈郡↔縣〉, 〈縣廷↔鄕 및 縣 하부기관〉, 〈郡↔郡〉, 〈縣↔縣〉 사이에서 왕래된 행정문서가 다량으로 포함되어 있어 진대 행정문서의 기안, 작성, 발송, 수령, 처리 및 보관 등의 행정절차가 어떠한 과정으로 이루어졌는지를 알 수 있게 해준다. 또한 돈황한간, 거연한간, 현천한간 등 행정문서를 다량으로 포함하고 있는 한대 간독과의 비교를 통해 한대 문서행정제도의 원형이 진대에 이미 만들어져 있었음을 알 수 있다.

② 지방행정

이야진간 간독을 통해 현재의 이야고성은 진대 천릉현의 치소가 두어져 있던 현성임을 알 수 있다. 이야진간에는 천릉현을 관할하고 있는 "洞庭郡"과 그 인근에 있던 "蒼梧郡" 등의 郡名이 나오는데 이런 군명들은 이야진간의 발굴 이전에는 전혀 알지 못했던 것이다. 이야진간 8-755~8-759간 진시황 34년 문서에 "今遷陵卅五年爲縣, ... 及蒼梧爲郡九歲乃往歲田" 등의 문장이 나오는데 이를 통해 동정군, 창오군 등이 진시황 25년(B.C.222)에 설치되었음을 알 수 있다. 『사기』 진시황본기에 의하면 진시황 25년 王翦이 "荊江南地"를 평정한 후 5월에 "大酺"했다는 기록이 나오는데, 이야진간 간문과 『사기』 기록을 아울러 보면 진시황 25년 5월 이전에 진이 초의 강남 땅을 평정한 후 동정군 천릉현, 창오군 등을 설치한 것으로 볼 수 있다. 문헌사료의 기재에 의하면 중원 정권이 현재의 湖南지역, 특별히 武陵山地에 대한 유효한 관리를 한 것이 전한 초기부터라고 하지만 이야진간에 의하면 진대 당시 이 지역에 설치된 縣名들, 遷陵縣을 비롯해 酉陽, 沅陵, 陽陵, 益陽, 零陽, 臨沅, 新武陵 등을 열거하고 있어 진대 이 지역에 대한 군현 통치가 중원의 내지와 비슷한 수준으로 이루어졌음을 보여주고 있다.

또한 이야진간의 중요 자료로서 동정군 천릉현 소속 전체 吏員의 직명과 인원을 기록한 〈遷陵吏志〉(里耶秦簡 9-633簡)라는 자료를 들 수 있다. 이 자료를 통해 천릉현과 같은 변경지역의 小縣에도 長吏와 屬吏를 포함한 100여 명 정도의 인원이 복무하고 있었다는 사실을 알 수 있었고, 遷陵吏志에 포함된 吏員 중 상당수가 繇使 등으로 결원 상태였다는 기록을 통해 진대에 임시적으로 직무를 수행하는 '守官'의 숫자가 적지 않았음도 추정할 수 있게 되었다. 또한 遷陵吏志와 다른 이야진간의 간문을 종합해 보면 현에서 근무하는 다수의 令史가 각 列曹에 소속되어 있었음을 알 수 있는데, 이는 진대에 이미 현급 단위별로 列曹가 설치되어 있었음을 보여주고 있다. 이처럼 〈遷陵吏志〉 기록은 전한 말 東海郡의 吏員을 기록한 尹灣漢簡과의 비교를 통해 진대와 한대 지방행정의 실태를 보다 면밀히 파악하는데 큰 도움을 준다.

③ 사법제도

이야진간이 발견되기 이전 수호지진간을 비롯해 진대 율령을 수록한 간독자료가 다수 발굴되었지만, 이야진간을 통해 수호지진간, 장가산한간 등의 율령이 실제 지방행정에서 거의 그대로 시행되고 있었음을 확인할 수 있다. 뿐만 아니라 기존의 율령 간독을 통해서는 알 수 없었던 몇 가지 진 사법제도와 관련된 사실이 확인되었다. 가장 대표적인 것이 "貲罰"의 징수액을 확인한 점이다. 진은 한과 달리 "貲罰"제도를 시행하고 있었다는 점이 이미 잘 알려져 있는 사실이었지만, "貲1盾", "貲1甲", "貲2甲" 등이 벌금으로 어떻게 환산되는지는 알려져 있지 않았다. 하지만 이야진간 8-60+8-656+8-665+8-748간의 기록 "亭貲三甲, 爲錢四千卅二"를 통해 진대 貲1甲이 1,344錢을 납부하는 벌금형임을 확인할 수 있었다.

④ 조세행정

이야진간은 진대 천릉현에서 실제 사용된 행정문서이기 때문에 천릉현이 縣內의 인적, 물적 자원을 파악하고 조세와 요역을 징수하기 위해 작성된 많은 행정문서들이 남아 있다. 예를 들어 이야진간 8-552간과 8-1716간에는 천릉현과 천릉현 소속 鄕 중 하나인 貳春鄕의 1년간 누

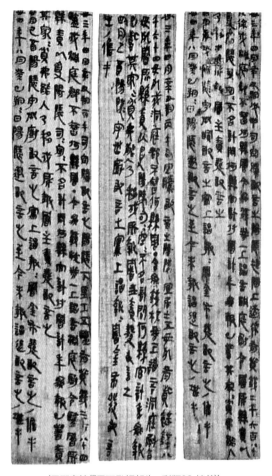

〈里耶秦簡(『里耶發掘報告』彩版22 轉載)〉

적 호구수 통계가 기록되어 있고, 8-1519간에는 천릉현 각 鄕별 墾田, 稅田의 면적과 田租 징수액 등의 통계가 기록되어 있다. 또한 田租 외에도 8-559간, 8-1165간에는 "戶芻錢", "戶賦" 등의 조세 관련 자료도 기록되어 있다. 이를 통해 진대 지방의 일선 행정기관이 관할 구역 내의 인적, 물적자원을 파악하고 조세와 요역 등을 징발하는 방식과 그 과정 등에 대한 연구가 가능해졌다. 또한 이야진간에는 米 1石이나 小豆 1石 당 가격에 대해서도 기록이 있어, 진대 경제사를 연구하는데도 굉장히 중요한 자료적 가치를 지니고 있다.

⑤ 기타

이야진간에 수록되어 있는 다양한 행정문서 중 특기할 만한 것으로 〈作徒簿〉를 들 수 있다. 특히 8-145간과 9-2289간 등의 作徒簿는 당시 천릉현 전체에서 복역하고 있던 徒隸의 수와 이들이 담당하고 있던 구체적인 작업의 내용이 기록되어 있어, 진대 도예 관리가 어떤 식으로 이루어지고 있었는지를 보여주는 중요한 자료이다.

또한 16-52간, 16-12간, 17-14간에는 각 현 사이의 거리를 기록한 里程書가 수록되어 있는데, 이 세 간을 종합하여 보면 중원지역에서부터 이야진간이 발굴된 현 호남성 서부지역에 이르는 주요 교통로와, 이 교통로 상에 위치한 각 현 간의 거리를 파악할 수 있어 진대 지리사 연구에 주요 자료로 활용되고 있다.

2) 호적간독

대부분의 이야진간이 발굴된 이야고성 1호정 외에도, 고성의 북쪽 城壕 지역에서 51매 목간이 발굴되었다. 정리 결과 이 51매의 잔간은 10매의 완전한 형태의 간과 14매의 잔간으로 복원되었는데, 대부분 간독의 길이가 23㎝(1尺) 정도였던 1호정 간독과 달리 이것은 길이가 46㎝(2尺)였고, 내용상으로도 1戶의 호적 관련 사항이 하나의 간으로 정리되어 있어 진대 당시의 호적 실물로 추정되고 있다.

이야진간 호적간독은 각 간별로 다섯 난으로 나누어져 서사되었고, 각 난은 묵선 등으로 구분되어 있었다. 이렇게 구분된 각 난에는 각각의 고유한 호적 관련 사항이 서사되었다. 제1란에는 戶主의 籍貫, 爵位, 姓名 등이 기록되어 있었는데, 일반적으로 "南陽戶人荊不更某某"의 식으로 기록되어 있었다. 제일 앞에 나오는 "南陽"이란 지명에 대해 이것이 郡의 명칭인지 里의 명칭인지 한동안 논란이 있었지만 지금은 거의 里의 명칭으로 보는 것이 일반적이다. "戶人"은 戶主를 가리키는 것으로 보고 있고, "荊不更"은 구 楚國 작위로 생각된다. 제2란에는 호주의 처와 호주 형제의 처첩 이름이 기록되어 있는데, 일반적으로는 "妻曰某"로 서사되어 있다. 제3란에는 호주의 아들 이름이 서사되어 있고, 제4란에는 호주의 딸 이름이 서사되어 있다. 제5란은 제1란부터 제4란까지 기록된 戶와 관련있는 사항을 기록했는데, 공백으로 남겨져 있는 간도 있고, "臣" 즉 가내노예의 이름이나 호주 어머니의 이름이 기록된 간도 있으며, 호주가 "伍長"직을 맡고 있음을 알려주는 기록도 있다.

이야진간의 호적간독은 진대 호적 실물자료로서 최초로 발굴된 간독이며, 진대 가족제도사 및 사회사 관련 연구에 획기적인 진전을 가져온 자료로 평가되고 있다. 이 간독을 통해 진대 지방행정기관에서 각 호별 호적을 파악, 편성하고 있었음이 입증되었고, 진대 가정의 구조 및 작제 등을 이해하는데에도 큰 도움을 주었다.

이야진간은 고분이 아닌 진대 縣城유지에서 출토된 간독자료로서 당시 실제 사용하던 공문서를 대량으로 포함하고 있다는 점에서 엄청난 자료적 가치를 지니고 있다. 그리고 발굴 당시부터 이야진간은 진대의 정치, 경제, 사회, 지리, 역법, 제도 등의 연구에 획기적인 전환점을 가

져올 자료로 주목받았다. 2002년 6월 3일, 이야고성 1호정에서 간독이 발굴되자마자 언론의 주목을 받아, 2002년 6월 10일, 新華社를 시작으로 人民日報, 光明日報 등 언론매체에 이야진간의 발굴 소식이 대대적으로 보도되었고, 당시 전문가들로부터 21세기 중국의 가장 중요한 고고발굴 성과로 평가되었다. 2002년 7월 25일 중국 호남성 장사에서 중국의 고고학, 고문자학, 역사학 전문가들 56명과 함께 "里耶秦代簡牘學術座談會"를 개최하여, 이야진간의 출토 의의와 이야고성 발굴과 보호공정에 대한 토론을 진행하였다.

2003년에는 「湖南龍山里耶戰國-秦古城一號井發掘簡報」(湖南省文物考古研究所 編, 『文物』 2003-1)가 공개되어 이야고성 1호정 출토 문물 및 연대, 발굴상황과 함께 일부 간독의 도판과 석문을 소개하였고, 「初讀里耶秦簡」(李學勤, 『文物』 2003-1)에서는 이야진간에 보이는 진대 曆朔, 행정문서의 형식 및 동정군과 천릉현 등의 지리적 문제에 관한 연구결과가 발표되었다. 또한 「湘西里耶秦代簡牘選釋」(湖南省文物考古研究所, 『文物』 2003-1)이 발표되었는데 여기서는 37매 이야진간 자료에 대해 초보적인 주석과 고증을 덧붙인 연구결과가 소개되었다. 2008년에는 『里耶發掘報告』가 출판되어 이야고성을 비롯한 인근지역 고분군의 자세한 발굴상황, 발굴경과, 출토문물에 대한 소개가 이루어졌고, 이야고성 1호정 주요간독과 함께 이야진간 호적간독의 전체 석문이 공개되었다.

이야진간의 정식 전체 석문과 도판은 2012년부터 출판되기 시작하였다. 2012년 『里耶秦簡(壹)』, 2017년 『里耶秦簡(貳)』가 文物出版社에서 출판되어 이야진간 1호정 8층 및 9층간 전체의 도판과 석문이 공개되었고, 이와 비슷한 시기인 2012년과 2018년 陳偉 主編 『里耶秦簡牘校釋(第1卷)』, 『里耶秦簡牘校釋(第2卷)』이 武漢大學出版社에서 출판되어 이야진간 8층 및 9층간의 철합결과 및 석문에 대한 상세한 校釋이 공개되었다. 한편 2016년에는 里耶秦簡博物館 등의 기관에서 편찬한 『里耶秦簡博物館藏秦簡』(中西書局, 2016)이 출판되어 현재 중국 湖南省 龍山縣 里耶鎭에 건립된 이야진간박물관 소장 간독자료의 석문을 소개하였다. 이야진간의 경우 아직까지 전체 간독의 절반도 공개되지 않았지만, 이를 활용한 연구가 광범위하게 이루어지고 있어, 앞으로 모든 간독이 공개된다면 진대사 연구에 불가결한 자료가 될 것으로 생각된다.

4. 참고문헌

湖南省文物考古硏究所 編,『里耶發掘報告』, 嶽麓書社, 2008.

陳偉 主編,『里耶秦簡牘校釋(第1卷)』, 武漢大學出版社, 2012.

陳偉 主編,『里耶秦簡牘校釋(第2卷)』, 武漢大學出版社, 2018.

駢宇騫·段書安 編著,『二十世紀出土簡帛綜述』, 文物出版社, 2006.

3. 사천성四川省 출토
진간

청천 학가평 진간(1979~1980)

靑川 郝家坪 秦簡

1. **출토지** : 사천성 청천현 학가평 50호 진묘

2. **개요**

   1) 발굴기간 : 1979년 2월~1980년 8월

   2) 발굴기관 : 四川省博物館, 靑川縣文化館

   3) 유적종류 : 고분

   4) 시대 : 전국시대

   5) 시기 : 기원전 3세기

   6) 출토상황 : 1979년 1월 중국 사천성 청천현 城郊公社 사원이 학가평에서 집을 건축하던 중 고분을 발견했다. 四川省 博物館과 靑川縣 文化館은 즉시 발굴을 시작하여 이후 학가평에서 100여 기의 전국시대 고분을 발굴했다. 발굴팀은 우선 1979년 2월부터 1980년 7월까지 3차례의 발굴을 통하여 모두 72개의 묘장을 정리하였다(편호 : M1~M72). 이 72기의 묘장은 모두 장방형의 수혈식 토갱묘로서 封土와 墓道는 없었고, 가로세로 비율은 대체적으로 1.3:1 정도였다. 묘장의 形制는 관과 곽이 모두 하나씩 있는 것, 관은 있지만 곽이 없는 것, 관은 없지만 곽이 있는 것, 관과 곽이 모두 없는 것의 네 종류로 구분된다. 이들 종류 중 관과 곽이 각각 하나씩 있는 것이 가장 많은 수를 차지하고 있었다. 관 바깥으로 곽의 한쪽 면에는 목판으로 분리된 공간이 있었는데, 대부분의 부장품들이 이곳에 수장되어 있었다. 이들 묘장에서는 모두 400여 건의 기물이 출토되었는데 대부분은 생활 용구였다.

   목독이 발견된 학가평 50호묘 역시 1관1곽의 구조로 이루어져 있었고, 목독은 陶器, 銅器, 漆木器, 半兩錢 등 다른 부장품들 22건과 함께 곽실의 한쪽 면에서 발견되었다. 50호묘에서는 모두 2매의 목독이 발견되었는데, M50:16으로 편호된 목독은 길이가 46㎝, 너비 2.5㎝, 두께

0.4cm였으며, 정면과 뒷면에 모두 문자가 묵서되어 있었다. 정면의 殘損이 비교적 적고 字迹이 분명하였다. 정면의 문자는 3행으로서 모두 121자가 서사되어 있었다. 뒷면의 문자는 정면 문자와 관련이 있는 것으로 보이지만 字迹이 분명하지 않아 알아볼 수 있는 글자가 많지 않았다. 뒷면은 상, 중, 하 3란으로 나뉘어 서사되어 있었는데 상부의 4행으로 서사된 33자만 알아볼 수 있었다. M50:17로 편호된 목독은 길이가 46cm, 너비 3.5cm, 두께 0.5cm였다. 서사된 문자는 殘損이 심해 판독을 할 수 없었다.

3. 내용

청천 학가평 50호 진묘에서 출토된 목독 2매 중 16호 목독에는 "更脩爲田律"이라는 문구가 있어 전국시대 진에서 시행한 田律의 律文임을 알 수 있다.

1) 16호 목독

16호 목독의 정면 상단 부분은 "二年十一月己酉朔朔日, 王命丞相戊, 內史匽, □□更脩爲田律"이라는 문장으로 시작한다. 田律을 更脩할 것을 명한 王이 누구인지는 기록이 되어 있지 않지만 "王命丞相戊"라는 문구를 통해 이를 짐작할 수 있다. 『史記』秦本紀에 의하면 진이 '丞相'의 직을 처음 설치한 것이 武王 2년이므로, 목독의 王은 武王 이전으로는 올라가지 않음을 알 수 있다. 또한 "丞相戊"는 甘戊로 추정이 되는데, 감무는 秦昭王 元年에 진나라를 떠나 제나라로 가게 되므로, 목독에 기록된 왕은 昭王이 아님을 알 수 있다. 또한 역법을 추산하면 秦武王 2년 11월의 朔日이 己酉日임을 통해 볼 때, 목독의 왕은 秦武王임을 알 수 있고, 이 목독의 기년은 B.C.309년임을 알 수 있다.

"更脩爲田律" 문구 앞의 두 글자는 發掘簡報에서는 식별이 불가능하다고 판단해 공란으로 표시했지만, 비슷한 시기에 출간된 다른 연구들에서는 이 두 글자를 석독하였다. 먼저 李昭和의 「靑川出土木牘文字簡考」(『文物』1982-1)에서는 이 두 글자를 "取臂(譬)"로 석독하고, "예를 들어 말한다" 정도의 술어로 해석하였다. 黃盛璋의 「靑川新出秦田律木牘及其相關問題」(『文物』1982-9)에서는 李昭和의 설을 받아들여 이 두 글자를 "取臂(譬)"로 석독했지만, 이것은 술어가 아니라 內史匽의 이름이라고 해석하였다. 于豪亮의 「釋靑川秦墓木牘」(『文物』1982-1)에서는 이 두 글자를 "民愿"이라고 석독했지만 별다른 해석을 하지는 않았다.

목독이 발견된 학가평 50호묘 묘주의 신분이나, 이 묘장의 조성연대와 관련한 기록은 보이지 않지만 목독 및 부장기물을 통해 추측해볼 수 있다. 목독에 "(秦武王)二年" 및 "四年十二月"이라는 기록과 "丞相戊"라는 기록이 있으므로 이 묘장은 秦武王 4年(B.C.307) 12월 이후, 그리고 감무가 제로 가기 전인 秦昭王 元年(B.C.306) 무렵에 조성되었을 것으로 보인다. 학가평 50호묘가 위치한 사천성 청천현 지역은 사천, 섬서, 감숙 3省의 교계지로서 이 지역이 진의 지배하에 들어가게 된 것은 B.C.329년 秦惠文王이 巴蜀을 정벌한 이후의 일로 생각된다. 『華陽國志』 蜀志의 기록에 따르면 진이 파촉을 멸한 후 "戎伯이 여전히 강성해 秦民 1萬家를 천사"한 것으로 되어 있다. 분명하지는 않지만 학가평 50호묘에서 秦武王代의 田律이 기록된 목독과 함께 전국시대 진에서 사용한 半兩錢이 출토된 것으로 볼 때, 이 묘의 주인 역시 이 시기에 진에서 천사된 사람으로 추측해볼 수 있다.

16호 목독에서 가장 많은 사람들의 주목을 끈 부분은 "更脩爲田律" 뒤에 나오는 田律의 율문이다.

이 율문을 통해 전국시대 중기인 秦武王 시대에 240步 1畝의 新畝制가 시행되고 있었다는 사실과 阡道 및 陌道의 건설과 보수, 封埒의 높이, 도로 및 교량의 보수 시기 등에 대해 진이 법률을 통해 상세히 규정하고 있었다는 사실을 알 수 있다. 특히 이 律文은 2001년 발굴된 장가산한간 이년율령에 거의 그대로 나오고 있어 "漢承秦制"의 구체적인 상황을 여실히 보여준다고 할 수 있다. 또한 전한 초기 율령이 전국시대 중기 진 율령에 기반하고 있었음도 보여주는 것이다.

2) 17호 목독

17호 목독 역시 크기는 16호 목독과 비슷하며, 문자가 기록되어 있지만 字迹이 분명하지 않아 釋讀이 불가능한 상태였다.

청천현 학가평에서 발견된 진 목독의 경우 수량이 2매에 불과하고, 그중 1매는 석독이 불가능한 상태였지만, 전국시대인 秦武王 시기 정비된 田律의 일부 律文을 기록하고 있다는 점에서

학자들의 많은 관심을 받았다. 특히 다수의 전국시대 진 율문을 수록하고 있는 수호지진간이 공개된 후 얼마 지나지 않은 상태에서 출토된 율문 수록 간독이었으므로 그 석문이 상당히 빠르게 공개되었다. 1982년 四川省博物館과 青川縣文化館이 함께 저술한 「青川縣出土秦更修田律木牘-四川青川縣戰國墓發掘簡報」에는 16호 목독 正, 背面 석문과 함께 16호 목독 正面의 사진이 함께 공개되었고, 청천현 학가평에서 발굴된 72개 묘장의 形制 및 출토기물에 대해 소개하였다. 또한 2014년 「四川青川縣郝家坪戰國墓群M50發掘簡報」에는 목독 석문과 함께 목독이 발견된 학가평50호묘의 形制, 出土器物, 해당 묘장의 학술적 가치 및 의의에 대해 상세히 소개하고 있다. 또한 2014년에는 『秦簡牘合集』(貳)에서 적외선 사진과 함께 석문을 수록하였다.

청천진목독의 경우 전국시대 진의 토지제도를 보여준다는 점에서 그 의의를 찾을 수 있으며, 율령 및 토지제도의 "漢承秦制"를 여실히 보여준다는 점에서 귀중한 자료라고 할 수 있다. 뿐만 아니라 이 목독이 발견된 청천현 학가평 지역이 섬서, 감숙, 사천 3省의 교계지라는 점에서 전국시대 중기 진의 영토확장 과정과, 진의 신점령지 관리 방법을 보여주는 자료라고 할 수 있으며, 목독과 함께 출토된 반량전 등의 유물은 전국시대 진의 화폐제도 발전 상황을 보여주는 것이다.

4. 참고문헌

四川省博物館·青川縣文化館, 「青川縣出土秦更修田律木牘-四川青川縣戰國墓發掘簡報」, 『文物』 1982-1.

李昭和, 「青川出土木牘文字簡考」, 『文物』 1982-1.

于豪亮, 「釋青川秦墓木牘」, 『文物』 1982-1.

黃盛璋, 「青川新出秦田律木牘及其相關問題」, 『文物』 1982-9.

黃家祥, 「四川青川出土秦"爲田律"木牘的重要價値」, 『四川文物』 2006-2.

四川省文物考古研究院·青川縣文物管理所, 「四川青川縣郝家坪戰國墓群M50發掘簡報」, 『四川文物』 2014-3.

陳偉 主編, 『秦簡牘合集』(貳), 武漢大學出版社, 2014.

4. 감숙성 甘肅省 출토 진간

천수 방마탄 진간(1986)

天水 放馬灘 秦簡

1. 출토지 : 감숙성 천수시 北道區 黨川鄕 방마탄 1호 진묘

2. 개요

    1) 발굴기간 : 1986년 6월~9월

    2) 발굴기관 : 甘肅省文物考古硏究所, 天水市北道區文化館

    3) 유적종류 : 고분

    4) 시대 : 전국시대 말기~진대

    5) 시기 : 기원전 3세기

    6) 출토상황 : 1986년 3월 중국 감숙성 천수시 小隴山林業局 黨川林場의 직공이 放馬灘 護林站에서 가옥을 건설할 때 고묘군을 발견하고 즉시 天水市 北道區 文化館과 甘肅省 文化廳에 신고하였다. 甘肅省文物考古硏究所에서는 즉각 인원을 파견해 고묘군의 상황을 조사하고 발굴계획을 세웠다. 발굴은 6월에 시작해 9월에 종료되었다.

고묘군이 발견된 방마탄은 牧馬灘이라고도 하며, 天水市 北道區 黨川鄕에 속한 지역이다. 방마탄 지역은 동쪽으로 陝西省 寶鷄市, 鳳縣 지역과 40여㎞ 정도 떨어져 있으며, 서쪽으로 麥積山석굴과 20㎞, 방마탄 지역이 속한 北道區와는 40㎞ 정도 떨어져 있는 지점이다. 방마탄은 秦嶺산맥 중부의 해발 1,400~2,200m 지점에 위치하고 있으며, 渭河와 黨川河가 갈라지는 지점이다. 묘장은 진령산맥 앞 부채꼴 모양의 초지에 위치하고 있으며, 지표면에는 봉분이 없었기에 도굴된 흔적은 보이지 않았다. 묘장의 전체 면적은 11,000평방미터 정도로 100여 기의 묘장이 진령산맥 앞 평지에 동서방향으로 상, 중, 하 3층으로 배열되어 있었다. 묘 간의 거리가 가까운 것은 1m, 먼 것은 10여m 정도였다. 1986년 발굴한 14기의 묘장 가운데 진묘가 13기, 한묘가 1기 포함되어 있었다. 묘 안에는 물이 가득 고여 있어 부장품의 보존 상태는 대부분 좋지

않았다. 14기 묘장에서 400여 건의 문물이 발굴되었는데, 그중에는 전국시대 진 목판 지도 7폭과 죽간, 전한 초기의 종이 지도 등 중요한 문물이 포함되어 있었다.

이들 묘장 중 1호묘(진묘)에서 460매의 죽간이 발굴되었는데 대부분 보존 상태가 양호하고 묵적이 분명했다. 오랜 기간 묘장 안의 물속에 잠겨있었기 때문에 죽간의 재질이 연약해져 쉽게 부러질 수 있는 상태였다. 간 위에는 원래 상, 중, 하 세 갈래의 編繩이 묶여져 있었던 것으로 추정되며, 간의 우측에는 작은 삼각형 모양의 楔口 흔적이 있고, 그 위에는 썩은 편승의 흔적이 있었다. 簡文은 대부분 古隸體로 서사되어 있었는데, 글자가 가장 많은 간은 43자였고, 일반적으로는 25~40자가 서사되어 있었다. 매 간에는 한 조목의 내용이 서사되고, 한 장의 서사가 완료된 후 간의 남은 부분에는 다른 篇章이 서사되는데 그 사이는 동그란 점이나 세로줄로 구분하였다. 만약 행을 바꾸어 쓸 때는 반드시 인근 간의 공백에 서사하였다.

3. 내용

방마탄진간의 경우 출토 당시 편승은 이미 존재하지 않았기 때문에 순서는 흩어져 버렸고 篇題도 없었다. 정리 후 간의 내용은 日書와 紀年類 문서로 양분할 수 있었다. 일서류 문서의 내용은 호북 운몽 수호지에서 출토된 일서와 기본적으로 같았기 때문에 "日書"로 명명하였다. 방마탄진간 일서의 경우 簡冊의 길이가 다르고 내용도 조금 차이가 있어 甲種과 乙種으로 양분하였다. 기년류 문서의 경우 邦丞이 御史에게 올린 "謁書"로서 "丹"이라는 사람의 이야기를 서술하고 있다. 丹은 방마탄 1호묘의 墓主로 추측되는데, 따라서 정리자들은 "墓主記"라고 명명하였지만 이 기록은 내용상 꾸며낸 이야기로 볼 수 있으므로 간독의 도판과 석문이 정식 출간될 때는 "墓主記"가 아닌 "志怪故事"로 편명이 바뀌게 되었다.

방마탄진간 일서의 내용은 매우 광범위한데, 형식적으로는 당시 日者나 占家의 수중에 있던 巫書를 초록한 것으로 보이지만 내용적으로는 天道나 귀신과 관련된 미신적 조문 외에 사람의 일과 관련된 조문이 많이 포함되어 있어 당시 사회와 사상문화를 연구하는데 있어 중요한 가치를 지니고 있다.

1) 日書 甲種

모두 73매로 출토 당시 죽간이 정중앙에 있었다. 간의 길이는 27.5㎝, 폭 0.7㎝, 두께 0.2㎝
이며 내용은 모두 8개의 장으로 구분할 수 있다.

① 月建

1簡부터 12簡까지 모두 12매의 간으로 이루어져 있다. 정월부터 12월에 이르기까지 매월의
建除12辰의 12地支에 대한 대응 순환관계를 기술하고 있다. 월은 정월부터 12월까지의 순서로
기록되어 있고, 建除12辰은 建, 除, 盈, 平, 定, 執, 彼, 危, 成, 收, 開, 閉의 순서로, 12地支는 寅,
卯, 辰, 巳, 午, 未, 申, 酉, 戌, 亥, 子, 丑의 순서로 기록되어 있다. 三統曆 중에서 夏曆이 建寅으로

음력 정월을 歲首로 삼고
있기 때문에 이는 夏曆의
月建임을 알 수 있다.

② 建除

13簡부터 21簡까지 모
두 9매의 간으로 이루어져
있다. 내용은 建除12辰日
의 조문이다. 즉 여러 辰日
의 길흉 여부와 특정한 일,
예를 들면 궁실 조영, 畜牧
農作, 제사, 出行, 노예의
매매, 亡盜의 체포 등을 할
수 있는지의 여부에 관한
기록이다.

③ 亡盜

22簡부터 41簡까지 모
두 20매의 간으로 이루어

〈放馬灘秦簡 日書(天水放馬灘秦簡 彩版二 轉載)〉

져 있다. 내용은 도망한 도적을 체포하는 것과 관련된 22개의 擇日 조문이다. 매 조문의 첫 부분은 天干地支의 차례로 배열되어 있고 동시에 12地支의 동물을 서로 배합하고 있다. 도망한 도둑의 생사여부, 도망한 방향, 생김새, 특성, 성별, 은닉한 장물의 거처 등등을 기록하고 있다.

④ 人月吉凶

43簡부터 72簡까지 모두 30매의 간으로 이루어져 있다. 사람의 월일 길흉을 기술하고 있다. 고대 점술가들은 1년 중의 여러 月,日을 사람 및 사람과 함께 거처하는 가축에게 각각 분배하였는데, 본 장에서는 1년 중의 어떤 한 달을 人月로 하며, 人月 1일부터 30일까지의 길흉을 기술하고 있다. 내용은 방위와 時辰에 관한 것으로 구분할 수 있다. 방위는 하루 중 동서남북 사방의 어떤 時辰의 길흉을 가리키며, 時辰은 地支의 순서대로 日을 기록하고 해당 日 각 時辰의 길흉을 기록하고 있다. 당시의 人月이 어떤 달인지에 관해서는 아직 확정하기 어렵다.

⑤ 男女日

1簡부터 4簡까지의 하단에 기록되어 있으며, 4조로 구성되어 男人日과 女人日 조문으로 나누어져 있다. 男人日은 子, 卯, 寅, 巳, 酉, 戌日이며, 女人日은 午, 未, 申, 丑, 亥, 辰日이다. 30일 중 16일은 男人日이고, 14일은 女人日이다. 남녀는 각각 그 날에 따라 일을 행하고, 병도 그 날에 치료하며, 죽은 후에도 각각 그 날에 맞추어 매장하였다. 동시에 특별히 명기한 男人日은 노예가 도망하는 날로 되어 있다.

⑥ 生子

16, 17, 19簡 하단에 있다. 平旦부터 鷄鳴까지 16時辰 중 낳는 자식이 아들인지, 딸인지를 기술하고 있다.

⑦ 禹須臾行

42, 66, 67간 하단과 73간 상단에 기록되어 있다. 遠行에 나서기 전 먼저 지상에 北斗를 그리고 禹步의 법에 규정된 순서에 따라 걸으면서 길흉을 점치고 출행일을 택일할 것을 기록하고 있다.

⑧ 忌

24簡 하단과 69簡부터 73簡까지에 있다. 여러 가지 일에 대한 금기를 기록하고 있다. 또한

이러한 활동을 할 때 어떤 날을 피할 것인지에 대해 기록하고 있다.

2) 日書 乙種

모두 379매이며, 간의 길이는 23㎝, 너비 0.6㎝, 두께 0.2㎝이다. 내용은 20여 장으로 구성되어 있는데, 그중에서 月建, 建除, 生子, 人月吉凶, 男女日, 亡盜, 禹須臾行의 일곱 장은 일서 갑종의 내용과 완전히 같다. 다만 금기에 관한 조목이 갑종보다 많으며 전문적인 금기의 명칭도 있다.

① 門忌

30조로 이루어져 있다. 門과 관련된 금기를 전문적으로 기술하고 있다. 門은 東, 西, 南, 北, 寒, 倉, 財의 구분이 있으며 각각 금기가 있다.

② 日忌

54조로 이루어져 있다. 干支에 따라 날짜를 기록하고 매일, 방위, 時辰의 좋고 나쁨, 하는 일의 성패, 喜樂哀喪의 유무를 기술하고 있으며, 出門遠行, 伐樹, 家畜의 사육 등과 관련된 금기를 기록하고 있다.

③ 月忌

10조로 이루어져 있다. 宮室, 房屋의 건축 등과 관련된 금기를 기록하고 있다. 내용상으로 보면 본 장은 官方의 비교적 대규모 활동 위주이므로 전문적인 "官忌"에 들어가는 것으로 볼 수 있다.

④ 五種忌

2조로 이루어져 있다. 사계절 농작물 파종시에 주의할 사항을 전문적으로 기록하고 있다.

⑤ 入官忌

2조로 이루어져 있다. 위정자의 入官할 날짜와 時辰을 기록하고 있다.

⑥ 天官書

9조로 이루어져 있다. 28宿의 순서 및 매월의 分度를 기록하고 있다.

⑦ 五行書

6조로 이루어져 있다. 五行의 상호 생성 순서를 기록하고 있다.

⑧ 律書

29조로 이루어져 있다. 五行, 五音, 陽六律, 陰六呂 및 變六十律 相生의 법과 律數를 기록하고 있다.

⑨ 巫醫

59조로 이루어져 있다. 巫卜의 問病과 관련된 여러 설을 기록하고 있다.

⑩ 占卦

122조로 이루어져 있다. 60律로서 점괘를 점치는 구체적인 내용을 기록하고 있다. 또한 매 괘의 좋고 나쁨을 상세히 기술하고 있다.

⑪ 牝牡月

20조로 이루어져 있다. 즉 牝牡月의 구분과 각각의 월마다 어떤 활동에 종사할 수 있는지에 관한 조문이다.

⑫ 晝夜長短表

25조로 이루어져 있다. 1년 12개월 중 매월의 낮과 밤의 長短과 時差를 기록하고 있다.

⑬ 四時啻

22조로 이루어져 있다. 사계절의 築室, 殺牲, 開地穿井, 伐木, 種植 등 활동에 있어 반드시 택해야 하는 월을 기록하고 있다.

3) 墓主記(志怪故事)

모두 8매로 이루어져 있으며 편장의 구분은 없다. 내용은 丹이라고 하는 사람이 다른 사람을 상해하여 棄市에 처해졌으나 죽은 뒤 부활한 것, 그리고 丹의 과거 경력과 죽지 않을 수 있었던 원인을 기록하고 있다. 丹은 "邦守"로 기록되어 있는데, 邦는 秦武公 10년에 縣이 설치된 곳으로서 통일 이후의 隴西郡 上邦縣이다. 丞, 守는 邦縣의 장관으로 볼 수 있다. 여기에 나오는 丹을 방마탄 1호진묘의 묘주로 볼 수 있지만, 묘장의 규모로 보아 縣令이나 縣丞의 묘로 볼 수는 없다.

이 죽간은 御史에게 올리는 "謁書"로 되어 있지만, 死者의 부활과 같은 미신적인 요소로 인해 꾸며낸 이야기로 볼 수 있어서 정식 도판과 석문이 출간될 때는 "墓主記"가 아닌 "志怪故事"로 편명이 수정되었다.

4) 地圖

천수 방마탄 1호진묘에서는 4매의 목판에 그려진 7폭의 고지도가 발견되었다. 함께 출토된 일서 등 죽간의 기년과 부장품의 특징 등에 근거하면 이들 지도의 연대 또한 진시황 8년(B.C.239)으로 추정할 수 있다. 이 연대가 맞다면 지금까지 알려진 지도 중 가장 이른 시기의 고지도이다. 지도 목판은 곽 내부의 머리부분에서 발견되었다. 출토 당시에 완전히 물에 잠긴 상태였지만 목판이 비교적 두꺼웠기 때문에 썩지 않고 거의 완정한 상태였다. 7폭의 지도는 묵을 사용해 4매의 목판에 그려졌는데, 그중 3매의 목판은 양면에 지도가 있었고, 1매의 목판은 한 면에만 지도가 있었는데, 이 지도는 완성되지 않은 상태였다. 지도 목판의 길이는 26㎝, 너비 15~18㎝, 두께 1.1㎝ 정도였다. 지도에는 산맥, 水系 등이 그려져 있고 지도 곳곳에 지명이 쓰여져 있었다. 쓰여진 지명 중 "邽丘" 두 자의 크기가 다른 것들보다 조금 큰데 이는 이 지도가 전국 말기 진 邽縣(현 天水市 北道丘, 秦城區, 秦安縣, 淸水縣)의 행정구역도, 지형도, 경제개황도임을 보여준다.

간독자료는 아니지만 천수 방마탄 5호한묘에서는 지도 잔편이 발굴되었다. 이 고지도는 관 내부 묘주 시신의 흉부에서 발견되었는데 오랜 기간동안 물 속에 잠겨있었기 때문에 굉장히 물러진 상태로 발견되었다. 지도가 그려진 종이는 황색을 띠고 있었으며, 가는 묵선으로 산, 하류, 도로 등의 형태가 그려져 있었다. 이 지도는 장사 마왕퇴한묘에서 출토된 帛圖와 유사한 모습을 띠고 있다. 이 지도 잔편의 길이는 5.6㎝, 너비 2.6㎝였다.

천수 방마탄 1호진묘에서 발굴된 진간독은 다양한 측면에서 그 가치와 의의를 찾을 수 있다. 방마탄 지역은 편벽한 곳에 위치하고 있으며, 이 발굴이 이루어지기 전까지 고대 유적이나 문물이 거의 발견되지 않았던 지역이다. 하지만 진의 故地라고 할 수 있는 이 지역에서 일서 및 고지도를 중심으로 한 다량의 간독자료가 출토됨으로써 진대사 연구의 진전에 큰 역할을 하였다. 방마탄진간의 중심 내용은 갑종과 을종 두 종류의 일서이지만, 이는 당시의 占卜 및 시일금기 등에 관한 내용뿐 아니라 당시 일반 백성들의 생활상, 경제활동의 양상을 이해하고, 고대의 時制, 천문학, 의학의 발달 정도를 가늠할 수 있게 해주는 중요 자료이다. 특히 1975년 발굴된 수호지진간 일서와 비슷한 내용과 분량의 일서 자료가 추가로 발굴되었다는 점에서 중요한 의미를 지니고 있다. 특히 수호지진간 일서가 구 楚지역인 남방지역의 특징을 잘 보여주는 일서라고 한다면 방마탄진간 일서는 진 故地 지역이자 서북방지역의 특징을 잘 보여주는 일서이기 때문에 두 자료의 비교를 통해 남방지역과 북방지역의 문화적 차이도 어느 정도 가늠할 수 있게 되었다. 일서와 함께 발견된 고지도는 당시 이 지역의 지형, 행정구획 등을 잘 보여줘서 진대 지방행정제도를 이해하는데도 일정한 도움을 준다.

　방마탄진간은 수호지진간이 출토된지 10여년 만에 출토된 진대 간독으로 발굴보고와 그 석문이 상당히 빠르게 공개되었다. 1989년 甘肅省文物考古硏究所와 天水市北道區文化館이 함께 저술한 발굴보고서인 「甘肅天水放馬灘戰國秦漢墓群的發掘」(1989)이 발표되었고, 이와 함께 방마탄진간 1호묘 출토 죽간 및 목독의 내용에 대한 소개인 何雙全의 「天水放馬灘秦簡綜述」(1989) 및 「天水放馬灘秦墓出土地圖初探」(1989)이 발굴보고와 함께 발표되었다. 1989년의 『秦漢簡牘論文集』(甘肅人民出版社)에는 방마탄진간 일서 갑종의 석문이 공개되었고, 2008년에는 『天水放馬灘秦簡』이 출판되어 방마탄 1호진묘 출토 죽간과 목독의 전체 도판과 석문이 공개되었다. 또한 2014년에 출간된 『秦簡牘合集』(肆)에서는 적외선 사진과 함께 석문을 수록하였다.

4. 참고문헌

　甘肅省文物考古硏究所·天水市北道區文化館, 「甘肅天水放馬灘戰國秦漢墓群的發掘」, 『文物』 1989-2.

　何雙全, 「天水放馬灘秦簡綜述」, 『文物』 1989-2.

　何雙全, 「天水放馬灘秦墓出土地圖初探」, 『文物』 1989-2.

　甘肅省文物考古硏究所 編, 『天水放馬灘秦簡』, 中華書局, 2008.

駢宇騫·段書安 編著,『二十世紀出土簡帛綜述』, 文物出版社, 2006.
陳偉 主編,『秦簡牘合集』(肆), 武漢大學出版社, 2014.

III

한대漢代 목간

1. 감숙성·신강위구르자치구·내몽골자치구 출토 한간 甘肅省·新疆維吾爾自治區·內蒙古自治區

[돈황 한간敦煌 漢簡]

　　중국의 서북지역에 위치한 甘肅省은 지형적으로 황토고원, 몽고고원과 靑藏고원이 만나는 지역에 해당한다. 감숙성 서북부에 위치한 敦煌은 중국 고대의 中原 지역에서 西域으로 나아가는 길목이자, 중국 내지와 서역의 경계선에 해당하는 지역이다. 따라서 고대로부터 이 지역은 중국과 중앙아시아를 연결하는 교통의 요충지이자 여러 민족들이 교류·융합 혹은 반목·대립한 지역이기도 하다. 중국이 이 지역을 차지하게 된 것은 漢 武帝 중기 무렵(B.C.1세기)이다. 당시 이 지역에서 흉노를 공격해 몰아낸 한은, 중국과 서역을 연결시키고 흉노와 羌胡의 연계를 끊기 위해 지금의 감숙성 지역, 즉 동으로 天水부터 서로 돈황에 이르기까지 군현을 설치하고 내지에서 모집한 이민자를 파견해 전답을 개간하게 하는 한편 변경의 방어 요새와 봉화대를 건설하고 戍卒들을 주둔시켜 이 지역을 중국의 일부로 만들고자 하였다. 흉노가 약화된 후 이 지역을 통해 수 많은 중국과 서역의 상인들이 왕래하며 교역을 진행하였고, 서역의 사신이나 중국의 관리 및 군인들이 이 지역을 오가기도 하였다. 敦煌漢簡은 바로 전한 중기 무렵부터 돈황 인근에 설치된 변경 봉수유지 등에서 채집, 출토된 한대 간독자료를 일컫는 것이다. 사실 돈황 한간은 지금의 돈황시 경내에서만 나온 것은 아니다. 돈황을 비롯해 인근 嘉峪關市, 酒泉市, 玉門市 경내 漢代 邊塞유지에서 출토된 간독을 아울러 "敦煌漢簡"으로 부른다.

　　돈황한간이 처음 출토된 것은 20세기 초 영국의 고고학자인 마크 오렐 스타인(Mark Aurel Stein)이 이끄는 중앙아시아 탐험대에 의해서였다. 1907년 스타인의 제2차 중앙아시아 탐험 당시 중국 감숙성 돈황 북쪽 疏勒河 유역의 한대 봉수유지에서 700여 매의 漢簡을 발견한 이후 근 100여 년간 10여 차례 이상에 걸쳐 이 지역 주변에서 계속해서 한대 간독이 발굴되었다. 일반적으로 이들 간독자료를 아울러 "돈황한간"이라고 하였는데, 이는 다른 간독과 달리 어느 특정한 시기 하나의 지점에서 발굴된 간독이 아니며, 오랜 기간에 걸쳐 돈황 인근 다양한 지점에서 출토된 간독을 통틀어 일컫는 말이다. 원칙적으로는 이 간독들의 이름을 발굴이 이루어진 특정 시기 및 장소별로 나누어 명명해야 하지만, 그 대부분이 현재의 감숙성 돈황시 인근 한대 봉수유지에서 출토되었고, 성격과 내용이 모두 비슷하기 때문에 이를 구분하지 않고 "돈황한간"이라는 명칭으로 부르고 있다. 본장에서는 1991년 출판된 『敦煌漢簡』에 포함된 간독을 각각의 출토 시기, 출토 지점, 출토 기관별로 구분하여 소개하고자 한다. 1991년 이후에도 이 지역에서는 계속해서 한대 간독이 출토되었지만, 이들 간독은 2019년 『玉門關漢簡』이란 이름으로 출간되었기 때문에 1991년 출판된 『敦煌漢簡』에 포함된 간독을 "돈황한간"이란 제목 하에 소개하며, 이후 이 지역에서 출토된 한간 간독은 "옥문관한간"이란 제목 하에 소개하고자 한다.

또한 1987년 발견된 이후 1990년부터 1992년까지 대대적인 발굴이 이루어진 懸泉置 유지에서도 대량의 간독이 출토되었다. 懸泉置 유지 역시 돈황시 경내에 포함되기 때문에 돈황한간에 포함된다고 할 수 있지만, 이 간독은 2019년 『懸泉漢簡』이라는 서명으로 출간되었기 때문에 "현천한간"이라는 제목 하에 따로 소개할 것이다.

돈황한간은 1907년부터 2008년까지 거의 100여년 간에 걸쳐 돈황 인근 한대 봉수유지를 중심으로 계속해서 발견되고 있는 한대 간독으로서 중국 간독학에 있어 중요한 의의를 지니고 있다. 돈황한간은 전체 간독 중 핵심이 되는 한대 간독으로는 최초로 발굴된 것이고, 돈황한간의 발견으로 인해 간독학의 시대가 열렸다고 해도 과언이 아니다. 뿐만 아니라 돈황한간은 한대 변경지역의 군사제도 및 역사적 사실을 연구하는데 상당한 자료적 가치를 지니고 있다. 한대의 돈황 지역은 제국의 서쪽 끝이자, 서역으로 향하는 출발점이기도 했으므로, 돈황한간은 한제국이 어떻게 서쪽 변경지역을 관할하고, 국경지역을 방어했는지 생생하게 보여주는 중요한 실물 자료이다. 또한 居延漢簡과 함께 한대 변경지역의 都尉府-候官-隧 등 각급 군사기구의 배치 및 운영상황을 잘 보여주는 자료이며, 변경지역의 문서이기는 하지만 전한 중후기 이후 후한 말까지의 관문서를 대량으로 포함하고 있다는 점에서 한제국 전체의 문서행정을 비롯한 통치체제를 파악하는 데에도 중요한 자료가 되고 있다.

하지만 20세기 초 출토된 돈황한간의 경우 분명한 한계도 있다. 돈황한간은 중국이 대내외적으로 혼란한 시기인 20세기 초 외국학자에 의해 최초로 발견되었기 때문에 간독의 보존처리와 석독 등에 한계가 있을 수밖에 없었고, 간독이 발굴된 정확한 지점에 대한 보고 역시 제대로 이루어지지 못했다. 또한 자료가 공개될 때에도 도판이나 석문의 일부가 공개되지 못하는 경우도 있었다. 또한 돈황 인근 지역에서 발굴된 간독까지 통틀어 '돈황한간'이라 칭하는 등 簡名 사용에도 일정한 한계가 있다. 이러한 한계는 1949년 이후 발굴된 간독에서도 찾아볼 수 있다. 예컨대 동일한 봉수유지에서 몇 차례에 걸쳐 조사가 이루어지고, 서로 다른 기관에 의해 간독이 발견되면서 각 간독의 발굴시기, 출토지점 및 매수의 기록에 혼동이 생겼고 간독이 발견된 봉수유지의 편호가 불일치하는 경우도 있었다. 또한 여러 차례에 걸쳐 석문의 출간이 이루어지면서 석독 내용이 상당히 달라진다던가, 간독의 편호가 통일된 형식으로 부여되지 못한 한계도 있다.

1907년부터 십 수차례에 걸쳐 돈황 인근지역에서 발견된 한간을 통틀어 정리한 것은 1991년 출간된 『敦煌漢簡釋文』(甘肅省文物考古研究所 編, 甘肅人民出版社)과 『敦煌漢簡』(甘肅省文物考古研究所 編, 中華書局)이었다. 또한 여기에 수록되지 못한 簡을 일부 포함해 돈황한간을 전체적으로 다시 정리한 것은 2001년 출간된 『中國簡牘集成[標註本]』(第3冊 甘肅省 卷上, 第4冊 甘肅省 卷下)(中國簡牘集成編輯委員會 編, 敦煌文藝出版社)이었다. 한편 2019년 출간된 『玉門關漢簡』(張德芳, 石明秀 主編, 中西書局)에는 1990년 이후 돈황지역에서 발굴된 한대 간독과 함께 『敦煌漢簡釋文』, 『敦煌漢簡』, 『中國簡牘集成[標註本]』(第3冊, 第4冊)에 빠진 간독의 도판과 석문이 수록되었다. 이 『玉門關漢簡』에 수록된 돈황한간에 대해서는 "옥문관한간" 항목을 참고하기 바란다.

돈황 한간(1907)

[스타인 제2차 중앙아시아 탐험 채집 한간]

1. **출토지** : 감숙성 돈황시 疏勒河 유역 한대 봉수유지

2. **개요**

    1) 발굴기간 : 1907년

    2) 발굴기관 : 오렐 스타인 중앙아시아 탐험대

    3) 유적종류 : 봉수유적

    4) 시대 : 한대

    5) 시기 : 기원전 1세기~기원후 2세기

    6) 출토상황 : 1906년 4월 영국의 고고학자인 마크 오렐 스타인은 제2차 중앙아시아 탐험을 시작하여 1906년 10월에 1차 탐험기간 동안 들렀던 尼雅유지에 도착했고, 12월에는 樓欄유지에 도착하여 많은 수의 고문서들을 수집하였다. 탐험대는 1907년 2월 누란을 떠나 돈황으로 향했고, 돈황 북쪽의 소륵하 유역 한대 邊塞 봉수유지에서 708매(혹자는 704매 혹은 705매로 정리)의 한대 목간을 발견하였다. 목간이 발견된 지점들은 한대 敦煌郡 玉門都尉, 中部都尉, 宜禾都尉에 속한 변새 봉수유지로 볼 수 있다. 이 중에서 紀年이 기록된 簡은 166매인데, 기년이 가장 이른 것은 전한 무제 天漢3년(B.C.98)이었고, 가장 늦은 것은 후한 순제 永和2년(A.D.137)이었다. 스타인이 획득한 이 간독은 프랑스 漢學者인 에두아르 샤반느(Edouard Chavannes)에 의해 도판과 석문이 소개되었고(Les documents chinois decouverts par Aurel stein dans sable du Turkestan Oriental, 1vol. Oxford, 1913), 중국의 羅振玉과 王國維가 샤반느가 공개한 도판에 근거해 『流沙墜簡』(日本 東山學社, 1914)을 발표하였다. 19세기 말, 20세기 초에 걸쳐 스벤 헤딘(Sven Hedin)이나 스타인 등이 누란이나 니야에서 晉代 簡牘을 획득하기도 했지만, 1907년 스타인이 수집한 이 간독은 한대 간독 중 거의 최초로 발굴된

것으로서 간독학 연구의 시대를 여는 획기적인 역할을 하였다.

3. 내용

스타인이 중앙아시아 제2차 탐험 당시 돈황 인근 한대 변새유지에서 발견한 간독은 대부분 전한 중기부터 후한 중후기까지 한 변경 봉수유지에서 사용한 일상행정 및 군사, 屯戌 관련 官文書이다. 또한 개인 기록물, 〈倉頡篇〉, 〈急就篇〉 등의 小學書 및 日書, 方技書 등도 일부 포함되어 있다. 이들 간독에는 紀年이 적혀 있는 간이 적지 않고, 돈황 인근에 설치된 봉수의 명칭 등도 많이 보인다. 또한 1567簡은 10干, 12支 명칭이 반복해서 기록되어 있어 흥미를 끈다. 日干支가 서술되어 있는 중간 부분에 "建", "秋分", "冬至" 등이 적혀 있는 간이 상당수 포함되어 있어 당시의 日書 및 曆法의 연구에도 큰 도움이 된다. 한편 2170簡의 경우 九九表의 일부가 기록되어 있어, 당시 사용된 구구표의 형식을 파악하는데 활용되고 있다.

4. 참고문헌

林海村·李均明 編,『疏勒河流域出土漢簡』, 文物出版社, 1984.

大庭脩 著,『大英圖書館藏敦煌漢簡』, 同朋舍, 1990.

甘肅省文物考古研究所 編,『敦煌漢簡釋文』, 甘肅人民出版社, 1991.

甘肅省文物考古研究所 編,『敦煌漢簡』, 中華書局, 1991.

中國簡牘集成編輯委員會 編,『中國簡牘集成[標註本]』(第3冊 甘肅省 卷上, 第4冊 甘肅省 卷下), 敦煌文藝出版社, 2001.

汪濤·胡平生·吳芳思 編,『英國國家圖書館藏斯坦因所獲未刊漢文簡牘』, 上海辭書出版社, 2007.

駢宇騫·段書安 編著,『二十世紀出土簡帛綜述』, 文物出版社, 2006.

돈황 한간(1913~1915)

[스타인 제3차 중앙아시아 탐험 채집 한간]

1. **출토지** : 감숙성 돈황시 인근 소륵하 유역 한대 봉수유지

2. **개요**

   1) 발굴기간 : 1913~1915년

   2) 발굴기관 : 오렐 스타인 중앙아시아 탐험대

   3) 유적종류 : 봉수유적

   4) 시대 : 한대

   5) 시기 : 기원전 1세기~기원후 2세기

   6) 출토상황 : 1913년 스타인은 제3차 중앙아시아 탐험을 시작하여 1914년 3월, 돈황 북쪽 한대 변새 유지에 다시 도착하여 제2차 탐험 시 고찰하지 못한 지역에 대한 보충조사와 발굴을 진행하였다. 그 결과 한대 敦煌郡 中部都尉, 宜禾都尉, 玉門都尉에 속한 지역에서 84매의 한대 목간을 발굴하였고, 한대 酒泉郡 西部都尉와 北部都尉, 東部都尉에 속한 지역에서 105매의 한대 목간을 발굴하였다. 이 간독의 발굴지는 현 돈황시 뿐만 아니라 安西縣, 玉門市, 金塔縣 등지에 걸쳐있어 혹자는 돈황 외 주천지역에서 발굴된 간독을 "酒泉漢簡"이라고 칭하기도 했지만, 일반적으로는 이들 간독을 통틀어 "돈황한간"으로 칭한다. 이 간독사료는 샤반느의 제자인 마스페로(Henry Maspero)에 의해 정리되었고, 그 결과는 마스페로 사망 10년 후인 1953년 출판되었다(Les Documents Chinois de la Troisieme Expedition de sir Aurel Stein en Asie centrale, 1vol, London, 1953). 한편 중국학자 張鳳은 프랑스 유학시에 마스페로로부터 얻은 간독 도판과 출토지점 편호를 가지고 1931년 『漢晉西陲木簡匯編』(有正書局, 上海, 1931)을 출판하였는데, 이 책에는 마스페로의 저서에는 없던 원간의 도판이 일부 수록되어 있다.

   스타인이 제2차 및 제3차 중앙아시아 탐험에서 발굴한 돈황한간의 경우 각각 샤반느와 마스

페로에 의해 도판과 석문이 소개되었고, 중국학자인 羅振玉과 張鳳 등도 일부 도판과 석문을 발표하였지만 발굴된 모든 簡의 도판이 공개되지 않았고 석문 역시 부정확한 부분도 상당수 있었다. 그리고 이들 간독이 발굴된 지점의 편호 역시 상당히 혼란스럽게 되어 있었다. 1984년 林海村, 李均明은 스타인이 제2차, 제3차 중앙아시아 탐험에서 간독을 발굴한 지점을 새롭게 배열하고, 여기어 夏鼐 등이 1944년 돈황 일대에서 발굴한 44매의 한간을 포함한 951매 간독의 석문을 일부 수정해 발표하였다(『疏勒河流域出土漢簡』, 1984). 1990년에는 일본학자 大庭脩가 영국국가도서관에 수장된 간독에 대한 정리 연구를 진행하여 샤반느와 마스페로의 저서에는 포함되지 않았던 300여 매 목간 도판을 추가해 簡文에 대한 考釋과 함께 발표하였다(『大英圖書館藏敦煌漢簡』, 1990). 또한 1991년 편찬된 『敦煌漢簡釋文』과 『敦煌漢簡』, 2001년 출간된 『中國簡牘集成[標註本]』(第3冊 甘肅省 卷上)에도 수록되었다. 한편 영국국가도서관에는 스타인이 수집한 간독 중 소개되지 않은 목간 잔편[削衣]들이 약 2,842점 소장되어 있는데, 이는 2007년 출판 소개되었다(『英國國家圖書館藏斯坦因所獲未刊漢文簡牘』, 2007).

스타인이 제2차 및 제3차 중앙아시아 탐험에서 발굴한 돈황한간은 당초 영국 런던의 대영박물관에 보관되었으며, 그의 탐험이 당시 인도 식민지 정부의 후원을 받았기 때문에 일부 간독은 인도로 보내져 뉴델리의 인도국가박물관에 소장되어 있다. 1970년대 영국 의회가 대영박물관 내부 도서관을 분설해 영국국가도서관을 설립하기로 결정하면서, 현재 스타인이 발굴한 대부분의 돈황한간은 영국국가도서관 지하 서고에 수장되어 있다.

3. 내용

스타인이 중앙아시아 제3차 탐험 당시 돈황 인근 한대 변새유지에서 발견한 간독 역시 상당부분은 전한 무제기부터 후한대까지 한 변경 봉수유지에서 사용한 일상행정 및 군사, 屯戌 관련 官文書이다. 하지만 私信으로 보이는 개인 기록물이나 28宿의 명칭 등을 배열한 數術類 문서도 다수 보인다. 특히 2367簡의 정면에는 某月의 길한 방향 및 日干支 등을 기록하고 있어 전형적인 日書類 문서로 볼 수 있고, 2257簡은 서북지역 한간 중 일부 간에 산견되는 "塞上烽火品約"簡이어서 관련 분야 연구에 활용되고 있다.

4. 참고문헌

林海村·李均明 編,『疏勒河流域出土漢簡』, 文物出版社, 1984.

大庭脩 著,『大英圖書館藏敦煌漢簡』, 同朋舍, 1990.

甘肅省文物考古研究所 編,『敦煌漢簡釋文』, 甘肅人民出版社, 1991.

甘肅省文物考古研究所 編,『敦煌漢簡』, 中華書局, 1991.

中國簡牘集成編輯委員會 編,『中國簡牘集成[標註本]』(第3冊 甘肅省 卷上, 第4冊 甘肅省 卷下), 敦煌文藝出版社, 2001.

汪濤·胡平生·吳芳思 主編,『英國國家圖書館藏斯坦因所獲未刊漢文簡牘』, 上海辭書出版社, 2007.

騈宇騫·段書安 編著,『二十世紀出土簡帛綜述』, 文物出版社, 2006.

돈황 한간(1920)

[소방반성 주병남 채집 한간小方盤城 周炳南 採集 漢簡]

1. **출토지** : 감숙성 돈황시 소방반성 유지

2. **개요**

   1) 발굴기간 : 1920년

   2) 발굴기관 : 周炳南(개인)

   3) 유적종류 : 봉수유적

   4) 시대 : 한대

   5) 시기 : 1세기~3세기

   6) **출토상황** : 1920년 주병남이라는 사람이 돈황 玉門關 小方盤城 모래더미에서 17매의 목간을 발견하였다. 다만 주병남은 대체적인 출토지만을 밝혔을 뿐 구체적인 출토 지점 및 위치는 설명하지 않아 잘 알 수 없다. 17매의 목간 중 1매만이 완전한 형태의 간이며 나머지는 잔간이다. 완전한 형태의 산의 길이는 23㎝, 너비 1㎝이다. 목간은 소나무로 만들어졌으며, 후한대 이후의 屯戍 관련 기록을 담고 있다. 서체를 통해 볼 때 1433, 1447簡은 후한대 간독으로 추정되며, 나머지는 모두 晉代 간독으로 추정할 수 있다. 이 간독은 1990년 『散見簡牘合輯』에 수록된 데 이어, 이후 1991년 편찬된 『敦煌漢簡釋文』과 『敦煌漢簡』, 2001년 출간된 『中國簡牘集成[標註本]』(第4冊 甘肅省 卷下)에도 수록되었다. 현재 이 간독은 敦煌研究院에 보관되어 있다.

3. **내용**

   1920년 주병남이 돈황 小方盤城에서 발견한 이 17매 간독은 대부분 後漢~晉代 戍卒의 屯戍와 관련된 기사이다.

4. 참고문헌

李均明, 何雙全 合編, 『散見簡牘合輯』, 文物出版社, 1990.

甘肅省文物考古研究所 編, 『敦煌漢簡釋文』, 甘肅人民出版社, 1991.

甘肅省文物考古研究所 編, 『敦煌漢簡』, 中華書局, 1991.

中國簡牘集成編輯委員會 編, 『中國簡牘集成[標註本]』(第3冊 甘肅省 卷上, 第4冊 甘肅省 卷下),
敦煌文藝出版社, 2001.

騈宇騫, 段書安 編著, 『二十世紀出土簡帛綜述』, 文物出版社, 2006.

돈황 한간(1944)

[소방반성 하내 채집 한간小方盤城 夏鼐 採集 漢簡]

1. **출토지** : 감숙성 돈황시 소방반성 유지

2. **개요**

   1) 발굴기간 : 1944년

   2) 발굴기관 : 서북과학고찰단

   3) 유적종류 : 봉수유적

   4) 시대 : 한대

   5) 시기 : 기원전 1세기~기원후 2세기

   6) 출토상황 : 1944년 당시의 中央博物館, 中央硏究院, 北京大學文科硏究所가 공동으로 西北科學考察團을 조직하여 甘肅 河西지구에 대한 고고조사를 실시하였다. 11월 夏鼐와 閻文儒가 돈황 소방반성 동쪽 한대 변새유지를 고찰하면서 한간 49매를 발굴하였다. 여기서 발굴한 간독에 대한 考釋은 하내의 「新獲之敦煌漢簡」(『中央硏究院歷史語言硏究所輯刊』第19本, 1948)에 발표되었고, 비교적 상세한 유지 고찰과 간독의 발굴정황은 1953년 염문유가 편찬한 『河西考古雜記』에 소개되었다. 또한 이 간독은 이전 스타인이 발굴한 돈황한간과 함께 林海村, 李均明이 편찬한 『疏勒河流域出土漢簡』(1984)에 수록되었고, 이후 1991년 편찬된 『敦煌漢簡釋文』과 『敦煌漢簡』, 2001년 출간된 『中國簡牘集成[標註本]』(第4冊 甘肅省 卷下)에도 수록되었다. 한편 1998년 대만에서 출간된 『居延漢簡補編』(簡牘整理小組 編, 中央硏究院歷史語言硏究所)에는 기존 無字簡으로 처리된 미발표간을 비롯한 전체 76매의 간독 석문이 수록되어 있다. 현재 이 간독은 대만의 臺北圖書館에 수장되어 있다.

3. 내용

1944년 서북과학고찰단 단원 하내와 염문유가 돈황 소방반성에서 발견한 이 49매 간독은 대부분 전한~후한대 戍卒의 屯戍와 관련된 관문서이다.

4. 참고문헌

林海村·李均明 編, 『疏勒河流域出土漢簡』, 文物出版社, 1984.

甘肅省文物考古研究所 編, 『敦煌漢簡釋文』, 甘肅人民出版社, 1991.

甘肅省文物考古研究所 編, 『敦煌漢簡』, 中華書局, 1991.

中國簡牘集成編輯委員會 編, 『中國簡牘集成[標註本]』(第3冊 甘肅省 卷上, 第4冊 甘肅省 卷下), 敦煌文藝出版社, 2001.

駢宇騫·段書安 編著, 『二十世紀出土簡帛綜述』, 文物出版社, 2006.

돈황 한간(1979)

[옥문 화해 한간玉門 花海 漢簡]

1. 출토지 : 감숙성 玉門市 花海鄕 柴墩子 南墩 봉수유지

2. 개요

   1) 발굴기간 : 1977년

   2) 발굴기관 : 嘉峪關市文物保管所

   3) 유적종류 : 봉수유적

   4) 시대 : 한대

   5) 시기 : 기원전 1세기~기원후 2세기

   6) 출토상황 : 1977년 8월 酒泉鋼鐵公司 鋼鐵硏究所 직공이 玉門市 花海鄕 鎭所 북쪽 약 30㎞ 지점 한대 봉수유지(柴墩子南墩烽燧遺址, 편호 : T44a,Y28)에서 1매의 죽간을 발견하였다. 이에 嘉峪關市文物保管所는 사람을 보내어 이 지역을 조사하게 하였는데 그 결과 목간 93매와 無字簡 12매를 발굴하였다. 이 간독의 경우 돈황지역이 아닌 옥문시 경내에서 발굴되었기 때문에 "玉門漢簡"으로 칭하기도 하지만, 돈황에서 발굴된 다른 간독들과 함께 1991년 출간된 『敦煌漢簡』에 수록되었기 때문에 일반적으로는 돈황한간의 일종으로 간주한다. 이 간독은 嘉峪關市文物保管所 編「玉門花海漢代烽燧遺址出土的簡牘」(『漢簡硏究文集』, 甘肅人民出版社, 1984)에 처음으로 소개되었고, 이후 1991년 편찬된 『敦煌漢簡釋文』과 『敦煌漢簡』, 2001년 출간된 『中國簡牘集成[標註本]』(第4冊 甘肅省 卷下)에도 수록되었다. 원간은 현재 嘉峪關市博物館에 수장되어 있다.

3. 내용

1977년 玉門市 花海鄕 柴墩子南墩 봉수유지에서 발견된 목간 93매는 대부분 위, 아래가 잘

린 잔간이지만 일부 완전한 형태의 간도 보인다. 대부분 간의 내용은 한대 酒泉郡 北部都尉의 관문서로서 詔書 및 簿籍 등이지만 干支表, 서신 및 〈倉頡篇〉 字書도 보인다. 또한 7면 木觚 1매가 발견되었다. 觚의 형태는 원형에 가깝고 길이는 37㎝이다. 木觚의 내용은 전반부와 후반부로 구분되는데 전반부 133자에는 詔書의 일부 내용이 수록되었고, 후반부 79자는 書信이 수록되었다. 전반부와 후반부 내용은 무관하다.

4. 참고문헌

甘肅省文物考古研究所 編, 『敦煌漢簡釋文』, 甘肅人民出版社, 1991.

甘肅省文物考古研究所 編, 『敦煌漢簡』, 中華書局, 1991.

中國簡牘集成編輯委員會 編, 『中國簡牘集成[標註本]』(第3冊 甘肅省 卷上, 第4冊 甘肅省 卷下), 敦煌文藝出版社, 2001.

駢宇騫·段書安 編著, 『二十世紀出土簡帛綜述』, 文物出版社, 2006.

돈황 한간(1979)

[마권만 한간馬圈灣 漢簡]

1. 출토지 : 감숙성 돈황시 마권만 봉수유지

2. 개요

1) 발굴기간 : 1979년

2) 발굴기관 : 甘肅省博物館文物隊(현 文物考古研究所), 敦煌縣文化館

3) 유적종류 : 봉수유적

4) 시대 : 한대

5) 시기 : 기원전 1세기~기원후 1세기

6) 출토상황 : 1979년 6월 甘肅省博物館文物隊(현 文物考古研究所)와 敦煌縣文化館은 漢代長城調査組를 조직하여 한대 변새 봉수유지를 조사하던 중 小方盤城 서쪽 11㎞ 지점, 後坑 동쪽 2.7㎞ 지점, 疏勒河 남쪽 8㎞ 지점의 馬圈灣에서 스타인이 빠뜨린 봉수유지를 발견하였다. 1979년 9월 16일부터 감숙성박물관은 이 지역에 대한 발굴조사를 진행하였고, 약 20여 일에 걸쳐 1,217매의 간독을 발굴하였는데, 이 발굴은 돈황 한대 봉수유지에서 행해진 최초의 과학적 고고발굴조사였고, 여기서 발굴된 간독의 수는 돈황한간 중 가장 많다.

마권만 봉수유지의 동쪽은 鹽池灣 호숫가 모래톱이고, 서쪽은 마권만 호숫가 모래톱으로서, 한대 변새는 염지만을 지나 마권만으로 들어가며, 이어서 後坑으로 올라간다. 마권만 봉수유지는 변새 안쪽 3m 지점의 평탄한 지대 위에 있었다. 1907년 스타인은 그의 2차 중앙아시아 탐험에서 이 지역을 지나가며, 후갱유지에 T11이란 편호를 붙였고, 마권만 동쪽 염지만 봉수유지에 T12a, 그 동쪽의 墩子灣 봉수유지에 T12의 편호를 부여하였다. 1914년 스타인은 이 지역을 다시 방문하여 2차 조사에서 빠뜨린 지역에 대한 보충조사와 발굴을 진행하였지만, 마권만 봉수유지는 발견하지 못하였다. 1979년 6월 7일 甘肅省文物工作隊는 마권만 호숫가 모래톱 동쪽

〈敦煌馬圈灣漢簡(敦煌馬圈灣漢簡集釋 彩版轉載)〉

고비주랑 한대 변새 인근에서 원형의 모래언덕을 발견하였는데, 그 직경은 15m, 높이는 3.5m 정도였다. 이 모래언덕 서남쪽 지표층 아래 잡초 중에서 한대 간독 수 매를 발견함으로써 이 지점이 한대의 봉수유지였음을 확인할 수 있었다. 工作隊는 이 지점에 D21이란 편호를 부여하였고, 이와 함께 스타인이 T11로 지정한 후갱 봉수유지에 D20, 스타인이 T12a로 지정한 염지만 봉수유지에 D22의 편호를 부여하였다. 공작대는 9월 16일부터 가로세로 10m의 探方 19개를 파고 20일간 발굴작업을 진행하여 1,217매의 간독을 발굴하였다.

마권만 봉수유지에서 발굴된 1,217매 간독은 대부분 목간이고, 죽간은 16매로 소수에 불과했다. 간독의 형태는 簡, 牘, 符, 觚, 簽, 封檢, 削衣 등 다양한데, 일반적인 완전한 형태의 간은 길이 23.3㎝, 너비 0.8㎝ 정도였다. 전체 간독 중 紀年이 기록된 간은 63매였는데, 시기가 가장 빠른 紀年은 전한 宣帝 本始3년(B.C.71)이고, 가장 늦은 것은 新 王莽 始建國 地皇2년(A.D.21)이었다. 간독은 이미 흩어져 편철이 쉽지 않았고, 소수의 간독만이 하나의 卷冊으로 복원될 수 있었다. 내용은 詔書, 奏書, 記, 檄, 律令, 爰書, 契券, 簿籍, 封檢, 楬, 曆譜, 數術, 方技, 九九算術書, 醫藥, 字書류 등 다양한 문서를 포함하고 있었다.

마권만유지 간독의 출토 정황은 甘肅省博物館, 敦煌縣文化館 合編「敦煌馬圈灣漢代烽燧遺址發掘簡譜」(『漢簡硏究文集』, 甘肅人民出版社, 1984)에 소개되었고, 간독의 석문과 도판 등은 1991년 편찬된 『敦煌漢簡釋文』과 『敦煌漢簡』, 2001년 출간된 『中國簡牘集成[標註本]』(第3冊

甘肅省 卷上)에 수록되었다. 2013년에는 敦煌馬圈灣漢簡의 적외선 사진본 및 석문의 자세한 集釋을 수록한 『敦煌馬圈灣漢簡集釋』이 출간되었다. 원간은 현재 甘肅省文物考古研究所에 수장되어 있다.

3. 내용

마권만 봉수유지에서 발견된 간독은 돈황한간 중 가장 많은 수를 차지하며, 그중에는 일부분의 완정한 간독도 포함하고 있다. 따라서 이 간독의 발견은 오랜기간의 돈황한간 연구 중 제기된 의문을 해결할 수 있는 실마리를 제공하였다. 가장 대표적인 것이 玉門候官의 치소 및 관할 범위에 관한 문제이다. 王國維는 『流沙墜簡』 중에서 T15a 지점에서 출토된 간독의 수가 가장 많고, 그중에 "玉門候官" 封檢이 한 매 발견되었기 때문에 이 지점을 玉門候官의 치소로 인식하였다. 하지만 마권만 봉수유지 중에서 대량의 옥문후관과 관련된 檄, 記, 簿籍 등의 관문서가 발견됨에 따라 이 지역을 옥문후관의 치소로 생각할 수 있게 되었다. 또한 옥문관의 위치 또한 마권만 간독을 통해 추정할 수 있게 되었다. 오랫동안 옥문관의 위치를 敦煌 小方盤城으로 생각해왔지만, 마권만 간독 중 포함된 郵書課를 통해 옥문관은 마권만 봉수유지의 서남쪽 교통로 상에 위치해 있었음을 알 수 있게 되었다. 하지만 옥문관의 위치문제는 아직까지 완전하게 해결되었다고 보기 어렵다. 1998년 돈황 소방반성에서 발굴된 한간 중 옥문관 출입과 관련된 간이 다량으로 발견됨에 따라 다시 소방반성을 옥문관으로 보는 설이 유력해진 상황이다.

4. 참고문헌

甘肅省文物考古研究所 編, 『敦煌漢簡釋文』, 甘肅人民出版社, 1991.

甘肅省文物考古研究所 編, 『敦煌漢簡』, 中華書局, 1991.

中國簡牘集成編輯委員會 編, 『中國簡牘集成[標註本]』(第3冊 甘肅省 卷上, 第4冊 甘肅省 卷下), 敦煌文藝出版社, 2001.

張德芳 著, 『敦煌馬圈灣漢簡集釋』, 甘肅文化出版社, 2013.

駢宇騫, 段書安 編著, 『二十世紀出土簡帛綜述』, 文物出版社, 2006.

돈황 한간(1981)

[소유토 한간酥油土 漢簡]

5. 출토지 : 감숙성 돈황시 酥油土 北墩 봉수유지

6. 개요

   1) 발굴기간 : 1981년

   2) 발굴기관 : 돈황현문화관

   3) 유적종류 : 봉수유적

   4) 시대 : 한대

   5) 시기 : 기원전 1세기~기원후 1세기

   6) 출토상황 : 1981년 3월 甘肅省 敦煌縣 黨漢鄉 社員이 西廂 酥油土 이북에서 방목하던 중 한대 봉수유지와 한간 4매를 발견하였다. 敦煌縣文化館은 즉시 조사에 나서 해당 유지에서 모두 76매의 한대 간독을 발견하였다. 이 酥油土北墩 봉수유지는 돈황시구에서 서북쪽으로 약 53㎞ 지점에 있으며, 북쪽으로는 소륵하와 약 2㎞ 떨어져 있으며, 남쪽으로는 스타인이 T22a라고 편호한 酥油土墩(D36)과 약 1㎞ 떨어진 지점에 위치한다. 스타인은 탐험 과정에서 이 봉수유지를 발견하지 못하였는데, 甘肅省文物考古研究所는 이 봉수유지의 편호를 D38로 정하였다. 출토간문에 근거하면 이 유지는 敦煌 中部都尉 平望候官의 치소로 추정된다. 이 간독의 발굴정황, 주요내용 및 석문은 1984년 돈황현문화관이 저술한 「敦煌酥油土漢代烽燧遺址出土的木簡」(『漢簡研究文集』, 甘肅人民出版社, 1984)에 제일 먼저 소개되었고, 1991년 편찬된 『敦煌漢簡釋文』과 『敦煌漢簡』에도 수록되었다. 또한 2001년 출간된 『中國簡牘集成[標註本]』(第3冊 甘肅省 卷上)에도 석문이 수록되었다. 2019년 출간된 『玉門關漢簡』(張德芳, 石明秀 主編, 中西書局)에도 도판과 적외선사진본 및 석문이 함께 수록되었다. 원간은 현재 敦煌市博物館에 수장되어 있다.

7. 내용

酥油土 봉수유지에서 발견된 76매의 간독은 전부 목간이며, 출토 당시 많은 부분이 끊어진 상태였으며 글자 또한 흐릿하고 분명하지 않았다. 그 내용은 대체로 律令, 檄文, 屯守簿冊, 字書, 兵書, 曆書, 개인 書啟 등으로 볼 수 있으며, 形制에 따라 분류하면 簡, 牘, 觚, 符, 簽, 封檢, 削衣 등으로 나눌 수 있다. 紀年이 기록된 簡은 1매가 있는데 前漢 昭帝 始元7년(B.C.80)의 것이다. 기타 간문의 朔閏 간지 등에 따르면 이 간독은 대부분 전한 소제 및 선제 시기의 것이고, 그 하한은 왕망시기로 볼 수 있다. 이 간독은 한대 邊塞제도 연구에 중요 자료로 활용되고 있다.

8. 참고문헌

甘肅省文物考古研究所 編,『敦煌漢簡釋文』,甘肅人民出版社, 1991.

甘肅省文物考古研究所 編,『敦煌漢簡』,中華書局, 1991.

中國簡牘集成編輯委員會 編,『中國簡牘集成[標註本]』(第3冊 甘肅省 卷上, 第4冊 甘肅省 卷下),敦煌文藝出版社, 2001.

騈宇騫, 段書安 編著,『二十世紀出土簡帛綜述』, 文物出版社, 2006.

돈황 한간(1979, 1986~1988년)

[돈황시박물관 채집 한간敦煌市博物館 探集 漢簡]

1. 출토지 : 감숙성 돈황시 소륵하 유역 봉수유지, 돈황 懸泉置 유지

2. 개요

    1) 발굴기간 : 1979년 전후, 1986~1988년

    2) 발굴기관 : 돈황시박물관

    3) 유적종류 : 봉수유적

    4) 시대 : 한대

    5) 시기 : 기원전 1세기~기원후 1세기

    6) 출토상황 : 1979년 돈황 마권만에서 대량의 한대 간독이 발견된 시기를 전후해 돈황시박물관에서는 鹽池灣, 後坑, 馬圈灣 봉수유지에서 약간의 간독을 발견하였다. 또한 1986년부터 1988년까지 돈황시박물관은 돈황시 경내 문물에 대한 일제 조사를 실시하여 한대 변새 봉수유지를 비롯한 13곳에서 145매의 한간을 채집하였다(1991년 출판된 『敦煌漢簡』에는 이 중 10곳에서 발견된 총 137매의 간독을 수록하고 있음). 다만 이 13곳 중 3곳은 1979년을 전후해 간독이 발굴된 염지만, 후갱, 마권만 지역으로 자료에 따라 각 간독의 출토지점 및 출토시기에 대한 서술이 엇갈리고 있다. 이 간독들 중 일부를 제외한 대부분 簡의 석문은 1991년 편찬된 『敦煌漢簡釋文』과 『敦煌漢簡』에 수록되었으며, 1991년 『文物』지에 실린 「敦煌漢代烽燧遺址調査所獲簡牘釋文」(敦煌市博物館 編, 『文物』1991年第8期), 1993년 法律出版社에서 출판된 『簡帛研究』第1輯에도 수록되어 있다. 또한 2001년 출간된 『中國簡牘集成[標註本]』(第3冊 甘肅省 卷上, 第4冊 甘肅省 卷下)과 2019년 출간된 『玉門關漢簡』에도 도판과 적외선사진본 및 석문이 함께 수록되었다. 원간은 현재 돈황시박물관에 수장되어 있다. 자세한 출토 지점과 채집 간독의 수를 정리하면 다음과 같다.

① 敦煌 小方盤城(D25, T14) : 돈황 소방반성 유지는 돈황시 중심에서 서북쪽으로 71km 지점에 위치하고 있으며, 북쪽으로는 소륵하 남안과 약 7km 떨어져 있다. 돈황한간 발견 이후 상당히 오랫동안 소방반성을 한대 옥문관 유지로 생각해왔지만, 여기서 발굴된 간독에 근거해 소방반성을 전한대의 玉門都尉府, 후한대의 玉門候官으로 보는 설이 제기되었다. 하지만 1998년 소방반성에서 다시 다량의 간독이 발견되면서 옥문관의 위치에 대해서는 이설이 엇갈리고 있는 상황이다. 이 지점 인근에서는 1907년부터 1998년에 이르기까지 여러 차례에 걸쳐 간독이 발견되었는데, 1986년부터 1988년까지의 조사 중 성 남쪽 외벽 바깥에서 3매의 간독이 발견되었다. 이 중 2매(1239, 1240호간)는 1991년 편찬된 『敦煌漢簡釋文』과 『敦煌漢簡』에 수록되었으며, 나머지 1매는 2019년 출간된 『玉門關漢簡』에 수록되었다.

② 小方盤城南第1烽燧遺址(D.N1, D81) : 소방반성남제1봉수유지는 소방반성 동남쪽 약 3.4km 지점에 위치하고 있다. 스타인은 이 유지를 발견하지 못하였고, 돈황시박물관은 이 유지에 D.N1이란 편호를 부여하였지만, 이후 감숙성문물고고연구소는 D81로 편호를 정하였다. 돈황시박물관은 1986년부터 1988년에 걸쳐 이 유지를 조사하여 5매의 간독을 발굴하였다.

③ 小方盤城南第2烽燧遺址(D.N2, D82) : 소방반성남제2봉수유지는 소방반성 동남쪽 약 3.9km 지점에 위치하고 있다. 스타인은 이 유지를 발견하지 못하였고, 돈황시박물관은 이 유지에 D.N1이란 편호를 부여하였지만, 이후 감숙성문물고고연구소는 D81로 편호를 정하였다. 이 봉수의 한대 이름은 "步儌隧"로 추정된다. 돈황시박물관은 1986년부터 1988년에 걸쳐 이 유지를 조사하여 8매의 간독을 발굴하였다. 1991년 출판된 『敦煌漢簡』 및 『敦煌漢簡釋文』에서는 이 유지에서 발굴된 12매 간독을 수록하고 있지만 그중 1248간부터 1251간까지의 4간은 1979년 蘆草井子烽燧遺址에서 발견된 것을 잘못 수록한 것이다.

④ 蘆草井子烽燧遺址(T14c, D83) : 노초정자봉수유지는 소방반성 동남쪽 약 5.4km 지점에 위치하고 있다. 스타인은 이 유지의 편호를 T14c로 하였고, 이후 감숙성문물고고연구소는 D83의 편호를 부여하였다. 돈황시박물관은 1979년 조사 중 이 지점에서 4매의 한간을 발굴하였다. 1991년 출판된 『敦煌漢簡』 및 『敦煌漢簡釋文』은 이 지점에서 발굴된 4매의 간독(1248~1251簡)을 1986~88년 사이 소방반성남제2봉수유지 발굴 간독으로 잘못 정리하였다. 또한 어

떤 자료에서는 이 지점 발굴 간독의 수량 및 시기를 각각 8매와 1987년으로 정리하고 있다.

⑤ 臭墩子烽燧遺址(T23o, D65) : 취돈자봉수유지는 돈황시 頭道溝井 북쪽 약 1.9㎞지점에 위치하고 있다. 돈황시박물관은 1986년부터 1988년까지의 조사 중 이 지점에서 한간 2매를 발견하였다.

⑥ 後坑烽燧遺址(T11, D20) : 후갱봉수유지는 후갱 동쪽 약 1㎞ 지점에 위치하고 있으며, 그 동쪽으로 마권만봉수유지와 약 1.6㎞ 떨어져 있다. 이 봉수의 한대 이름은 "臨要隧"로 추정된다. 1979년 후갱봉수유지 남쪽에서 1매의 잔간이 발견되었으며, 1986년부터 1988년까지의 조사 중 이 지점에서 한간 17매를 발굴하였다. 한편 1991년 출판된 『敦煌漢簡』 및 『敦煌漢簡釋文』은 1986~88년 사이 발견된 17매의 간독을 수록하였는데, 어떤 자료에 따르면 1979년 이 지점에서 14매의 한간이 발견되었고, 1986~88년 사이에는 3매의 간독이 발견된 것으로 정리하였다. 한편 『敦煌漢簡』 및 『敦煌漢簡釋文』 중 懸泉置 유지에서 채집된 것으로 분류된 1353簡은 2001년 출간된 『中國簡牘集成[標註本]』(第4冊 甘肅省 卷下)에서는 後坑출토 간으로 재분류되었다.

⑦ 馬圈灣烽燧遺址(D21) : 1979년 마권만봉수유지에서 대량의 한간이 발견되기 이전인 1977년 돈황시박물관은 이 지점에서 4매의 한간을 발견하였다. 1991년 출판된 『敦煌漢簡』 및 『敦煌漢簡釋文』은 돈황시박물관에 의해 발견된 이 4매의 간독을 1986~88년 사이 발견된 것으로 정리, 수록하였고, 다른 자료에서는 1979년 돈황시박물관이 마권만에서 3매의 목독을 발견한데 이어, 1986~88년 사이 다시 이 지점에서 4매의 간독을 발견한 것으로 정리하고 있다.

⑧ 鹽池灣烽燧遺址(T12a, D22) : 염지만봉수유지는 마권만봉수유지 동북쪽 1.8㎞ 지점 鹽池灣과 墩子灣 사이에 위치하고 있다. 이 봉수의 한대 이름은 "廣漢隧"로 추정되며, 왕망 때에는 "廣新隧"로 개명한 것으로 보인다. 1986년 이 봉수의 북측 塞垣에서 잔간 10여 매를 발견하였는데, 그중에서 글자가 있는 것은 11매였다. 1991년 출판된 『敦煌漢簡』 및 『敦煌漢簡釋文』은 이 11매 간독을 수록하고 있는데, 다른 자료에 의하면 1979년 이 지점에서 8매의 간독이 발견된 후, 1986~88년 사이 다시 11매의 간독이 발견된 것으로 정리하고 있다.

⑨ 敦煌 小月牙湖東墩烽燧遺址(D57) : 소월아호동돈봉수유지는 돈황시구 서북쪽 약 33㎞

지점 소월아호 동쪽에 위치하고 있다. 스타인은 이 유지를 발견하지 못했고, 감숙성문물고고연구소는 이 지점의 편호를 D57로 정하였다. 이 봉수의 한대 이름은 "破虜隧"로서 돈황 中部都尉 步廣候官에 속한 것으로 추정된다. 1977년 돈황시박물관은 이 유지의 남측에서 19매의 간독을 발견하였다. 1991년 출판된 『敦煌漢簡』 및 『敦煌漢簡釋文』은 이 19매 간독을 수록하고 있는데, 이 간독의 발견시기를 1986~88년 사이로 정리하고 있다.

⑩ 敦煌 人頭疙瘩烽燧遺址 : 1988년 돈황시박물관의 고고 조사 시 인두흘탑봉수유지에서 10매의 간독을 발견하였다. 이 간독은 1991년 출판된 『敦煌漢簡』 및 『敦煌漢簡釋文』에는 수록되지 않았고, 2001년 출간된 『中國簡牘集成[標註本]』(第4冊 甘肅省 卷下)과 2019년 출간된 『玉門關漢簡』에 수록되었다.

⑪ 敦煌 懸泉置遺址採集簡牘 : 한대 현천치유지는 돈황시구 동북쪽 61㎞ 지점 安敦公路 남측 三危山 앞에 위치하고 있으며, 서쪽으로 甜水井三點이 5㎞ 떨어져 있다. 이곳은 주천에서 돈황으로 가기 위해 반드시 거쳐야 하는 지점으로서 한대부터 청대에 이르기까지 郵驛이 건설되었던 지역이다. 1987년의 문물 일제조사를 통해 돈황시박물관은 이 유지를 발견하였고, 이곳에서 한대 간독 69매를 발견하였다. 1990년부터 1992년까지 감숙성문물고고연구소는 이곳에 대한 내대적인 고고발굴조사를 진행하였고, 한간 2만여 매를 발굴하였다. 이 간독은 현재 오랜 기간의 정리를 거쳐 현재 『懸泉漢簡』이란 이름으로 출간이 진행 중이다. 1987년 돈황시박물관에 의해 이 지점에서 채집된 69매 간독은 1991년 출판된 『敦煌漢簡』 및 『敦煌漢簡釋文』에 수록, 정리되었다. 다만 『敦煌漢簡』 및 『敦煌漢簡釋文』에는 1290簡~1353簡의 64매만이 수록되었고, 2001년 출간된 『中國簡牘集成[標註本]』(第4冊 甘肅省 卷下)에서는 1353簡을 배고 89DXC64-69簡의 6簡을 추가하여 69간으로 정리하였다. 또한 2019년 출간된 『玉門關漢簡』에서는 1990년 돈황시박물관이 현천치유지에서 채집한 散簡 50매(90DXC:90-139)를 기존 69매와 합하여 수록하였다.

⑫ 大坡墩遺址 : 1991년 출판된 『敦煌漢簡』 및 『敦煌漢簡釋文』에는 1986~88년 사이 대파돈유지에서 발견된 1매의 간독을 수록하고 있다. 이 간독은 2001년 출간된 『中國簡牘集成[標註本]』 第3冊, 第4冊에는 수록되지 않았다.

⑬ 條湖坡烽燧遺址 : 1986~88년 사이 돈황시박물관은 조호파봉수유지에서 4매의 목간을 발견하였는데, 발견 당시 대부분 간은 이미 잔단 상태였다. 1991년 출판된 『敦煌漢簡』, 『敦煌漢簡釋文』 및 2001년 출간된 『中國簡牘集成[標註本]』 第3冊, 第4冊에는 이들 簡이 수록되지 않았고, 2019년 출간된 『玉門關漢簡』에 이들 簡의 도판과 석문을 수록하였다.

3. 내용

1986년부터 1988년까지 채집된 散簡의 대부분은 목간이며, 죽간은 극히 소수였다. 목간의 形制는 簡(札), 兩行, 牘, 封檢, 觚, 削衣 등이며, 대부분 간은 한대 돈황군 玉門都尉, 中部都尉, 宜禾都尉의 관문서로 볼 수 있다. 구체적인 내용으로는 律令, 詔書, 爰書, 檄, 記, 簿籍類 문서, 曆譜, 字書 등으로 구분할 수 있다. 이 시기 채집된 간독의 수량은 많지 않지만 그중에는 중요한 내용을 가진 간들이 다수 포함되어 있었다. 특히 한대 돈황군 소속 都尉府 및 候官의 치소를 밝히는데 중요한 내용을 많이 찾을 수 있다.

예를 들면 蘆草井봉수유지 채집 간독은 이 지역이 한대 玉門候官의 치소임을 추정할 수 있게 했다. 특히 人頭疙瘩烽燧遺址에서 발굴된 10매의 간독 중 완정한 것은 7매였는데, 1호간에는 天鳳上戊의 기년간이 있어 이 간독이 왕망시대의 것임을 알 수 있게 한다. 그리고 3-6호간은 완정한 한 권의 冊書로서 앞, 뒷면에 모두 草隸의 서체로 서사가 되어 있고 간의 길이는 23㎝, 너비는 1㎝ 정도이다. 冊書의 내용은 書信으로서 발신자는 "弟子 王翌"으로 되어 있고 수신자는 어느 정도의 지위를 가진 3명으로 되어 있다. 이 서신은 수신자가 열람 후 보존된 것으로 보이는데, 이를 통해 人頭疙瘩烽燧遺址를 候官의 소재지로 추정할 수 있었다.

4. 참고문헌

敦煌市博物館 編, 「敦煌漢代烽燧遺址調查所獲簡牘釋文」, 『文物』 1991-8.

甘肅省文物考古研究所 編, 『敦煌漢簡釋文』, 甘肅人民出版社, 1991.

甘肅省文物考古研究所 編, 『敦煌漢簡』, 中華書局, 1991.

中國簡牘集成編輯委員會 編, 『中國簡牘集成[標註本]』(第3冊 甘肅省 卷上, 第4冊 甘肅省 卷下), 敦煌文藝出版社, 2001.

張德芳, 石明秀 主編, 『玉門關漢簡』, 中西書局, 2019.

駢宇騫·段書安 編著, 『二十世紀出土簡帛綜述』, 文物出版社, 2006.

돈황 한간(1990)

[청수구 한간淸水溝 漢簡]

1. 출토지 : 감숙성 돈황시 청수구(疏勒河北三墩) 봉수유지

2. 개요

    1) 발굴기간 : 1990년

    2) 발굴기관 : 돈황시박물관

    3) 유적종류 : 봉수유적

    4) 시대 : 한대

    5) 시기 : 기원전 1세기~기원후 1세기

    6) 출토상황 : 1990년 4월 돈황시박물관은 돈황시 농민이 한대 淸水溝(疏勒河北三墩)遺址에서 발견한 簡冊 및 散簡을 획득한 후 이 지역에 대한 조사에 착수하여 27매로 이루어진 曆譜 1책과 散簡 14매, 無字簡 21매를 확보하였다. 소륵하북삼돈 봉수유지는 돈황시 楡樹泉盆地 동쪽 漢塞 종점 서북쪽 약 10㎞ 지점에 위치하고 있다. 현지에서는 이를 '淸水溝東墩'으로 칭한다. 스타인은 이 지점을 T1로 편호하였고, 감숙성문물고고연구소는 이 봉수유지의 편호를 D8(D9)로 정하였다. 출토 간문에 근거하면 이 유지는 돈황 中部都尉 平望候官의 치소로 추정된다. 이 간독은 1991년 편찬된 『敦煌漢簡釋文』과 『敦煌漢簡』에는 포함되지 않았고, 1996년 法律出版社에서 출판된 『簡帛研究』第2輯에 이 간독의 주요내용이 소개되었고(敦煌市博物館, 「敦煌淸水溝漢代烽燧遺址出土文物調査及漢簡考釋」; 殷光明, 「敦煌淸水溝漢代烽燧遺址出土〈曆譜〉述考」), 2001년 출간된 『中國簡牘集成[標註本]』(第3冊 甘肅省 卷上)에 전체 석문이 수록되었으며, 2019년 출간된 『玉門關漢簡』에 석문과 함께 전체 도판이 수록되었다. 원간은 현재 돈황시박물관에 보관되어 있다.

3. 내용

이 지점에서 발견된 간독은 27매 목간으로 이루어진 冊書簡 1권과 14매의 散簡, 그리고 21매의 문자가 없는 간이다. 27매 간으로 이루어진 冊書의 내용은 曆譜로서 선명한 漢隷書體로 쓰여져 있었다. 간의 길이는 36~37㎝이고 너비는 0.6㎝~1.3㎝, 두께 0.3㎝였으며, 세 갈래의 編繩이 있었다. 매 간의 상단에는 날짜가 쓰여져 있었고, 하단은 가로 13행으로 서사되어 1년 전체의 干支를 기록하였다. 출토 당시 1일부터 3일까지를 기록한 간은 없었고 4일부터 30일까지를 기록한 27매의 간이 완전한 형태로 보존되어 있었다. 紀年을 기록한 散簡과 曆譜 내용을 통해 볼 때, 이 曆譜는 전한 선제 地節元年의 曆書로서 太初曆으로 역법이 개정된 후의 역보 형식을 잘 보여주는 중요한 실물자료로서의 의미를 가지고 있다. 散簡 14매 중에는 "元鳳四年七月癸未朔"이라는 기년을 가진 간과 함께 爰書, 簿籍, 曆譜 등의 내용을 가진 간이 포함되어 있었다.

4. 참고문헌

敦煌市博物館 編, 「敦煌漢代烽燧遺址調査所獲簡牘釋文」, 『文物』 1991-8.

中國簡牘集成編輯委員會 編, 『中國簡牘集成[標註本]』(第3冊 甘肅省 卷上, 第4冊 甘肅省 卷下), 敦煌文藝出版社, 2001.

張德芳, 石明秀 主編, 『玉門關漢簡』, 中西書局, 2019.

駢宇騫, 段書安 編著, 『二十世紀出土簡帛綜述』, 文物出版社, 2006.

돈황 옥문관 한간(1990년 이후)

敦煌 玉門關 漢簡

---

　1. 출토지 : 감숙성 돈황시 소방반성 등 한대 봉수유지

　2. 개요 : 1991년 『敦煌漢簡』이 출간되어 1907년부터 1990년까지 발굴된 돈황 인근 한대 봉수유지에서 출토된 한간이 대부분 정리되었지만, 그 이후에도 돈황 인근 한대 봉수유지에서 계속해서 간독이 발견되었다. 그중에서 가장 많은 양을 차지하는 것이 1998년 돈황 소방반성에서 출토된 약 300여 매의 간독이다. 이를 발굴한 돈황시박물관은 소방반성을 포함해 1990년 이후 돈황지역에서 발굴된 간독과, 1990년 이전에 발굴되었지만 『돈황한간』에 수록되지 못한 일부 간독 및 돈황시박물관이 소장하고 있는 간독에 대한 적외선 사진 촬영 등을 진행하고 그 도판과 석문을 2019년 『玉門關漢簡』이란 이름으로 출판하였다. 여기서는 『玉門關漢簡』에 포함된 각 간독의 출토지점 및 출토상황을 정리하고 그 내용을 소개하고자 한다.

　[敦煌 小方盤城(1998년)]

　　1) 발굴기간 : 1998년

　　2) 발굴기관 : 돈황시박물관

　　3) 유적종류 : 봉수유적

　　4) 시대 : 한대

　　5) 시기 : 기원전 1세기~기원후 2세기

　　6) 출토상황 : 소방반성은 돈황시 서북쪽 90㎞ 지점에 위치하고 있으며, 1907년부터 여러 차례에 걸쳐 간독이 발굴된 지점이다. 1998년 10월 玉門關(小方盤城) 및 河倉城(大方盤城)의 보수 계획에 따라 돈황시박물관은 소방반성 주위에 대한 소규모 발굴을 진행하였다. 그리고 소방반성의 서쪽, 남쪽 담장 주변에 5㎡의 探方 7개와 성 남쪽 20m 지점에 探方 11개를 파서 발

〈敦煌 小方盤城(玉門關) 유지(『玉門關漢簡』 圖1 轉載)〉

굴을 진행한 결과 한간 342매를 발굴하였다. 간독과 함께 陶片, 皮革, 絲織品과 말, 소, 닭 등 가축 뼈도 발견되었으며, 문자가 쓰여져 있는 麻紙殘片 1점도 발견되었는데, 이러한 유물은 대부분 성 남쪽 25.7m 퇴적층에서 발굴되었다. 간독을 비롯한 이러한 유물들은 당시 병사들의 屯戌 정황 및 한대 생산 공예품의 수준을 생생하게 보여주고 있다. 간독의 경우 목간이 대부분이며, 죽간은 극소수였다. 간의 形制로 보면 簡, 兩行, 牘, 觚, 封檢, 削衣, 簽 등으로 분류할 수 있는데, 그중에서 간이 가장 많고, 다음이 兩行, 牘, 封檢 순이며, 削衣가 가장 적었다. 1998년 돈황 소방반성에서 발굴된 한간은 2019년 출간된 『玉門關漢簡』 제1부분 "1998年玉門關遺址出土漢簡"에 수록되었다. 342매 간 중 98DYC:26簡과 98DYC:46簡, II98DYT1:3簡과 II98DYT5:75簡은 합철했고, II98DYT1:43簡, II98DYT4:66簡은 대응되는 원간을 찾지 못해 수록하지 않아 수록된 실제 簡 수는 338매였다. 그밖에 잔간 40여매에 대한 적외선 촬영을 통해 글자가 있는 簡 43매를 98DYC:51-93의 편호를 부여해 수록하였다. 또한 석독이 어려운 잔간은 석문 없이 도판만 제시하였다. 잔간을 합해 『玉門關漢簡』에는 총 381매가 수록되었다.

[敦煌 懸泉置遺址 채집간독(1990)]

　　1) 발굴기간 : 1990년

　　2) 발굴기관 : 돈황시박물관

　　3) 유적종류 : 郵驛유적

　　4) 시대 : 한대

　　5) 시기 : 기원전 1세기~기원후 2세기

　　6) 출토상황 : 돈황시박물관은 1987년부터 1989년에 걸쳐 돈황 현천치유지에서 69매의 한간을 채집하였고, 1990년에 다시 50매의 한간을 채집하였다. 이 중 1987년부터 1989년에 걸쳐 채집된 69매 중 64매가 1991년 출간된 『敦煌漢簡釋文』과 『敦煌漢簡』에 수록되었고, 2001년 출간된 『中國簡牘集成[標註本]』(第4冊 甘肅省 卷下)에 69매가 모두 수록되었다. 1990년 채집된 50매 간독의 경우 기존에 현천치에서 채집된 한간 중 1991년 『敦煌漢簡』에 수록되지 못했던 7개 간독과 함께 2019년 출간된 『玉門關漢簡』 제2부분 "1990年懸泉置遺址採集漢簡, 1987年至1989年懸泉置遺址採集漢簡補遺"편에 수록되었다. 1990년 채집 간독 50매의 편호는 현천한간 전체의 편호 통일성 유지를 위해 감숙간독박물관 소장 현천치 채집한간 89매의 뒷 편호인 "90DXC:90-139"로 부여되었다.

[敦煌市博物館 채집 散簡(1990년 이후)]

　　1) 발굴기간 : 1990년~2009년

　　2) 발굴기관 : 돈황시박물관

　　3) 유적종류 : 봉수유적

　　4) 시대 : 한대

　　5) 시기 : 기원전 1세기~기원후 2세기

　　6) 출토상황 : 돈황 지역 봉수유지에서는 1907년 스타인의 탐험 이래 계속해서 간독이 출

토되고 있다. 그중에는 마권만이나 소방반성처럼 다량의 간독이 출토된 경우도 있지만 많은 봉수유지에서는 수매 정도에 불과한 간독이 출토되고 있다. 1989년까지 돈황시박물관에서 발굴한 돈황 봉수유지 채집 散簡의 경우 대부분이 1991년 출간된 『敦煌漢簡釋文』과 『敦煌漢簡』에 수록되었다. 2019년 출간된 『玉門關漢簡』 제3부분 "敦煌其他烽燧遺址採集簡"에는 1990년 이후 2008년까지 돈황 지역 봉수유지에서 채집된 散簡과 1990년 이전 발굴되었지만 1991년 출간된 『敦煌漢簡』에 수록되지 못한 간독을 수록하고 있다. 이 부분에 포함된 간독의 구체적인 출토지점과 수량은 다음과 같다.

① 東鹹墩烽燧遺址(DB165, DB294) : 동감돈봉수유지는 돈황시 중심 동북쪽 38㎞ 지점, 현천치 서북쪽 39㎞ 지점에 위치하고 있다. 여기서는 1987년과 2000년에 각각 1매씩의 간독이 발견되었으며, 2019년 출간된 『玉門關漢簡』에 "DB165, DB294"의 편호로 수록되었다.

② 高望隊烽燧遺址(DB237) : 고망수봉수유지는 大方盤城(河倉城) 동쪽 33㎞ 지점에 위치하고 있으며, 여기서는 1991년 1매의 간독이 발견되었다. 2019년 출간된 『玉門關漢簡』에 "DB237"의 편호로 수록되었다.

③ 酥油土烽燧遺址(DB244) : 소유토봉수유지는 大方盤城(河倉城) 동쪽 13.5㎞ 지점에 위치하고 있으며, 여기서는 1992년 1매의 封檢이 발견되었다. 2019년 출간된 『玉門關漢簡』에 "DB244"의 편호로 수록되었다.

④ 鹽池墩烽燧遺址(DB296) : 염지돈봉수유지는 소방반성 서북쪽 3㎞ 지점에 위치하고 있으며, 여기서는 2000년 1매의 간독이 발견되었다. 2019년 출간된 『玉門關漢簡』에 "DB296"의 편호로 수록되었다.

⑤ 賊莊子烽燧遺址(DB676-681) : 적장자봉수유지에서는 2009년 6매의 간독이 발견되었다. 이는 2019년 출간된 『玉門關漢簡』에 "DB676-681"의 편호로 수록되었다.

⑥ 灣窯南墩烽燧遺址(DG1-2) : 만요남돈봉수유지는 스타인 탐험 시 T6d라는 편호가 부여된 敦煌 지역 가장 서쪽의 廣昌隧이다. 여기서 발견된 2매의 간독은 2019년 출간된 『玉門關漢簡』에 "DG1-2"의 편호로 수록되었다.

⑦ 一棵樹烽燧遺址 : 2008년 일과수봉수유지에서는 漢晉 간독 16매가 발견되었다. 2019년

출간된 『玉門關漢簡』에는 漢簡 8매와 晉簡 2매가 DYK1-10의 편호로 수록되었다.

⑧ 기타 : 2019년 출간된 『玉門關漢簡』 제3부분 "敦煌其他烽燧遺址採集簡"에는 1990년 이전 돈황시박물관에 의해 채집된 간 중 1991년 출간된 『敦煌漢簡釋文』과 『敦煌漢簡』에 수록되지 못한 다음의 간을 수록하고 있다. 이들 간에 대한 설명은 [돈황시박물관 채집한간(1979)(1986~1988)], [청수구 한간] 부분에 있다.

小方盤城(1990) 편호 : 1239, 1240, DB157

條湖坡烽燧遺址(1988) 편호 : DB139-142

人頭疙瘩烽燧遺址(1988) 편호 : DB:145-154

清水溝烽燧遺址(1990) 편호 : DB238(冊書), DQ1-14(散簡)

3. 내용

1998년 소방반성에서 출토된 간독 360매는 대부분 목간이며, 형태상 簡 외에 牘, 符, 觚, 簽, 封檢, 削衣 등이 있다. 觚의 경우 3면 간에 가깝다. 紀年簡 중 가장 이른 것은 전한 선제 甘露2년(B.C.52)의 간이며, 대부분 간독은 전한 선제, 원제, 성제 시기의 것이다. 발견 당시 간독은 대부분 흩어진 상태라 편철이 어려웠지만 정리를 거쳐 소수의 간을 하나의 卷冊으로 복원했다. 대부분 간의 내용은 詔書, 律令, 屯戍簿冊, 爰書, 郵書, 符, 傳, 過所, 奏, 개인 書啓 및 기타 雜簡이다. 간독 문서 중 눈에 띄는 것은 옥문관 출입과 관련된 간이다. 1979년 돈황 마권만에서 대량의 간독이 출토된 후 옥문관의 위치에 대해서는 많은 논쟁이 있었는데, 1998년 돈황 소방반성에서 전한 선제시기부터 성제시기에 걸친 옥문관 출입과 관련된 간이 다수 출토되면서 논쟁은 더욱 가열될 전망이다. 關의 출입과 직접적으로 관련된 檄書, 簡傳, 名籍簿 및 守關士吏가 候官에 올린 기록자료가 출토되었으며, 특히 名籍은 玉門關 嗇夫가 만든 名冊으로 추정되며 마권만 유지에서는 발견되지 않은 문서이기 때문에 「1998年玉門關遺址發掘簡報」에서는 小方盤城 부근을 玉門關 유지로 추정하고 있다.

『玉門關漢簡』은 돈황시박물관에서 소장하고 있는 돈황 출토 간독을 새롭게 정리, 발표한 것으로 기존의 『敦煌漢簡』을 보완하는 중요 저작이라고 할 수 있다. 우선 『玉門關漢簡』에서는 1998년 소방반성에서 출토된 342매의 한간을 중심으로 1990년 이후 돈황지역에서 발굴된 신출 간독을 수록하고 있다. 1998년 소방반성에서 출토된 한간은 1949년 이후 돈황지역에서 발굴된 간독자료 중 마권만돈황한간을 제외하고 한 지점에서 가장 많은 간독이 출토된 것으로 상당한 자료적 가치를 지니고 있다. 특히 여기서는 옥문관의 출입과 관련된 많은 문서간독들이 발견되었는데, 이는 소방반성을 한대 옥문관으로 비정하는데 유력한 근거를 제공하였다.

뿐만 아니라 『玉門關漢簡』은 최신의 과학기술을 활용하여 기존 공개되었던 돈황한간 간문의 적외선 사진본을 수록하고 있다. 이로 인해 기존에 석독하지 못했던 많은 부분들이 새롭게 석독되었고, 기존 석문의 오류도 상당부분 수정할 수 있었다. 이처럼 『玉門關漢簡』은 1949년 이후 발견된 돈황한간 중 마권만한간을 제외한 거의 모든 간독에 대한 석문 수정본 및 적외선 사진본을 제공하고 있어 상당한 자료적 가치를 지닌다고 할 수 있다.

4. 참고문헌

張德芳·石明秀 主編, 『玉門關漢簡』, 中西書局, 2019.

현천 한간(1990~1992)

懸泉 漢簡

1. **출토지** : 감숙성 돈황시 懸泉置 유지

2. **개요**

   1) 발굴기간 : 1990년 10월~1992년 12월

   2) 발굴기관 : 감숙성 문물고고연구소

   3) 유적종류 : 郵驛유적

   4) 시대 : 한대

   5) 시기 : 기원전 2세기~기원후 2세기

   6) 출토상황 : 1990년 10월부터 1992년 12월까지 감숙성문물고고연구소는 돈황 첨수정 부근 한대 현천치 유지에 대한 전면 발굴조사를 진행하여 유지의 건축물 배치, 구조 및 성질, 기능 등을 확정하고 간독을 위주로 대량의 문물을 발굴하였다. 이 유지는 사막 안쪽에 있어 사람들이 사는 지점과 멀리 떨어져 있었고 도로에서 많이 멀지는 않았지만 지표면에 분명히 드러난 지역이 아니었기 때문에 계속 발견되지 못하였다.

1987년 8월 전국 문물 일제 조사 기간 중 돈황시박물관은 이 유지를 처음으로 발견한 후 감숙성문물고고연구소와 함께 두 차례에 걸친 현지 고찰을 실시하였다. 1988년 돈황시박물관은 이 지역에서 한대 간독 60여 매를 채집하였고(이 간독에 대한 설명은 [돈황시박물관 채집산간 (1979)(1986~1988)] 참조), 1989년 겨울에는 여러 차례의 도굴 흔적을 발견하였다. 이 지역은 바람에 의한 침식작용으로 종종 간독이 땅에 드러나기도 하였다. 1990년 10월부터 정식 발굴을 시작하였고 1992년 말까지 작업이 이어졌다. 조사를 거쳐 이 유지의 총 면적이 22,500평방미터에 달한다는 사실이 밝혀졌고, 서쪽에서 동쪽으로 探方 141개를 순차적으로 파가면서 발굴을 진행하였다.

〈敦煌 懸泉置 유지(『懸泉漢簡(壹)』 轉載)〉

　　현천치 유지는 돈황과 安西 두 시의 접경에 위치하고 있으며, 동쪽으로 안서와 60㎞ 떨어져
있고, 서쪽으로는 돈황과 64㎞ 떨어진 지점에 위치한다. 유지는 돈황시 五墩鄕 관할에 속하며
安敦公路가 이 지역을 지나간다. 이 유지는 남쪽으로 三危山에 속하는 火焰山 앞 해발 1,700m
의 대지 위에 위치하며, 북쪽으로 소륵하 및 한 장성 봉수선과는 상당히 멀리 떨어져 있다. 이
유지의 동남쪽 산 정상에 위진시대 봉화대가 있었고, 서북쪽 평지에는 청대의 봉수선이 있어
漢, 晉, 淸 시대 봉수가 겹치는 지역임을 알 수 있다. 유지 주위는 높낮이가 일정하지 않은 사막
언덕 지형이며, 바람이 많이 불어 자연환경 상 주변에 사람이 살지 않는 곳이다. 현천치 유지는
중국과 서역을 연결하는 교통의 요충지에 있으며 주위에 水源이 있기 때문에 전한 시기 서역을

오가는 사람들이 반드시 거치는 지역이었다. 하지만 한대 문헌에서는 현천치와 관련된 어떤 기술도 찾아볼 수 없으며, 당대 문헌인 『元和郡縣圖志』에 관련 기록이 보인다. 송대 이후 "懸泉"이란 이름은 사라졌고, 청대에는 "貳師廟"로 칭했고 현재는 "吊吊泉" 혹은 "甜水井"이 이 지역을 가리키는 이름이다.

현천치 유지는 사용 시기에 따라 다섯 시기로 구분할 수 있다. 제1기는 전한 무제 이후 선제 중기까지로 사용한 유지의 규모가 비교적 크다. 주된 건축물은 塢와 그 부속건물인 倉, 廏이다. 塢는 정사각형 형태로 면적은 약 2,300평방미터이며 塢門은 동쪽벽 정 중앙에 있다. 塢 내부에는 서측, 북측 두 조의 房屋건축이 있었다. 후에 塢 동북쪽, 서북쪽 모서리에는 각각 하나의 墩이 건축되었다. 倉은 塢의 동남쪽에 있었으며 일찍이 허물어진 것으로 보인다. 廏는 塢 남쪽에 있었다. 제2기는 전한 선제 중기부터 애제시기로 塢 내 건축물을 그대로 사용하면서 새로운 馬廏를 원래 馬廏의 동쪽에 건설하였다. 제3기는 전한 평제 시기부터 왕망 말년까지로 유지의 규모가 현저히 축소되었다. 제4기는 후한 광무제 시기부터 화제 시기까지로 규모가 더욱 축소되었고, 제5기는 위진시기로 현천치 유지 서남쪽 한대 폐유지 위에 봉수유지와 房屋, 馬廏 등을 건설하였다.

현천치에서 발굴된 간독은 35,000여 매로서 그중 글자가 있는 것은 약 23,000매 정도였다. 그 대부분은 서쪽 벽 바깥과 동쪽 문 퇴적층에서 발견되었으며 房屋유지 내에서는 비교적 소량이 발굴되었다. 간독은 목간이 대부분이며, 죽간은 극히 소수였다. 간독은 형태상 簡, 兩行, 牘, 觚, 封檢, 削衣 등 6가지 종류로 나눌 수 있는데, 簡이 가장 많고 兩行과 牘이 그 다음이며, 그 다음은 封檢이고, 削衣가 가장 적었다. 簡은 길이가 23㎝~23.5㎝, 너비 0.6~1.2㎝로 한대 1尺에 상당한다. 兩行은 길이 23㎝~23.5㎝, 너비 2㎝, 두께 0.5㎝였다. 兩行의 서사 내용은 律令, 詔書, 爰書 등 문서이며, 兩行이 사용된 시대는 왕망 이전으로, 주로 선제 때부터 성제시기까지이다. 牘은 檄으로도 칭하는데 길이 23.5㎝, 너비 3~5㎝였다. 주로 서신과 장부의 서사에 사용되었다. 觚는 양면, 삼면, 사면 등의 형식이 있다. 가장 긴 것은 50㎝, 가장 짧은 것은 23㎝였다. 주로 일반 爰書와 긴급 사안의 문서에 사용되었다. 封檢은 사용된 郵件의 封匣으로 어떤 것은 지명, 인명 등이 서사되어 있고, 어떤 것은 문자가 없었다. 削衣는 간독 문서의 수정이나 2차 사용시 떨어져나간 잔편으로 대부분 문자가 있지만 어떤 종류의 문서인지 알기는 어려웠다. 이외에도 기물이나 장부의 표첨 木牌나 간독을 폐기한 후 제작한 용구 중 문자가 있는 것이 있었다.

현천치 간독의 문자는 정식 隸書, 草書와 半隸半草의 草隸體도 있었다. 예서체는 정식 문서에 사용되었고, 초서는 주로 서신 및 일반문서, 초예체는 주로 각종 장부에 사용되었다. 간독은 대부분 상태가 좋았지만 소수의 부패간 및 글자를 알아보기 어려운 것도 있었다. 간독의 편승은 대부분 썩어 散簡이 대부분이었지만 소량의 완정한 50여 冊書의 경우 두 갈래나 세 갈래 편승을 사용한 두 종류가 있었다. 먼저 편련한 후에 문자를 서사한 것도 있고, 먼저 문자를

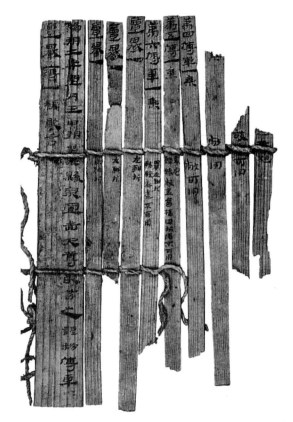

〈懸泉漢簡(『懸泉漢簡(壹)』 轉載)〉

쓰고 후에 편련한 것도 있었다. 편철간에는 簡, 牘, 兩行 등이 사용되었고 비교적 넓이가 넓은 牘은 편책의 말미에 사용되었는데 이 점은 돈황, 거연한간의 편책연구에 중요한 의미를 지니는 것이다.

현천치한간 중에는 紀年을 가진 간이 약 1,900매 정도로 상당히 많은데 전체 간독의 약 10.6%를 점한다. 전한 무제시기의 연호부터 소제 이후 광무제 시기의 기년 간이 가장 많다. 가장 빠른 기년을 가진 간은 전한 무제 元鼎6년(B.C111)이었고, 가장 늦은 간은 후한 안제 永初 원년(A.D.107)이었다. 현천치 유지에서는 간독 외에도 帛書를 비롯해 각종 기물 7만여 점이 발굴되어 당시 郵驛 교통로 상의 생활상을 생생히 보여주고 있다.

3. 내용

현천한간은 그 수가 방대한만큼 다양한 내용을 포함하고 있다. 현천한간에는 詔書, 律令, 科品, 檄記, 簿籍, 爰書, 劾, 狀, 符, 傳, 曆譜, 術數書, 典籍字書, 醫藥方, 相馬經 및 개인 書記 등 다양한 문서를 포함하고 있다. 문서 중에는 중앙에서 발송된 詔書와 郡,縣,鄕, 置 등 각급 관부를 왕래한 문서가 포함되어 있어 중앙문서과 지방문서, 상달문서와 하달문서에 속하는 각종 문서를 확인할 수 있다. 또한 현천한간에는 대량의 郵驛문서와 簿籍 등이 포함되어 있어 한대 郵驛제도를 연구하는데 상당히 풍부한 자료를 제공한다. 또 각종 簿籍에는 置를 오가는 관원 및 사자를 접대하는 과정이 생생하게 기록되어 있고 지급한 식품 및 양식, 車馬, 草料의 수량과 가치, 刑徒, 官奴婢의 名籍 등이 포함되어 있어 형도, 노비의 사용과 관리제도를 연구하는데에도 풍부한 자료를 제공한다. 또한 驛置道里簿는 주천에서 돈황에 이르는 노선, 驛置, 里程 등이 기록되어 있고, 郵書課는 현천치 부근 亭,置의 명칭을 기록하고 있어 敦煌에서 淵泉, 敦煌에서 冥安에 이르는 구체적인 교통노선을 알려준다. 또한 律令과 科品 등의 조문은 중앙의 郵置 관련 각종 제도 및 법규 등을 기록하고 있고, 사법안건을 기록한 爰書, 劾狀 등의 문건은 당시 사법제도의 연구에도 큰 도움이 된다. 그 외에도 日書, 曆譜, 醫方, 相馬經, 急就章, 蒼頡篇 등 서적은 당시 사회를 연구하는데 상당한 자료를 제공한다. 현천치 출토 간독은 돈황한간 및 거연한간으로 대표되는 서북지역 한간의 수를 대폭 늘려주었고, 漢代 郵驛과 교통 관련 분야 뿐만 아니라 漢代 서북지역의 정치, 군사, 법률, 외국과의 교류, 민족관계, 屯戍제도 등을 연구하는데 큰 도움이 된다.

현천한간의 출토 상황은 1993년 3월 14일자 『中國文物報』에 소개되었고, 1993년 法律出版社에서 출간된 『簡帛硏究』第1輯에도 동일한 내용이 수록되었다. 이어서 2000년에 출간된 『文物』에는 감숙성문물고고연구소에서 편찬한 정식발굴 보고인 「甘肅敦煌漢代懸泉置遺址發掘簡報」와 현천한간의 대체적인 내용을 소개한 「敦煌懸泉漢簡內容槪述」, 현천한간의 주요도판 및 석문을 수록한 「敦煌懸泉漢簡釋文選」이 발표되었다. 이어서 2001년에는 현천한간의 주요 석문을 수록한 『敦煌懸泉漢簡釋粹』(胡平生, 張德芳 編, 上海古籍出版社)와 『敦煌懸泉月令詔條』(中國文物硏究所, 甘肅省文物考古硏究所 合編, 中華書局)가 출간되었지만, 이후 오랜 기간 동안 현천한간의 정식 석문집은 나오지 않았고 일부 논문 등에 미공개 석문이 수록되기도 하였다. 그러다 지난 2019년 11월 『懸泉漢簡』(壹), 2020년 12월 『懸泉漢簡』(貳)가 출간되었고, 현천한간의 전체 도판 및 석문은 앞으로 총 8책에 걸쳐 수록, 소개될 예정이다.

4. 참고문헌

甘肅省文物考古研究所,「甘肅敦煌漢代懸泉置遺址發掘簡報」,『文物』2000-5.

甘肅簡牘博物館·甘肅省文物考古研究所·陝西師範大學人文社會科學高等研究院·淸華大學出土文獻研究與保護中心 編, 『懸泉漢簡』(壹), 中西書局, 2019.

甘肅簡牘博物館·甘肅省文物考古研究所·陝西師範大學人文社會科學高等研究院·淸華大學出土文獻研究與保護中心 編, 『懸泉漢簡』(貳), 中西書局, 2020.

駢宇騫·段書安 編著, 『二十世紀出土簡帛綜述』, 文物出版社, 2006.

나포뇨이 한간(1930)

[羅布淖爾 漢簡]

1. 출토지 : 신강위구르자치구 나포뇨이[롭-노르] 居盧訾倉 유지

2. 개요

   1) 발굴기간 : 1930년

   2) 발굴기관 : 西北科學考察團 黃文弼

   3) 유적종류 : 관청유적

   4) 시대 : 한대

   5) 시기 : 기원전 1세기

   6) 출토상황 : 1926년 北平中國學術協會와 스웨덴 탐험가 스벤 헤딘은 공동으로 서북과학고찰단을 구성하여 몽골, 감숙, 신강, 영하 등지에 대한 고고, 민속 고찰 활동을 계획하였다. 고찰은 1927년 5월부터 1933년까지 진행되었는데, 1930년 2월 중국의 고고학자이자 서북과학고찰단 단원인 황문필이 新疆 羅布淖爾 黔得沙爾에서 목간 71매를 발견하였다. 묵득사이는 한대 西域都護에 속한 居盧訾倉의 고지였다. 목간에는 黃龍, 元延 등의 紀年簡이 있어 이 간독이 전한시기의 것임을 알 수 있다. 1948년 황문필은 『羅布淖爾考古記』(北京大學)를 저술하여 고찰의 상세한 정황과 발굴된 71매 한간의 내용을 상세히 설명하였다. 이 한간의 석문은 1984년 文物出版社에서 출판된 『疏勒河流域出土漢簡』(林梅村, 李均明 合編)의 부록에도 수록되었다. 현재 이 간독은 대만 中央研究院 歷史語言研究所에 보관되어 있는데, 1999년 출간된 『居延漢簡補編』(簡牘整理小組 編, 中央研究院歷史語言研究所) 부록에도 수록되었다.

3. 내용

   나포뇨이 한간의 대부분 간독 내용은 한대 西域都護 소속 居盧訾倉에서 사용된 관문서 자료

로 볼 수 있다. 간독 중에는 "居盧訾倉以郵行"(NPM1[L13])이라는 간문이 있어 한대 서역도호 관할 기구에까지 내지와 비슷한 문서행정 시스템이 구축되어 있었음을 알 수 있고, "龜玆王使者二[人]"(L12)이라는 간문은 당시 서역도호와 西域 諸國 간의 긴밀한 교섭이 이루어지고 있었음을 보여준다.

4. 참고문헌

駢宇騫·段書安 編著, 『二十世紀出土簡帛綜述』, 文物出版社, 2006.

中研院史語所簡牘整理小組 編, 『居延漢簡(肆)』, 中央研究院歷史語言研究所專刊之109, 2017.

니아 한간(1931)

(스타인 제4차 중앙아시아 탐험) [尼雅 漢簡]

1. **출토지** : 신강위구르자치구 民豐縣
2. **개요**

   1) 발굴기간 : 1931년 1월 22일~24일

   2) 발굴기관 : 오렐 스타인 중앙아시아 탐험대

   3) 유적종류 : 봉수유적

   4) 시대 : 한대

   5) 시기 : 기원전 1세기~기원후 2세기(?)

   6) 출토상황 : 1931년 1월 22일 스타인이 이끈 탐험대가 신강위구르자치구 민풍현 북쪽 150㎞ 지점 尼雅河 종점 N.XIVⅱ유지에서 21매의 漢文 木簡을 발견했다고 하는데 그 절대 다수는 잔편이었다. 林梅村은 스타인이 촬영한 문서 사진(T.O15, T.O16, T.O37)을 보면 N.XIV 유지에서 발견된 한문 간독은 모두 22매이며, 스타인이 일기에서 말한 21매가 아니라고 고증하였다. 한편 같은 날인 1931년 1월 22일 저녁 한 고용인이 스타인에게 한문 목간 잔편 4매를 가져다 주었다. 그는 처음에 이를 N.Ⅱ유지에서 발견했다고 하였다가, 이후 N.XII유지에서 동쪽으로 1/3마일 떨어진 어느 짚더미에서 발견하였다고 고쳐 말하였다. 다음 날인 1931년 1월 23일 또 다른 고용인은 니아 N.Ⅱ유지의 집 부근 쓰레기 더미에서 1매의 완정한 한문 간독을 찾아냈다. 그리고 사흘째인 1931년 1월 24일 스타인은 일기에 "古橋유지로부터 파견된 사람이 다른 3매의 간독을 가져왔는데, 이는 예전에 정리했던 지점에서 얻은 것이지만, 그중 1매의 간에만 문자가 남아있었다"고 기록하였다. 임매촌은 이 3매 간독의 발견지점을 N.Ⅱ유지라고 고증했는데, 그는 스타인이 4차 중앙아시아 탐험 중 니아에서 획득한 한문 목간은 모두 30매라고 정리하였다. 그러나 임매촌이 대영박물관에서 발간한 스타인 제4차 중앙아시아 탐험시 획득한

니아문서 사진에는 26매의 한문 간독만이 포함되어 있었으며, 그중 22매는 N.XIV유지에서, 나머지 4매는 N.II유지에서 발견한 것이었다. 스타인의 한 고용인이 1월 22일 저녁 N.XII유지 부근에서 획득한 4건의 한문 잔간은 발견하지 못했다.

3. 내용

스타인이 제4차 중앙아시아 탐험 기간 중 발견한 간독 중 1매의 잔간에는 "□□□武□□□ 漢精絶王承書從(事)□□□" 등의 글자가 있었다. 또한 다른 간독 중에는 왕실 구성원들끼리 서로 응대하고 선물을 주고 받은 것을 기록한 8매의 목간이 있는데, 그중 1매에는 "臣承德叩頭, 瑾以玫瑰ㅣ再拜致問大王", "太子美夫人叩頭, 瑾以琅玗ㅣ致問夫人春君" 등의 문자가 있다. 임매촌은 스타인이 4차 탐험 중 발견한 尼雅漢簡은 시대적으로 前漢簡, 新莽簡, 後漢簡의 3조로 나눌 수 있다고 고증하였다.

4. 참고문헌

林梅村, 「尼雅漢簡與漢文化灶西域的初傳-兼論懸泉漢簡中的相關史料」, 『中國學術』 6, 商務印書館, 2001.

林梅村 編, 『樓蘭尼雅出土文書』, 文物出版社, 1985.

니아 한간(1993)

[尼雅 漢簡]

1. 출토지 : 신강위구르자치구 民豊縣

2. 개요

    1) 발굴기간 : 1993년

    2) 발굴기관 : 中日聯合尼雅遺跡考察隊

    3) 유적종류 : 봉수유적

    4) 시대 : 한대

    5) 시기 : 기원전 1세기(?)

    6) 출토상황 : 1993년 中日聯合尼雅遺跡考察隊는 제5차 타클라마칸 사막 내부 니아유적에 대한 고찰을 진행하였다. 이 고찰에서는 많은 중요한 수확이 있었지만, 가장 중요한 발견은 중국측 대원 林永健 등이 니아유지에서 2매의 한간을 발견한 것이었다. 이 간독은 尼雅佛塔 서북쪽 약 7~8㎞ 지점의 한 집터 근처에서 발견되었다고 한다. 이 집터의 동쪽 담장 바깥쪽에는 馬槽類의 유물이 있었고, 그 길이는 대략 1.5~2m로서 안쪽에는 모래가 쌓여져 있었다. 이 馬槽 내부의 모래를 모두 치운 후 바닥에서 2매의 간독을 발견하였으나 다른 유물은 발견하지 못했다. 新疆文物考古研究所 전 所長인 王炳華를 통해 간독의 출토 지점이 확인되었으며, 그 결과 이 유지는 스타인이 N.XIV로 편호한 유지임을 확인하였다.

3. 내용

1993년 니아유지에서 발견된 2매 목간 중 1매는 길이 15.4㎝, 너비 1.08㎝, 두께 0.3㎝로서 13자가 남아 있었는데 그 석문은 "谿谷阪險丘陵故舊長緩肆延渙"이다. 뒷면에는 상단에 3글자가 남아 있었는데, 필획이 가늘고 묵이 옅어 석독이 곤란하였다. 다른 1매의 목간은 비교적 보존이 잘 되어 있었으며, 간의 폭이 약간 차이가 있어 길이 23.1㎝, 너비 1.07~1.18㎝, 두께 0.22㎝이다. 육안으로는 알아볼 수 없지만 간의 꼭대기에 "艹", "扗" 두 글자만 남아 있었다. 상해박물관 王樾의 고증에 따르면 이 잔간은 진한시대 字書인 〈倉頡篇〉의 잔문이라고 한다.

4. 참고문헌

王樾, 「略說尼雅發現的"倉頡篇"漢簡」, 『西域研究』 1998-1.

「尼雅遺址漢簡重大發現: 精絶國小學課本竟是〈倉頡篇〉」, 光明日報 2018.11.3.

林梅村, 「尼雅漢簡與漢文化灶西域的初傳-兼論懸泉漢簡中的相關史料」, 『中國學術』 6, 商務印書館, 2001.

林梅村 編, 『樓蘭尼雅出土文書』, 文物出版社, 1985.

[거연 한간居延 漢簡]

우리가 일반적으로 "거연한간"이라고 부르는 간독이 출토된 지역은 중국 서북지역 甘肅省 酒泉市 경내의 北大河 인근지역부터 서북쪽으로 內蒙古自治區 額濟納旗 지역까지 흐르는 額濟納河 부근이다. 額濟納河 상류부터 하류까지 약 250㎞ 구간에 걸쳐 漢代 張掖郡 소속 肩水都尉府와 居延都尉府 관할의 候官, 烽燧, 關塞 등이 위치하고 있었고, 掖濟納河 인근 弱水 하류 남쪽부터 居延澤 남단에 이르는 약 60㎞ 구간에서도 候官 및 烽燧 유지가 있었다. 또한 이들 烽燧 유지로 둘러싸인 지역에서 漢代 張掖郡 관할의 각급 관청 유지 및 屯田 구역도 위치하였다. 1930년 4월 중국과 스웨덴이 함께 조직한 서북과학고찰단의 단원이었던 스웨덴 고고학자 폴크 베르그만(Folke Bergman)에 의해 이 지역에서 처음으로 목간이 발견된 이후 여러 차례에 걸친 발굴조사로 인해 額濟納河 유역 봉수유지 등에서 수 만매의 漢代, 西晉代 간독이 발굴되었다. 이들 간독의 출토지점은 甘肅省 및 內蒙古自治區에 걸친 漢代 봉수유지였는데, 이 지역이 漢代 張掖郡 居延縣 지역으로 추정되었기 때문에 "居延漢簡"이라는 이름으로 전 세계에 알려졌다.

『史記』 匈奴列傳에 따르면 漢 武帝 太初3년(기원전102)부터 이 지역의 흉노를 몰아내고 각급 군사요새 및 봉수대를 설치하기 시작하였으며, 내지의 백성들을 이주시키고 둔전을 개척하는 등 항구적으로 지배할 수 있는 체제를 갖추기 시작하였다. 이 지역의 군사요새 및 봉수대는 額濟納河를 따라 남북 방향으로 건설되었으며, 남쪽 지역은 酒泉郡 東部都尉부터 敦煌郡에 이르는 동서 방향의 봉수대와 연결되었다. 따라서 額濟納河 유역의 邊塞는 敦煌 인근의 邊塞와 함께 흉노를 방어하는 중요 군사시설이 설치된 지역이었음을 알 수 있다.

1930년부터 1931년까지 額濟納河 유역에서 발굴된 약 11,000여 매의 간독은 1943년부터 2017년에 이르기까지 여러 차례에 걸쳐 그 석문이 발표되었는데, 본서에서는 이를 1970년 이후에 발굴된 거연한간과 구별하기 위해 "居延漢簡(舊簡)"이라는 제목으로 소개한다. 또한 1972년부터 1974년 사이 이 지역에서 발굴된 19,700여 매의 간독 중 肩水金關 유지에서 출토된

11,000여 매의 간독을 제외하고 약 8,000매 가량의 간독이 1990년부터 2016년에 이르기까지 "居延新簡"이라는 서명으로 출판되었는데, 본서에서는 이를 "居延漢簡(新簡)"이라는 제목으로 소개한다. 그리고 1972년부터 1974년 사이 額濟納河 肩水金關 유지에서 출토된 11,000여 매의 간독은 2011년부터 2016년까지 "肩水金關漢簡"이라는 서명으로 출간되었으므로, 본서에서도 이를 "肩水金關漢簡"이라는 제목으로 소개한다. 1986년에는 肩水金關 인근 肩水候官 지역에서 약 700여 매의 간독을 발굴하였는데, 이 간독은 2017년 "地灣漢簡"이라는 서명으로 출간되었으므로 본서에서도 이를 "地灣漢簡"이라는 제목으로 소개한다. 한편 1998년부터 2002년까지 내몽골자치구 문물고고연구소는 額濟納旗 관할 구역의 봉수유지를 조사하고 약 500여 매의 간독을 발굴하였는데, 이는 2005년 "額濟納漢簡"이라는 서명으로 출간되었으므로, 본서에서도 이를 "額濟納漢簡"이라는 제목으로 소개한다.

이상에서 소개한 간독들은 모두 額濟納河 유역의 봉수 및 군사기구에서 출토된 간독들이므로 모두 서로 비슷한 성격을 가지고 있으며, 漢代 居延都尉府, 肩水都尉府 관할 영역에서 사용된 행정문서들이 다량으로 수록되어 있다. 居延漢簡으로 분류될 수 있는 간독은 1930년 이후 지금까지 40,000매 이상이 출토되었는데, 비슷한 성격의 문서라고 볼 수 있는 敦煌漢簡보다 그 수량이 훨씬 많아 漢代 사회사, 군사제도 및 행정제도를 연구하는데 있어 극히 큰 자료적 가치를 지니고 있다.

거연 한간(구간)(1930~1931)

居延 漢簡(舊簡)

1. 출토지 : 감숙성 및 내몽골자치구 額濟納河 봉수유지

2. 개요

    1) 발굴기간 : 1930년~1931년

    2) 발굴기관 : 西北科學考察團, 폴크 베르그만

    3) 유적종류 : 봉수유적

    4) 시대 : 한대

    5) 시기 : 기원전 2세기~기원후 2세기

    6) 출토상황 : 1930년 4월 중국과 스웨덴이 함께 조직한 서북과학고찰단의 구성원인 스웨덴 고고학자 폴크 베르그만(Folke Bergman)은 額濟納河 유역에서 1매의 목간을 발견했고, 그 후 고찰단은 額濟納河 유역 봉수유지에 대한 조사를 통해 11,000여매의 한대 간독을 발견하였다. 이들 간독의 구체적인 출토범위는 북쪽으로 "宗間阿瑪"에서 시작해 남쪽으로 "毛目"에 이르는 약 250㎞ 구간과, 북쪽으로 "布肯托尼"에서 시작해 남쪽으로 "博羅松治"에 이르는 약 60㎞ 구간이다. 고찰단은 이 구간에서 32곳의 봉수유지를 발굴하였고 그중 20곳에서 간독이 출토되었다. 출토 간독이 가장 많은 지점은 "破城子"(5,216매), "地灣"(2,000매), "大灣"(1,500매)의 세 곳으로, 이 세 곳에서 출토된 간독이 전체 거연한간의 80% 가까이를 차지한다. 이들 지점에서 발견된 간독의 양은 당시는 물론 1949년 이전까지 발견된 간독 중 가장 큰 비중을 차지했기 때문에 당시 학계를 들썩이게 했다. 이들 간독의 출토지점은 내몽골자치구 및 감숙성의 額濟納河 유역 한대 봉수유지였는데, 이 지역이 한대 당시 張掖郡 居延縣으로 추정되었기 때문에 "居延漢簡"이라는 이름으로 전 세계에 알려졌다.

    거연한간의 발굴은 20세기 초 중국 간독학 연구에 있어 획기적인 사건이었지만 당시 중국을

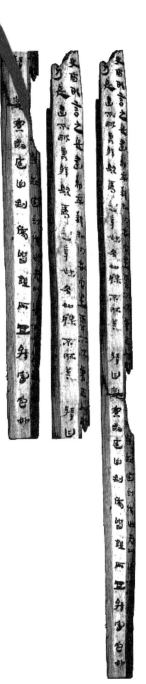

〈居延舊簡(居延漢簡[壹] 圖版 轉載)〉

둘러싼 국내외 정세가 급변하고 있었기 때문에 그 보존처리 및 정리작업에 상당한 장애가 되었다. 額濟納河 유역에서 발굴된 거연한간은 1931년 5월 북경으로 옮겨져 劉半農, 馬衡 등에 의해 연구가 진행되었지만, 1937년 중일전쟁의 발발로 정리작업은 중단되었고, 간독은 천진에서 해로를 통해 홍콩 대학으로 옮겨졌다. 1941년 태평양전쟁이 발발하자 거연한간은 홍콩에서 다시 미국의 국회도서관으로 옮겨졌고, 이 과정에서 간독의 도판 등이 몇 차례 소실되기도 하였다. 1965년 胡適에 의해 거연한간 원간은 미국에서 대만으로 옮겨져 현재까지 타이베이의 中央研究院 歷史語言研究所에 보관되어 있다.

3. 내용

거연한간은 한대 張掖郡 居延都尉府와 肩水都尉府 및 그 관할 기구에서 사용한 각종 관문서 자료를 포함하고 있어, 한대 서북 변경 지역의 정치, 경제, 군사제도 등을 연구하는 데 중요한 자료를 제공하고 있다.

내용 및 형식에 따라 거연한간을 분류하면 詔書를 비롯한 각급 행정기관의 書檄類 문서, 封檢, 符卷, 사람 및 각종 사물의 통계 장부인 簿籍類 문서, 書信, 曆譜, 律令, 小學類 문서, 醫方, 數術類 문서, 紀年簡 등으로 나눌 수 있다. 이 중에서 詔書 등 각급 행정기관의 관문서, 각종 簿籍類 문서는 한대 행정문서의 양식은 물론 당시 장액군 주변 지역의 봉수 등의 배치상황, 都尉府 휘하 군사기구의 설치 정황을 상세하게 보여주며 한제국이 이 지역을 흉노의 위협으로부터 방어하고 제국의 영역을 확대하기 위해 시행한 여러 정책 및 제도, 활동들을 확인할 수 있게 해준다. 특히 거연한간 간문을 통해 이 지역에서 발견된 봉수유지의 당시 명칭 및 戍卒의 배치상황이나 활동 등을 잘 알 수 있게 되었다. 또한 거연한간은 한대 지방 속리의 설치상황 및 秩祿, 변경지역 하급 軍吏와 戍卒의 경제생활 및 활동 등을 보여주는 중요한 자료를 제공한다. 특별히 이들 공문서 중 연월일을 기록하고 있는 紀年簡은 漢代 朔閏의 배열 연구에 중요한 자료를 제공한다.

거연한간은 1949년 이전 발굴된 간독 자료 중 가장 양이 많을 뿐만 아니라 한대 서북 변경지역에서 실제 사용된 각종 공문서를 포함하고 있어 한대 역사 연구에 매우 큰 가치를 지닌 자료이다. 특히 1972년 이후 거연한간이 발견되었던 지역에서 다시 居延漢簡(新簡), 肩水金關漢簡, 地灣漢簡, 額濟納漢簡 등 20,000여 매 이상의 간독이 발굴되면서 거연한간이 지닌 자료적 가치는 더욱 커졌다고 할 수 있다. 하지만 거연한간의 발굴 이후 전쟁 등 중국의 혼란한 국내외 상황으로 인해 간독이 북경, 홍콩, 미국, 대만 등으로 옮겨지면서 적절한 보존 및 정리가 이루어지지 못했고, 이로 인해 이후 출간된 거연한간의 도판 및 석문 등에는 상당한 결함이 있을 수밖에 없었다.

거연한간 정리에 참여했던 勞榦은 1943년 四川 南溪縣에서 『居延漢簡考釋·釋文之部』(4冊)를 정리 출판하였고, 1944년에는 『居延漢簡考釋·考證之部』(2冊)를 출판하였는데, 당시 인쇄조건의 제한으로 100부도 인쇄하지 못했고, 간독의 도판도 수록하지 못했다. 1949년 11월 上海商務印書館은 『居延漢簡考釋·釋文之部』(2冊)를 활판 인쇄하였다. 1957년 勞榦은 일부분의 도판을 수록한 『居延漢簡·圖版之部』(3冊)를 대만에서 출간하였고, 1960년에는 『居延漢簡·考釋之部』를 출간하였다. 또 다른 일부분은 中國科學院考古硏究所가 1957년 『居延漢簡甲編』(科學出版社)이란 제목으로 출간하였다. 이 책에는 2,555매 거연한간의 도판과 석문을 수록하고 있는데, 이는 당시 대륙에 남아있던 간독 사진본에 근거해 출간된 것이다. 비교적 완전한 형태의 거연한간은 1980년 『居延漢簡甲乙編』(中國社會科學院考古硏究所 編, 中華書局)의 출간으로 공개되었는데, 上,下 양책으로 만들어진 이 책은 上冊에서 모든 居延漢簡의 도판을 수록하였고, 下冊은 釋文, 附錄, 附表 등을 수록하였다. 1987년에는 甲乙編의 석문을 상당 부분 수정한 『居延漢簡釋文合校』가 출간되었다. 한편 거연한간 원간을 소장한 대만에서는 1981년 『居延漢簡新

編』(臺北簡牘學社)을 출간한데 이어, 1988년부터 劉增貴, 邢義田 등의 학자들이 간독정리소조를 구성해 이미 출간된 도판과 석문을 원간과 비교 검사하고 미발표 간을 정리하는 작업을 진행하였고, 勞榦의 미발표간 1,153매의 도판과 석문을 수록한 『居延漢簡補編』을 출간하였다. 중국에서는 『居延漢簡補編』의 내용으로 『居延漢簡甲乙編』을 보완한 『中國簡牘集成[標註本]』(第5冊, 第6冊, 第7冊, 第8冊)을 2001년 출간하였다. 한편 대만의 中央研究院歷史語言研究所 簡牘整理小組는 2014년부터 전체 거연한간의 도판 및 석문을 수록한 『居延漢簡(壹)』(2014), 『居延漢簡(貳)』(2015), 『居延漢簡(參)』(2016), 『居延漢簡(肆)』(2017)를 연이어 출간하였다. 이처럼 적외선 촬영 등의 신기술을 적용한 거연한간의 출간으로 인해 기존 판본의 편호 및 석문 오류 등은 상당히 수정되기에 이르렀다.

4. 참고문헌

謝桂華·李均明·朱國炤 編, 『居延漢簡釋文合校』, 文物出版社, 1987.

簡牘整理小組 編, 『居延漢簡補編』, 中央研究院歷史語言研究所, 1998.

駢宇騫·段書安 編著, 『二十世紀出土簡帛綜述』, 文物出版社, 2006.

거연 한간(신간)(1972~1974, 1976, 1982)
居延 漢簡(新簡)

1. 출토지 : 감숙성 및 내몽골자치구 破城子(甲渠候官), 甲渠塞第4隧, 卅井塞次東隧

2. 개요

    1) 발굴기간 : 1972년~1974년, 1976년, 1982년

    2) 발굴기관 : 甘肅省 文物部門

    3) 유적종류 : 봉수유적

    4) 시대 : 한대

    5) 시기 : 기원전 2세기~기원후 2세기

    6) 출토상황 : 1972년에서 1974년 사이 甘肅省文化廳文物處, 甘肅省博物館文物隊, 酒泉地區及當地駐軍 등의 기관은 居延考古隊를 구성하여 額濟納河 유역 居延 漢代 유지에 대한 발굴을 진행하였는데, 그중에서 甲渠候官(破城子), 甲渠塞第4隧, 肩水金關 유지에서 19,700여 매의 간독을 발굴하였다. 이 중 견수금관에서 발견된 11,000여 매 가량의 간독을 제외한 8,000여 매 가량의 간독이 "居延新簡"이라는 이름으로 발표되었기 때문에 본서에서는 1972~74년 사이 甲渠候官 및 甲渠塞第4隧에서 발견된 간독을 "거연신간"으로 소개하며, 같은 시기 견수금관에서 발견된 간독은 "견수금관한간"으로 소개한다. 한편 『居延新簡』에는 1972년부터 1982년 사이에 額濟納河 봉수유지에서 발굴, 채집된 간독도 함께 수록하고 있는데, 각 지점별 발굴 상황과 매수는 다음과 같다.

    ① 甲渠候官(破城子) : 갑거후관 유지는 額濟納河 봉수유지 중 비교적 북쪽에 위치해 있다. 1930~31년 사이 이 유지를 발견한 서북과학고찰단의 폴크 베르그만(Folke Bergman)은 이 지점에 A8이라는 편호를 붙이고, 여기서 5,200매의 간독을 발굴하였는데, 이는 전체 居延漢簡(舊簡) 중 상당부분을 차지한다. 그리고 그는 이 지점이 張掖郡 居延都尉府 소속 甲渠候官의 소

재지임을 밝혀냈다. 1972년 居延考古隊는 이 지점에 대한 발굴조사를 다시 진행하였다. 이 지점에는 EP라는 편호가 부여되었는데, 발굴단은 갑거후관의 鄣, 塢, 烽臺, 塢 동쪽의 퇴적층에서 탐방 68개를 파고, 1930년대보다 훨씬 넓은 면적에서 발굴조사를 진행하였다. 그리고 그 결과 목간 7,933매와 각종 유물 881건을 발굴하였다. 1930~31년 사이 이 지점에서 발굴된 5,200매 간독(居延漢簡[舊簡])과 합하면, 갑거후관 유지에서만 거연한간 13,133매가 출토된 셈이다. 여기서 발견된 간독에 따르면 갑거후관은 늦어도 전한 무제 말년 이전에 건립되었으며, 소제, 선제 시기의 屯戍활동이 활발히 이루어졌음을 알 수 있다.

② 甲渠塞第4隧 : 갑거새제4수는 갑거후관 남쪽 5㎞ 지점 伊肯河 서안에 위치하고 있다. 1930~31년 당시 서북과학고찰단은 P1이라는 편호가 붙여진 이곳에서 목간 1매를 발굴한 바 있었다. 1972~74년 사이 거연고고대는 이 지역의 편호를 EPS4로 정하고, 烽臺와 塢 등에 대한 발굴조사를 진행하여, 목간 195매와 각종 유물 105건을 발견하였다. 여기서 발굴된 간독 중 紀年이 가장 이른 것은 전한 소제 始元3년(B.C.84)의 것이고, 가장 늦은 것은 更始3년(A.D.25)이다. 간독에 따르면 이 지점은 갑거후관에 소속된 第4候長의 치소가 있던 第4隧 및 第4部의 소재지였음을 알 수 있다.

③ 卅井塞次東隧 : 1976년 居延都尉府 卅井候官 소속 次東隧에서 173매의 간독을 발견하였다. 이 간독은 갑거후관 및 갑거새제4수에서 발굴된 간독과 함께 『居延新簡』에 수록되었다.

④ 기타 : 이외에도 1972년 정확한 발견지점이 불명확한 2組의 간독이 채집되었는데, 그중 1組는 7매, 다른 1組는 14매의 간으로 이루어져 있었다. 또한 1982년에는 갑거후관 유지에서 20매, 갑거새제4수에서 67매의 간독이 다시 발견되었다. 이들 간독은 모두 『居延新簡』에 수록, 소개되었다.

〈居延新簡(居延新簡集釋[壹] 彩版 轉載)〉

3. 내용

거연신간은 漢代 張掖郡 居延都尉府 소속 甲渠候官 및 卅井候官과 그 관할 기구에서 사용한 각종 관문서 자료를 포함하고 있다. 대부분의 간독은 목간이며 극소수만이 죽간이다. 形制로 보면 簡, 牘, 楬, 觚, 封檢, 削衣 등으로 구분할 수 있다. 통상적으로 완정한 간의 길이는 약 23㎝ 정도이지만 가장 긴 것은 88.2㎝에 달한다(EPT57.108 〈候史廣德坐罪行罰〉觚). 거연신간 중 기년이 기록된 간은 前漢 昭帝시기부터 西晉 武帝 太康4년의 것까지 있지만, 前漢 宣帝 시기의 簡이 가장 많으며, 後漢 光武帝 建武8년 이후의 것은 비교적 적다.

거연신간은 거연구간과 같이 額濟納河 봉수유지에서 사용한 문서 당안이 다수 수록되어 있지만, 거연신간의 가장 큰 특징이라고 한다면 〈塞上烽火品約〉, 〈候粟君所責寇恩事冊〉 등 다양한 내용을 담고 있는 卷冊이 대량으로 수록되어 있다는 점이다. 특히 甲渠候官 F22 지점에서 완정한 冊書가 다량으로 발견되었다. 당시 책서들 중 어떤 것은 여전히 편련된 상태였으며, 어떤 것은 編繩이 썩어버렸지만 여전히 책서의 모습을 하고 있는 것이 있었고, 어떤 것은 이미 흩어진 상태에서 발견되었지만 발굴 후 책서로 복원된 것도 있었다. 책서의 편승은 두 갈래로 묶여진 것과 세 갈래로 묶여진 것, 두 종류가 있었는데 흥미로운 것은 왕망 시대의 책서는 특별히 붉은 색 끈으로 편련되었다는 점이다. 簡冊의 내용은 詔書, 律令, 品約, 牒書, 推辟書, 爰書, 劾狀 및 여러 종류의 簿籍 등으로 다양하며, 이러한 관문서 외에도 〈九九術〉, 干支表, 曆譜, 醫藥方과 〈倉頡篇〉, 〈急就篇〉 등의 서적 및 그 殘簡도 포함하고 있었다. 특히 일부 詔書 및 문서는 중앙조정에서 만들어져 京兆尹, 右扶風, 北地郡, 安定郡, 武威郡, 張掖郡 등을 거쳐 전달된 것으로서 전한시기 장안 서쪽부터 돈황 동쪽 지역에 이르는 교통노선을 상세히 기록하고 있어 당시 교통노선을 연구하는데 중요한 자료를 제공하고 있다.

거연신간 자료는 거연구간과 함께 한대 서북 변경의 屯戍상황 및 생활상과 함께, 한대의 정치, 경제, 군사, 문화, 과학기술, 법률, 민족관계, 교통, 문자, 서법 등을 연구하는데 있어 중요한 가치를 지닌 자료이다. 특히 1930년대에 발굴된 거연구간의 이해와 연구를 심화시키는데도 상당한 역할을 하였다. 따라서 거연신간은 발굴 초기부터 국내외의 많은 관심을 받았고, 甘肅省博物館, 國家文物局 古文獻硏究室, 中國社會科學院 歷史硏究所 등의 기관들이 함께 수년간 정리

작업을 진행하였다. 그리고 빠른 정리결과의 발표를 위해 견수금관 출토 간독을 제외한 갑거후관 및 갑거새제4수 유지 출토 간독의 석독작업을 우선 중점적으로 진행하였다.

　이들 간독이 출토된 후 1978년『文物』에는 거연신간의 발굴 정황 및 주요 간독의 내용을 소개하는 글이 수록되었고(甘肅居延考古隊 編,「居延漢代遺址籍發掘和新出土的簡冊文物」,『文物』1978年第1期 ; 徐蘋芳,「居延考古發掘的新收穫」,『文物』1978年第1期), 1990년 문물출판사에서는 갑거후관 및 갑거새제4수 발굴 간독 및 1972년 채집 일부 간독의 석문을 수록한『居延新簡-甲渠候官與第四隧』가 출간되었고, 1994년 중화서국에서 갑거후관, 갑거새제4수, 삼정새차동수 및 1972년, 1982년 額濟納河 유역 봉수유지에서 채집된 散簡 전체의 도판과 석문을 수록한『居延新簡-甲渠候官』이 출간되었다. 2001년에는『居延新簡-甲渠候官』의 석문을 일부 보완하여『中國簡牘集成[標註本]』(第9冊, 第10冊, 第11冊, 第12冊)이 출간되었다. 그리고 2016년에는 원간의 채색도판, 적외선 사진본 및 수정 석문을 포함한『居延新簡集釋』(1)~(7)(全7卷)(張德芳 主編, 甘肅文化出版社)이 출간되었다.

4. 참고문헌

甘肅省文物考古研究所·甘肅省博物館·文化部古文獻研究室·中國社會科學院歷史研究所 編,『居延新簡-甲渠候官與第四隧』, 文物出版社, 1990.

　駢宇騫·段書安 編著,『二十世紀出土簡帛綜述』, 文物出版社, 2006.

견수금관 한간(1973)

肩水金關 漢簡

1. **출토지** : 감숙성 金塔縣 견수금관 유지

2. **개요**

   1) 발굴기간 : 1973년

   2) 발굴기관 : 甘肅省 文物部門

   3) 유적종류 : 봉수유적

   4) 시대 : 한대

   5) 시기 : 기원전 2세기~기원후 2세기

   6) 출토상황 : 1972년에서 1974년 사이 甘肅省文化廳文物處, 甘肅省博物館文物隊, 酒泉地區及當地駐軍 등의 기관은 거연고고대를 구성하여 額濟納河 유역 거연 한대 유지에 대한 발굴을 진행하였는데, 그중에서 갑거후관(破城子), 갑거새제4수, 견수금관 유지에서 19,700여 매의 간독을 발굴하였다. 이 중 갑거후관(破城子)에서 발견된 7,933매와 갑거새제4수에서 발견된 195매의 간독은 1990년과 1994년 출간된 『居延新簡』에 수록되었고, 견수금관에서 발견된 11,577매의 간독은 2011년부터 출판되기 시작한 『肩水金關漢簡』에 수록되었다. 견수금관한간의 구체적인 발굴상황은 다음과 같다.

   견수금관은 甘肅省 金塔縣 天倉 북쪽 25㎞ 지점 額濟納河 상류 유역에 위치한 유지이다. 견수금관은 漢代 張掖郡 肩水都尉府 관할 하의 關門城으로 중국 내지에서 거연지역으로 들어가기 위해 반드시 거쳐야 하는 관문이었다. 1930년 서북과학고찰단의 폴크 베르그만(Folke Bergman)은 이 지점의 편호를 A32로 정하고, 이 지점에서 850여 매의 간독(문자가 저록된 것 724매)을 발굴하였다. 1973년 7월 13일부터 9월 25일까지 75일간 거연고고대는 이 지역의 편호를 EJ로 정하고, 여기에서 간독 11,577매와 기타 유물 1,311건을 발굴하였다.

견수금관은 행정상 한대 장액군 견수도위부에 소속되어, 견수도위부 관할 구간과 거연도위부 관할 구간을 연결하는 지점에 위치해 있었다. 견수금관의 관문 양측으로는 가로세로 6.5 × 6m 넓이의 장방형 墩臺가 마주보고 있으며, 그 중간으로는 5m 넓이의 門道가 있었다. 문 안쪽으로는 봉화대와 담장으로 둘러싸인 吏員의 거주공간, 馬廏 등이 있었다.

3. 내용

견수금관한간은 한대 장액군 거연도위부 및 견수도위부에서 사용한 각종 관문서 자료와 견수금관 관문의 통과와 관련된 각종 문서 자료를 포함하고 있다. 거연신간과 마찬가지로 완정한 형태의 冊書도 일부 포함하고 있는데, 예를 들어 〈甘露二年丞相御史書〉 등의 책서가 대표적이다.

견수금관 지역은 額濟納河 유역의 봉수유지 중 갑거후관 지역과 함께 가장 많은 간독이 발굴된 지점으로, 견수금관한간은 거연구간, 거연신간과 함께 한대 서북 변경의 屯戌상황 및 생활상과 함께, 한대의 정치, 경제, 군사, 문화, 과학기술, 법률, 민족관계, 교통, 문자, 서법 등을 연구하는데 있어 중요한 가치를 지닌 자료이다. 특히 한대 변경지역 관문의 통과와 관련된 각종 문서를 포함하고 있어 당시 이 지역의 교통노선 및 通關행정 등의 연구에 중요한 의미를 지닌 자료이다. 견수금관한간은 사실상 거연구간, 거연신간과 거의 비슷한 지점에서

나왔으며, 이들과 거의 비슷한 내용의 간독자료이지만, 정리자들은 이 간독의 출토지가 명확하게 말해 거연지역이 아닌 점을 감안해 2011년 간독의 도판과 석문을 출간하면서 "肩水金關漢簡"이라는 書名을 사용하였다.

1972년에서 74년 사이에 額濟納河 유역에서 발굴된 간독의 경우 당시 당국자들의 결정에 따라 갑거후관 및 갑거새제4수 발굴 간독을 우선적으로 정리, 발표하게 되었고, 이에 따라 1990년과 1994년 『居延新簡』이 출간되었다. 그리고 견수금관한간은 그로부터 17년 이상이 지난 2011년부터 출간이 시작되

〈金關漢簡(肩水金關漢簡[參] 圖版 轉載)〉

었다. 2011년 8월 中西書局에서 『肩水金關漢簡』(壹)이 출간된데 이어, 2012년 『肩水金關漢簡』(貳), 2013년 『肩水金關漢簡』(參), 2015년 『肩水金關漢簡』(肆), 2016년 『肩水金關漢簡』(伍)가 연이어 출간되었다.

4. 참고문헌

甘肅簡牘保護研究中心·甘肅省文物考古研究所·甘肅省博物館·中國文化遺産研究院古文獻研究室·中國社會科學院簡帛研究中心 編, 『肩水金關漢簡』(1~5), 中西書局, 2011~2016.

騈宇騫·段書安 編著, 『二十世紀出土簡帛綜述』, 文物出版社, 2006.

지만 한간(1986)

地灣 漢簡

1. **출토지** : 감숙성 金塔縣 地灣 봉수유지

2. **개요**

   1) 발굴기간 : 1986년 9월 23일~10월 24일

   2) 발굴기관 : 감숙성 문물고고연구소

   3) 유적종류 : 봉수유적

   4) 시대 : 한대

   5) 시기 : 기원전 2세기~기원후 2세기

   6) 출토상황 : 地灣 유지는 甘肅省 金塔縣 航天鎭 북쪽 34㎞ 지점에 위치한 지점으로 한대 장액군 견수도위부 소속 견수후관의 치소가 있던 곳이었다. 지만(견수후관)의 북쪽으로 약 500m 떨어진 곳에는 견수금관 유지가 위치해 있다. 지만은 1930년 서북과학고찰단의 폴크 베르그만(Folke Bergman)이 발견한 額濟納河 유역 30개 봉수유지 중 한 곳으로, 1930~31년 당시 대량의 한대 간독이 발견된 지점이기도 하다. 폴크 베르그만은 1930~31년 사이 額濟納河 유역 30개 봉수유지에서 11,000여 매의 간독, 즉 거연한간을 발굴하였는데, 그중에는 갑거후관(파성자) 유지에서 나온 것이 4,422매, 견수후관(지만)에서 나온 것이 2,383매, 견수도위부(대만)에서 나온 것이 1,334매, 견수금관에서 나온 것이 724매로, 이 네 곳에서 나온 간독을 합하면 모두 8,863매로, 전체 거연한간의 80% 이상을 차지한다. 즉 견수후관(지만) 유지는 당시 갑거후관(파성자) 다음으로 많은 간독이 발굴된 지점이며, 전체 거연한간(구간)의 약 1/5 정도가 견수후관(지만) 유지에서 나온 것이다. 현재 지만은 障城과 塢院의 두 부분으로 구성되어 있는데, 장성의 서쪽으로 문이 있으며 障의 서쪽 편에 오원 유지가 있다. 오원은 가로세로 55×48m의 직사각형 형태로 벽의 높이는 3m, 너비는 1.3m이다. 오원은 남쪽으로 문이 나 있으며,

〈地灣漢簡(地灣漢簡 圖版 轉載)〉

塢 내 障의 남쪽으로 약간의 房屋 유지가 있다. 또한 오원 북쪽으로 20m 떨어
진 곳에는 동서방향의 塢墻이 있는데 그 길이는 100m, 너비는 2m이다.
1988년 지만유지는 중국의 全國重點文物保護單位로 지정되었다. 1986년 감
숙성박물관에서 갓 분리된 감숙성문물고고연구소는 그 이전 여러 차례에 걸
친 거연지구 조사의 기초 위에서 9월 23일부터 10월 24일까지 약 1개월 동안
지만 유지를 집중적으로 발굴하였다. 당시 발굴이 이루어진 探方은 59개소로
발굴면적은 1,800평방미터에 달한다. 그리고 여기서 한대 간독 약 700여 매
와 약간의 기타 문물을 발굴하였다. 이 간독은 2017년 中西書局에서 출간된
『地灣漢簡』에 수록되었다.

3. 내용

지만한간은 한대 장액군 견수도위부 소속의 견수후관에서 사용한 각종 관
문서 자료를 포함하고 있다. 견수후관은 견수금관과 약 500m 거리에 위치한
군사기구로, 견수금관과 군사행정상 밀접한 관련이 있었다. 따라서 지만한간
은 견수금관한간을 이해하는데 있어 중요한 가치를 지닌 자료이다. 또한 거연
한간(구간) 중 지만 출토 간독과 함께 한대 장액군 견수도위부 견수후관 내 吏
員 및 戍卒의 행정, 군사, 경제상 활동을 이해하는데 중요한 자료를 제공한다.

4. 참고문헌

甘肅簡牘博物館·甘肅省文物考古研究所·出土文獻與中國古代文明研究協同創新中心中國人民
大學分中心 編, 『地灣漢簡』, 中西書局, 2017.

액제납 한간(1998~2002)

額濟納 漢簡

1. **출토지** : 내몽골자치구 額濟納河 유역 봉수유지

2. **개요**

  1) 발굴기간 : 1998년~2002년

  2) 발굴기관 : 內蒙古自治區 文物考古硏究所

  3) 유적종류 : 봉수유적

  4) 시대 : 한대

  5) 시기 : 기원전 1세기~기원후 1세기

  6) **출토상황** : 거연한간, 거연신간, 견수금관한간, 지만한간 등이 발견된 한대 거연도위부 및 견수도위부 소속 봉수유지는 대부분 額濟納河 유역에 위치하고 있는데, 봉수선 남쪽 시작점은 甘肅省 金塔縣 毛目이며, 봉수선의 북쪽 끝은 내몽골자치구 阿拉善盟 額濟納旗 宗間阿瑪 지점이다. 그 전체 길이는 약 250㎞에 달하는데 그중에서 230㎞ 구간이 內蒙古自治區 額濟納旗에 속한다. 1998년부터 2002년까지 약 5년 동안 내몽골자치구 문물고고연구소는 국가문물국의 고고 유지 보호 전략에 따라 阿拉善盟博物館, 額濟納旗文物所와 함께 연합 고고대를 구성하여 額濟納河 유역에 대한 고고조사를 진행하였고, 한대 간독 500여 매와 기타 유물을 발굴하였다. 이 간독의 경우 거연한간 등의 간독과 거의 같은 지역에서 출토되었지만, 이 지역이 현재 내몽골자치구 額濟納旗 관할 영역이기 때문에 "額濟納漢簡"이라는 명칭을 사용하였다. 현재 간독 원간은 內蒙古自治區 文物考古硏究所에 보관되어 있다.

  약 500여 매에 달하는 額濟納漢簡은 소수의 간독(2002ESCSF1:1-18A,B)이 卅井塞 察干川吉(원편호:T116)에서 출토된 것을 제외하고 나머지 대부분의 간독은 甲渠塞 第7隧, 第9隧, 第11隧, 第12隧, 第14隧, 第16隧, 第17隧, 第18隧 등에서 출토되었다. 거연한간(신간)을 통해 알

려진 바와 같이 장액군 거연도위부 소속의 갑거후관은 총 10개의 部를 통할하는데 즉 萬歲部, 第4部, 第10部, 第17部, 第23部, 骿庭部, 推木部, 誠北部, 呑遠部, 不侵部이다. 이 중에서 第4部는 第4隧부터 第9隧까지의 隧를 통할하고, 第10部는 第10隧부터 第16隧까지의 隧를, 第17部는 第17隧부터 제22隧까지의 隧를, 第23部는 第23隧부터 第29隧까지의 隧를 통할한다. 따라서 額濟納漢簡의 대부분이 발견된 지점은 한대 장액군 거연도위부 갑거후관 관할 第4部, 第10部,

〈額濟納漢簡(額濟納漢簡 圖版 轉載)〉

第17部 소속의 봉수유지이다. 지금까지 이 지역에서 발견된 거연한간, 거연신간, 견수금관한간, 지만한간 중 거연구간 일부 간독 및 거연신간 갑거새제4수 발굴 간독을 제외하면 그 대부분이 갑거후관, 견수후관, 견수금관, 견수도위부 등 상급 관부에서 발견된 간독인 점을 볼 때, 額濟納漢簡은 額濟納河 유역 일선 봉수유지의 문서를 다량으로 포함하고 있다는 특징이 있다.

3. 내용

額濟納漢簡의 대부분 간독의 내용은 한대 장액군 거연도위부 갑거후관 소속 일선 봉수유지에서 사용된 관문서 자료로 볼 수 있다. 형태로 보면 額濟納漢簡에는 簡, 兩行, 牘, 觚, 楬, 封檢 등이 포함되며, 가장 빠른 기년을 가진 간은 前漢 宣帝 神爵3년(B.C.59)의 것이고, 가장 늦은 기년을 가진 간은 後漢 光武帝 建武4년(A.D.28)의 것이다.

額濟納漢簡을 내용상으로 분류하면 文書, 簿籍, 律令, 封檢 및 기타 간으로 구분할 수 있다. 문서류에는 詔書 및 상,하행 관문서를 비롯해 府記, 官記 등 각종 記 문서를 포함하고 있다. 簿籍류에는 각종 통계부 및 다양한 名籍이 포함된다. 律令류에는 烽火品約, 功令 등의 규정이 포함되어 있으며, 기타 간독에는 曆譜, 數術書, 人面像 등의 간독이 포함된다. 또한 額濟納漢簡에는 2건의 비교적 완정한 冊書가 포함되어 있는데, 그중 하나는 책서를 편련한 편승까지 남아 있어 당시 책서의 원 모습을 살피는데 매우 중요한 자료가 된다. 즉 額濟納漢簡은 한대 정치, 경제 및 군사 제 분야를 연구하는데 중요한 가치가 있다.

1998년부터 2002년까지 발굴된 額濟納漢簡은 상당히 빠르게 정리가 이루어져 2005년 전체 도판과 석문을 수록한 『額濟納漢簡』이 출판되었다.

4. 참고문헌

魏堅 主編, 『額濟納漢簡』, 廣西師範大學出版社, 2005.

안서 구돈만 한간(2003)

安西 九墩灣 漢簡

1. 출토지 : 감숙성 安西縣 布隆吉鄉 九上村 九墩灣 봉수유지

2. 개요

　　1) 발굴기간 : 2003년 6월

　　2) 발굴기관 : 감숙성 문물고고연구소

　　3) 유적종류 : 봉수유적

　　4) 시대 : 한대

　　5) 시기 : 기원전 2~1세기(?)

　　6) 출토상황 : 2003년 6월 감숙성문물고고연구소는 甘肅省 安西縣 布隆吉鄉 九上村 북쪽 3㎞ 지점 소륵하 북안 언덕 위 봉수유지를 발굴하고 목간을 비롯한 전한대 유물을 출토하였다. 목간을 비롯한 유물은 봉수유지 내 馬廐 유지에서 출토되었다. 馬廐(F1)는 정사각형에 가까운 형태로 면적은 13.3평방미터였다. 이곳에서 전한대 유물 65건이 출토되었는데, 그중 목간은 33매, 죽간 2매였다. 馬槽는 馬廐의 북측에 위치하였는데, 馬槽 내에서는 鐵劍 한 자루와 銅鏃, 鐵鏃, 五銖錢, 絲織品, 麻織品, 建築木構 등이 출토되었다.

3. 내용

구돈만 봉수유지 출토 간독의 구체적인 내용은 미상이다.

4. 참고문헌

中國考古學會 編著, 『中國考古學年鑑2004』, 文物出版社, 2005.

[무위 한간武威 漢簡]

　　무위 한간은 오늘날 중국 감숙성 무위시 일대에서 출토된 일련의 한대 간독을 지칭한다. 무위시는 중국 서북지역의 이른바 河西回廊 일대에 위치하고 있다. 하서회랑은 황하를 건너 서북쪽으로 돈황 옥문관에 이르기까지 평탄하지만 남북으로 산맥과 사막으로 둘러싸여 폭이 수 ㎞에서 최대 100여 ㎞에 이르는 좁고 긴 지형으로 중국에서 중앙아시아로 나아가는 실크로드의 교통로이자 요충지였다. 무위는 하서회랑의 동쪽에 위치하면서 일찍이 흉노의 세력권이었던 지역이었다. 전한 무제 때 이 지역에서 흉노를 축출하고 河西四郡이 개척되면서 그중 하나로 武威郡이 설치되었고, 이후 한대 涼州의 치소이자 오호십육국시대 전량, 후량, 남량, 북량의 도읍이었다. 수당대에 이르기까지 서북지역의 정치·경제·군사·문화의 중심이었으며 송대에는 西夏의 도읍이기도 했다.

　　오랜 기간 중국 서북지역의 중심 도시로서 역할을 했던 무위시 일대에서 집중적으로 발견된 무위 한간은 1945년 刺麻灣의 慕容曦光 墓 발굴 시 습득한 한대 목간, 1959년 新華鄕 磨咀子 6호 한묘 출토 『儀禮』 목간, 1959년 新華鄕 磨咀子 18호 한묘 출토 『王杖』 十簡, 1981년 新華鄕 磨咀子 徵集 『王杖詔書令』 二十六簡, 1972년 旱灘坡 후한묘 출토 『醫簡』, 1989년 旱灘坡 후한묘 출토 목간 殘簡, 1974년 무위 南郊 후한 張德宗 묘 출토 衣物疏 목독, 1984년 五壩山 3호 한묘 출토 告地書 목독 등 모두 8종으로 정리할 수 있다.

무위 날마만 한간(1945)

武威 剌麻湾 漢簡

1. **출토지** : 감숙성 무위시 남산 날마만

2. **개요**

　　1) 발굴기간 : 1945년 11월

　　2) 발굴기관 : 夏鼐, 閻文儒

　　3) 유적종류 : 불명

　　4) 시대 : 한대

　　5) 시기 : 불명

　　6) 출토상황 : 1945년 夏鼐와 閻文儒는 무위시에서 남쪽으로 30여㎞ 떨어진 南山 剌麻湾 에서 당대 토욕혼 왕족으로 金城縣主·朔方節度使를 지낸 慕容曦光의 묘를 발굴하다가 한대 목간 13매를 습득했다고 한다. 다만 습득자인 하내와 염문유 모두 목간을 어떤 경로로 습득했는 지 언급하지 않아서 정확한 출토 상황은 알 수 없다. 이후 대만중앙연구원 문물 수장창고의 상 자에 보관되어 있다가, 1996년 창고 정리 과정에서 「殘木簡十三片」이라는 기록과 함께 다시 세상에 나오게 되었다.

3. **내용**

　　1996년 수장창고 속에서 다시 나온 13매의 무위 날마만 한간 중 글자가 있거나 묵적이 분명 한 간은 7매이다. 새로 확인된 날마만 한간 7매의 사진과 석문은 소장기관인 대만 중앙연구원 에서 발간한 『居延漢簡補編』(1998)에 처음 수록되었다. 이후 『居延漢簡[肆]』(2017)에 글자가 있는 LMW1-7의 석문 및 적외선 사진도판을 수록하고, 날마만 한간 13매 전체의 길이·너비· 두께 등 刑制를 소개하였지만 나머지 6매 목간은 글자가 없거나 묵적이 없어서 여전히 공간되지 않았다. 이어서 『武威漢簡集釋』(2020)에도 무위 날마만 한간 7매의 적외선 사진과 석문·집석을 수록하고 있다.

4. 참고자료

簡牘整理小組, 『居延漢簡補編』, 中央研究院歷史語言研究所, 1998.

簡牘整理小組, 『居延漢簡[肆]』, 中央研究院歷史語言研究所, 2017.

張德芳 主編·田河 著, 『武威漢簡集釋』, 甘肅文化出版社, 2020.

무위 마취자 의례간(1959)

武威 磨嘴子 儀禮簡

1. 출토지 : 감숙성 무위시 新華鄉 纏山村 마취자 6호 후한묘

2. 개요

　　1) 발굴기간 : 1959년 7월

　　2) 발굴기관 : 감숙성박물관

　　3) 유적종류 : 고분

　　4) 시대 : 한대

　　5) 시기 : 왕망 신~후한 초

　　6) 출토상황 : 마취자는 현재 무위시에서 서남쪽 15㎞ 정도, 기련산맥 기슭 雜木河의 서안에 위치하는 구릉지대이다. 동쪽으로 평야에 인접하고 잡목하의 수원을 이용한 관개의 이로움이 있어 일찍부터 생산력이 높은 지역으로 선사시대 앙소문화 유지가 발견되기도 했다.

　　마취자 묘장군은 동서 300m, 남북 200m 범위 내에 조밀하게 분포하는데, 감숙성박물관은 1957년부터 현지 황무지 개간 사업의 일환으로 발굴 조사를 진행하여 이미 5곳의 후한대 土洞墓를 정리하고 이어서 1959년 7월에는 6호묘를 발굴했다. 6호 한묘도 동일한 토동묘인데, 발굴 당시 이미 상당히 파괴된 상태였지만 도기·목기·칠기·죽목간 등 상당한 유물이 출토되었다. 계속해서 1959년 9월~11월 31기의 한묘에 대한 정리 작업을 진행하여, 모두 37기의 마취자 한묘 발굴 조사가 이루어졌다.

　　마취자 6호묘는 두터운 황토층 위에 만들어졌는데, 墓道·墓門·門道·墓室 등 네 부분으로 구성되어 있다. 묘실에는 2개의 목관이 나란히 있는데, 남성의 관이 왼쪽에 여성의 관이 오른쪽에 있어 부부 합장묘임을 알 수 있다. 죽목간 등 출토된 유물에는 묘주의 이름이 나와 있지 않아서 묘주가 누구인지 확정할 수는 없다. 다만 '諸文學弟子', '河平□年' 등의 간문, 왕망 신의 '大

泉五十'화폐 출토 등을 통해서, 묘주는 전한 말 禮學을 전문적으로 익힌 士人으로 郡文學 등 하급 관리를 지내다가 왕망 신 시기에 사망한 것으로 추정할 수 있다. 이미 발굴 당시 묘가 매우 파괴된 상태였기 때문에 묘 내 수장 기물 또한 대부분 흩어져서 정확한 위치를 확인하기 어렵지만, 발견된 죽목간은 남성 관의 앞쪽에 두었던 것으로 추측된다.

3. 내용

마취자 6호 한묘에서 출토된 죽목간은 모두 610매로 완전한 형태의 간이 385매에 잔간이 225매인데 소량의 죽간 외에 대부분 목간이다. 목간은 모두 소나무 재질이며, 길이 약 54~58㎝ 너비 약 1.5㎝의 長木簡과 길이 약 20~22㎝ 너비 약 0.8~1㎝의 短木簡으로 구분된다. 9매의 短木簡은 '日忌·雜占'류의 내용이다.

대부분을 차지하는 장목간은 보존 상태가 양호하며, 한대 예서체로 매 간마다 60~80자 정도를 쓰고 있는데 60자가 대부분이다. 목간의 아래위로 하나씩, 중간에 두 개, 모두 네 갈래로 편철하고 목간의 앞면 혹은 뒷면에 번호를 붙여 순서를 매기고 있다.

내용은 유가 경전 『의례』인데, 甲本·乙本·丙本 세 부분으로 나눌 수 있다. 갑본은 모두 398매로 7개의 편명으로 구분된다. 갑본 7편 중 「士相見之禮」만 완전하고

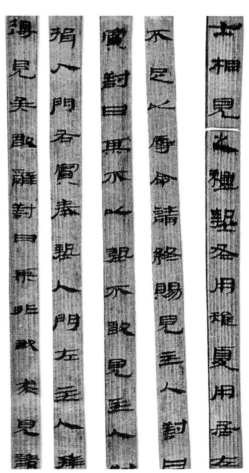

〈마취자 6호 한묘 의례간 갑본 「士相見之禮」(『甘肅武威漢簡』(2008) 圖版1轉載)〉

나머지 6편은 40여 매의 결손이 있다.

「士相見之禮」第三 : 16매, 첫 번째 간 뒷면에 표제 '士相見之禮'를 쓰고 두 번째 간 뒷면에 編次 '第三'이 기재되어 있다.

「服傳」第八 : 모두 60매에 3매의 목간이 결실되어 현존 57매이다. 남아있는 글자는 3,143자에 잔결이 195자로 본래는 3,338자였을 것이다.

「特牲」第十 : 모두 53매에 4매가 결실되어 현존 49매이다. 현재 남아있는 글자는 3,118자에 잔결 253자로 완편은 3,371자였을 것이다.

「少牢」第十一 : 현존 45매인데 본래 47매에 2매가 결실되었다. 제2간 뒷면에 '少牢'라고 표제가 있고 제1간 뒷면에 '第十一'이라는 편차가 기재되어 있다. 현존 2,801자에 잔결 167자로 본래 2,968자였을 것이다.

「有司」第十二 : 본편은 모두 79매에 현존 74매, 결실 5매이다. 전편의 현존 글자는 4,362자에 잔결 370자여서, 본래 4,732자로 추정된다.

「燕禮」第十三 : 본편은 모두 53매에 2매의 결실 있어 현존 51매이다. 제1간 뒷면에 '燕禮第十三'이라는 표제가 적혀 있다. 현존 글자는 2,463자에 잔결 704자로 본래 3,167자로 추정된다.

「泰射」第十四 : 본편은 모두 114매에 8매의 결실이 있어 현존 106매이다. 현존 6,145자에 잔결 640자를 더하면 6,785자이고, 여기에 탈루된 글자 62자까지 더하면 본래 6,847자였던 것으로 추정된다.

37매의 을본은 갑본「服傳」과 내용이 같은 일종의 抄本이다. 목간이 조금 더 짧고 협소하며 글자도 작고 조밀하다. 병본은 죽간 34매에 『의례』「喪服」편을 쓴 것으로, 대부분 잔간이다.

갑·을·병 3종의 마취자 의례간은 글자 수가 모두 27,298여 자로 후한 말 熹平石經의 잔존 문자 8,000여 자에 비해 20,000여 자가 더 많아서, 한대 경학사 및 문헌학 연구에 중요한 의미를 가진다. 마취자 의례간은 한대 大戴(戴德)·小戴(戴聖)의 가법과 차이가 있고 그 편차·장구·

문자 모두 현행본 『의례』와도 다른 부분들이 있는데, 아마도 한대 금문 예학파 중 하나였던 慶普의 '慶氏之學'일 것으로 추측된다. 마취자 의례간은 한대 사용된 『의례』 경전의 실물로서, 경전은 2척4촌의 長簡을 사용했다는 점이 확인되는 등 한대 簡冊제도 연구에도 매우 귀중한 자료를 제공한다고 할 수 있다. 서체는 전한 말부터 유행하는 예서체의 일종인 八分體이다.

마취자 6호 한묘에서 의례간과 함께 나온 日忌·雜占簡은 모두 11매로, 간독의 재질·형제가 의례간과는 차이를 보인다. 비교적 완전한 형태의 1·6·7호간을 제외하고 잔결이 매우 심하다. 1~7호간은 日忌簡이고, 8~11호간은 雜占簡으로 구분할 수 있는데, 日忌簡의 내용은 日書類와 비슷하다.

마취자 6호 한묘의 발굴 상황과 출토 목간에 대해서는 일찍이 「武威縣磨嘴子古墓清理記要」(1958)와 「甘肅武威磨咀子6號漢墓」(1960)에 소개되었고, 의례간 출토의 학술적 의미와 가치에 대해서는 「武威漢簡在學術上的貢獻」(1960)에서 처음 논술된 이래로 지금까지 많은 연구가 진전되어 왔다. 마취자 6호 한묘 의례간의 사진과 모본 및 석문은 『武威漢簡』(1964)에 수록되었고, 컬러 사진은 『甘肅武威漢簡』(2008)에서 확인할 수 있다. 金濤의 「武威漢簡儀禮校勘及王杖十簡集釋」(2013)도 참고할 만하다. 또 최근 『武威漢簡集釋』(2020)에는 장덕방이 다시 찍은 컬러 사진 도판 및 摹本과 集釋이 수록되어 있다.

4. 참고문헌

黨國棟, 「武威縣磨嘴子古墓清理記要」, 『文物參考資料』 1958-11.

甘肅省博物館, 「甘肅武威磨咀子6號漢墓」, 『考古』 1960-5.

甘肅省博物館, 「武威漢簡在學術上的貢獻」, 『考古』 1960-8.

中國科學院考古研究所·甘肅省博物館 編, 『武威漢簡』, 文物出版社, 1964.

胡之 主編, 『甘肅武威漢簡』, 重慶出版社, 2008.

金濤, 「武威漢簡儀禮校勘及王杖十簡集釋」, 吉林大學碩士學位論文, 2013.

張德芳 主編·田河 著, 『武威漢簡集釋』, 甘肅文化出版社, 2020.

무위 마취자 왕장십간(1959)

武威 磨嘴子 王杖十簡

1. **출토지** : 감숙성 무위시 新華鄕 纏山村 마취자 18호 후한묘

2. **개요**

    1) 발굴기간 : 1959년

    2) 발굴기관 : 감숙성박물관

    3) 유적종류 : 고분

    4) 시대 : 한대

    5) 시기 : 후한 明帝 永平15년(기원 후 72년)

    6) 출토상황 : 1959년 감숙성박물관은 마취자 6호묘 발굴 이후, 계속해서 해당 지역 한대 묘장군 31곳에 대한 발굴 조사를 진행했다. 8·9·24·32·35·36·37호묘 등 7곳은 이미 묘장이 파괴되어 별도의 유물이 나오지 않은 곳도 있지만, 도기·목기·동기·철기 등 모두 610건의 수장 기물과 오수전·貨泉·大泉五十·반량전 등 화폐 1,199매를 수습하였으며 특히 18호 후한묘에서 목간 10매와 鳩杖(王杖) 1개가 출토되었다. 출토 시 18호묘의 목간 중 몇 매는 관 위에 놓여져 있던 구장 위에 묶여 있어서, 본래 목간 10매가 모두 구장과 함께 묶여져 있었던 것으로 추정된다.

3. **내용**

    마취자 18호묘에서 출토된 목간은 모두 길이 23~24㎝ 너비 1㎝로, 매 간은 상중하 세 갈래로 편철한 후 글씨를 써서, 10매의 목간이 하나의 완전한 형태의 冊書가 된다. 글자는 모두 240자이며, 서체는 예서로 명료한 편이다.

    이 10매의 목간은 전한 선제·성제 때의 "年始七十者授之以王杖" 조서와 왕장을 받은 노인을

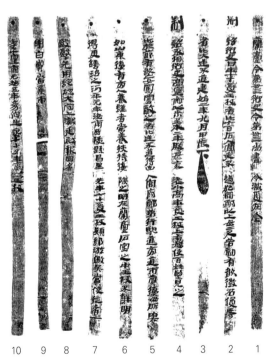

〈무위 마취자 18호 한묘 출토 鳩杖(『考古』1960-9, 圖版 柒-5 轉載)〉

학대하거나 불효·불경한 행위를 처벌하는 안례 및 묘주가 왕장을 받았다는 공문서 등의 내용으로 구성되어 있어 王杖十簡이라고 한다. 또 18호묘에서 함께 나온 鳩杖 즉 王杖은 길이가 2m에 가깝고, 머리 부분에 나무로 깍아 만든 비둘기 조각이 붙어 있어 당시 70세 이상 노인에게 하사한 왕장의 실물을 확인할 수 있다. 이러한 왕장십간의 양로 관련 내용은 마취자 18호 한묘에서 처음 발견된 것으로, 이후 1981년 마취자에서 수집된 王杖二十六簡과 1989년 무위 旱灘坡 한묘 출토 「養老令」殘簡 등에서 동일한 내용이 출토되기도 했다.

왕장십간의 출토는 한대 양로제도 연구의 실물 자료로서 매우 귀중한 가치를 가지며, 특히 『後漢書』禮儀志의 "年始七十者, 授之以王杖"이라는 기록이 실제 증명되었다는 점에서 의미가 크다고 할 수 있다. 따라서 왕장십간 출토 이후 지금까지 많은 연구가 진행되어 왔는데, 출토 당시 이미 목간이 산란되어 있었기 때문에 목간 배열 순서에서부터 다양한 견해들이 있었다. 또 목간의 문자는 비교적 명료해서 석독에 어려움이 크게 없는 편이지만, 그럼에도 예를 들어 '入宮廷不趨'에서 '宮'자인지 '官'자인지와 같이

10 9 8 7 6 5 4 3 2 1

〈마취자 18호 한묘 출토 王杖十簡(『武威漢簡』(1964) 圖版22 轉載)〉

개개 글자의 석독에서는 서로 다른 견해들이 제시되었다.

마취자 18호 한묘의 발굴 상황과 왕장십간의 석문에 대해서는 「甘肅武威磨嘴子漢墓發掘簡報」(1960)와 「武威磨咀子漢墓出土王杖十簡釋文」(1960)에 처음 상세하게 소개되었다. 또 陳直, 武伯綸, 禮堂 등의 석문에 대한 초반 견해도 참고할 필요가 있다. 왕장십간의 사진과 모본 및 석문은 『武威漢簡』(1964)에 수록되었고, 컬러 사진은 『甘肅武威漢簡』(2008)에서 확인할 수 있다. 또 金濤의 「武威漢簡儀禮校勘及王杖十簡集釋」(2013)도 참고할 만하며, 최근 『武威漢簡集釋』(2020)에는 장덕방이 다시 찍은 컬러 사진 도판 및 모본과 집석이 수록되어 있다.

4. 참고문헌

甘肅省博物館,「甘肅武威磨嘴子漢墓發掘簡報」,『考古』1960-9.

考古研究所編輯室,「武威磨咀子漢墓出土王杖十簡釋文」,『考古』1960-9.

陳直,「甘肅武威磨咀子漢墓出土王杖十簡通考」,『考古』1961-3.

武伯綸,「關于馬鐙問題及武威漢代鳩杖詔令木簡」,『考古』1961-3.

禮堂,「王杖十簡補釋」,『考古』1961-5.

中國科學院考古研究所·甘肅省博物館 編,『武威漢簡』, 文物出版社, 1964.

胡之 主編,『甘肅武威漢簡』, 重慶出版社, 2008.

金濤,「武威漢簡儀禮校勘及王杖十簡集釋」, 吉林大學碩士學位論文, 2013.

張德芳 主編·田河 著,『武威漢簡集釋』, 甘肅文化出版社, 2020.

무위 마취자 왕장조서령간(1981)

武威 磨嘴子 王杖詔書令簡

1. **출토지** : 감숙성 무위시 新華鄕 纏山村 마취자

2. **개요**

    1) 발굴기간 : 1981년

    2) 발굴기관 : 무위현문물관리위원회

    3) 유적종류 : 수집

    4) 시대 : 한대

    5) 시기 : 전한 成帝 元延3년(기원전 10년)

    6) 출토상황 : 1981년 9월 무위현문물관리위원회가 중요 문물에 대한 조사를 진행할 때, 新華鄕 촌민 袁德禮가 마취자 한묘에서 나온 「王杖詔書令」목간 26매를 제출했다. 이는 1959년 출토된 「王杖十簡」 이후 또 한번의 중요한 발견으로, 목간의 출토상황은 분명하지 않지만 조사 결과 「왕장십간」과 동일한 묘역에서 나온 것으로 추정된다.

3. **내용**

    武威 磨嘴子 徵集 「王杖詔書令」二十六簡간은 서체가 예서의 일종인 八分體이며, 글자도 분명한 편이다. 매 간의 뒷면에 '第一'부터 '第二十七'까지 번호가 매겨져 있고, '第十五'簡이 빠져 있어 본래 簡冊은 모두 27매의 목간으로 이루어져 있었음을 알 수 있다. 목간의 길이는 23.2~23.7㎝ 폭은 0.9~1.1㎝이다. 본래 아래위, 중간 세 갈래로 편철하지만, 실제로는 아래위 두 줄로 편철하여 簡冊을 만들었고 남아있는 흔적으로 보아 먼저 글을 쓴 후 묶은 것으로 보인다.

    목간의 내용은 노인을 존경하고, 홀아비·과부·고아·무자식·장애자 등을 구휼하며, 노인에게 王杖을 수여하고, 왕장을 받은 노인을 학대하는 경우에 처벌하는 등에 관한 조서이다. 第六

簡의 '建始元年' 第二十簡의 '元廷三年' 등 成帝의 연호를 쓰고 있고 간의 마지막에는 '右王杖詔書令'이라고 기재되어 있어서, 전한 말 성제 시기 한의 養老제도를 확인할 수 있는 詔令이라는 것을 알 수 있다. 따라서 1959년 출토된 왕장십간과 함께 한대 양로, 구휼 제도 연구에 중요한 가치를 가지는 실물 자료이다.

마취자「왕장조서령」간은 1984년 『漢簡研究文集』(甘肅省文物工作隊/甘肅省博物館 編, 甘肅人民出版社)에 전체 사진 도판이 수록되었으며, 또 책 속의 「武威新出土王杖詔令册」(武威縣博物館, 34~61쪽)에 목간에 대한 소개 및 석문과 고증 등이 있다. 최근 『武威漢簡集釋』(2020)에 장덕방이 다시 찍은 컬러 사진 도판 및 모본과 집석이 수록되어 있다.

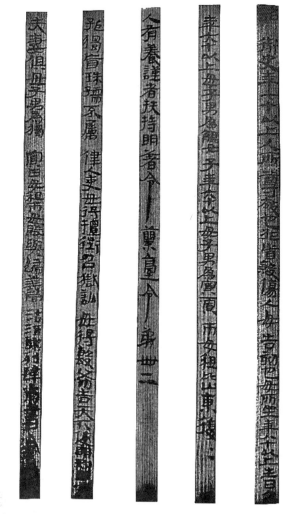

〈1981년 武威 磨嘴子 徵集「王杖詔書令」1-5簡(『武威漢簡集釋』(2020) 157쪽 轉載)〉

4. 참고문헌

甘肅省文物工作隊/甘肅省博物館 編, 『漢簡研究文集』, 甘肅人民出版社, 1984.

張德芳 主編·田河 著, 『武威漢簡集釋』, 甘肅文化出版社, 2020.

무위 한탄파 의간(무위 의간)(1972)

武威 旱灘坡 醫簡(武威醫簡)

1. **출토지** : 감숙성 무위시 한탄파 후한묘
2. **개요**
    1) 발굴기간 : 1972년 11월
    2) 발굴기관 : 감숙성박물관, 무위현문화관
    3) 유적종류 : 고분
    4) 시대 : 한대
    5) 시기 : 후한
    6) **출토상황** : 1972년 11월 감숙성 무위시 柏樹公社가 한탄파에서 水利 공사를 하다가 후한대 묘장을 발견했다. 이에 무위현문화관과 감숙성박물관에서 발굴 조사를 진행하게 되었다. 이 후한묘가 발견된 한탄파는 무위시에서 남쪽으로 10여㎞ 떨어져 기련산맥 북쪽 기슭에 위치한다. 동남쪽으로 25㎞ 정도 떨어진 마취자로 이어지는 이 일대는 많은 한대 묘장들이 발견되어 이미 1957년부터 일련의 고고 발굴이 진행되었고, 마취자 『의례』간, 왕장십간 등 상당한 한간독이 발견되었다.

    한탄파에서 발견된 후한묘는 墓門·墓道·墓室로 이루어져 있고 묘실은 單室인 土洞墓이다. 묘실 내 동서 방향으로 목관이 하나 위치하는데, 관 내에 남성의 유골이 나왔다. 수장 기물로는 鳩杖, 도기, 오수전 화폐, 구슬 등이 나왔고, 시신의 머리 부분에 놓인 마대에서 하나로 묶은 목간·목독이 발견되었다. 출토 당시 흩어졌지만 정리 보존 작업을 통해 목간 78매, 목독 14매 등 92매를 수습하게 되었다.

3. 내용

한탄파 후한묘 출토 78매의 목간 중 완전한 형태의 간은 60매이고 나머지는 비교적 잔결이 심한 편이다. 재질은 소나무와 백양나무이고, 길이는 23~23.4㎝로 크게 차이가 없지만, 너비는 0.5㎝와 1㎝의 두 종류로 나눌 수 있다. 너비가 넓은 간[寬簡]에만 3개의 홈[契口]이 있는데, 먼저 편철한 후 글씨를 쓴 것으로 보인다. 寬簡 중 글자가 없는 공백간이 2매인데 간의 앞면은 비우고 뒷면에 책명이나 편명을 쓰는 용도의 '贅簡'일 것이다. 폭이 좁은 간[窄簡] 중 하나에 '右治百病方'이라고 쓰여 있어서 의원이 사용한 일종의 처방전[醫方] 종류의 문서임을 알 수 있다. 간문은 單行에 예서체로 쓰여 있다.

14매의 목독은 길이 22.7~23.9㎝에 너비는 1.1~4㎝로, 앞뒤 양면에 모두 글자를 쓰고 있다. 1개의 목독만 單行이고 나머지는 모두 兩行 이상으로 최대 6행까지 쓰고 있다. 매 행의 글자는 33~40자 정도이고 역시 예서체로 쓰여 있다. 내용

〈1972년 武威 旱灘坡 후한묘 출토 醫簡 1-7簡(『武威漢簡集釋』(2020) 163쪽 轉載)〉

은 병명, 증상, 약물명, 약제의 사용량, 복약법, 침구법, 금기 등으로 의술에 관한 사항을 항목별로 기록한 이른 바 '의약목독'이라고 할 수 있다. 하나의 병에 하나의 처방을 기록하였는데, 내과·외과·산부인과·이비인후과·침구과 등을 망라한다. 열거하는 약물은 100여 종이 넘는데, 그중 69종이 『神農本草經』에, 11종이 『名醫別錄』에 보인다. 목독의 서체는 예서체 외에 일부 章草도 있다.

무위 한탄파 의간은 임상의학·약물학·침구학 등의 내용이 풍부해서 중국 의학사에 매우 중요한 발견으로 중국 고대 의학, 특히 한대 의학 연구에 매우 귀중한 실물 자료를 제공해 준다. 해당 묘에서는 鳩杖도 함께 발견되었기 때문에, 묘주는 70세 이상의 나이에 사망했을 것이고 아마도 한대 무위 지역에서 의술에 종사했을 것으로 추측할 수 있다.

한탄파 의간은 「武威旱灘坡漢墓發掘簡報-出土大批醫藥簡牘-」(1973)에 처음 묘의 발굴 상황과 출토 유물 및 목간독에 대해 소개되었다. 의간의 도판·모본·석문·주석 등은 『武威漢代醫簡』(1975)에 수록되어 있다. 최근에는 『武威漢簡集釋』(2020)에 장덕방이 다시 찍은 컬러 사진 도판과 함께 모본 및 집석이 수록되어 있어 참고할 수 있다.

4. 참고자료

甘肅省博物館/武威縣文化館, 「武威旱灘坡漢墓發掘簡報-出土大批醫藥簡牘-」, 『文物』 1973-12.
甘肅省博物館/武威縣文化館, 『武威漢代醫簡』, 文物出版社, 1975.
張德芳 主編·田河 著, 『武威漢簡集釋』, 甘肅文化出版社, 2020.

무위 한탄파 후한간(1989)

武威 旱灘坡 後漢簡

1. **출토지** : 감숙성 무위시 柏樹鄕 한탄파 후한묘

2. **개요**

   1) 발굴기간 : 1989년 8월

   2) 발굴기관 : 감숙성박물관, 무위현문화관

   3) 유적종류 : 고분

   4) 시대 : 한대

   5) 시기 : 후한 광무제 建武19년(기원후 43년)

   6) 출토상황 : 1989년 8월 11일 무위 백수향 한탄파 묘군 일제 조사에서 작은 언덕 아래 떨어져 있는 한묘 1곳을 발견했다. 묘장은 土壙單室墓로 墓道와 墓門이 이미 노출되어 있어서, 조사대는 구제 발굴을 진행했다. 묘실 내에는 소나무 목관 2구가 동서 방향으로 함께 놓여 있었는데, 수장 기물은 鳩杖 1건에 壺·罐·倉·灶·井 등의 도기류, 동경, 오수전·貨泉 등의 화폐가 나왔고 관 위에서 17매(1매 유실, 현 16매)의 목간이 한 묶음으로 놓여 있는 것이 발견되었다.

3. **내용**

   목간은 출토 당시 편철의 흔적이 분명해서 본래 아래위 두 줄로 묶어 編冊했음을 알 수 있는데, 수습 결과 모두 16매의 목간으로 정리되었다. 목간은 모두 소나무 재질로, 이전의 하서지역 출토 목간의 재질과 동일했다. 목간의 하단 부분이 떨어져 나가서 1~3자 정도 잔결이 있다. 길이는 21㎝ 전후이고 너비는 약 1~1.1㎝ 정도이지만 1개 목간만 0.2~0.3㎝ 정도로 폭이 좁다. 목간의 가운데에 1글자를 비워 약 0.5㎝의 공백이 있다. 목간은 대부분 담황색에 글씨는 비교적 분명하다. 간문은 單行으로 간마다 11~28자로 글자 수가 차이가 있다. 간문에 후한 광무제

의 연호인 '建武十九年'이 나오기 때문에, 이 목간의 시기는 후한 초임이 분명하다.

비록 그 수량이 많지는 않지만, 목간의 내용은 당시 실제 사용했던 율령 조문으로 중요한 가치를 가지는데, 내용에 따라 2종류로 구분할 수 있다.

첫 번째 2매의 목간은 王杖 수여 조서 잔문과 王杖授受에 관한 율령으로, 이전의 마취자 출토 전한 왕장간과는 내용에 차이가 있다.

두 번째는 「令乙」, 「公令」, 「御史挈令」, 「衛尉挈令」, 「衛令」, 「田律」(혹 「田令」) 등의 율령 조문으로, 절도·충해·화재 등에 관한 내용들인데 잔간을 포함해서 모두 14매이다. 율령 조문에는 농번기에 관리가 관부의 일로 마음대로 백성들의 수레와 마·우 등을 징발하지 못하게 금하는 내용이 나오는데, 이는 적극적인 농업보호책의 일환이라고 할 수 있다. 또 요역을 회피하기 위해 호구 신고 시 남자를 여자로 허위 신고하는

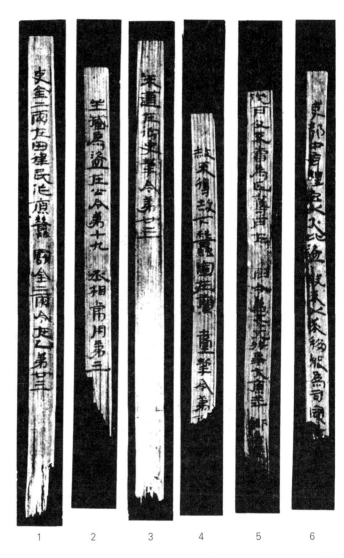

1   2   3   4   5   6

〈1989년 무위 旱灘坡 후한묘 출토 목간 1-6簡(『文物』 1993-10 圖2 轉載)〉

행위를 처벌하는 조문도 있는데, 이는 한대 요역제도 연구에 중요한 의미를 가지는 것으로, 당시 요역 부담에는 남녀의 차이가 있어서 남성이 주로 부담했음을 보여준다.

'度田'에 관한 당시의 엄격한 규정도 확인된다. 토지 은닉의 금지는 문헌에서도 많은 기록이 있지만, 한탄파 후한간에는 鄕吏가 5월에 度田을 해서 匿田 3畝 이상이면 사형에 처하는 내용이 있어서 당시 '度田不實' 즉 匿田은 사형에 처할 정도로 매우 무겁게 처벌되었음을 알 수 있다.

1989년의 한탄파 후한묘 출토 목간에 대해서는 「甘肅武威旱灘坡東漢墓」(1993)에 발굴 상황이 처음 소개되었으며, 또 「武威旱灘坡出土漢簡考述-兼論"挈令"」(1993)에 출토된 17매 목간에 대한 考釋과 학술적 가치를 논하고 있다. 『中國簡牘集成(第四冊)』(2001)에 석문이 수록되어 있으며, 최근의 『武威漢簡集釋』(2020)에는 장덕방이 다시 찍은 컬러 사진 도판 및 모본과 집석을 수록하고 있다.

4. 참고자료

武威市區博物館, 「甘肅武威旱灘坡東漢墓」, 『文物』 1993-10.

李均明·劉軍, 「武威旱灘坡出土漢簡考述-兼論"挈令"」, 『文物』 1993-10.

中國簡牘集成編輯委員會, 『中國簡牘集成(第四冊)』, 敦煌文藝出版社, 2001.

張德芳 主編·田河 著, 『武威漢簡集釋』, 甘肅文化出版社, 2020.

무위 장덕종묘 한간(1974)

武威 張德宗墓 漢簡

1. **출토지** : 감숙성 무위시 南郊 후한 장덕종 묘

2. **개요**

    1) 발굴기간 : 1974년 10월

    2) 발굴기관 : 감숙성박물관, 무위현문화관

    3) 유적종류 : 고분

    4) 시대 : 한대

    5) 시기 : 후한 순제~영제

    6) 출토상황 : 1974년 10월 무위시 남쪽 교외의 후한대 磚室墓에서 1매의 목독이 발견되었다. 묘 내에는 도기·칠기·목기 등의 수장 기물들이 나왔고 직물류는 모두 부패한 상태였다.

3. **내용**

목독은 출토 당시 이미 파손된 상태였지만, 길이 20㎝, 너비 3㎝로 복원되었다. 예서체로 앞뒤 양면에 모두 127자를 썼는데, 알아보기 힘든 몇 자를 제외하면 대부분 분명하게 판독할 수 있다. 내용은 한·위진 묘장에 흔히 보이는 衣物疏로 목독에는 묘주인 張德宗의 이름이 쓰여 있다. 장덕종은 목독에 '大家'라고 칭하고 있어서 어느 정도 신분이 있는 여성이었다고 할 수 있다. 목독에 기년이 없어서 정확한 시기는 알 수 없지만, 수장 기물의 형태로 보아 전한 순제에서 영제 무렵으로 추정된다. 현재 목독은 무위시박물관에서 소장하고 있다.

「武威出土的兩件隨葬衣物疏」(2004)에 무위 장덕종 의물소 목독의 석문 및 상세한 고증이 수록되어 있다. 또 『武威漢簡集釋』(2020)에 석문과 집석을 싣고 있다.

4. 참고자료

黨壽山, 『武威文物考述』, 武威市光明印刷物资有限公司, 2001.

黨壽山, 「武威出土的兩件隨葬衣物疏」, 『隴右文博(武威專輯)』, 2004.

胡婷婷, 「甘肅出土散見簡牘集釋」, 西北師範大學碩士學位論文, 2013.

張德芳 主編·田河 著, 『武威漢簡集釋』, 甘肅文化出版社, 2020.

무위 오패산 한간(1984)

武威 五壩山 漢簡

1. 출토지 : 감숙성 무위시 韓佐鄕 오패산 3호 한묘

2. 개요

    1) 발굴기간 : 1984년

    2) 발굴기관 : 감숙성 문물고고연구소

    3) 유적종류 : 고분

    4) 시대 : 한대

    5) 시기 : 전한 성제~왕망 신

    6) 출토상황 : 1984년부터 감숙성 문물고고연구소는 무위시 한좌향 오패산의 120여 곳의 한묘에 대한 고고 발굴을 진행하여, 그중 3호묘에서 목독 1매가 출토되었다. 3호묘는 土洞墓로 墓道·墓門·墓室로 구성되어 있다. 묘실에는 1인 單葬의 소나무 목관이 놓여 있다. 수장 기물은 鳩杖 1건을 비롯하여 도기 10건, 오수전 3매, 목독 1매 등이 양호한 상태로 나왔다. 출토 당시 목독은 관 위에 약간 손상된 채로 놓여 있었다.

3. 내용

    출토 목독은 소나무 재질에 길이 25㎝, 너비 7㎝, 두께 0.5㎝이다. 양면에 예서체로 썼는데, 앞면은 5행 뒷면은 2행 모두 124자이다. 그중 10자는 필적이 분명하지 않아 판독하기 어렵다. 묘주는 무위군 장액현 서향 정무리 田升寧이라는 사람이다. 현재 감숙성 고고연구소에서 소장 하고 있다.

    목독의 석문은 『散見簡牘合輯』(1990)에 처음 수록되었으며, 『中國簡牘集成(四)』(2001)에도 석문을 수록하고 있다. 오패산 3호묘의 자세한 발굴 정황은 『簡牘(遙望星宿: 甘肅考古文化叢

書)』(2004, 75~76쪽)에 석문과 함께 소개되어 있다. 처음 『合輯』(1990)에서는 이 목독을 묘주의 사문서 종류라고 보았었는데, 이후 『集成』(2001)이나 『簡牘(2004)』에서는 묘주의 冥告문서라고 보고 있다. 간문의 내용을 볼 때 문서 종류를 확정하기에는 분명하지 않은 점이 있기는 하지만, 대체로 冥告문서 즉 告地書 종류라고 보는 편이 타당한 것 같다. 『武威漢簡集釋』(2020)에 장덕방이 다시 찍은 컬러 사진과 집석이 수록되어 있다.

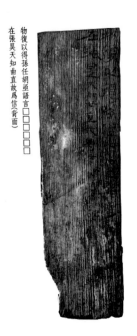

〈무위 오패산 3호 한묘 출토 목독(『武威漢簡集釋』(2020) 轉載)〉

4. 참고자료

李均明/何雙全, 『散見簡牘合輯』, 文物出版社, 1990.

中國簡牘集成編輯委員會 編, 『中國簡牘集成(四)』, 敦煌文藝出版社, 2001.

何雙全, 『簡牘(遙望星宿: 甘肅考古文化叢書)』, 敦煌文藝出版社, 2004.

張德芳 主編·田河 著, 『武威漢簡集釋』, 甘肅文化出版社, 2020.

감곡 위양 한간(1971)
甘谷 渭陽 漢簡

1. **출토지** : 감숙성 천수시 甘谷縣 渭陽鄕 劉家山 후한 묘

2. **개요**

    1) 발굴기간 : 1971년 12월

    2) 발굴기관 : 감숙성 문화국, 감숙성 박물관, 천수지구·감곡현 문교부

    3) 유적종류 : 고분

    4) 시대 : 한대

    5) 시기 : 후한 桓帝 延熹元年~2년(159~160년)

    6) 출토상황 : 1971년 12월 감숙성 천수시 감곡현 위양향 북쪽 유가산에서 후한대 묘 1기
가 발견되어, 감숙성 문화국과 감숙성 박물관 및 천수 지구와 감곡현의 문교 부문 전문가들이
공동으로 발굴 정리 작업을 진행하여 23매의 목간을 수습했다.

3. **내용**

    감곡 위양 유가산 출토 목간은 재질이 소나무이고, 글씨는 예서체이다. 출토 당시 이미 심하
게 훼손된 상태였는데, 모두 23매로 정리 작업을 진행했다. 그중 완전한 형태의 간은 8매이다.
원 목간은 상중하 세 줄로 편철한 것으로 正面과 背面에 모두 글씨를 썼다. 정면에는 문장의 본
문을 쓰고, 배면은 상단에 第一, 第二, 第三, 第五, 第六, 第七, 第九, 第十, 第十一, 第十二, 第
十四, 第十五, 第十六, 第十七, 第十八, 第卅, 第卅一, 第卅三까지 번호가 매겨져 있다. 이 외에도
많은 잔간 조각들이 나왔는데, 아마도 목간 중 빠진 번호인 第四, 第八, 第十三, 第十九의 잔간
으로 보인다.

    목간의 길이는 가장 긴 것이 23㎝ 전후에 너비는 2.6㎝이다. 매 간의 정면에 약 60자 정도가

있는데 가장 많은 것은 74자이다. 모두 23매의 목간에 현존 964자이다.

목간 내용은 후한 환제 延熹元年(159년)과 이듬해인 延熹2년(160년), 宗正 劉櫃가 지방 군현
의 관리와 호족들이 종실의 특권을 침해한다고 황제에게 보고하는 상주문과 이에 비답을 내리
는 황제의 조서이다.

정리 작업에 대한 보고는 정식으로 발표되지 않았지만, 그 내용과 考釋은 『漢簡研究文集·甘
谷漢簡考釋』(1984년)에 수록되어 있다. 또 『散見簡牘合輯』(1990년)에도 석문이 실려 있으며,
『居延漢簡通論』(1991년)에도 감곡한간의 내용이 있어서 참고할 만하다. 『中國簡牘集成·甘肅
省卷上』(제3책, 2001)에 석문이 수록되어 있고, 『散見戰國秦漢簡帛法律文獻整理與研究』(2011)
에는 기존의 석문과 고석을 종합하여 정리하고 있다.

4. 참고문헌

甘肅省文物工作隊·甘肅省博物館, 『漢簡研究文集·甘谷漢簡考釋』, 甘肅人民出版社, 1984.

李均明·何雙全, 『散見簡牘合輯』, 文物出版社, 1990.

薛英群, 『居延漢簡通論』, 甘肅敎育出版社, 1991.

蔣曉牛·董小明, 「淺說甘谷漢簡」, 『天水師專學報(哲社板)』, 1996-1.

林天山, 「審美視域下的甘谷漢簡」, 『絲綢之路(西北師範大學)』 18, 2014.

山田勝芳, 「甘谷漢簡に関する一考察」, 『東北大学教養部紀要』 56, 1991.

中國簡牘集成編輯委員會, 『中國簡牘集成·甘肅省卷上』 第三冊, 敦煌文藝出版社, 2001.

李明曉·趙久湘 著, 『散見戰國秦漢簡帛法律文獻整理與研究』, 西南師範大學出版社, 2011.

장액 고대 한간(2004)

張掖 高臺 漢簡

1. **출토지** : 감숙성 장액시 고대현 南華鄕 후한묘

2. **개요**

   1) 발굴기간 : 2004년

   2) 발굴기관 : 고대현 박물관

   3) 유적종류 : 고분

   4) 시대 : 한대

   5) 시기 : 후한 중후기

   6) 출토상황 : 감숙성 장액시 고대현박물관은 2004년 고대현 남화향의 후한대 묘에서 후한 安帝 延光2년(123년)의 기년이 있는 목독 잔편을 출토했다.

3. **내용**

   출토 목독은 이미 쪼개져 부서진 상태로 묘장 문서의 내용은 판독하기 어려워서, 구체적인 내용은 알려지지 않았다. 다만 당시 번잡한 喪葬 풍속이 후한대에 이미 河西지역에서도 유행하고 있었음을 보여주는 실물자료라고 할 수 있다. 현재 고대현 박물관에서 소장하고 있다.

4. **참고문헌**

   趙雪野·趙萬鈞, 「甘肅高臺魏晉墓墓券及所涉及的神祇和卜宅圖」, 『考古與文物』 2008-1.

정녕 당가원 한간(2004)

靜寧 黨家塬 漢簡

1. **출토지** : 감숙성 정녕 당가원

2. **개요**

   1) 발굴기간 : 2004년 3월

   2) 발굴기관 : 미상

   3) 유적종류 : 고분

   4) 시대 : 한대

   5) 시기 : 전한 초 문제 4년(기원전 176년)

   6) 출토상황 : 2004년 3월 감숙성 靜寧縣 威戎鎭 黨家塬 한묘에서 한간이 출토되었다고 하는데, 당가원 한묘의 발굴 상황이나 출토 간독의 자세한 내용에 대해서는 현재 알려진 내용이 없다. 다만, 2012년에 靜寧縣 地方志辦公室 主任 侯立文이 지인으로부터 받았다고 하는 2004년 당가원 한묘 출토 목독의 사진을 2017년 공개하고, 함께 석문 및 관련 내용을 발표하면서 알려졌다. 사실 경위가 좀 의심되며, 진위 여부를 잘 확인해야 할 필요가 있다.

3. **내용**

   2004년 3월 감숙성 정녕현 위융진 당가원 한묘 출토 진한 간독 중 2매의 목독은 예서체로 정면과 배면 양면에 모두 160자가 쓰여 있다고 한다.

   목독의 내용은 전한 문제 4년(기원전 176년) 농서군 성기현의 부녀자 실종 사건을 조사하면서 농서군 태수가 義渠右王 太子에게 범인 인도를 요청하는 서신이다. 여전히 목독의 진위 여부에 대해서는 분명히 확인해야 하는 문제가 있지만, 한초 사법제도 및 복속된 이민족 관계 등을 이해하는데 매우 유용하고 흥미로운 내용이라고 할 수 있다.

4. 참고문헌

侯立文,「靜寧黨家塬漢墓出土西漢文帝四年木牘考辨」,『靜寧縣志辦』2017.12.26.

영창 수천자 한간(2008, 2012)

永昌 水泉子 漢簡

---

1. 출토지 : 감숙성 영창현 수천자 5호묘·8호묘 한묘

2. 개요

   1) 발굴기간 : 2008년 8월~10월(5호묘), 2012년 10월~12월(8호묘)

   2) 발굴기관 : 감숙성 문물고고연구소

   3) 유적종류 : 고분

   4) 시대 : 한대

   5) 시기 : 전한 무제 이후

   6) 출토상황 : 감숙성 문물고고연구소는 2008년 8월~10월 감숙성 영창현 수천자 한묘군에 긴급 구제 발굴을 진행하여 15기의 고묘를 정리했다. 수천자 한묘군은 감숙성 영창현에서 서북쪽으로 39㎞ 떨어진 紅山窰鄕 水泉子村 서북편에 위치한다.

영창현은 하서회랑 동부 기련산맥 북쪽 기슭의 실크로드의 요충지로 일찍이 소월지, 흉노 등 유목민족의 세력권이었지만 한 무제 때 河西四郡 중 武威郡에 속한 鸞鳥縣이 설치되었다. 이후 중국 왕조에 속했다가 토번이나 서하에 속하기도 하다가, 몽골제국이 서하를 멸망시키고 이 지역에 永昌路를 두면서 지금의 지명이 유래하였다.

2008년 발굴한 수천자 한묘군의 15기 묘는 土坑墓, 木槨墓, 洞室墓, 磚室墓 등으로 구분된다. 전체 출토 유물은 도기·동기·칠기·목기·철기·석기·견직품·목간 등 123건이 나왔다. 이 중 5호묘에서 잔간 포함 1,400여 매의 목간이 출토되었다.

이어서 2012년 10월~12월에도 감숙성문물고고연구소는 수천자 한묘군에 대해 다시 구제 발굴을 진행하여 모두 16기의 묘를 정리했다. 16기의 묘는 모두 수혈식 토갱 목곽묘로 경사진 묘도가 있는 묘장 5기와 없는 묘장 11기로 구분된다. 수장 기물은 도기를 중심으로 칠기·목

기·동기·방직품 등 265건이 나왔다. 이 중 8호묘에서 35매의 죽·목간이 출토되었다.

3. 내용

1) 수천자 5호 한묘 출토 목간

2008년 8월 감숙성 영창현 수천자 한묘군 중 5호 한묘에서 한간이 출토되었다. 목간은 주로 5호묘 내 목관 위에 놓여 있었는데, 출토 시 이미 상당히 손상된 상태였다. 시기를 특정할 수는 없지만, 전한 무제 이후로 볼 수 있다. 목간 1,400여 매 정도 출토되었는데, 그중 완전한 형태의 간은 700여 매 정도이다. 길이는 19~20㎝, 너비 0.6~2㎝, 두께 0.1~0.3㎝ 정도이다.

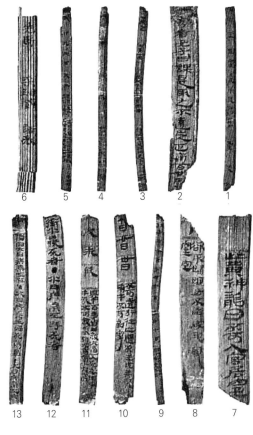

내용은 「창힐편」 등의 字書와 日書 등으로 구분된다.

① 字書 : 字書簡은 약 130매로 모두 온전하지 않으며 현존 자수는 약 900자이다. 빛 내의 목간 말단에는 '百五字'라고 쓰여 있는데, 당시 글자 수를 헤아려 쓴 것이다. 1행으로 썼으며 자형은 비교적 크다. 서체는 篆書에서 隸書로 넘어가는 과도기의 서체이다.

수천자 한묘 출토 자서 목간은 표제가 없지만, 거연·돈황·부양한간 등의 『蒼頡篇』과 내용상 비슷해서 『창힐편』으로 볼 수 있다. 다만 수천자한간 『창힐편』은 본래 『창힐편』이 四言句인데 비해 七言句라는 특징을 가진다. 7言1句에 15句로 1章을 구성해서, 목간 말단의 '百五字'라는 수

〈수천자 5호 한묘 출토 목간(『文物』 2009-10, 63쪽 轉載)〉

는 한 장의 글자 수이면서 장을 나누는 표식도 된다.

『창힐편』은 중국 고대 문자를 익히기 위한 텍스트, 즉 습자서이다. 지금까지 출토된 『창힐편』은 돈황·거연·옥문·부양·북경대학장서한죽서 등 여러 종이 있지만, 七言句 『창힐편』의 발견이라는 점에서 수천자한간 『창힐편』은 기존의 고유한 인식을 바꾸면서 중국고대 小學 및 문자 연구에 중요한 학술 가치를 가진다고 할 수 있다.

② 日書 : 일서간의 서체는 예서체이며, 칸을 나누어 서사했다. 가로선을 그린 간도 있고 刻齒가 새겨진 경우도 있다. 목간 중에 '日書'라는 표제는 없고, 다만 잔간 중에 '閻氏五行', '丞相府土功要書', '叢辰' 등의 문자가 있어 혹 서명이나 편제일 가능성이 있다. 표제는 없지만, 내용은 天象으로 점을 치거나[建除], 음양오행으로 점을 치거나[叢辰], 일상의 금기 등으로 수호지진간 이래의 일서류와 크게 차이가 없다. 그중 封二:11간은 紀年簡으로 '本始二年(기원전 72년)'이라는 연대가 나온다. 간문에 張掖, 酒泉 등의 지명이 나오는데, 이 해에 다섯 장군이 흉노로 출격한 사건과 관련이 있다.

수천자 한간 일서에 나오는 시각이나 관직 명칭은 다른 일서와 차이점이 있고, 비교적 수량과 내용이 풍부한 편이어서 진한시기 일서 연구에 매우 중요한 자료라고 할 수 있다. 함께 墨·石硯·毛筆·書刀 등의 문구류도 출토되었다.

2) 수천자 8호 한묘 출토 목간

2012년 발굴된 수천자 8호 한묘 출토 35매의 죽·목간은 대부분 1곽2관 구조의 8호묘 내 북편 남성 관의 덮개판 위에서 발견되었다. 일부는 두 관 사이에 떨어져 있었다. 죽간 1매 외에 나머지 34매는 모두 목간이다. 목간은 길이 약 31㎝, 너비 0.8~1.3㎝, 두께 0.05~0.2㎝이며, 보존상태가 좋지 않아서 출토 시 대부분 이미 잔결되고 변형된 상태였다. 완정간이 많지 않았는데, 복원을 거쳐 35매의 간이 되었고 이 중 34매가 有字簡이다.

내용은 曆譜로, 전한 선제 五鳳二年(기원전 56년)의 紀年簡 1매가 포함되어 있어서 '五鳳二年曆日'로 명명된다. '五鳳二年曆日'간은 목간을 편철하여 가로읽기 식으로 曆冊을 만들었는데, 세로 칸에 月을 기재하는 방식이다. 五鳳二年이 윤년이어서 13개월에, 日 순서 1칸을 더해 모두

14칸이다. 日支簡은 모두 30매인
데, 날짜 간지 아래에 절기와 伏日·
臘日 등을 표기해 놓았다.

또 이렇게 편책한 '五鳳二年曆日'
曆冊의 앞에 '黃帝'간·'時日'간·'復
日'간으로 명명된 3매의 목간을 함
께 편철해 놓았다. 내용은 일서류의
금기와 관련 있는데, 이런 종류의
편철 방식은 지금까지 처음 나온 것
으로 주목된다.

2008년 출토 5호묘 목간에 대해
서는 「甘肅永昌水泉子漢墓發掘簡簡
報」·「水泉子漢簡初識」(2009)에 발
굴 정황과 함께 일부 사진과 석문이
소개되었다. 그중 『창힐편』은 張存
良의 「水泉子漢簡蒼頡篇整理與研
究」(2015)에 다른 출토 한간의 『창
힐편』과 비교 분석하는 종합적인 연

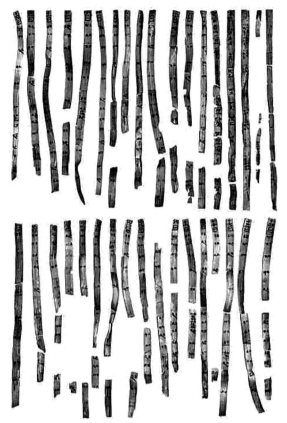

〈수천자 8호 한묘 출토 목간: "五鳳二年曆日"曆冊簡(考古』2018-
03, 圖1 轉載)〉

구와 함께, 도판과 석문이 수록되어 있다. 2012년의 8호묘 출토 목간은 「甘肅永昌縣水泉子漢
墓群2012年發掘簡報」(2017)에 발굴 정황과 함께 간략하게 소개하면서, '五鳳二年木簡'과 '四
日木簡'이라고 명명된 2매의 목간 사진이 함께 수록되어 있다. 「甘肅永昌縣水泉子漢簡五鳳二
年曆日整理與研究」(2018)는 8호묘 '五鳳二年曆日'간에 대한 전면적인 정리와 분석을 진행하면
서, 曆冊簡의 전체 사진과 복원도 및 석문까지 싣고 있어서 참고할 만하다.

4. 참고문헌

甘肅省文物考古研究所, 「甘肅永昌水泉子漢墓發掘簡簡報」, 『文物』 2009-10.

張存良, 「水泉子漢簡初識」, 『文物』 2009-10.

張存良, 「水泉子漢簡蒼頡篇整理與研究」, 蘭州大學博士學位論文, 2015.

『中國考古學年鑑 2013』, 文物出版社, 2014.

甘肅省文物考古研究所, 「甘肅永昌縣水泉子漢墓群2012年發掘簡報」, 『考古』 2017-12.

張存良, 「甘肅永昌縣水泉子漢簡五鳳二年曆日整理與研究」, 『考古』 2018-3.

2. 섬서성·청해성 陝西省·青海省 출토 한간

함양 마천 한간(1975)

咸陽 馬泉 漢簡

1. **출토지** : 섬서성 함양 마천 전한 磚券墓

2. **개요**

   1) 발굴기간 : 1975년

   2) 발굴기관 : 함양시박물관

   3) 유적종류 : 고분

   4) 시대 : 한대

   5) 시기 : 전한 말

   6) 출토상황 : 1975년 2월 함양시 서북쪽 마천에서 전권묘 1기가 발견되어 함양시박물관에서 발굴 조사를 진행했다. 봉토는 약 3m 정도만 남아있고, 2개의 墓道를 지나서 진입하는 墓室은 길이 8.75m, 너비 2.4m, 높이 3.18m 규모로, 1곽1관의 구조인데 관곽은 이미 부패한 상태였다. 출토 유물은 도·동·철·목·죽·칠·옥·석·금은기 등 200여 건이며, 곽 내에서 3매의 죽간 잔편이 발견되었다. 묘에서 나온 동경과 오수전의 특징 및 묘장의 형태로 보아 시기는 전한 후기에 해당하는 것으로 추정된다. 또 관 안에서 나온 동인에 '垣宮', 琥珀印에는 '惠君'이라는 글자가 음각되어 있다. 해당 묘에서 나온 죽간이나 칠기류 등은 섬서성 일대 한묘에서는 보기 드문 유물이라고 할 수 있다.

3. **내용**

   섬서성 함양 마천 한묘 출토 죽간 3매는 묘 내의 곽에서 발견된 것으로, 이미 잔편의 형태로 글씨가 있기는 하지만 분명하지 않아서 판독하기 어렵다. 길이는 약 6㎝, 너비는 0.7㎝, 두께 0.35㎝ 정도이다.

4. 참고문헌

李毓芳, 「陝西咸陽馬泉西漢墓」, 『考古』 1979-2.

서안 미앙궁유지 한간(1980)
西安 未央宮遺址 漢簡

1. 출토지 : 섬서성 서안시 미앙궁 前殿A區 유지

2. 개요

    1) 발굴기간 : 1980년 4월~6월

    2) 발굴기관 : 중국사회과학원 고고연구소

    3) 유적종류 : 궁전유적

    4) 시대 : 한대

    5) 시기 : 전한 중후기~왕망 신

    6) 출토상황 : 1980년 4월~6월에 걸쳐 중국사회과학원 고고연구소는 섬서성 서안시 미앙궁 전전 A구 유지에서 골첨·와당·봉니 등과 함께 모두 115매의 목간을 출토했다.

3. 내용

일찍이 전한의 궁전이었던 미앙궁은 불에 타버렸기 때문에, 발견된 목간도 탄화된 잔간이고, 길이 13~15.6cm, 너비 1~1.3cm 정도로 글자도 많아야 15자가 넘지 않는다. 목간의 시기는 전한 중후기에서 왕망 신까지이다.

의약 치료 및 인사·건강에 관한 황실의 관리복무, 瑞應 등의 내용이 기록되어 있다. 서체는 章草로 현재까지의 가장 빠른 章草의 실례라고 할 수 있다. 필체가 모두 일치하고 있어 한 사람이 쓴 것으로 보인다.

현재 중국사회과학원 고고연구소에서 소장하고 있다.

4. 참고문헌

『漢長安城未央宮: 1980-1989년 考古發掘報告』, 中國大百科全書出版社, 1996.

邢義田, 「漢長安城未央宮前殿遺址出土木簡的性質」, 『大陸雜誌』第100卷6期, 2000.

胡平生, 「未央宮前殿遺址出土王莽簡牘校釋」, 『出土文獻研究』第6輯, 2004.

서안 두릉 한간(2001)

西安 杜陵 漢簡

1. **출토지** : 섬서성 서안시 雁塔區 曲江鄉 杜陵原 5호 한묘

2. **개요**

1) 발굴기간 : 2001년

2) 발굴기관 : 섬서성고고연구소

3) 유적종류 : 고분

4) 시대 : 한대

5) 시기 : 전한 중후기

6) 출토상황 : 2001년 섬서성 고고연구소는 서안시 남쪽 교외 곡강향 두릉원에서 한묘를 발굴했는데, 그중 5호묘(편호 2001XRGM5)에서 목독 1매가 출토되었다. 5호묘는 '甲'자형 묘장으로 경사진 묘도와 磚洞室로 구성되어 있으며, 한 선제 두릉의 배장묘이다.

3. **내용**

섬서성 서안시 두릉 5호묘에서 출토된 목독 1매는 길이 23㎝, 너비 4.5㎝, 두께 0.4㎝ 정도이다. 문자는 대부분 분명해서 판독할 수 있는데, 서체는 예서를 중심으로 草書가 일부 섞여 있다. 모두 177자로 내용이 농작물을 파종하는데 좋은 날과 피해야 하는 날이기 때문에 「日書·農事篇」이라고 제목을 붙였다. 「西安杜陵漢牘〈日書〉"農事篇"考辨」(2002)에 5호묘 발굴 소개와 함께 목독의 모본 및 석문이 수록되었으며, 『中國簡牘集成 17』(2005)에도 석문 및 주석이 실려있다. 趙寧의 「散見漢晉簡牘的蒐集與整理」(2014)는 기존 석문을 비교하면서 주석을 하고 있어 참고할 만하다. 현재 섬서역사박물관에서 소장하고 있다.

4. 참고문헌

張銘洽·王育龍,「西安杜陵漢牘〈日書〉"農事篇"考辨」,『陝西歷史博物館館刊』第9輯, 三秦出版社, 2002.

中國簡牘集成編輯委員會 編,『中國簡牘集成 17』, 敦煌文藝出版社, 2005.

趙寧,「散見漢晉簡牘的蒐集與整理」, 吉林大學碩士學位論文, 2014.

대통 상손가채 한간(1978)

大通 上孫家寨 漢簡

1. **출토지** : 청해성 대통현 상손가채 115호 한묘

2. **개요**

   1) 발굴기간 : 1978년

   2) 발굴기관 : 청해성 문물고고공작대

   3) 유적종류 : 고분

   4) 시대 : 한대

   5) 시기 : 전한 중후기

   6) **출토상황** : 청해성 대통현 상손가채는 西寧市에서 북쪽으로 14㎞, 大通縣에서 남쪽으로 21㎞ 떨어진 위치에 湟水의 지류가 지나는 곳이다. 상손가채의 서북편에서 1973년 이래 모두 178기의 한묘가 발견되어 발굴작업이 진행되었는데, 그중 115호 한묘에서 한대 爵制와 군대 편제 등과 관련된 목간이 발견되어 학계의 관심을 받게 되었다.

   1978년 여름부터 청해성 문물고고공작대는 대통 상손가채 115호 한묘의 발굴을 시작했는데, 이 묘는 이미 도굴당해 매우 심하게 손상된 상태였다. 115호 한묘는 수혈식 토갱 목곽묘로 1곽2관의 부부합장묘이다.

   묘실은 장방형으로 입구는 길이 6m, 너비 3.54m에 바닥은 길이 5.7m, 너비 3.5m, 깊이 5.5m인데, 곽실 후반부에 목관 2구가 안치되어 있었지만 관은 이미 부패했고 성인 남녀 2구의 유체는 관 밖으로 나와 있는 상태였다. 묘 내에서 출토된 銅印 '馬良私印'으로, 남성 묘주의 이름이 馬良이라는 사실이 확인되며, 출토된 오수전이 모두 무제~선제 시기의 특징을 가지고 있어, 묘장 시기는 전한 중후기로 특정할 수 있다.

   115호 한묘는 발굴 전 이미 도굴된 상태로 내부가 매우 손상된 상태였기 때문에, 출토 유물

은 도기·동기·철기·석기·목기 등이 나왔지만 그다지 많지 않다. 묘장 시기를 전한 중후기로 특정할 만한 표지 유물로 600여 매의 오수전과 陶灶 1건이 특기할 만하다. 그리고 두 관 사이에 매우 부패한 잔간의 형태로 목간이 흩어진 채로 발견되었다.

3. 내용

대통 상손가채 115호 한묘 출토 목간은 묘실 내 두 관 사이에서 흩어진 상태로 발견되었다. 모두 240여 매인데 길이는 25㎝, 너비 1㎝, 두께 0.2㎝ 정도로, 목간은 가문비나무로 만들었다. 예서체로 매 간마다 30~40여 자가 쓰여 있으며, 출토 당시 잔간 400여 편이 또 있었다. 목간의 서체·내용 등을 통해서 兵法類, 軍法·軍令·軍爵類, 篇題目錄 등 3가지 유형으로 분류할 수 있다.

① 병법류 : 주로 전투에서 공격과 방어의 요체를 설명하고 있다. 먼저 布陣에 대해 언급한 뒤 전투에서 반드시 주의해야 하는 원칙을 강조하고 있다. 내용 중에는 진법의 명칭으로 圓陣·浮萡·橫陣·方陣 등이 나온다. 전투의 진퇴에 관해서 사졸들은 오로지 나아가 죽기를 무릅쓰고 적과 싸워야 하고, 도망쳐 목숨을 부지하고자 하는 자는 엄단해야 하며, 작전 중에 지휘를 따르지 않고 멋대로 행동하는 자도 즉참할 것을 주장하는 등 장수의 상벌이 분명해야 한다고 하고 있다. 통일된 대열의 훈련에서 시작하여 진법에 맞춘 조련을 통해 실전의 필요에 따라 공방의 진퇴를 자유자재로 하게 된다는 내용은 은작산한묘의 『손빈병법』, 『손자병법』과 비슷하다고 할 수 있다. 다만 일관된 병법서의 형태가 아니라 병서류 서적에서 필요한 구절을 발췌한 것으로 보인다.

② 군법·군령·군작류 : 병법에 근거하여 당시 제정된 율령 및 조치들이다. 다만 출토 간독 내에 율은 없고 영만 있다. 내용은 크게 軍令과 軍爵을 장부에 기록하는 것과 군기 위반에 관한 처벌과 운송마·私卒 등에 관한 것이다. 간문에는 군작에 관한 내용이 많은데, 사졸이 적을 참수하거나 포로로 잡았을 때 수급으로서 공을 헤아려 작을 내리는 내용이다. 이처럼 전공으로 작을 받는 법이 매우 상세한데, 전공이 작을 받기에 충분하지 않으면 돈으로 포상할 수도 있다. 또 軍功에 따른 작위 수여에는 '毋過左庶長', '毋過五大夫'와 같이 일정한 한계는 있었고, 전공을

〈大通上孫家寨 漢簡(『文物』1981-02, 圖版 貳 轉載)〉

허위로 보고하거나 또는 힘써 싸우지 않았을 때의 처벌 조항도 있어서 당시 엄격한 상벌에 따른 군법의 구체적인 면모를 확인할 수 있다. 이를 수호지진간, 장가산한간, 악록진간 등에 산견되는 軍功爵 관련 각종 율령과도 서로 비교해서 살펴보면 당시 군공작 제도에 대해서 보다 명확히 이해할 수 있을 것이다.

이 외에, 騎兵과 驛騎의 기율, 驛馬에 관한 규정도 모두 군령의 범위에 속하는 것으로 간문에 있다.

③ 篇題目錄 : 상손가채 한간에는 '☒首捕虜☒☒論卄一', '☒不法卄六', '☒虜以尺籍卄二', '☒私卒僕養數卄八', '從馬數使私卒卅六', '私車騎數卅' 등과 같이 篇題 目錄도 다수 확인된다. 또 잔간 중에 卄一, 卄二, 卄六, 卄八, 卄九, 卅六, 卅七, 卅四와 같이 篇目의 순서만 있는 것도 있어서 본래 순서대로 편철된 책에 본문과 목록이 있었을 것으로 추정된다.

청해성문물고고공작대의 「靑海大通縣上孫家寨115號漢墓」(1981)에 발굴 상황과 출토 목간에 대해 소개하고 있다. 또 대통상손가채한간정리소조의 「大通上孫家寨漢簡釋文」(1981)과 朱國炤의 「上孫家寨木簡初探」(1981)도 목간 석문 및 초보적인 연구 내용을 수록하고 있다. 李零은 「靑海大通縣上孫家寨漢簡性質小議」(1983)에서 상세한 考釋을 진행하여, 상손가채 한간이 병법서가 아니라 군법·군령 문서라고 주장했다. 청해성 문물고고연구소는 『上孫家寨漢晉墓』(1993)를 공간하여 상손가채 115호 한묘의 시기·형태 및 발굴 상황을 상세히 정리하면서 출토 목간의 사진과 석문을 전부 수록했다.

4. 참고문헌

青海省文物考古工作隊, 「靑海大通縣上孫家寨115號漢墓」, 『文物』 1981-2.

大通上孫家寨漢簡整理小組, 「大通上孫家寨漢簡釋文」, 『文物』 1983-3.

朱國炤, 「上孫家寨木簡初探」, 『文物』 1983-2.

李零, 「靑海大通縣上孫家寨漢簡性質小議」, 『考古』 1983-6.

青海省文物考古研究所, 『上孫家寨漢晉墓』, 文物出版社, 1993.

3. 호남성湖南省 출토 한간

[장사 한간長沙 漢簡]

장사 한간은 오늘날 중국 호남성 장사시 일대에서 출토된 일련의 한대 간독을 지칭한다. 호남성은 춘추전국시대 초나라 땅이었고, 이야진간에 따르면 진대에는 동정·창오군이 설치되었다. 한초에는 吳芮가 長沙國에 분봉되었다가 문제 때 폐절되었다. 이후 전한 말까지 유씨 동성 제후왕의 장사국으로 명맥을 유지했지만, 왕망 신 때 역시 폐절되고 후한 초 이래로 荊州에 속한 長沙郡이 되었다. 지금의 장사 시구는 진 이래 장사군 혹은 장사국의 치소로서 이 지역 정치·행정·군사·경제·사회·문화의 중심지로서 오랜 기간 역할을 하고 있었다.

湖南이라는 지명은 그 대부분이 洞庭湖 남쪽에 위치하기 때문에 유래한 것이다. 장강 중류 유역의 남쪽에 위치하고 아열대 기후에 속하기 때문에 여름에는 고온다습하고 강수량도 많다. 호남성은 동·서·남의 세 방향이 산지로 둘러싸여 있는 말굽형 분지 지형인데, 호남성 내에서도 북으로 동정호에서 장사 일대까지 湘江을 따라 하천·호수가 많은 해발 50m 이하의 저습지대를 형성하고 있다.

이와 같은 고온다습한 기후와 저습 지대라는 자연지리 조건 하에 호남성 장사 일대는 교통의 요충지로서 기능하면서, 전국 초 이래 진한에서 삼국·위진시대에 걸쳐 줄곧 장강 중류 유역 남쪽의 정치·행정·경제·사회·문화 제 방면의 중심지였다. 따라서 일찍이 선사시대 장강 도작 문화 이래의 많은 고고 발굴 성과가 있었다. 그중에서도 특히 전국·진한·삼국위진에 걸쳐 장기간의 연속적인 간독자료가 장사라는 일정한 지역에서 집중적으로 출토되고 있어서 고대중국을 이해하는데 매우 중요한 의의를 가지고 있다. 이처럼 장사 일대에 간독 자료가 대량으로 집중해서 나오는 것은 정치·행정·경제·사회 중심지로서 많은 공·사문서가 생산·유통되었다는 조건과 고온다습한 저습지라는 자연조건 하에서 무덤과 우물 등에 수장된 간독이 장기간 완전 밀봉 상태로 외부에 노출되지 않은 채 보존되었던 환경이 결합했기 때문이라고 할 수 있다.

장사 일대에서 간독 자료는 1942년 子彈庫 전국 초묘에서 도굴되어 세상에 알려진 전국 楚

帛書를 시작으로, 1952년 장사 근교의 五里牌 46호 초묘의 38매, 1953년 仰天湖 25호 초묘의 43매, 1954년 楊家湾 6호 초묘의 72매 등 일련의 전국 초간백이 출토되었다('長沙楚簡'으로 지칭). 한편 비슷한 시기인 1951~1952년 중국과학원 고고연구소에서는 장사 근교의 伍家嶺, 陣家大山, 識字嶺, 五里牌, 徐家湾 등의 墓群에 대해 발굴 조사를 진행했다. 그 결과 徐家灣(楊家大山) 401호 한묘에서 木楬 1매, 伍家嶺 203호 한묘에서 封檢 10매 등이 출토되었다. 또 10여 년이 지난 1961년에는 장사 남쪽 교외의 砂子塘 1호 한묘에서 43매의 목독이 나왔다.

이처럼 장사 근교의 한묘에서 한대 간독이 단편적으로 나오다가, 1972년 장사 근교의 한초 장사국 승상 利蒼과 그 가족의 묘장인 馬王堆 한묘 중 1호묘에서 부패되지 않은 여성의 유체와 백서·죽간·목간이 다량 나오게 된다. 마왕퇴 1호 한묘의 출토 죽간은 412매, 목간은 49매이다. 1973~1974년에는 마왕퇴 2호묘에서 1매의 죽간, 3호묘에서 610매의 죽목간이 출토되었다(이상 '馬王堆漢簡帛'으로 지칭). 그 후 1993년에는 전한 장사국 왕후 漁陽墓에서 100여 건의 木楬·签牌·封泥匣 등이 나오기도 했다('漁陽墓漢簡'으로 지칭).

이때까지는 주로 장사시 외곽의 묘장에서 간독이 출토되었지만, 1990년대 후반부터는 장사시 시내의 옛 우물 유지에서 대규모의 간독이 출토되기 시작한다. 1996년 7월 장사시 五一廣場 동편 走馬樓의 古井 J22에서 약 10여만 매에 달하는 대량의 삼국 오간이 발견되었다('走馬樓吳簡'). 이어서 1997년에는 오일광장 서북편의 科文빌딩 후한대 古井에서 277매의 목간이 나왔으며('九如斎漢簡'), 2003년에는 역시 오일광장의 주마루 8호 古井에서 전한대 죽간 1만 여매(有字簡 2,188매)가 출토되기에 이르렀다('走馬樓漢簡'). 2004년에는 장사시 중심지구인 東牌樓 7호 古井에서 후한대 목간·목독 등 426매(有字簡 218매)가 나왔고, 또 2011년에도 東牌樓 32호 古井에서 수십 매의 죽간이 출토되었다('東牌樓漢簡'). 2010년에는 오일광장의 古井 J1에서 1만여 매(編號簡 6,859매)에 달하는 후한대 간독이 출토되었으며('五一廣場 漢簡'), 2011년에는 오일광장 남쪽으로 尚德街의 國際金融中心 공사현장에서 257매(有字簡 171매)의 후한대 목간이 나왔다('尚德街 漢簡'). 2015년 坡子街의 건설현장에서 발굴된 한대 古井(J5)에서도 목간·독(수량 미상)이 나왔고('坡子街漢簡'), 2016년에는 오일광장에서 북쪽 편에 있는 青少年宮 공사현장에서 발굴된 전한대 古井에서도 간독(수량 미상)이 출토되었다('青少年宮漢簡'). 이

상 1996년의 주마루 오간을 포함해서 1997년 구여재한간 이래 8종의 한간독은 모두 장사시 중심 오일광장을 중심으로 집중해서 출토되었다. 이는 장사시 오일광장 일대가 전국 초 이래로 진한~삼국·위진~수당~송원명청시기까지 줄곧 역대 장사의 왕부나 관부가 위치했던 정치·행정의 중심지였다는 점에서 이유를 찾을 수 있다.

지금까지 정리한 호남성 장사시 일대에서 출토된 한간독은 시기별로 1950~60년대의 서가만·오가령·사자당 등에서 3종의 한간독, 1970년대의 마왕퇴 한간백 3종 및 1993년 어양묘한간, 1990년대 후반부터 현재까지 장사 시내 古井에서 나온 8종의 한간독으로 구분할 수 있다. 모두 합쳐 15종으로 간독별로 고유한 명칭이 각각 있지만, 장사라는 공통의 출토지에서 '長沙漢簡'이라는 범주를 설정할 수 있을 것이다.

장사 서가만(양가대산) 한간(1951)
長沙 徐家灣(楊家大山) 漢簡

1. **출토지** : 호남성 장사시 근교 서가만(양가대산) 401호 한묘(劉驕)

2. **개요**

    1) 발굴기간 : 1951년 10월

    2) 발굴기관 : 중국과학원 고고연구소

    3) 유적종류 : 고분

    4) 시대 : 한대

    5) 시기 : 전한 선제 元康4년(기원전 62년) 전후

    6) 출토상황 : 일찍이 호남성 장사 근교에서 전국에서 한대에 이르는 묘장들이 발견되면서 도굴 피해가 극심했었다. 그리고 1949년 신중국 건국 후 이 지역에서 건설 공사가 진행되는 과정에서 또 많은 묘장이 발견되면서, 1951년 10월 18일부터 1952년 2월 7일까지 중국과학원 고고연구소(현 중국사회과학원 고고연구소)는 장사 근교의 伍家嶺, 陣家大山, 識字嶺, 五里牌·徐家湾 등 네 곳에서 모두 162곳의 묘장을 발굴했다. 그중 서가만(양가대산) 401호 한묘는 깊이가 8.8m이며 45m에 달하는 묘도를 따라 들어가면, 앞뒤 두 부분으로 나뉘는 묘실이 나온다. 전체 길이 20.34m인 묘실에서 앞부분은 길이 8m, 너비 13.7m에 수장 기물을 두는 東室과 西室로 각각 구분된다. 뒷부분은 길이 12.34m, 너비 11.1m에 관곽을 두는 주실이다. 401호 한묘는 이미 도굴되어 수장 기물이 많이 훼손되었지만, 서실은 도기류, 동실은 칠기류, 주실은 각종 금속 기물이 주로 출토되었다. 수장 기물 중 銀印章에 "劉驕"라는 이름이 있어서 401호 한묘의 묘주는 劉驕가 분명하다. 유교는 長沙王國 왕실과 밀접한 관련이 있는 인물로, 전한 선제 元康4년(기원전 62년)을 전후한 시기에 사망한 것으로 추정한다. 簽牌 1매가 동실 부근에서 발견되었다.

3. 내용

서가만 401호 한묘에서 발견된 첨패는 길이 11.8㎝, 너비 3.1㎝, 두께 0.3~0.5㎝에 "被綺函"이라는 세 글자가 쓰여 있다. 서가만 401호 한묘에 대한 발굴 정황과 사진 자료 도판 등은 『長沙發掘報告』(1957)에서 확인할 수 있다.

『長沙發掘報告』(1957)에서는 위의 簽牌를 '木札'이라고 하면서 "被絳函"으로 석독했다. 이에 대해 陳直(1961)과 裘錫圭(1992)는 모두 이를 "被袴函"으로 석독하고 바지 등의 의복류를 수장하는 상자의 簽牌라고 했고, 胡平生(2012)은 "被袴"을 "紱綵(綯)"라고 해석해서 일종의 인장에 매는 비단 끈으로 보았다.

또 楊家大山 401호묘와 徐家灣 401호묘를 구분해서 2곳의 서로 다른 한묘로 잘못 정리되어 있기도 하는데 사실 한 곳의 같은 묘이다. 『長沙發掘報告』(1957)의 도판 106 「楊家大山區坑位圖」를 보면, 401호묘는 楊家大山의 다른 묘와는 달리 좀 더 아래쪽으로 내려와 徐家灣 쪽에 위치한다. 이를 『簡牘槪述』(1984년)은 楊家大山 401호묘라고 했고, 『散見簡牘合集』(1990)에서는 徐家灣 401호묘라고 해서 착오가 생긴 것으로 보인다.

4. 참고문헌

中国科學院考古研究所 編著, 『長沙發掘報告』, 科學出版社, 1957.

林劍鳴, 『簡牘槪述』, 陝西人民出版社, 1984.

李均明/何雙全, 『散見簡牘合集』, 文物出版社, 1990.

胡平生, 『長江流域出土簡牘與研究』, 湖北敎育出版社, 2004.

陳直, 「長沙發掘報告的幾点補正」, 『考古』 1961-5.

裘錫圭, 「〈秦漢魏晉篆隸字形表〉讀後記」, 『古文字論集』, 中華書局, 1992.

胡平生, 「說紱綵」, 『胡平生簡牘文物論稿』, 中西書局, 2012.

何旭紅, 「長沙楊家山西漢"劉驕"墓和"楊子贛"墓考」, 『湖南省博物館館刊』 11, 2014.

장사 오가령 한간(1951~1952)
長沙 伍家嶺 漢簡

1. 출토지 : 호남성 장사시 근교 오가령 203호 한묘

2. 개요 :

   1) 발굴기간 : 1951년 10월~1952년 2월

   2) 발굴기관 : 중국과학원 고고연구소

   3) 유적종류 : 고분

   4) 시대 : 한대

   5) 시기 : 전한 후기

   6) 출토상황 : 1951년 10월 18일부터 1952년 2월 7일까지 중국과학원(현 중국사회과학원) 고고연구소는 장사 근교에서 발굴 조사를 진행하던 중, 오가령 203호 전한 후기 묘에서 封檢(封泥匣) 10매를 출토했다.

203호 한묘는 묘실의 길이가 전체 10.9m에 前室·中室·後室 세 부분으로 구분된다. 전실은 길이 3.48m, 너비 2.98m이며, 중실은 길이 3.12m, 너비 4.44m이고, 후실은 길이 4.30m, 너비 3.8m이다.

발굴 당시 깊이는 중실과 후실이 4.95m에 전실이 5.87m로, 본래 깊이는 8m 이상으로 추정된다. 묘도는 묘실의 서편에 계단식으로 만들어져 있는데, 14개의 계단이 4.75m 정도 남아 있는 상태이다. 203호묘는 이미 도굴되어, 후실의 기물은 남은 것이 얼마 없고 중실은 도기·동기·칠기 등이 약간 남아있다. 전실의 보존상태가 가장 양호해서 수십 건의 도기와 木車·木船 모형 및 木俑 등이 나왔다. 중실에서 발견된 漆杯의 바닥에 "賈"자가 쓰여 있었는데, 이를 『長沙發掘報告』(1957)는 묘주의 성씨라고 보고 203호묘를 "賈姓墓"라고 칭했다.

3. 내용

오가령 203호묘 출토 封檢은 장방형에 길이 5.8㎝, 너비 2.05㎝이다. 봉니를 끈으로 매어 묶는 凹부분은 길이 2.5㎝에 깊이 0.95㎝이다. 출토된 10매의 봉검 중 9매는 이미 글자를 알아볼 수 없고, 1매에서만 "魚鮓一斛" 4글자만이 확인된다.

출토 당시 봉검은 모두 나무 덮개가 있는 10개의 도기 항아리[陶罐] 근처에서 발견되었다. 이로써 무덤에 수장하는

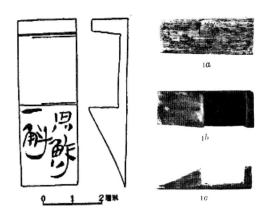

〈伍家嶺 203묘 출토 封檢(『長沙發掘報告』, 124쪽 圖104, 圖版85 轉載)〉

항아리의 덮개를 끈으로 묶으면서 여기에 항아리에 담겨있는 물품의 이름과 수량을 적은 봉검을 매달아 각각 표시했던 것으로 그 용도를 추측할 수 있다.

일부 자료에서는 오가령 201호묘에서 봉검, 203호묘에서 목독이 각각 출토된 것으로 정리하고 있어서 오해의 여지가 있는데, 『長沙發掘報告』(1957)에 따르면 201호묘에서는 따로 발견된 목간독 자료가 없고 203호묘에서만 封檢 10매가 출토되었다.

4. 참고문헌

中国科學院考古硏究所 編著, 『長沙發掘報告』, 科學出版社, 1957.

李均明/何雙全, 『散見簡牘合集』, 文物出版社, 1990.

胡平生, 『長江流域出土簡牘與硏究』, 湖北教育出版社, 2004.

장사 사자당 한간(1961)
長沙 砂子塘 漢簡

1. 출토지 : 호남성 장사시 남교 사자당 1호 한묘

2. 개요

　1) 발굴기간 : 1961년 6월 하순

　2) 발굴기관 : 호남성박물관

　3) 유적종류 : 고분

　4) 시대 : 한대

　5) 시기 : 전한 문제 後7年(기원전 157년)경

　6) 출토상황 : 1961년 6월 하순 호남성박물관은 장사시 남쪽 교외 사자당의 전한 목곽묘 (M1)에 대한 발굴 조사를 진행했다. 이 묘는 이미 1941년과 1947년 두 차례 도굴당해 대부분의 유물이 손실되었지만, 그럼에도 1961년의 발굴을 통해 73건의 封泥匣이 출토되었다.

사자당 1호묘는 북쪽에서 경사진 묘도를 통해 들어가면 장방형 수혈식의 묘실이 나온다. 묘실 가운데 관곽이 있는데, 外槨·內槨·外棺·內棺 등 4층으로 구분된다. 외곽과 내곽 사이에 공간을 두어 수장품을 두었고, 내곽 내에 긴밀하게 들어가 있는 외관의 겉면은 홍·백·흑·황 등의 다채로운 색으로 꽃문양 등을 옻칠로 그려놓았다. 내관은 외관과 간극이 없이 긴박하게 들어가서 시신을 안치하고 있다.

「長沙砂子塘西漢墓發掘簡報」(1963)는 수장품과 묘장의 형태로 보아 사자당 1호묘의 묘주는 長沙靖王 吳著일 가능성이 있으며, 묘장 연대는 전한 문제 때인 기원전157년 전후로 추정하고 있다.

이미 도굴당해 대부분의 수장품이 사라졌지만, 남아있는 4개의 상자에서 칠기류·목기류 등과 함께 73건의 봉니갑이 나왔으며, 그중 43건은 예서체로 문자가 있다.

〈砂子塘 1호묘 外棺 漆畫(「長沙砂子塘西漢墓發掘簡報」 轉載)〉

3. 내용

사자당 1호묘에서 출토된 봉니갑은 크기가 서로 달라서, 가장 큰 것은 길이 6.5㎝, 너비 3.2㎝, 두께 1.7㎝이고 가장 작은 것이 길이 3.3㎝, 너비 2.5㎝, 두께 1.2㎝이다. 장방형의 凹자 형태이며, 凹부분 안쪽에 "家吏"와 같은 글자를 전서로 양각한 봉니가 있으며, 봉니 중에는 물건을 묶었던 끈이 일부 남아있는 것도 있다. 글자는 대부분 봉니갑의 상단에 썼지만, 일부 하단에 쓰거나 상하 양쪽에 모두 쓴 경우도 있다. 적게는 1자에서 많게는 11자로 모두 130여 자이다. 그중 명료하지 않은 글자도 많아서, 약 80자 정도만 판독이 가능하다.

문자가 있는 봉니갑 43건의 내용은 수장품의 명칭이다. 7건은 공구·화폐·재물 등이고 나머지 36건은 모두 식품류로 『禮記』內則편에 나오는 군주가 먹는 식품명과 대체로 부합한다. 「發掘簡報」(1963)에 도판·모본 및 석문이 수록되어 있으며, 趙寧의 「散見漢晉簡牘的蒐集與整理 上」(2014)에 상세한 集釋이 실려 있다.

4. 참고문헌

湖南省博物館, 「長沙砂子塘西漢墓發掘簡報」, 『文物』 1963-2.

趙寧, 「散見漢晉簡牘的蒐集與整理 上」, 吉林大學碩士學位論文, 2014.

장사 마왕퇴 한간(1972~1974)

長沙 馬王堆 漢簡

1. **출토지** : 호남성 장사시 근교 오리패 마왕퇴 1·2·3호 한묘

2. **개요**

   1) 발굴기간 : 1972~1974년

   2) 발굴기관 : 호남성 박물관

   3) 유적종류 : 고분

   4) 시대 : 한대

   5) 시기 : 전한 초 呂后 2년(기원전 186년)~문제 17년(기원전 163년) 전후

   6) 출토상황 : 1972년~1974년 호남성박물관은 장사시 교외 오리패 마왕퇴에서 3곳의 한묘를 발굴했다(이하 馬王堆 1·2·3호묘로 지칭). 이곳은 오대십국 시기 장사에 도읍을 둔 南楚 馬殷의 능묘로 잘못 전해져 馬王堆라고 부르게 되었다고 한다. 마왕퇴 1·2·3호묘의 묘주는 각각 전한 초 장사왕국의 승상이었던 軟侯 利蒼(2호묘)과 그 아내인 辛追(1호묘) 및 자식인 利豨(3호묘)인 것으로 밝혀졌다. 즉 이창의 가족묘인 것이다. 1호묘의 묘주 신추는 이창의 아내로 문제 17년(後元 원년, 기원전 163년) 전후 사망한 것으로 추정되며, 2호묘의 묘주인 이창은 사서 기록에 따르면 기원전 186년(呂后 2년)에 사망했다. 3호묘의 묘주인 이희는 이창과 신추의 자식으로 부친의 봉호를 이어받았다가, 문제 12년(前元12년,

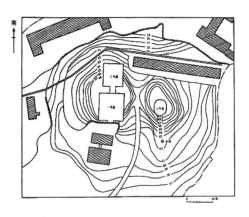

〈장사 마왕퇴 1,2,3호 한묘 위치도(『長沙馬王堆漢墓簡帛集成·六』(2014), 133쪽, 圖6 轉載)〉

기원전 168년) 30여 세로 사망하여 매장된 것으로 보인다. 따라서 마왕퇴 1·2·3호묘의 묘장 연대는 전한 초 여후에서 문제 시기라고 할 수 있다.

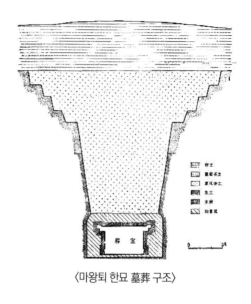

〈마왕퇴 한묘 墓葬 구조〉

호남성박물관에서 1972년 1월 16일부터 4월 28일까지 발굴을 진행한 1호묘는 현존 봉토에서 묘의 바닥까지 약 20m에 이르며 묘도는 묘의 북쪽에서 들어간다. 묘구는 길이 19.5m 너비 17.8m의 크기로, 아래로 4층의 층계가 있다. 제4층의 층계 이하로 斗形의 묘벽이 바로 묘의 기저부까지 이어진다. 묘의 기저부에 있는 묘실은 길이 7.6m, 너비 6.7m에 1곽4관을 갖추고 있어 당시 제후의 예에 부합한다고 할 수 있다.

4중의 관 중 가장 안쪽 관에서 이창의 아내인 신추의 유체가 여전히 피부 탄력이 있고 모발이 부패하지 않은 아주 양호한 상태로 발견되어서 세상을 깜짝 놀라게 했다. 이 여성 유체는 사망 당시 나이는 50여 세 정도에 키는 154㎝, 체중 34.3㎏ 정도였고, 위에서 소화되지 않은 참외 씨앗이 나와 아마도 여름철에 사망했을 것으로 추정되었다. 이처럼 마왕퇴 1호묘의 유체가 이천년 이상이 지났는데도 부패하지 않은 것은 관곽의 아래 위 주위로 살균효과를 가진 길이 40~50㎝의 목탄이 깔려 있었던 점, 또 그 위로 두께 1~1.3m 정도 흰 점토가 두껍게 덮여서 완전 밀봉되었다는 점, 지상에서 16m 깊이에 매장되어 저온 상태가 유지되었다는 점 등의 이유에서이다. 마왕퇴 1호묘에서는 부패하지 않은 유체의 발견 외에도 묘주의 이름을 알 수 있는 '妾辛追'라고 쓴 인장과 T자형의 帛畵를 비롯하여, 방직품·칠기·죽목기·도기·금속기·식물 등 1,000여 건에 달할 정도의 풍부한 유물이 나왔고, 그중에는 312매의 죽간과 49매의 木楬도 출토되었다.

장사왕국 승상 軑侯 利蒼의 묘인 2호묘는 1973년 12월 18일부터 1974년 1월 13일까지 발굴이 진행되었다. 2호묘는 1호묘에서 正西쪽으로 약 25m 전후 떨어져 있는데, 현존 봉토는 높이 8m 둘레 31.5m 정도이지만 1호묘의 서벽에 의해 일부 잘려나가 2호묘의 묘장 시기가 더 빠르다는 점을 알 수 있다. 북면의 경사진 묘도를 가진 수혈식 묘로 장방형의 묘실은 길이 7.25m 너비 5.95m인데, 밀봉 상태가 좋지 않고 도굴도 당해 1호묘에 비해 보존 상태가 좋지 않다. 2호묘의 묘실 한가운데 관곽이 있지만, 상당히 부패되어 모두 4중의 관곽이라는 정도만 알 수 있고 관과 곽을 별도로 구별하기란 어려운 상태이다.

2호묘의 수장품 중 전서로 '利蒼'을 음각한 玉印과 '軚侯之印', '長沙丞相'을 각각 음각한 銅印 등 3개의 인장이 묘주의 이름과 신분을 확인할 수 있는 것으로 가장 중요하다고 할 수 있다. 그 밖에 이미 상당히 파손된 상태로 칠기·도기·동기류 등이 나왔으며, 2호묘에서는 묘도에서 죽간 1매만이 발견되었다.

마왕퇴 3호묘는 이창과 신추의 자식인 이희의 묘이다. 모친인 신추의 묘인 1호묘에서 남쪽으로 바로 아래 4.3m 떨어져 있다. 3호묘의 발굴은 1973년 11월 19일부터 12월 13일까지 25일 동안 진행되었다. 3호묘는 정북 방향으로

〈1·2. 軚侯之印, 3·4·5. 長沙丞相, 6·7·8. 利蒼
(「長沙馬王堆二, 三號漢墓發掘簡報」轉載)〉

위치하며, 현존 봉토는 7.8m 높이이다. 묘도가 있는 장방형 수혈묘이다. 묘구는 길이 16.3m 너비 15.45m이고, 묘구 아래로 3개의 층계가 있고 3번째 층계 이하는 斗形 벽으로 바로 묘의 바닥인 곽실까지 내려간다. 곽실은 1곽3관의 구조이며, 3중관의 가장 안쪽 관에서 이미 부패했지만 사망 당시 약 30여 세의 남성 유체가 나왔다.

3호묘의 수장 기물은 모두 1,000여 건에 달한다. 帛畵 4폭, 병기는 弓·弩·矢·劍·矛 등 38건, 악기는 琴·瑟·簫 등 5건, 칠기는 鼎·壺·盒·匕·勺·耳杯·案 등 316건, 죽기는 竹笥 약 50개가 있다. 竹笥 내의 물품은 식품류 38 상자, 약초·향초 2상자, 방직품 10상자 등이다. 그 밖에도 六

博具·銅鏡·環首鐵削·熏爐·陶燈 등이 나왔으며, 遣策·醫簡 등의 내용으로 610매의 죽간독이 20여 종 10만 자 이상의 풍부한 내용을 가진 백서와 함께 출토되었다.

3. 내용

장사 마왕퇴 한간백은 1호묘, 2호묘, 3호묘의 출토 간독을 각각 구분해서 그 내용을 정리하는데, 3호묘의 경우는 내용 상 간독과 백서를 함께 소개한다.

1) 마왕퇴 1호묘 한간

1호묘에서는 312매의 죽간, 49매의 木楬(簽牌), 37건의 封檢(封泥匣), 19건의 竹牌가 출토되었다. 312매의 죽간은 길이 27.6㎝ 너비 0.7㎝이며 전제 글자 수는 2,063자이다. 간마다 글자 수는 2~25자 정도로 먼저 글을 쓴 후 상하 두 줄로 묶어 순서대로 편철했다. 내용은 수장 기물의 명단 즉 遣策으로 지금까지 출토된 견책 중 가장 많은 수량이다. 죽간은 출토 당시 이미 부분적으로 흩어졌었는데, 복원 정리를 거친 후 순서는 대체로 副食品·調味品·酒類·糧食 같은 식품류, 칠기·도기·화장용구·의복 등의 물품, 樂器·竹器·明器류 등이다. 물품의 기재 방식은 먼저 간 마다 각각의 세부적인 물품 명칭과 수량을 기재하고, 다시 이를 총괄하는 간의 상단 부분에 橫線을 그은 후 그 아래 '右方'이라고 쓰고 총괄하는 명칭과 합계한 수량을 기재하는 식이다.

예를 들면 簡11~簡17까지 다양한 종류의 흰죽[白羹] 명칭과 수량을 기재한 뒤, 簡18에서 상단에 橫線一을 긋고 '右方' 아래 앞서의 물품명과 수량을 총괄하는 '白羹七鼎'을 쓰는 식이다.

견책에 기재된 목록과 실제 출토된 실물자료가 대부분 서로 부합하기 때문에 간문의 판독과 수장품의 이름을 확정하는데 모두 도움이 되며, 전한 초 경제사·사회사·생활사·농업사 등 연구에 매우 귀중한 자료라고 할 수 있다. 죽간의 서체는 기본적으로 漢隸이지만 篆書의 필법도 남아있다.

함께 나온 49매의 簽牌(木楬)는 대부분 곽실의 서쪽편에서 나왔으며 일부는 남쪽편과 동쪽편에서 나왔다. 그중 17매는 대나무 상자 위에 그대로 묶인 상태로 출토되었다. 첨패의 상단부는 반원형이고 하단부는 장방형이다. 머리 부분에는 묵으로 검게 칠하고 두 줄로 편철하여 끈

〈마왕퇴 1호 한묘 견책간 도판(『集成 · 二』, 222쪽 轉載)〉

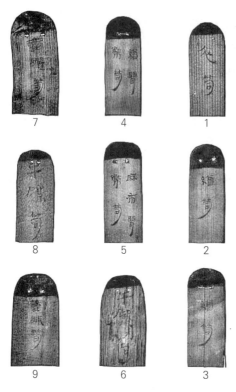

〈마왕퇴 1호 한묘 첨패 도판(『集成·二』, 252쪽 轉載)〉

을 묶었다. 크기는 서로 달라서 길이 7.1~12㎝, 너비 3.8~5.7㎝ 사이이다. 두께는 0.2~0.4㎝ 정도이다. 내용은 衣笥·繒笥·牛脯笥·鹿炙笥와 같이 대나무 상자에 담은 물품의 명칭이다.

封檢(封泥匣) 37건은 출토 시 대나무 상자 위에 매여 있는 상태였고, 삼나무로 만들었으며 길이 4.2~7㎝, 너비 2.6~2.8㎝, 두께 1.1~1.4㎝이다. 봉니갑의 凹부분은 모두 봉니가 있는데, 봉니에는 본래 匣을 묶었던 끈도 많이 남아있다. 봉검에는 글자가 없고 봉니에 문자가 있는데 "軑侯家丞"이 27매 "右尉"가 2매 "□買之"가 1매이다.

1호묘의 19매 竹牌 중 13매는 곽실 남측의 도기 항아리 쪽에서 출토되었다. 또 흩어져 나온 3매의 죽패는 본래 곽실 서편의 곡물 마대 쪽에 있었을 것으로 추정된다. 이 외에 호남성박물관의 도판 사진 중에 대조 검사하는 것과 관련이 있는 것으로 보이는 3매의 無字 竹牌가 있다. 내용은 無字簡을 제외하고 모두 항아리나 포대에 담은 물품의 명칭이다.

이상 마왕퇴 1호묘 한간의 출토 상황에 대해 『長沙馬王堆1號漢墓發掘簡報』(1972)에 처음 소개되었고, 『長沙馬王堆1號漢墓』(1973)에 죽간·목갈·죽패 등의 도판 사진과 석문이 수록되었다. 또 2014년 중화서국에서 출판한 『長沙馬王堆漢墓簡帛集成』(전7책)은 1호묘 출토 죽간·첨패·죽패 등을 다시 재정리·재교감하여 도판과 석문 및 상세한 주석을 집성하고 있다.

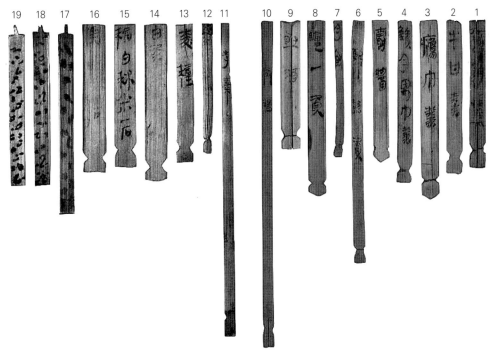

〈마왕퇴 1호 한묘 죽패 도판(『集成 2(2014)』, 254~255쪽 轉載)〉

2) 마왕퇴 2호묘 죽간

마왕퇴 2호묘는 묘도 중간에서 1매의 죽간만이 나왔을 뿐이다. 죽간의 길이는 22.7㎝ 너비는 1.5㎝이다. 먼저 「長沙馬王堆二、三號漢墓發掘簡報」(1974)에 2호묘의 발굴 정황이 소개되었고, 『長沙馬王堆二、三號漢墓』(2004)에 죽간의 모본과 석문이 수록되어 있다. 이어서 『長沙馬王堆漢墓簡帛集成』(2014)은 호남성박물관이 제공한 사진으로 다시 정리한 도판과 석문을 싣고 있는데, 앞서의 『長沙馬王堆二、三號漢墓』(2004)와는 판독을 다르게 하고 있어서 양자를 서로 비교해서 확인할 필요가 있다.

3) 마왕퇴 3호묘 간백

마왕퇴 3호묘에서는 600매 이상의 죽·목간이 출토되었다. 그중 200매는 醫書類이고, 遣策

類 간독은 전부 407매로 죽간 400매 목독 7매이다. 또 木楬(簽牌)이 53매가 있다.

① 遣策類 간독

400매의 遣策 죽간은 길이 27.4~27.9㎝에 수장 기물의 명칭과 수량을 기재하고 있다. 내용은 주로 車騎·樂舞·童僕 등의 侍從 및 소지하는 兵器·儀仗·樂器 등의 물품 명단으로, 1호묘 견책간에는 보이지 않던 처음 확인되는 내용도 적지 않다. 견책 명단에 나오는 車騎·樂舞·童僕 등은 실제 부장된 것이 아니라 棺室의 동서 벽에 있는 帛畵에서 확인된다.

7매의 목독 중 6매가 관실의 서쪽 편에서 나왔는데 길이 28㎝에 너비는 2.5~2.6㎝ 정도이다. 그중 먼저 告地書 목독 1매가 있는데, 내용은 "十二年, 二月乙巳朔戊辰, 家丞奮移主藏郎中, 移藏物一編, 書到壙坎具奏主藏君"으로, 명부의 관리에게 묘주의 수장품을 기재한 문서를 제출하는 것이다. 여기서 '主藏郎中'과 '主藏君'은 묘에 수장된 재물을 주관하는 명부의 관리다. 이 고지서 목독에 바로 '十二年'이라는 기년이 기재되어 있어서, 3호묘 묘장의 연대는 전한 문제 前元 十二年(기원전 168년)으로 확정할 수 있다.

나머지 5매는 견책류 목독으로, 죽간에 각기 기재한 수장 기물의 명칭과 수량을 총괄하는 내용을 기재하고 있다. 즉 1호묘 견책간과 마찬가지로, 윗부분에 '一右方'을 쓰고 그 이하로 해당 기물의 명칭과 수량을 총괄하는 방식인데, 1호묘 견책간과는 달리 3호묘

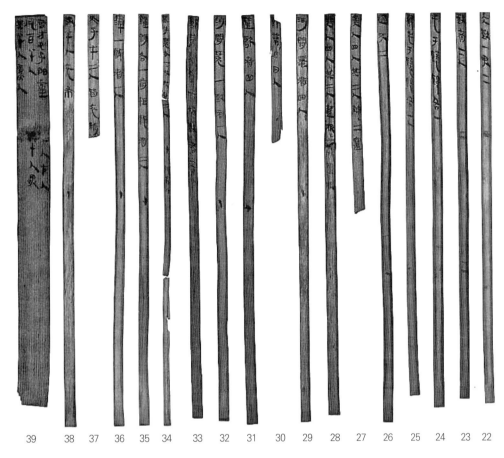

〈마왕퇴 3호 한묘 견책간독 도판(『集成·二』, 259~261쪽 轉載)〉

에서는 죽간에 세부 수장품을 기재한 후 이를 총결하는 것은 목독에다 쓰는 것이다. 즉 예를 들면 아래와 같이, 22~38簡까지의 죽간에 개별 수장품의 명칭과 수량을 기재한 후, 이를 모두 39목독에서 총괄하여 기재했다.

7매 목독 중 관실 동쪽 편에서는 1매가 나왔는데, 너비가 5㎝ 전후로 넓은 편이다. 아래 도판에 보이듯이, 禪衣·復衣·長襦·袴 등 15종의 물품명을 기록한 후 마지막에 "·乙笥凡十五物不發"이라고 써놓았다. 아마도 본래 수장 물품으로 준비했다가 실제 묘 내에 넣지는 않았던 의복

〈마왕퇴 3호묘 53 木楬(簽牌): '羊載'(『集成·二』, 304쪽 轉載)〉

53

이었을 가능성도 있다.

3호묘에서 나온 53매의 木楬(簽牌)는 수장품을 담는 竹笥에 매달려 있었던 것으로 출토 당시는 竹笥 부근에 떨어져서 발견되었다. 첨패에는 본래 달려 있었던 竹笥의 수장품 명칭이 기재되어 있다. 처음 『長沙馬王堆二、三號漢墓』(2004)에서는 52매의 木楬(簽牌)이 소개되었는데, 이후 『集成』(2014)에서 '羊載' 1매를 더 확인해서 모두 53매가 되었다.

② 醫書類 죽·목간

마왕퇴 3호묘 출토 간독 중 의서류는 「十問」, 「合陰陽」, 「雜禁方」, 「天下至道談」 등 4종, 200매(목간 11매)의 죽·목간으로 관실 동쪽 편의 장방형 漆製 상자에서 나왔다. 「天下至道談」만 본래 죽간에 제목이 있고, 나머지 3종은 출토 후 마왕퇴백서정리조에서 제목을 붙인 것이다. 이 4종의 의서간은 모두 방중술의 養生과 관련 있는 내용이다.

죽간 101매의 「十問」은 간의 길이 23㎝, 너비 0.6㎝로 아래위 두 줄로 편철했다. 房中術 중에서도 양기의 보양을 주요 내용으로 服食·行氣·導引·按摩 등의 방법을 다루고 있다. 여러 종의 房中書에서 내용을 채택하여 『漢書』 藝文志에 저록된 古房中書와도 밀접한 관계가 있다고 할 수 있는데, 그중 양기 보양의 방법만을 전문적으로 모아놓았다고 할 수 있다. 黃帝가 天師·大成·曹熬·容成에게, 堯가 舜에게, 王子巧父가 彭祖에게, 盤庚이 耆老에게, 禹가 師癸에게, 齊威王이 文摯에게, 秦 昭王이 王期에게 질문하는 등 10명이 문답식으로 내용을 전개하고 있어 「十問」이라고 제목을 정했다.

「合陰陽」은 전부 32매의 죽간에 길이 23㎝, 너비 0.9㎝이고, 매간 마다 20자 정도인데 아래위 두 줄로 편철했다. 원래 제목이 없었는데, 첫 번째 간의 '凡將合陰陽之方'이라는 구절에서 제

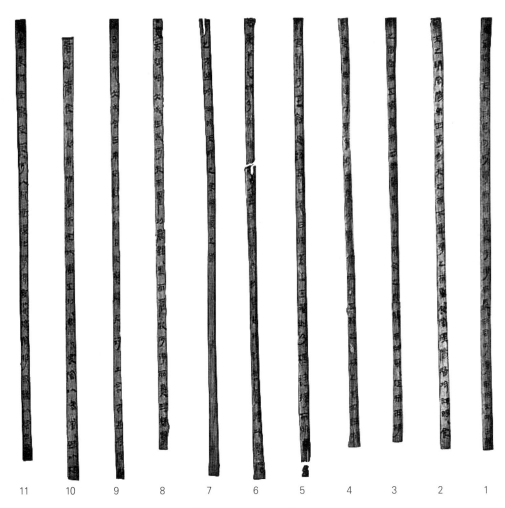

〈마왕퇴 3호묘 醫書簡 「十問」 1~11簡 도판(『集成·二』, 207쪽 轉載)〉

목을 정했다. 내용은 주로 방중술에 관한 것으로 전부 8장이다. 제1장은 '凡將合陰陽之方', 제2 장은 '十動', 제3장은 '十節', 제4장은 '十修', 제5장은 '八動', 제6장은 '癰息', 제7장은 '昏者', 제8 장은 '十已之徵' 등의 내용이다.

　「雜禁方」은 11매의 목간인데 길이 22~23㎝, 너비 1.1~1.2㎝이며 매간 마다 대략 13~15자

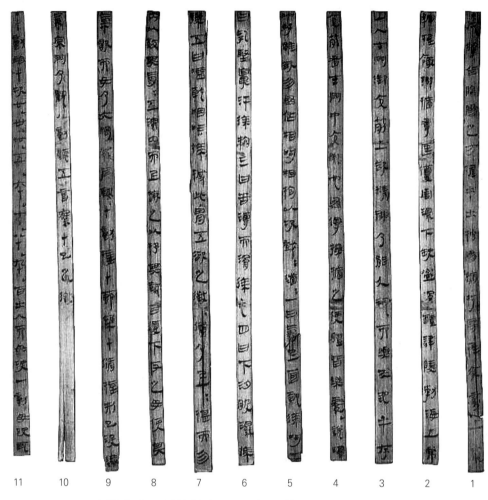

〈마왕퇴 3호묘 醫書簡「合陰陽」1~11簡 도판(『集成·二』, 216쪽 轉載)〉

정도이다. 본래 제목이 없었는데, 내용이 주술로 부부 간의 불화나 악몽 등을 막는 방법이어서 「雜禁方」이라고 제목을 정했다.

죽간 56매의 「天下至道談」은 간의 길이가 29㎝, 너비는 0.5㎝로, 매 간의 글자는 31~34자 정도이다. 전체 20장으로 앞 2장은 제목이 없고 뒤의 18장은 각각 장 제목이 있다. '養生'의 전

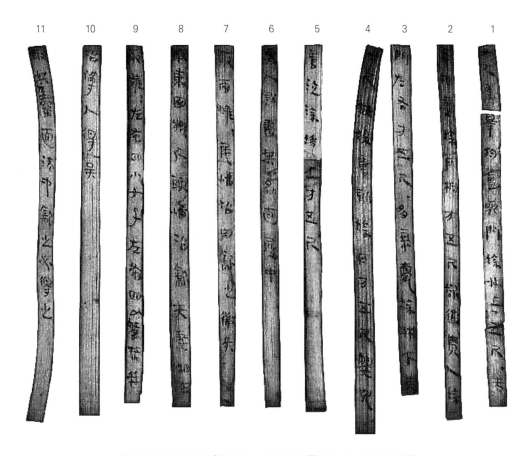

〈마왕퇴 3호묘 醫書簡 「雜禁方」 1~11簡 도판(『集成·二』, 219쪽 轉載)〉

문 저작이라고 할 수 있는데, 내용은 방중술을 다룬 「合陰陽」과 많은 부분이 동일하다. 1장은 '陰陽九竅十二節俱産而獨先死', 2장은 '三詣', 3장은 '十動産神明', 4장~8장은 '七損八益', 9장은 '合男女必有則', 10장~19장까지는 9장의 남녀 간의 '則'을 구체적으로 논하는 것으로 10장은 '十勢', 11장은 '十修', 12장은 '八道', 13장은 10~12장의 小結, 14장은 '八動', 15장은 '五音', 16장은 '八觀', 17장은 '五徵', '五欲', 18장은 '三至', '十已', 19장은 여성 생식기의 명칭, 마지막 20장은 음양 교합의 요체에 대한 총론이다.

방중술은 중국 고대에서부터 오랜 시간 전해져 내려왔지만, 그 성격 상 비밀리에 유전되는

〈마왕퇴 3호묘 醫書簡 「天下至道談」 1~11簡 도판(『集成·二』, 220쪽 轉載)〉

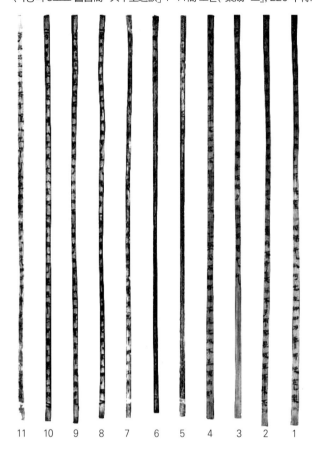

11 10 9 8 7 6 5 4 3 2 1

경우가 많아서 그 연원이나 전개 과정을 파악하기가 매우 어려운 분야였다. 마왕퇴 3호묘에서 방중술을 전문적으로 다룬 의서 간독의 출토는 중국 고대 방중술 관련 문헌의 초기 형태를 이해하는데 매우 도움이 된다고 할 수 있다.

③ 마왕퇴 3호묘 帛書

마왕퇴 3호묘는 간독과 함께 대량의 백서도 출토되어 중요한 가치를 가진다. 3호묘의 백서는 관실 동쪽 편의 장방형 옻칠 상자에서 나왔는데, 모두 약 2,000여 점에 10만여 자에 달한다. 대부분 이미 실전되었던 고서적으로, 『노자』, 『주역』 등 40여 종의 사상·역사·군사·천문·역법·지리·의학 등 다양한 분야의 내용이다. 현행본과 비교했을 때 내용에서 크게 차이를 보이는 경우도 있어서, 마왕퇴 3호묘 백서의 출토는 중국 고대의 사상·역사 및 군사·천문·지리·의학 연구에 매우 중요한 가치를 가진다고 할 수 있다.

백서는 출토 당시의 형태로 2종류로 구분된다. 하나는 상자 아래 쪽 格子 안에 접혀진 상태로 발견된 너비 48㎝ 정도의 백서로, 접혀진 가장자리 부분이 파손되어 있었다. 또 하나는 너비 24㎝ 정도의 백서로, 가느다란 木片에 비단을 둘둘 만 형태에 2권의 죽간 아래 깔려 있는 상태로 발견되었다. 오래 시간이 지나면서 비단이 서로 유착되어 파손 상태가 심한 편이었다. 일서의 대부분은 제목이 없는데, 내용상 다음과 같이 나누어 간단히 소개한다.

1. 『老子』甲本·乙本
1.1 『老子』甲本, 제목 없음.
1.2 『老子』甲本卷後逸書之一, 본래 제목이 없었지만 『五行』으로 명명.
1.3 『老子』甲本卷後逸書之二, 본래 제목이 없었지만 『九主』로 명명.
1.4 『老子』甲本卷後逸書之三, 본래 제목이 없었지만 『明君』으로 명명.
1.5 『老子』甲本卷後逸書之四, 본래 제목이 없었지만 『德聖』으로 명명.
1.6 『老子』乙本卷前逸書之一, 『經法』
1.7 『老子』乙本卷前逸書之二, 『經』
1.8 『老子』乙本卷前逸書之三, 『稱』
1.9 『老子』乙本卷前逸書之四, 『道原』
1.10 『老子』乙本

이상 10종의 『老子』甲·乙本은 『馬王堆漢墓帛書 壹』(1974년본(2책본)/1980년본(8책본))에 도판·석문·주석 등을 수록하여 공간되었다. 『노자』 갑본은 24㎝ 비단에 글씨를 썼는데, 서체는 古隷로 고조 유방을 피휘하지 않아서 시기가 한 고조 시기로 추정된다. 을본은 48㎝ 비단에 글자를 썼는데, 서체는 隷書이고 유방의 '邦'은 피휘하여 '國'으로 쓰면서 혜제 유영의 '盈'은 피휘하지 않아서 시기는 갑본보다 늦은 혜제·여후 시기로 추정된다.

『노자』 갑·을본에는 각각 4편의 古逸書가 붙어 있다. 갑본은 권 뒤의 4편과 하나로 합해서 모두 463행 13,000여 자가 된다. 을본은 권 앞의 4편과 하나로 합하면 252행 16,000여 자가 된다. 갑본과 을본은 대체로 서로 내용이 동일하지만, 현행본 『노자』와 비교하면 문자 및 체제가 크게 차이가 난다. 현행본은 『道經』이 앞에 『德經』이 뒤에 있지만, 백서 『노자』는 『德經』이 앞에 『道經』이 뒤에 있다. 을본 상편 권 마지막에 '德三千卌一'이라고 했고, 하편 권 마지막에는

'道二千四百卅六'이라고 적혀 있어 『노자』 을본의 총 글자 수는 5,467자이다. 흔히 『노자도덕경』 5천자라고 하는 것이 대강의 수임을 알 수 있다. 또 현행본은 81장으로 나누지만, 백서 『노자』는 장절을 구분하지 않고 있다.

이처럼 내용이나 체제에서 전한 초의 백서 『노자』는 현행본 『노자』와는 다른 부분이 많기 때문에, 오늘날 전해지는 『노자』의 여러 판본이 전한 중후기 이래로 어떻게 변화해 왔는지, 또 선진 노자 사상의 본질을 이해하는데 중요한 가치를 가진다.

『노자』 갑본의 卷後逸書 4편 『五行』, 『九主』, 『明君』, 『德聖』은 모두 죽간에 제목이 따로 없었고 참고할 만한 문헌도 없었는데, 내용상으로 제목을 정했다. 『五行』은 모두 181행에 5,400여 자로, 유가의 '愼獨', '性善'에 관한 내용을 仁·義·禮·智·聖의 五行으로 설명하고 있어서 실전되었던 선진 유가 思孟학파의 '五行'설일 가능성도 있다. 『九主』는 52행 1,500여 자인데, 商나라의 賢臣이었던 伊尹의 입을 빌려 9종류의 군주를 논하고 그중 '法君'을 가장 높이 평가하고 있다. 내용상 한초 유행했던 황노사상에 속한다. 『明君』은 48행 1,500여 자로, 내용은 『商君書』, 『尉繚子』 등 법가, 병가 등의 저작과 부합하는 것으로 전쟁에서의 공격과 방어를 논술하면서 用兵·强兵의 중요성을 강조하고 있다. 『德聖』은 13행 400여 자로, 五行과 德·聖·智의 관계를 종합적으로 논술하고 있다. 내용상 『五行』과 관련 있어서 한초 유가 思孟학파의 경향을 읽을 수 있다. 다만 『德聖』의 후반부는 잔결이 심해서 내용이 분명하지 않은 부분이 많다.

『노자』 을본의 卷前逸書 4편 『經法』, 『經』, 『稱』, 『道原』은 모두 175행 11,160여 자로, 약간의 잔결 외에는 대부분의 글자가 선명하다. 이 4편의 내용은 黃帝를 중심으로 刑名과 陰陽刑德을 설명하고 있어서, 한초 유행했던 황노사상의 경전으로 『한서』 예문지에 나오는 『黃帝四經』일 가능성이 있어 전국·진·한초 황노사상 연구에 매우 중요한 의미를 가진다고 할 수 있다.

『經法』은 77행 5,000여 자로 9장으로 나누어 법치의 중요성을 논술하는 내용이다. 『經』은 본래 『十大經』으로 불렸는데, 65행에 4,000여 자로 15개의 장절로 나누어 治國·用兵에 관해 논술하고 있다. 『稱』은 25행 1600여 자로, 격언의 형식으로 처세술을 말하고 있다. 『道原』은 7행 464자로 가장 짧은 편인데, 내용은 '道'의 本原과 성질 및 작용에 대해 논술하는 것이다.

2.『周易』

2.1『周易(六十四卦)』, 제목 없음.

2.2『周易』卷後逸書之一,『二三子問』『易之義』등

2.3『周易』卷後逸書之二,『要』

2.4『周易』卷後逸書之三,『繆和』『昭力』

2.5『周易·繫辭』, 제목 없음.

백서『周易』은 經과 傳 6종7편을 포함하는데, 上·下卷으로 나눌 수 있다. 상권은 經文과 『二三子問』상·하편이고, 하권은『易之義』,『要』,『繆和』,『昭力』, 및『繫辭』이다. 먼저 經文에 해당하는『周易(六十四卦)』는 爻辭를 포함해서 약 5,200여 자이고, 괘사와 효사는 현행본과 기본적으로 동일하다. 다만 육십사괘의 순서는 완전히 달라서, 본래 간단했던 형식을 보존하고 있다. 현행본『주역』은 상·하경으로 나뉘지만 백서본은 나누지 않았다. 또 백서『주역』에는 十翼 중 彖傳·象傳·文言이 없고, 현행본과는 달리『繫辭』에 '大衍之數五十'章이 없다. 그밖에 백서본의『繫辭』에 있는 "昔聖人之作『易』也,……, 是故易達數也" 160자 정도가 현행본에서는『說卦』의 첫머리로 옮겨져 있다.

『周易』卷後逸書의 내용은 모두『주역』본문을 해석한 것인데, 그중 첫 번째는 권의 마지막 부분에 잔결이 있으면서 36행이 남아있는데 약 2,500여 자이다. 본래 제목이 없었지만, 經義를 설명하는 그 내용에 따라『二三子問』,『易之義』등으로 명명되었다. 두 번째는 권의 머리 부분에 잔결이 있으면서 18행이 남아있고 글자는 1,648자이다. 제목은『要』로 되어 있다. 모두 공자와 제자 간『주역』의 經義에 대해 문답하는 방식으로 전개하고 있는데, 子貢의 이름이 여러 차례 나온다. 세 번째로『昭力』은 13행 930여 자이고 비교적 완전한 편인데, 내용은 군주와 경대부의 義를 논하면서 爻辭의 의리를 밝히는 것으로 유가 정치사상의 일면을 확인할 수 있다. 『繆和』는 70행 5000여 자인데, 내용은 繆和, 呂昌, 吳孟, 張射, 李平, 昭力 등의 사람들이 문답 형식으로 역의 이치를 밝히는 것이다.

3.『春秋事語』『戰國縱橫家書』등 '語類' 백서

3.1『春秋事語』

3.2『戰國縱橫家書』

마왕퇴 백서 중 事語類 古逸書로 본래 제목이 없었지만, 정리소조가 내용에 따라『春秋事語』라고 명명했다.『춘추사어』는 길이 약 74㎝, 너비 약 23㎝의 비단 위에 글씨를 쓴 백서로, 출토당시 너비 약 3㎝의 木片에 말려 있는 상태로 발견되었다. 하지만 전반부의 잔결이 심해서 본래行數를 확인하기는 어렵고 남아있는 것으로는 97행 약 3,000여 자 정도이다. 후반부는 비교적온전하고 또 아래에 여백도 남아있어 서사를 끝내지 않은 것처럼 보이기도 한다. 출토 이후200여 개의 잔편으로 쪼개져 복원이 상당히 어렵다.

『춘추사어』는 서체가 전서에서 예서로 바뀌고 있고, 漢 高祖 유방의 이동을 피휘하지 않아서시기는 한초 기원전 200년 전후로 추정할 수 있다. 책의 제목은 없지만 전부 16장으로 나뉘는데, 장을 구분하는 부호로 검은 점을 많이 사용하고 있다. 장 별로 기록하고 있는 사건들이 서로 연결되지는 않으며, 나라 별로 나누거나 연대 별로 구분하지도 않았다. 가장 빠른 사실은 기원전 712년 노 은공의 피살이고 가장 늦은 것은 기원전 453년 한·위·조가 智伯을 멸망시킨 사건이다. 제2장의 晉과 燕의 전쟁만 지금까지 사료에 없던 사건이고, 그 외 사실들은 모두 연대를 확인할 수 있으면서 기존의『춘추』,『국어』등 사서와 서로 비교해서 보완할 수 있는 귀중한자료이다.『춘추사어』는 사건 기록은 간략하면서 당사자의 언설이나 후대인의 평론은 상세하다. 따라서 '記事'가 아니라 '記言'에 중점이 있어서,『국어』와 같은 춘추시기의 '語類' 서적임을알 수 있다. 이에 정리소조가『춘추사어』라고 명명했다.

『戰國縱橫家書』은 길이 약 192㎝, 너비 24㎝의 비단에『戰國策』과 관련 있는 내용으로 쓴 백서이다. 전체가 완전하고 아래에 여백도 남아있다. 325행에 매행 30~40자 정도로 모두11,200여 자이다. 서체는 전서와 예서 사이이고 유방의 '邦'자를 피휘하고 있어서 시기는 대략기원전 195년경으로 추정할 수 있다. 전체 27장으로 장과 장 사이는 작은 점으로 구별했다. 27장 중 11개의 장은『사기』와『전국책』에서 확인되지만, 나머지 16개 장은 지금까지의 사료에서는 찾아볼 수 없는 내용이어서 중요한 가치를 가진다.

　전체 27장은 세 부분으로 나눌 수 있다. 첫 부분 14개 장은 소진과 장의와 관련 있는 내용으로 그중 제5장만이 『사기』, 『전국책』에 나오며, 제4장은 일부분이 『전국책』에 있지만 내용에 차이가 크다. 두 번째는 5개의 장으로 매 장 뒤에 모두 글자 수를 기록하고 5번째 장에는 전부 5개 장의 총 글자 수도 기재하고 있어 사실상 서적의 來源이 다른 것으로 보여 진다. 세 번째 부분은 8개의 장으로 마지막 3개 장은 기존 사료에는 없는 내용이다.

　『전국종횡가서』는 전국시대 연구의 중요한 자료인데, 그중에서도 제14장이 의미가 크다. 『사기』에는 소진이 활동했던 연대와 관련 사실에 적지 않은 착오가 있었는데, 백서 『전국종횡가서』의 출토로 인해 소진의 활동 및 이 시기 전국사를 다시 고쳐 쓸 수 있게 되었다. 예를 들면 『사기』에서 소진과 장의는 동문수학했다고 하지만, 『전국종횡가서』에 따르면 소진과 장의는 30년 정도 차이가 나고 있다. 이처럼 『전국종횡가서』의 逸文은 전국시대 사료의 공백을 메워주면서, 『사기』, 『전국책』 등의 문헌기록을 비교 대조해서 수정할 수 있는 매우 중요한 사료로서의 가치를 가진다.

　이상 백서 『춘추사어』와 『전국종횡가서』는 『馬王堆漢墓帛書(參)』(1983년)에 도판·석문·주석 등이 수록되어 공간되었다. 또 『馬王堆帛書〈戰國縱橫家書〉』(朋友書店, 1989년)은 일본어 역주본과 일본에서의 연구 성과가 함께 수록되어 참고할 만하다.

　4. 醫書類(全11種) 백서
　4.1 『足臂十一脈灸經』
　4.2 『陰陽十一脈灸經』甲本
　4.3 『脈法』
　4.4 『陰陽脈死候』
　4.5 『五十二病方』
　이상 5종이 1卷의 백서가 됨

4.6. 『却穀食氣』

4.7 『導引圖』

4.8 『陰陽十一脈灸經』乙本

이상 3종이 1卷의 백서가 됨

4.9 『養生方』

4.10 『雜療方』

4.11 『胎産書』

이상 3종이 1卷의 백서가 됨

전부 11종의 의서 백서는 모두 17,000여 자로 원래 제목이 없었지만, 정리소조가 내용에 따라 명명했다. 『陰陽十一脈灸經』은 문자가 똑같은 2본의 抄本이 있어서 정리소조는 이를 甲本·乙本으로 구분했다. 따라서 의서 백서는 사실 10종이라고도 할 수 있다.

『足臂十一脈灸經』 등 5종의 의서 백서는 약 24㎝의 반폭 비단에 쓰고 매장할 때 30여 겹으로 접었는데 출토 시 접힌 부분에서 모두 단렬되었다. 서체는 전서에 가까워서 마왕퇴 백서 중에 비교적 서체가 빠른 편으로 대체로 진한 교체기 무렵이다.

『족비십일맥구경』은 '足'과 '臂'라는 표제가 있어서 명명되었는데, 중국 고대 가장 이른 經脈學 저작이라고 할 수 있다. 『족비십일맥구경』와 『음양십일맥구경』은 인체의 11개 脈의 흐름과 병을 다스리는 灸法을 설명하고 있는데, 현행본 『黃帝內經』 靈樞·經脈편의 十二脈 부분과 비슷하며 특히 『음양십일맥구경』에 동일한 문구가 많다. 다만 『황제내경』의 12脈에 비해 하나가 적은 11개의 脈을 언급하면서 내용도 『황제내경』 영추·경맥편에 비해 간단해서, 대체로 성서 시기가 더 앞선 것으로 판단된다. 또 두 책 모두 '脈'이라고만 하고 '經脈'이라고는 하지 않으며 '絡脈'이라는 용어도 없다. 치료 방법도 모두 灸法만 있고 針法은 없다.

한편 『음양십일맥구경』과 『족비십일맥구경』을 비교하면, 11개 脈의 순서가 足과 臂로 구분하지 않고 陽脈을 앞에 陰脈을 뒤에 두는 방식으로 서술하고, 11개 맥이 인체에서 흐르는 노선이나 병의 징후와 灸法의 설명이 다 상세하다는 점 등에서 『음양십일맥구경』이 『족비십일맥구경』보다 좀 더 뒷 시기에 만들어진 것으로 보인다.

『脈法』은 첫머리가 '以脈法名敎下'로 되어 있어서 명명된 것으로, 출토 당시 이미 매우 심하게 파손되어 반 이상의 글자가 분명하지 않다. 내용은 脈法에 근거하여 병의 징후를 판단하는 것으로 특별히 用灸法과 砭石治療에 관해 다루고 있다. 『맥법』에서의 '脈'은 앞서 『음양십일맥구경』, 『족비십일맥구경』의 '脈'과는 완전히 동일한 의미는 아니어서, 『맥법』에서는 '脈'이 이미 '經脈', '血脈'의 뜻을 가지고 있다.

『陰陽脈死候』는 본래 제목이 없었는데 정리소조가 백서의 내용에 따라서 명명한 것인데, 내용은 고대 診斷學에 관한 저작이다. 『황제내경』 영추·경맥편의 '五死'와 비슷한 면이 있지만, 『황제내경』과 같은 오행학설의 경향은 없어서 역시 성서 시기가 『황제내경』보다 더 빠르다고 할 수 있다. 『음양맥사후』와 비슷한 내용의 죽간으로 『張家山漢簡·脈書』를 비교해 보면 서로 보완이 되어 도움이 된다. 『음양맥사후』의 주요 내용은 三陽脈과 三陰脈의 질병에서 나타나는 사망 징후를 설명하는 것이다.

『五十二病方』은 지금까지 발견된 중국 고대 가장 이른 시기의 醫方이다. 백서 첫머리에 목록이 있고 본문의 매 질병 마다 줄을 달리해서 제목을 썼는데, 목록과 본문의 제목은 일치하면서 마지막 행에 '凡五十二'라고 했다. 즉 모두 52개의 제목으로 이에 근거하여 『오십이병방』이라고 명명했다. 제목 아래에 각종 처방전과 치료법을 적었는데, 질병 마다 1~2개의 方에서 20~30개의 方까지 있고 기재된 질병은 49종류에 내과·외과·산부인과·소아과·이비인후과 등의 103종의 병명이 나온다. 그중 외과의 병명이 가장 많다. 『오십이병방』은 한 초 임상의학과 약학의 수준을 보여주는 중요한 자료로, 약 240여 종의 약명이 나오는데, 일부는 현행 본초학 문헌에서 볼 수 없었던 것도 있다. 『오십이병방』에서도 針法은 없기 때문에 성서 연대가 비교적 이른 시기라고 할 수 있어서 중국 고대 의학사·약학사 연구에 매우 중요한 자료라고 할 수 있다.

『却穀食氣』, 『導引圖』, 『陰陽十一脈灸經』 乙本 등 3종의 의서는 1권의 백서로 약 50㎝의 온폭 비단에 쓴 것이지만, 출토 후 이미 잔편이 되어버려서 다시 복원했다. 서체로 보면 시기는 한 초에 해당한다. 『각곡식기』는 지금까지의 行氣·氣功에 관한 문헌으로는 가장 이른 시기의

것이다. 내용 중에 '朝霞'와 같은 명칭은 『楚辭』, 『陸陽子明經』 등과도 부합한다. 내용은 却穀과
食氣 두 부분으로 나뉜다. 각곡은 곡물을 먹지 않거나 아주 적게 먹으면서 石韋 같은 약물을 먹
는 것이고, 식기는 氣功의 일종으로 호흡·도인법으로 하는 양생술이다. 강릉 장가산한묘 M136
에 식기·각곡에 관한 비교적 완전한 형태의 죽간이 출토되어 서로 비교해 볼 수 있다. 신선사
상 및 도교사 연구에 중요한 의의를 가진다고 할 수 있다.

『導引圖』는 현존 가장 이른 시기의 導引 圖譜이다. 『도인도』와 『각곡식기』는 중국 특유의 기
공치료법의 원류와 발전을 연구하는데 매우 중요한 자료라고 할 수 있다. 『도인도』는 출토 당
시 매우 심하게 파손되었는데, 복원을 거쳐 그 전체 圖의 내용이 분명해졌고 정리소조는 복원
된 圖式과 문헌 기록을 참조하여 『도인도』라고 명명했다. 『도인도』에는 모두 44명의 인물이 도
인하는 동작을 全身으로 묘사하고 있는데, 상하 4행으로 배열하여 매 행당 11폭으로 그리고 있
다. 매 그림의 인물 옆에는 본래 제목이 있는데 현재 판별할 수 있는 것이 20여 곳, 잔결된 곳이
14여 곳 정도이다. 도인의 내용은 치료 목적의 도인과 건강 목적의 도인으로 구분할 수 있는데,
이런 종류의 도인술은 그 기원을 선진 시기부터 찾을 수 있고 진한대에 유행했는데, 『도인도』
는 서체로 볼 때 대략 전한 초에 제작되었다고 할 수 있다.

백서 『養生方』과 『雜療方』은 목간 『雜禁方』 등과 같은 종류의 방중서에 속한다고 할 수 있다.
'養生'의 개념에는 일반적으로 몸을 이롭게 한다는 양생과 함께 각종 성치료·성보양의 의미도
가지고 있다. 이 책은 모두 32종의 醫方이 있는데 파손된 부분을 제외하면 실제로 27종만이 남
아있다. 내용에 따라 3부분으로 분류하면, 첫째 남녀 성치료와 보양에 관한 방술, 둘째 성기교
방면 방술, 셋째 일반적인 양생 관련 방술 등이다. 이외에 각 부분의 명칭이 적혀 있는 여성 생
식기 평면도가 권말에 붙어 있다.

『잡료방』도 대부분 방중술에 관련된 것으로, '內加'(남성 발기부전 치료술) '約'(여성 성불감증
치료술), '禹藏埋胞圖法', '益內利中之方', '요괴·뱀 등을 피하는 方' 등의 내용이다.

5. 『天文星占』 등 占書類 백서

5.1 『天文星占(五星占)』

5.2 『天文氣象雜占』

　백서 『天文星占(五星占)』은 모두 146행에 8,000여 자가 남아있다. 본래 제목이 없었지만, 그 내용이 木·金·水·火·土星 등의 五星占 및 五星의 行度에 관한 것이어서 『오성점』이라고 명명했었다. 진시황 원년(기원전 246년)에서 한 문제 3년(기원전 177년)까지 70년 간 목성·토성·금성의 운행 위치를 실측하고 공전주기를 추산해서 기록했다. 예를 들면 토성(백서에는 塡星)의 공전주기에 대해서 『사기』 천관서·『회남자』 天文訓은 모두 28년으로 계산했지만, 『오성점』은 '三十歲一周於天' 즉 30년이라고 해서 오늘날 현대 천문학이 계산한 토성 공전 주기 29.46년에 거의 근접하고 있다. 또 『오성점』의 진·한초 기년 표기에 陳勝의 '張楚'가 있어서, 한 초 진승의 반진기의에 대한 긍정적인 인식을 짐작할 수 있다. 『천문성점(오성점)』은 지금까지 발견된 가장 이른 시기의 중국 고대 천문 저작으로 매우 가치가 크다고 할 수 있다. 『천문성점(오성점)』의 석문은 「『五星占』附表釋文」(『文物』 1974-11)에 처음 발표되었다.

　『天文氣象雜占』은 별, 혜성, 구름, 기후 등으로 길흉을 점치는 점복서로, 길이 150㎝ 너비 48㎝의 비단에 작성되었다. 출토 시 이미 10여 개의 조각으로 찢어졌지만, 본래의 면모를 회복할 수 있을 정도로 복원하였다. 제목은 없었지만 내용에 따라서 『천문기상잡점』으로 명명되었는데, 雲氣占·星占·彗星占 등으로 구분된다. 백서에는 또 선진 14개의 나라를 모아서 그린 그림이 있어서, 아직 14개 나라가 멸망하지 않은 기원전 333~316년 사이로 성서 시기를 추정한다. 또 30여 개 혜성의 도형과 명칭을 기록하고 있어, 아마도 가장 이른 혜성 형태에 관한 기록이라고 할 수 있다. 雲·氣·星·彗圖 아래에 1~2행으로 그림의 명칭과 해석, 占文 등을 썼는데 모두 약 300여 조이다. 마지막 부분은 그림 없이 글자만 있는데, 아마 성격이 비슷한 또 다른 점복서일 가능성이 있다. 내용과 석문 등이 「馬王堆帛書「天文氣象雜占」內容簡述」(『文物』 1978-2)에 처음 소개되어 있다.

6. 『陰陽五行』『刑德』 관련 逸書類 백서(5종)

6.1 『陰陽五行』 甲(篆書): 『式法』

6.2 『陰陽五行』乙(隸書), 『出行占』

6.3 『刑德』逸書 甲篇

6.4 『刑德』逸書 乙篇

6.5 『刑德』逸書 丙篇

백서 『陰陽五行』 逸書는 본래 표제 없이 甲·乙篇本 두 종류가 있다. 갑편은 서체가 篆書였기 때문에 처음에는 『篆書陰陽五行』이라고 했지만, 「馬王堆帛書『式法』釋文摘要」(馬王堆漢墓帛書 整理小组, 『文物』2000-7)에서 길흉의 날짜를 선택하는 '式'의 數術書라고 해서 『式法』으로 명 명되었다. 을편은 서체가 隸書인 『隸書陰陽五行』이라고 했는데, 여기서 별도로 『出行占』을 분 리해내었다. 갑·을편은 五行·干支·月令을 중심으로, 四季·五音·二十八宿 및 玄戈·招搖 二星 으로 보조해서, 길흉의 날짜를 점치는 내용이다.

『출행점』은 본래 제목이 없었지만 내용이 출행 시 점을 쳐서 기피해야 하는 일들이기 때문에 정리소조가 명명했다. 본문은 갑·을·병·정으로 편제한 4장의 비단에 썼는데, 그중 병·정 2장 의 내용이 먼저 『陰陽五行』 乙篇에 들어가 석문 등이 발표되었다. 이학근, 심건화, 유낙현 등에 의해 『출행점』으로 다시 정리되었는데, 출행 시 피해야 하는 날짜를 점치는 등의 내용으로 보 아 『日書』류의 출토문헌과 밀접한 관련이 있다고 할 수 있다. 본래의 『출행점』은 1장의 완전한 장방형 비단에 글자를 썼는데, 파손 정도가 심해서 복원을 거친 후의 『출행점』은 모두 35행 1,300여 자 정도가 남아있으며 대체로 원래 1,600여 자였던 것으로 추측된다.

백서 『刑德』은 갑·을·병 3편이 있다. 갑·을 두 편은 비교적 온전하고 병편은 잔결이 심한 편 이다. 갑·을 두 편의 내용은 기본적으로 서로 같은데, 모두 '刑德九宮圖', '刑德運行干支表' 등의 圖·表와 刑德 운행법칙에 대한 기술과 星占·기후점 등의 내용으로 구성되어 있다, 대체로 한 초 兵家의 한 파로서 兵陰陽家의 저술로 생각된다. 갑편은 '刑德運行干支表'에 "乙巳, 今皇帝 十一" 등의 내용이 있어 한 고조 11년(기원전 196년) 이후, 을편은 "丁未, 孝惠元" 등이 나와서 혜제 원년(기원전 194년) 이후에 쓴 것이 분명하다. 『형덕』 갑·을편의 이 두 간지는 다른 마왕 퇴 백서의 서사 시기를 추정하는데 하나의 기준을 제공해 준다.

7. 기타 백서

7.1 『相馬經』

7.2 『木人占』

　『相馬經』은 70여 행에 5,200여 자가 남아있는데, 본래 제목이 없었다. '伯樂所相君子之馬', '國馬', '良馬', '走馬', '奴馬' 등의 표현에서 알 수 있듯이 말을 잘 살펴서 품평하는 내용이다. 賦의 형식으로 서술된 문체로 보아 전국시대 초나라의 저작으로 여겨진다. 전체 3부분으로 나뉘는데, 첫 번째는 『相馬經』의 본문에 해당하는 '經', 두 번째는 經의 뜻을 분명히 밝히는 '傳', 세 번째는 경문을 해석하는 '詁訓' 부분이다. 『상마경』은 『한서』예문지의 저록 중 『相六畜』의 일부분일 가능성이 있다.

　『木人占』은 본래 『雜占圖』라고도 했는데, 婢女가 木人을 들고 점을 치는 도형이 있어서 『목인점』이라고 명명되었다. 『목인점』에 그려진 도형은 주로 사각형에 사다리꼴·삼각형·십자형 등이 있으며, 매 도형 내에 1~8자로 길흉을 점치는 '吉', '大吉', '大凶', '小凶', '不吉' 등의 내용이 있다. 그 밖에 도형의 왼편과 아래쪽에 59행의 占語가 있어 대부분 방위의 길흉을 점치는 내용이다. 또 관상을 보는 내용도 있어, 현존하는 가장 이른 시기의 관상 관련 자료라고도 할 수 있다. 『목인점』의 서사 시기는 대체로 한 고조 11년(기원전 196년) 전후로 추정할 수 있다.

　그밖에 마왕퇴 한묘에서는 『車馬儀仗圖』, 『行樂圖』, 『城邑圖』, 『長沙國南部地形圖』, 『駐軍圖』, 『喪服圖』, 『太一將行圖』, 1호묘 T形圖, 3호묘 T形圖 등 여러 종의 帛畵가 출토되어서 중요한 의미를 가진다.

　2014년 『長沙馬王堆漢墓簡帛集成』이 총7권으로 출간되어, 1970년대 초반 마왕퇴 1·2·3호묘의 한간백이 나온 이래 40여 년 동안의 성과가 집성되었다. 아울러 판독의 오류나 누락된 부분 등도 수정 보완하고 있어서, 현재 마왕퇴 한간백과 관련 내용을 총망라한 집성 자료로서 기준으로 삼을 만하다.

4. 참고문헌

湖南省博物館·中國科學院考古研究所, 『長沙馬王堆1號漢墓發掘簡報』, 文物出版社, 1972.

湖南省博物館·中國科學院考古研究所, 『長沙馬王堆1號漢墓』, 文物出版社, 1973.

湖南省博物館·中國科學院考古研究所, 「長沙馬王堆二、三號漢墓發掘簡報」, 『文物』 1974-7.

馬王堆漢墓帛書整理小組, 『馬王堆漢墓帛書』(1)(3)(4), 文物出版社, 1980·1983·1985.

傅擧有·陳松長, 『馬王堆漢墓文物』, 湖南出版社, 1992.

湖南省博物館·湖南省文物考古研究所 편, 『長沙馬王堆二、三號漢墓』, 文物出版社, 2004.

裘錫圭 主編, 『長沙馬王堆漢墓簡帛集成』(全7冊), 中華書局, 2014.

장사왕후 어양묘 한간(1993)

長沙王后 漁陽墓 漢簡

1. **출토지** : 호남성 장사시 湘江 서안 望城坡 전한 장사왕후 어양묘

2. **개요**

　1) 발굴기간 : 1993년 2월~7월

　2) 발굴기관 : 장사시 문물공작대, 장사시 문물관리위원회

　3) 유적종류 : 고분

　4) 시대 : 전한 초

　5) 시기 : 한초 문제 연간

　6) 출토상황 : 1993년 장사시 문물공작대와 장사시 문물관리위원회는 호남성 장사시 湘江 서안 望城坡의 財經專科學校 건설현장에서 대형 전한 묘를 발굴하여, 100여 매의 木楬·簽牌·封泥匣를 출토했다. 이 묘는 장사시 湘江 서안 咸嘉湖 서편의 해발 71.2m 구릉 위에 위치하는데, 함가호 호수를 끼고 2기의 한초 장사왕국 왕실묘와 마주보고 있다. 1985년 전국 문물 일제조사에서 漁陽墓는 처음 발견되었는데, 1993년 건설 공사 현장에서 봉토가 훼손되기에 이르자 1993년 2월~7월에 걸쳐 긴급 구제 발굴을 진행하게 된 것이다.

　어양묘는 이미 3차례나 도굴된 흔적이 있었고 그중 2번은 한대에 도굴된 것으로 보인다. 경사진 묘도가 있는 岩坑竪穴木槨墓로 묘의 입구는 길이 15.98m, 너비 13.10m이다. 묘실 내에는 黃腸題湊로 2곽2관이 둘러싸여 있는 형태이다. 외곽은 길이 7.48m, 너비 5.8m, 높이 2.68m이고 내곽은 길이 3.5m, 너비 2.7m, 높이 2.2m이다. 외관은 채색한 漆棺인데 비해 內棺은 검은색으로만 칠을 했다. 주묘와 함께 3곳의 배장갱이 있는데, 1호갱은 庖廚坑으로 대량의 도기류가 나왔다. 2호갱은 車馬坑으로 보이지만 실제 수레와 말의 흔적은 발견되지 않았다. 3호갱은 俑坑으로 100여 건의 俑이 출토되었다. 비록 3차례나 도굴되었지만, 금·옥·철·칠·죽·

도기 등 5,000여 건이 넘는 많은 부장품이 발견되었다. 곽실의 벽판에는 일련번호, 題湊 위에는 題記가 새겨져 있다.

3. 내용

長沙王后 漁陽墓에서 나온 100여 건의 木楬·簽牌·封泥匣은 주로 수장품의 명칭과 수량을 기록하고 있는데, 생산지·재료 등이 기재된 것도 있다. 묘 내 東藏室·南藏

〈漁陽墓 출토 木楬(『文物』2010-4 轉載)〉

室·棺室에서 출토되었지만 대부분 파손된 상태였다. 재질은 모두 삼나무였는데, 장방형의 목갈은 길이 7.8~17㎝, 너비 4.3~6.2㎝, 두께 0.2~0.4㎝로 윗부분을 둥글게 깎아서 검게 칠한 후 두 줄로 편철했다. 장방형의 첨패는 길이 5.9~10.4㎝, 너비 2~2.4㎝, 두께 0.2~0.25㎝로, 아래 부분에 양쪽으로 줄로 묶기 위해 홈을 판 모양이다. 봉니갑은 길이 5㎝, 너비 3㎝, 두께 1.2㎝에, 장방형의 몸체 가운데를 凹형태로 파서 봉니로 메우는데, 남아있는 봉니 중에 篆書로 '長沙后府'라고 음각된 것도 있다. 또 목갈 중에는 '(E:47)陛下以贈物, 靑璧三, 紺繒十二匹, 縑繒九匹'이라는 내용도 확인되고 있어서 묘의 주인은 한초 장사왕국의 왕후가 분명하다고 할 수 있다.

〈漁陽墓 출토 簽牌와 封泥匣(『文物』2010-4 轉載)〉

묘장 시기는 어양묘의 출토 기물이 마왕퇴 등의 한초 유물과 유사하고, 또 고조 5년(기원전102년) 처음 吳芮가 장사왕으로 책봉된 후 문제 後元 7년(기원전157년) '無後國除'로 폐절되기 때문에, 대체로 한초 문제 연간으로 추정할 수 있다. 또 漆耳杯 등 여러 칠기에서 '漁陽'이라는 2글자가 확인되는데, '漁陽'은 묘주인 장사왕 왕후의 食邑이었을 가능성이 있다. 글씨체는 隸書인데 草隸도 있다. 현재 장사시 문물고고연구소에서 소장하고 있다.

4. 참고문헌

宋少華·李鄂權, 「三次被盜掘的王后墓」, 『中國十年百大考古新發現』, 文物出版社, 2002.

長沙市文物考古研究所·長沙簡牘博物館, 「湖南長沙望城坡西漢漁陽墓發掘簡報」, 『文物』 2010-4.

장사 구여재 한간(1997)

長沙 九如齋 漢簡

1. 출토지 : 호남성 장사시 중심 오일광장 科文大厦(九如齋) 古井

2. 개요

 1) 발굴기간 : 1997년

 2) 발굴기관 : 장사시 문물공작대

 3) 유적종류 : 우물[古井]유적

 4) 시대 : 한대

 5) 시기 : 후한 중기 殤帝 延平 원년(106년) 전후

 6) 출토상황 : 1997년 장사시 문물공작대는 장사시 중심 오일광장 서북쪽의 科文大厦(九如齋) 건설 현장의 古井에서 후한대 간독을 출토했다. 간독이 나온 古井은 J3, J4, J5, J18, J21, J25 등 6곳으로, 모두 277매의 죽간·목간이 나왔지만 파손이 너무 심해서 대부분의 글씨가 분명하지 않다.

3. 내용

 장사 구여재 한간은 잔간을 포함해서 모두 277매가 나왔는데, 그중 有字簡은 104매이고 나머지는 모두 無字簡이다. 완전한 형태의 간은 길이 23㎝, 너비 3~5㎝, 두께 0.3~0.8㎝ 정도이다. 내용은 주로 공문서, 名刺, 習字簡이다. 그중 기년이 있는 습자간이 주목되는데, "延平元年(106년), 二月甲辰朔十日庚辰, 長沙太守君, 丞卿叩"라는 간문에 따라 '東漢太守習字簡'이라고 한다. 이 습자간은 한대 관리들의 서사 연습을 보여주는 실물자료로서 중요한 가치를 가진다고 할 수 있다. 현재 장사간독박물관에서 소장하고 있다.

4. 참고문헌

「東漢簡牘重見天日」, 『人民日報』 1997.8.2.

宋少華・黃朴華, 「長沙市五一廣場東漢簡牘」, 『中國考古學年鑑 1998』, 문물출판사, 2000.

王子今, 『長沙簡牘研究』, 中國社會科學出版社, 2017.

장사 주마루 한간(2003)
長沙 走馬樓 漢簡

1. 출토지 : 호남성 장사시 오일광장 주마루 동편 J8 전한 古井

2. 개요

   1) 발굴기간 : 2003년 11월

   2) 발굴기관 : 장사간독박물관, 장사시문물고고연구소

   3) 유적종류 : 古井유적

   4) 시대 : 한대

   5) 시기 : 전한 무제 초기(기원전 125~120년)

   6) 출토상황 : 2003년 9월 하순 장사시 오일광장 주마루 동쪽 건설공사 현장에서 전국시대에서 명청시기에 이르는 古井 10여 곳이 발견되었다. 그중 8호정(J8)에 대해 11월 6일에서 11월 30일까지 장사간독박물관과 장사시문물고고연구소가 합동으로 발굴 조사를 진행하여 대량의 竹木片과 간독이 출토되었다. J8은 앞서 1996년 10만 매 이상의 주마루오간이 나왔던 J22에서 불과 95m 떨어진 지점에 위치한다. J8은 원형의 수직갱으로 우물의 윗부분은 이미 파괴되었지만 우물 내부의 벽은 매끄러운 편이다. 정리 후 지표에서 우물 입구까지는 깊이가 10.4m에 이르며, 우물 입구에서 바닥까지는 2.4m 정도이다. 우물 내를 메우고 있는 흑갈색의 진흙 속에서 대량의 죽·목편과 약간의 도기와 기와 파편이 나왔으며 또 우물 바닥에서는 10여 건의 도기 항아리도 출토되었다.

우물 내의 퇴적층은 입구에서 바닥까지 3층으로 구분되는데, 입구 쪽의 제1층에서는 대량의 죽목편과 소량의 도편과 함께 60여 매의 죽간 잔편이 나왔다. 가운데 제2층에서는 대량의 죽목 부스러기 등과 뒤섞여서 J8의 대부분 간독이 출토되었는데 상당 부분 변형된 상태였다. 바닥 쪽의 제3층에서는 10여 건의 항아리와 함께 약간의 죽간이 나왔다.

J8은 입구가 좁아서 한 사람이 겨우 들어갈 정도여서 발굴이 쉽지 않았고 또 간독의 훼손을 피하기 위해, 우물의 측면에서부터 뚫고 들어가 내부의 퇴적된 진흙을 통째로 들어내어 별도의 작업실에서 정리하는 방식으로 진행되었다.

3. 내용

J8 출토 죽간은 대체로 10,000여 매(有字簡 2,188매)에 이르며, 형태에 따라 3종류로 구분된다. 첫 번째는 길이 46㎝, 너비 1.8~2.1㎝의 兩行문서, 두 번째는 길이 23㎝, 너비 1.8~ 2.1㎝의 兩行문서, 세 번째는 길이 23㎝, 너비 0.8~0.9㎝의 單行문서이다. 별도로 소량의 封檢도 출토되었다. J8 출토 죽간의 시기는 대체로 간문의 曆朔을 추산하면 한 무제 元朔4~6년(기원전 125~123년)과 元狩 원년~3년(기원전 121~120년)에 해당한다. 한 무제가 즉위한 지 15년쯤 지난 시기라고 할 수 있다. 실제 무제의 연호는 기원전 104년 태초 원년부터 사용되었고, 그 이전의 연호는 나중에 추가되었다고 하는데, 주마루 J8 죽간에서 기년만 있고 연호가 없는 것이 확인되었다고 할 수 있다. 이 시기 장사국의 제후왕은 경제의 아들로 처음 유씨 장사국왕으로 책봉된 劉發의 아들 劉庸(기원전 128~101년)인데, 그 재위기간을 보면 주마루 J8 죽간에 나오는 四年, 五年, 六年, 七年, 八年, 九年이라는 기년은 바로 장사국왕 유용의 기년인 것을 알 수 있다.

J8 주마루한간의 서체는 성숙한 예서체로 필획이 간결하면서 매끄러워서, 아직 전서의 복잡한 필법이 남아있던 한초 예서의 고졸한 풍격은 더 이상 찾아볼 수 없다. 간독의 대부분은 한 무제 당시 실제 사용되었던 공문서로, 사문서는 1매만 보인다. 공문서는 下行·平行·上行을 모두 포함하는 通行문서로, 대부분 사법 관련 내용이다. 하행 문서는 황제가 재가한 조서 및 皇后事宜·決事比 등인데, 장사국과 臨湘縣에 하달한 명령 문서이다. 평행 문서는 각 현 및 都官 사이의 왕래 문서인데, '敢告', '移書' 등의 문구가 많이 사용되었다. 상행 문서는 장사국과 臨湘縣 및 그 아래 門下, 諸曹, 諸鄕에서 각종 상황을 보고한 문서이다. 통행문서의 수신자와 발신자는 중앙 조정과 장사국 및 武陵·臨湘·義陽·辰陽·烝陽·邑陽·沅陽·無陽·義陵·酈 등의 군현과 採鐵·採銅 등의 관서가 보이며, 관직으로는 丞相·內史·中尉·大農·太倉·丞·相·卒史·令·長·少內·嗇夫 및 令史·尉史·獄史 등의 掾·屬·佐가 나와서, 한초 무제 시기 郡國의 구획과 강역 및

제후왕국의 관제 연구에 중요한 가치를 가지는 자료이다.

특히 문서의 대부분은 사법 관련 내용으로, 사건 발생에서부터 告劾, 체포, 심문, 판결에 이르는 전 과정을 살펴볼 수 있다. 그중에서도 사건의 告劾 문서와 심문 조사하는 爰書가 가장 많은데, 간의 글자 수가 100자 이상인 경우도 적지 않다. 한대 원서에는 반드시 피고에게 적용되는 율 조문을 제시해야 하는데, 주마루 한간은 이러한 한대 원서의 초기 특징이 잘 나타나 있어서 한대 소송제도 연구에 중요한 자료를 제공해 준다고 할 수 있다.

주마루한간의 사법문서는 문제 형법개혁 이후인 무제 초기의 자료로서, 한 고조~여후 시기인 장가산한간과 비교해서 문제의 육형 폐지 이후 형벌체계가 어떻게 변화했는지를 확인할 수 있다. 예를 들면, 장가산한간에서 黥爲城旦舂, 斬左止爲城旦舂 등에 육형으로 가해지는 黥과 斬이 주마루한간에서는 髡·笞·鉗·釱 등으로 바뀌고 있다. 그 밖에 都·鄕에서 각종 통계를 보고한 문서나 傳舍를 조사한 문서도 다수 있어서, 한대 上計제도 및 郵驛제도 연구에도 중요한 자료라고 할 수 있다. 또 사문서로 書信簡 1매가 있는데, 治獄에 관련된 내용을 앞뒤 양면에 썼지만 하단에 잔결이 있다.

다만 현재 전체 도판 및 석문이 정식으로 공간되지는 않은 상태이다.

4. 참고문헌

宋少華·金平, 「2003年長沙走馬樓西漢簡牘重大考古發現」, 『出土文獻硏究』第7輯, 2005.

鄭曙斌 編, 『湖南出土簡牘選編(伍)』, 岳麓書社, 2013.

長沙簡牘博物館, 〈長沙走馬樓西漢簡的整理與硏究〉讀簡會, 2018.5.22.

장사 동패루 한간(2004)

長沙 東牌樓 漢簡

1. **출토지** : 호남성 장사시 중심 오일광장 동남측 동패루 J7

2. **개요**

   1) 발굴기간 : 2004년 4월~6월

   2) 발굴기관 : 장사시문물고고연구소

   3) 유적종류 : 우물[古井]유적

   4) 시대 : 한대

   5) 시기 : 후한 말 靈帝 시기

   6) 출토상황 : 장사시 문물고고연구소는 2004년 4월에서 6월까지 도시 기본건설사업의 일환으로 장사시 중심의 오일광장 동남측 동패루의 湘浙匯 상업빌딩 건설 구역 내 古井群에 대한 고고 발굴 조사를 진행했다. 그 결과 청자기·도기·칠목기 등 수백 건의 유물이 출토되있는데, 그중 J7에서 426매의 후한 말 간독이 나왔다.

   동패루의 古井群은 전한에서 명청시기까지 모두 35곳이 발견되었는데, 그중 J7에서 5월 25일 후한 영제의 연호인 '中平三年(186년)'이 기재된 목간이 나오면서 본격적인 간독 자료의 수습이 진행되었다. J7은 지하의 수위가 높고 우물 벽은 손상되었으며 입구는 협소했고 토질은 부드러웠기 때문에, 층을 나누어 위에서 아래로 조심스럽게 정리해나가 6월 11일경 작업을 완료할 수 있었다.

   J7은 원형 수직갱으로 지름 1.2m에 벽은 매끄럽지만 윗부분은 이미 파괴되어 있었다. 지표에서 우물 입구까지 깊이 3m이고 입구에서 다시 우물 바닥까지 7.6m이다. J7 내부의 퇴적층은 5층으로 구분되는데, 간독은 그중 제2층에서 바닥인 5층 사이의 흙더미 속에서 출토되었다.

   J7의 출토 유물은 청자기, 도기, 칠목기, 간독 등 4종류로 구분할 수 있다. 청자기는 모두 20

건으로 완전하거나 복원 가능한 것이 4건이고 잔편이 16건인데, 또 형태별로는 罐 18건 鉢 2건
이다. 도기는 모두 176건으로 완전하거나 복원 가능한 것이 6건, 잔편이 170건이다. 용도별로
구분하면 罐·釜·盆·鉢 등의 생활용기가 53건이고, 板瓦·瓦當·磚 등 건축재료가 123건이다.
木構件·木屐·木梳·漆木勺 등 칠목기는 모두 11건으로, 그중 칠기는 1건이다. 간독은 우물 내
퇴적층의 흙더미 속에서 물을 머금은 상태로 대부분 짙은 검은 색에 일부 간독에서만 墨蹟이
분명했는데, 전부 426매가 나왔다.

3. 내용

2004년 출토된 426매의 장사 동패루 동한간독은 모두 나무 재질로 죽간은 없다. 본래 출토
된 후 첫 발굴보고인 「長沙東牌樓7號古井(J7)發掘簡報」
(2005)에서는 有字簡 218매 無字簡 208매라고 했으나,
정식의 도판 및 석문으로 공간된 『長沙東牌樓東漢簡牘』
(2006)에서는 수정 보완되어 有字 및 墨蹟이 있는 簡은
206매, 無字簡 220매라고 했다. 대부분 삼나무로 제작
되었으며, 형태별로 木簡·木牘·封檢(封緘·封泥匣 포
함)·名刺·簽牌·異形簡 등 6종류로 구분하고 있다. 그중
봉검과 목독의 수량이 비교적 많은 편이다.

목간은 완전한 형태의 간이 많은 편인데, 길이 23~
23.5cm, 너비 1~2cm, 두께 0.1~0.6cm이다. 목독은 잔결
이 많으며, 길이는 20~24.5cm, 너비 2.2~6.3cm, 두께
0.1~1cm이다. 봉검은 모두 10여 매에 아래 그림과 같이
쇄기형, 船形, F형 등 3가지 유형으로 나눌 수 있다. 길
이는 16.5~24cm, 너비 7~9cm, 두께 0.8~3.3cm 정도이
다.

봉검과는 별도로 封緘은 단독으로 보내는 공문·사신

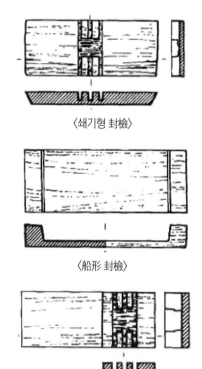

〈쇄기형 封檢〉

〈船形 封檢〉

〈F형 封檢〉

및 재물의 封面으로, 公文封緘·衣笥封緘 등 2매가 있다. 또 封泥匣은 중요한 공문을 담고 있는 상자 덮개로 2매가 있다. 비교적 수량이 적은 名刺은 길이 23.8㎝, 너비 8㎝, 두께 2.4㎝ 정도이며, 첨패도 수량이 적은데 길이 7.5㎝, 너비 4.3~4.6㎝, 두께 1㎝이다. 異形簡은 모두 손상되었는데 길이 16.3㎝, 너비 4.2㎝, 두께 0.8㎝ 정도이다. 한쪽 끝에 장부[小榫]가 있고 한편에 2개의 구멍이 뚫려 있다.

동패루 동한간독에는 紀年이 많이 나오는데 연호는 建寧·熹平·光和·中平 등으로, 모두 후한 靈帝의 재위 기간 22년(168~189년)에 해당한다. 그중 建寧(168~172년)은 4번, 熹平(172~178년)은 2번, 光和(178~184년)는 4번, 中平(184~189년)은 2번 나온다. 가장 빠른 것은 建寧4년(171년)이고 가장 늦은 것은 中平3년(186년)으로, 동패루 동한간독은 후한 영제 시기가 분명해서, 지금까지 찾아보기 어려웠던 후한 말 간독의 실례로서 매우 중요한 가치를 가진다. 또 삼국 주마루오간과는 시간적 공간적으로 연결되어 있기 때문에, 두 간독자료를 함께 종합적으로 연구할 필요가 있다.

동패루간독이 封檢 10여 매 封泥匣 2매 封緘 2매 정도인데 비해, 수량이 가장 많은 것은 목간과 목독이다. 그런데 이 목간독은 대부분 封檢·封緘·封泥匣에 담겨있는 문서이므로 사실 郵亭문서라고 추정할 수 있다. 실제 간문에도 '郵', '亭' 관련 내용이 다수 나온다. 또 한대 郡은 部로 구획되는데 그중 군 치소가 되는 현이 대개 中部가 된다. 동패루 간독에서도 여러 번 '中部'라는 표현이 나오는데, 이는 당시 장사군의 치소인 臨湘縣을 가리키는 것이다. 따라서 동패루 간독 문서는 기본적으로 장사군 임상현에 속하는 郵와 亭에서 수신·발신하여 통과하는 公·私 문서라고 보아도 크게 무리한 것은 아니다. 이처럼 郵亭을 통해서 수발하는 공사 문서가 동패루 J7에 매장된 것은 후한 말 장사군 지역의 치안 혼란으로 인해 폐기되었을 가능성도 있지만, 간독 문서의 시기가 171년에서 186년까지 근 15년에

〈동패루 동한간독 호적간 建寧四年益成里戶人公乘某戶籍(『長沙東牌樓東漢簡牘』(2006), 彩版18 轉載)〉

걸쳐있어서 일정 기간이 지난 후 규정에 따라 정식으로 폐기되었다고 보는 편이 더 합리적이라고 할 수 있다.

동패루 간독을 내용별로 분류하면, 公文·私信·雜文書·習字·殘簡 등 크게 5종류로 구분할 수 있다.

公文은 23건으로 封緘·封泥匣·封檢·文書 등이다. 그중 문서는 주로 지방 각 관부의 부서 간에 보냈거나, 하급 관리가 상급 관리에게 상언해서 올렸던 것이다. 다만 간독의 잔결이 많아서 석문이 완전하지 않으므로 문서의 내용을 확정하기가 쉽지 않다.

私信은 모두 51건으로 封緘·封檢·書信 등 3종류로 세분할 수 있다. 그중 書信은 주로 지방 관리가 자기 집에 보내거나 다른 관리에게 보내는 내용들이다. 역시 많은 부분에 잔결이 있어서 석문이 불완전하고, 또 章草와 口語를 많이 쓰고 있어서 해석하기가 매우 어렵다고 할 수 있다.

雜文書는 모두 67건으로 다시 事目·戶籍·名簿·名刺·券書·簽牌·雜賦·其他 등으로 세분된다. 事目은 관부 사무의 분류 기록으로 형사 안건 등 흥미로운 내용들이 있다. 戶籍도 내용이 많지 않고 대부분 잔결이지만, 〈建寧四年益成里戶人公乘某戶籍〉 등에 '算卒'에 관해 기재하고 있어 중요한 연구 가치를 가지고 있다. 名刺는 일반적으로 오늘날의 명함에 해당하는 것으로 전한 때에는 '謁', '名謁'로 칭하다가 후한 때 '名刺'라고 했다고 인식되어 왔다. 하지만 名謁은 명청대의 拜帖과 비슷하고 名刺는 오늘날의 명함과 유사해서, 양자는 구분해야 할 필요가 있다. 다만 동패루한간에서는 수량이 많지 않아서 구분하지 않고 名刺라고 통칭했다. 名簿, 券書, 簽牌 등은 수량이 많지 않으며, 雜賦은 여러 기물의 장부 기록이다. 其他는 분류하기 어렵거나 글자를 분명히 판독하기 어려운 간독들이다.

習字는 모두 19건으로 처음 석문을 만들지 않았지만, 후에 다시 석문 작업을 진행하면서 단순히 글자를 연습한 것이 아니라, 詩를 연습하거나 민간의 故事를 쓰거나 당시 유행하던 字書를 쓴다던지 해서 나름 무시할 수 없는 가치가 있다.

殘簡은 48건으로 잔결이 심하고 글자가 모호해서 석문을 만들 수 없는 간을 모아놓은 것이다. 다만 잔간이라도 본래는 郵·亭 수발의 공사 문서이므로 완전히 가치가 없다고는 할 수 없다. 예를 들면 〈卒以殘簡〉(162/1043簡)의 背面에 '暑, 人悉□□ ▨'라고 해서 당시 장사의 기후에 대한 자료를 제공해주기도 한다.

동패루 동한간독은 전부 426매에 有字簡은 206매로 그 수량이 많지는 않다. 하지만 간독 실물 자료가 희소한 후한 말의 간독자료라는 가치가 있다. 또한 간독 전체가 한대 郵亭 및 문서 收發제도 연구에도 매우 중요한 자료로서 의미가 있다. 개별 간독으로도 예를 들면〈建寧四年(171년)益成里戶人公乘某戶籍〉은 호적제도, 〈中平五年(188년)後臨湘守令臣肅上言荊南頻遇軍寇义書〉은 후한

말 장사군 지역의 정세, 〈光和六年(183년)監臨湘李氷、例督盜賊殷何上言李建與精張諍田自相和從書〉는 민간의 토지 분쟁과 소송, 가족관계 등에 각각 중요한 자료를 제공해 준다고 할 수 있다.

동패루 동한간독의 서체는 篆書·隷書·草書·行書 및 초기 楷書까지 여러 가지가 사용되고 있지만, 그중에서도 초서와 행서가 많이 쓰이고 있다. 이는 후한 말 관부의 문서용 서체가 다양했음을 보여준다. 또한 해서는 후한 말 예서가 점점 단순해지는 과정에서 생겨나 위진시기에 성행하는데, 해서 발생의 초기 형태를 연구하는데 동패루간독은 큰 의미를 가진다고 할 수 있다. 현재 장사시 문물고고연구

1127호

〈동패루 동한간독의 초기 해서 형태(『長沙東牌樓東漢簡牘』(2006), 彩版20 轉載)〉

소에서 소장하고 있다.

4. 참고문헌

長沙市文物考古研究所,「長沙東牌樓7號古井(J7)發掘簡報」,『文物』2005-7.

長沙市文物考古研究所·中國文物研究所 編,『長沙東牌樓東漢簡牘』, 文物出版社, 2006.

장사 오일광장 한간(2010)
長沙 五一廣場 漢簡

1. **출토지** : 호남성 장사시 중심 오일광장 동남측 J1

2. **개요**

   1) 발굴기간 : 2010년 6월~8월

   2) 발굴기관 : 장사시 문물고고연구소

   3) 유적종류 : 구덩이[窖]유적

   4) 시대 : 후한

   5) 시기 : 후한 和帝~安帝(90~112년)

   6) 출토상황 : 장사시 문물고고연구소는 2010년 6월에서 8월까지 장사시 오일광장 동남쪽 지하철 건설공사 현장에서 J1로 번호를 붙인 구덩이에서 대량의 후한대 간독을 발굴했다. J1은 2002년의 주마루 한간 출토지점에서 약 20m, 1996년 주마루 오간 출토지점에서는 약 80m 떨어진 곳에 위치한다. 2010년 6월 22일 현장 공사 도중 지하 약 5m 깊이에서 50여 매의 간독이 발견되어, 노면에서부터 아래로 굴착 방향을 정해서 발굴 작업을 본격적으로 진행하게 되었다. 노면에서 J1까지의 퇴적층은 모두 시대를 달리하는 15층으로 나뉘는데, 제15층 아래 지표로부터 3.81m 깊이의 황갈색 생토층을 파자 J1이 발견되었다.

   J1은 불완전한 원형으로 직경 3.6m, 깊이 1.5m의 구덩이인데 바닥은 평평하고 구덩이 내의 퇴적층은 3층으로 나눌 수 있다. 제1층은 두께 약 0.22~0.32m에 대량의 기와 잔편과 약간의 木構件 및 간독이 나왔다. 제1층의 간독은 목간 위주이다.

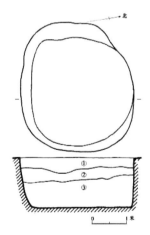

〈五一廣場 J1 평면·단면도〉

제2층은 두께 0.23~ 0.38m 정도인데 靑磚 파편, 기와 잔편, 동전과 간독 등이 나왔다. 제3층은 두께 0.8~0.95m 정도에 板瓦·簡瓦 잔편 및 靑磚과 죽목간 잔편 등이 나왔다. 제3층에서 출토된 간독이 비교적 많은 편이다. 다만 J1은 출토 유물이나 퇴적층을 분석해 보면 지금까지 간독이 자주 출토되었던 당시 사용된 우물[古井]이 아니라, 원래 관부의 건축자재 창고였다가 후에 용도가 폐기되어 폐기물 하치장으로 사용되었던 구덩이로 보인다.

J1 출토 유물은 크게 陶質 건축자재, 목기, 간독 등으로 구분할 수 있다. 陶質 건축자재는 다시 6건의 磚, 2건의 簡瓦, 1건의 瓦當이 있다. 목기는 다시 6건의 부재, 1건의 俑, 鏟狀器, 1건의 杖形器 등이 있다.

3. 내용

장사시의 오일광장은 일찍이 춘추전국시대 초나라가 처음 성읍을 건설한 이래로 진의 장사군, 한초 吳芮의 장사국, 한 경제 이래의 유씨 장사국, 후한 시기 장사군에 이르기까지, 그리고 이후 명청시기까지도 역대 왕부나 지방 행정 관부의 치소가 줄곧 위치해 있었던 중심구역이었다. 따라서 오일광장 구역에서 일찍이 1996년 주마루오간이 대량으로 나온 이래 1998년 구여재한간, 2002년 주마루한간, 2004년 동패루 동한간독이 연이어 계속 나왔고, 2010년 오일광장 동남편에서 또 대량의 후한대 간독이 출토된 것이다. 이를 「五一廣場東漢簡牘」으로 지칭하는데, 현재 일련번호를 붙여 정리가 된 編號簡이 6,862매이고, 無字簡까지 포함하면 10,000여 매에 이르는 수량이다.

처음 출토될 당시 J1 내 1~3층 퇴적층에서 나온 간독은 일부 수십 매의 목독이 구덩이 왼쪽 벽에 집중되어 있는 것 외에는 대부분 퇴적층 내에 흩어져 있었다. 매장된 지 시간이 오래 지나 대부분의 간독은 완전히 검은색이었지만 일부 간독은 출토 시 여전히 글자가 선명한 편이었다.

「오일광장동한간독」은 재질로 木質과 竹質로 양분되며, 형태로는 木牘·兩行木簡·小木簡·封檢·封泥匣·簽牌(木楬)·竹簡·竹牘·削衣·異形簡 등 10종류로 구분할 수 있는데 그중 木牘의 수량이 가장 많다.

〈「오일광장동한간독」 목독〉

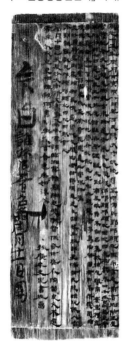

〈「오일광장동한간독」 兩行木簡〉

① 목독 : 너비 3.5㎝ 이상, 길이 25㎝ 이상, 형태상 다음의 3가지 유형으로 구분된다.

A형 : 長木牘, 긴 막대기 모양으로 길이 25㎝ 이상이다.

B형 : 보통 목독, 긴 막대기 모양으로 너비 3.5㎝ 이상 혹 길이 25㎝ 이내이다.

C형 : 종단면 'ㄴ'형, 한쪽 면이 두텁고 한쪽 면은 얇은데, 글자는 얇은 쪽에 쓰여 있다. 이런 류의 간독은 보통 封檢이나 書信이다.

② 兩行木簡 : 수량이 가장 많으며, 2행으로 글자를 쓴 폭이 넓은 목간이다. 單行木簡과 多行木牘 사이라고 할 수 있다. 길이 22~23.5㎝, 너비 2.5~3.5㎝, 두께 0.3~0.6㎝이며, 간의 상하에 두 줄로 편철한 흔적이 있다. 兩行木簡은 거연한간과 돈황한간에서 많이 확인된다.

③ 小木簡 : 수량이 비교적 적은데, 형태가 죽간과 같다. 일반적으로 1행으로 글자를 썼는데, 길이 23~23.5㎝, 너비 1.2~1.6㎝, 두께 0.2~0.4㎝이다.

④ 封檢 : 封泥槽의 위치와 수량 및 단면에 따라 3유형으로 구분할 수 있다.

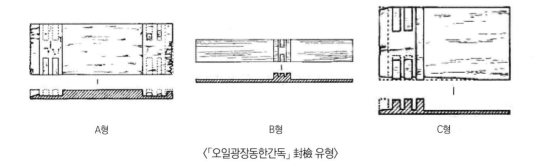

A형   B형   C형

〈「오일광장동한간독」 封檢 유형〉

A형: 양쪽 끝에 封泥槽를 만드는데 횡으로 3개의 槽가 있다. 글자는 가운데 부분에 쓴다.

B형: 가운데 부분에 封泥槽를 만들어 종단면이 'ㅗ'형이 되면서 횡으로 2개의 槽가 있다. 글자는 양변에 쓴다.

C형: 두꺼운 쪽 한쪽에만 封泥槽를 만들어 종단면이 'F'형이 된다. 횡으로 3개의 槽가 있다.

⑤ 封泥匣 : 상단에 3개의 槽를 만들어 가운데 부분이 방형의 封泥槽가 된다.

⑥ 簽牌(木楬) : 수량은 적은 편인데, 윗부분의 형태에 따라 아래와 같이 凸형(구멍이 없음), 반원형(구멍 1개), 삼각형(구멍 1개), 아래 쪽을 깍은 삼각형(구멍이 없음) 등 4가지로 분류된다.

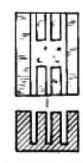

〈「오일광장동한간독」封泥匣〉

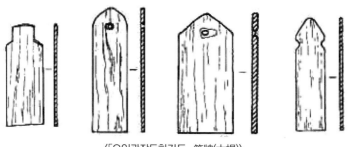

〈「오일광장동한간독」簽牌(木楬)〉

⑦ 죽간 : 단면에 글자를 썼는데, 길이 22~23.5㎝, 너비 0.5~1.6㎝, 두께 0.05~0.12㎝ 정도다.

⑧ 죽독 : 형태는 목독과 같은데 넓이가 다르다. 일반적으로 너비가 2.4~2.5㎝, 두께 0.25~0.38㎝ 정도이다.

⑨ 削衣 : 간독을 다시 사용하기 위해 표면을 깎아서 글자를 지울 때 생겨난 나

〈「오일광장동한간독」죽간〉

무 부스러기이다.

⑩ **異形簡** : 나무 부재[木構件]와 비슷하며, 양
쪽 끝에 凹槽를 만들고 가운데에 글자를 쓰는 형태
이다.

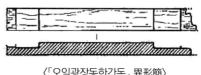

〈「오일광장동한간독」 異形簡〉

    오일광장 동한간독은 목간·목독이 주로 대부분 보존 상태가 좋은 편이고 간독에 기년이 많
아서, 연대가 후한 초·중기에 해당하는 것은 명백하다. 즉 章和·永元·延平·永初 등의 연호가
확인되는데, 후한 章帝 章和四年(실제로는 章帝가 章和二年에 사망하므로 和帝 永元二年에 해
당한다, 90년)이 가장 빠르고, 安帝 永初二年(112년)이 가장 늦은 시기이다. 따라서 후한 초·중
기 和帝~安帝(90~112년) 연간이라고 할 수 있다.

    J1은 후한대 장사군 태수부의 치소가 위치했던 곳으로, 출토 간독은 주로 상행·하행의 공문
서가 대부분에, 소량의 평행문서 및 封緘문서로 사용하는 封檢·函封과 문서 내용을 표식하는
籤牌 등이 있다. 또 名籍과 개인 서신도 일부분 있다.

    오일광장 동한간독은 당시 실제 사용되었던 공문서가 대부분으로, 상당히 풍부한 내용을 담
고 있어서 후한대 정치·경제·법률·군사 제 방면 연구에 매우 중요한 자료를 제공해 준다고 할
수 있다. 간독 문서는 주로 장사군과 임상현에서 예하 각 曹로 내려가는 하행문서와 임상현 예
하의 여러 鄕과 亭에서 올리는 상행문서 및 다른 군현과의 왕래문서이다. 따라서 공문서에서는
후한대 지방행정 관련 명칭을 광범위하게 언급하고 있어서, 당시 지방 행정구획과 관리체계를
이해하는데 매우 도움이 된다. 특히 현 아래 기층행정기구인 鄕·里·亭·丘의 이원적인 상호 統
轄 관계는 주목할 만한 내용이다. 또한 간독 공문서를 직접 작성하고 책임을 지는 각급 관리의
직명도 다수 나오기 때문에 후한대 관제 연구에 중요한 1차자료이며, 형사·민사·소송 등 사법
관련 내용이 풍부해서 후한대 법제사 연구에도 상당한 가치를 가진다고 할 수 있다. 간독에는
'牛肉五斤, 斤値七七', '上馬値錢四萬' 등과 같은 물가 기록도 확인되고 있어서, 후한대 경제사 연
구에도 의미 있는 자료라고 할 수 있다.

    오일광장 동한간독은 대부분 공문서의 정본으로 초고는 매우 적은데, 대체로 반듯한 예서체

이다. 일부 楷書化되는 추세를 보여주는 필법도 있고, 소량의 名籍이나 習字簡에는 초서도 쓰이고 있다.

지금까지 후한 초·중기의 간독자료는 매우 희소했고, 또 문헌 사료의 기록도 상당 부분 부족한 편이기 때문에, 2010년 대량으로 출토된 오일광장 한간은 매우 귀중한 학술 가치를 가진다. 장사 오일광장 한간에 대해서는 최초의 발굴 보고가 2013년 『長沙五一廣場東漢簡牘發掘簡報』(『文物』 2013-6)로 나왔고, 이어서 2015년에는 일부 간독의 석문을 수록한 『長沙五一廣場東漢簡牘選釋』(中華書局)이 출판되었다. 2018, 2019, 2020년에는 컬러사진 도판과 적외선 도판 및 석문을 실은 『長沙五一廣場東漢簡牘』이 6권으로 공간되었다. 이로써 지금까지 전체 편호간 6,852매 중 1/3에 해당하는 2,600여 매가 공개되었고, 앞으로 계속 자료가 더 공개되면서 관련 연구도 본격적으로 진행될 전망이다.

4. 참고문헌

長沙市文物考古研究所, 「湖南長沙五一廣場東漢簡牘發掘簡報」, 『文物』 2013-6.

長沙市文物考古研究所 等 編, 『長沙五一廣場東漢簡牘選釋』, 中書書局, 2015.

黃朴華, 「長沙五一廣場東漢簡牘槪述」, 『中国書法』 2016-5.

程薇, 「五一廣場出土東漢簡牘的整理與硏究前景」, 『中國史硏究動態』 2016-2.

長沙市文物考古研究所 等 編, 『長沙五一廣場東漢簡牘(壹)』, 中西書局, 2018.

長沙市文物考古研究所 等 編, 『長沙五一廣場東漢簡牘(貳)』, 中西書局, 2018.

長沙市文物考古研究所 等 編, 『長沙五一廣場東漢簡牘(參)』, 中西書局, 2019.

長沙市文物考古研究所 等 編, 『長沙五一廣場東漢簡牘(肆)』, 中西書局, 2019.

長沙市文物考古研究所 等 編, 『長沙五一廣場東漢簡牘(伍)』, 中西書局, 2020.

長沙市文物考古研究所 等 編, 『長沙五一廣場東漢簡牘(陆)』, 中西書局, 2020.

장사 상덕가 한간(2011)
長沙 尙德街 漢簡

1. 출토지 : 호남성 장사시 장사국제금융센터

2. 개요

    1) 발굴기간 : 2011년 11월~12월

    2) 발굴기관 : 장사시 문물고고연구소

    3) 유적종류 : 우물[古井]유적

    4) 시대 : 후한

    5) 시기 : 후한 말 靈帝 시기

    6) 출토상황 : 2011년 11월~12월 장사시 문물고고연구소는 장사시 尙德街(현 장사국제금융센터)의 9개 古井에서 간독 257매를 발굴했다. 9개 古井의 시대는 후한 중후기부터 삼국 오까지인데, 간독과 함께 청자·도기류·기와 등의 유물도 함께 출토되었다. 각각 J359에서 3매, J436에서 22매, J437에서 3매, J446에서 16매, J453에서 2매, J465에서 2매, J531에서 32매, J482에서 가장 많은 174매, J575에서 3매가 나왔는데, 대부분 잔결이 심해서 내용을 파악하기가 쉽지는 않다. 그중 有字簡이 171매에 無字簡이 86매이다.

3. 내용

장사시 尙德街 출토 동한간독은 전부 257매 중 170여 매가 有字簡인데, 그중 70매 정도는 앞뒤 양면에 모두 글자가 있다. '熹平', '光和'라는 연호를 사용하고 있어 간독의 서사 시기는 후한 말 靈帝 시기이다. 비록 상덕가 간독은 수량이 많지는 않지만 후한 말 정치·경제·사회 등을 이해하는데 충분히 의미 있는 내용들을 담고 있다.

간독의 재질은 모두 나무이고, 서체는 주로 예서와 초서를 쓰고 있는데, 예서는 대개 한대 중급 이상의 관부 문서에서 많이 사용했고 초서는 하급 관부 문서에서 많이 사용했다는 점을 참고할 필요 있다. 간독은 대부분 길쭉한 형태로 대략 23㎝ 정도의 길이이다. 형태별로 보면 木簡·木牘·封檢·封緘·名刺·簽牌·異形簡 등으로 구분되며, 내용상으로는 공문서·개인서신·藥方·雜文書·習字簡 등으로 나눌 수 있다. 서사 방식은 대부분 위에서 아래로 兩行 혹은 多行으로 썼는데, 일부 상하로 절을 나누고 多行으로 쓴 경우도 있다.

상덕가 동한간독은 후한 말 정치·경제·사회·문화 제 방면 연구에 중요한 가치를 가진다. 예를 들어 J482 084간은 앞뒷면에 각각 '詔書'로 시작하는 公文이 기록되어 있는 목독이다. 그 내용을 보면 한대 율령의 변화 및 입법·사법 등 법제 연구에서 특히 실물자료가 희소한 후한 말의 자료로 중요한 가치를 가진다고 할 수 있다.

이 밖에도, J482 086간 賬簿는 관부만이 아니라 일반 민들도 일상적으로 사용하던 것으로 당시 경제·생활사의 새로운 자료라고 할 수 있다.

또 藥方에 보이는 '甘草', '弓窮', '當歸', '地黃' 등의 약재는 한의학 관련 중국고대 약방문으로 의미 있는 자료이며, 또 J482 152간 封緘에는 일찍이 흉노에 패해 烏桓山으로 도망갔던 데에서 이름이 유래하는 '烏桓'이 기재되어 있어 흥미로운 자료라고 할 수 있다.

장사시 문물고고연구소는 2011년 尙德街東漢簡牘을 발굴한 이래, 수년 간의 정리 석독작업을 거쳐 『長沙尙德街東漢簡牘』(2016)을 출간했는데, 자세한 고고 발굴보고와 컬러사진·적외선 도판 및 석문·주석을 수록하고 있다.

4. 참고문헌

長沙市文物考古研究所 編, 『長沙尙德街東漢簡牘』, 嶽麓書社, 2016.

陳笑笑, 「尙德街東漢簡牘研究綜術」, 『北方文学』 2019-3.

장사 동패루 한·위진간(2011)
長沙 東牌樓 漢·魏晉簡

1. **출토지** : 호남성 장사시 오일광장 동남측 동패루 古井

2. **개요**

　　1) 발굴기간 : 2011년 11월~12월

　　2) 발굴기관 : 장사시 문물고고연구소

　　3) 유적종류 : 古井유적

　　4) 시대 : 전한~후한~위진

　　5) 출토상황 : 2011년 3월~12월 장사시 문물고고연구소는 장사시 중심구역인 오일광장 동남측 동패루 지역의 重點文物埋藏區에 대한 고고 조사 및 발굴 작업을 진행했다. 총 면적 14,075㎡를 발굴해서 전국시대에서 명청시기에 이르는 古井群과 명대 藩王府 건축 유지, 송대 街坊 건축 유지, 전국시대에서 수당대에 이르는 성벽과 해자 등의 유지에서 대량의 유물이 출토되었다.

　　2011년 동패루 현장 발굴 조사에서 古井은 전부 604곳이 발굴되었는데 전국에서 명청대까지이다. 대부분 민간의 생활 우물이며 비교적 큰 관부의 우물도 일부 있다. 도기·자기·철기·동기·칠기 등 천여 건의 유물이 나왔는데 대부분 생활 용기라는 특징이 있다. 그중 전한·후한·위진시기의 간독 수백 매도 발견되었다. 이처럼 전국에서 명청대까지 시대를 달리하는 대량의 유물이 장사시 중심지역인 오일광장 동남측 동패루라는 한 공간에서 출토됨으로써, 장사시의 오랜 도시발전사 및 각 시기 별 생활사·사회사를 체계적으로 연구할 수 있는 귀중한 자료가 제공되었다고 할 수 있다.

　　2011년 동패루에서 출토된 간독 수백 매에 대해서는 아직 자세한 발굴보고나 도판·석문이 나오지 않은 상태이다.

3. 참고문헌

長沙市文物考古研究所,「2011年長沙東牌樓工地考古發掘情況簡報」,『湖南省博物館館刊』
2011-8.

장사 파자가 한간(2015)
長沙 坡子街 漢簡

1. 출토지 : 호남성 장사시 天心區 坡子街 5호 古井

2. 개요

    1) 발굴기간 : 2015년 10월

    2) 발굴기관 : 장사시 문물고고연구소

    3) 유적종류 : 古井유적

    4) 시대 : 한대

    5) 출토상황 : 장사시 파자가 華元5기 건설 현장에서 한대에서 송대까지 13곳의 古井이 발견되어, 장사시 문물고고연구소는 2015년 10월 하순부터 긴급 구제 발굴을 진행했다. 13곳의 古井群은 모두 원형 竪穴土坑井인데, 한대 古井이 다수이고 일부는 송대이다. 출토 유물은 도기·자기 및 소량의 칠목기와 목간독 등이다. 그중 J5 한대 古井에서 잔간이 흩어져서 출토되었는데 개별 간독의 문자는 비교적 분명한 편이다. 古井群이 발견된 坡子街는 蘇州會館, 鴻記錢場 등이 위치해서 '長沙第一商業古街'라고 칭해질 정도로, 전근대부터 현재까지 장사시의 상업 중심지이다. 또 북쪽으로 200m 떨어진 곳에 한초 賈誼의 故居가 위치하는데, 파자가 고정군의 발견과 목간독·와당 등 한대 유물의 출토로 이 지역이 한대부터 인구가 밀집해서 활동했던 거주지역이라는 점이 증명되었고, 따라서 한대 이래 장사 도시발전사 연구에 중요한 자료를 제공해 준다고 할 수 있다.

    다만 J5 출토 한간독에 대해서는 아직 발굴보고나 도판·석문 등이 공개되지 않아 자세한 내용은 알 수 없다.

3. 참고문헌

「坡子街畢遠五期項目工地發現一批古井群」,『長沙文化遺産網』2015.11.27.

장사 청소년궁 한간(2016)

長沙 靑少年宮 漢簡

1. 출토지 : 호남성 장사시 開福區 靑少年宮 한대 古井

2. 개요

    1) 발굴기간 : 2016년

    2) 발굴기관 : 장사시 문물고고연구소

    3) 유적종류 : 古井유적

    4) 시대 : 한대

    5) 출토상황 : 발굴보고나 도판·석문 등 아직 자세히 알려진 내용이 없다.

3. 내용

    미상

장가계 고인제 한간(1987)
張家界 古人堤 漢簡

1. 출토지 : 호남성 湘西土家族苗族自治州 장가계시 고인제 한대 유지

2. 개요

    1) 발굴기간 : 1987년 4월~8월

    2) 발굴기관 : 호남성 문물고고연구소, 湘西土家族苗族自治州文物工作隊, 張家界市(舊 大庸市)文物管理所

    3) 유적종류 : 고대유적

    4) 시대 : 한대

    5) 시기 : 후한 중엽(和帝 永元元年, 永元二年, 安帝 永初四年 등)

    6) 출토상황 : 1987년 4월~8월 호남성 문물고고연구소는 상서토가족묘족자치주 문물공작대와 장가계시(구 대용시)문물관리소와 함께 호남성 상서토가족묘족자치주 장가계시의 서쪽 澧水 북안 대지 위 저지대에 위치하는 고인제 한대 유지를 발굴 조사했다. 모두 5×5㎡의 探方 5개를 발굴하였는데, 그중 探方 T1에서 가장 많은 유물이 나왔고 간독도 모두 여기서 출토되었다. 출토 유물은 파쇄된 상태의 도기가 가장 많으며 그밖에 철제 낫·청동 도·동전·은구슬·칠목기·동물 뼈·간독 등이 출토되었다. 이들 유물들은 모두 폐기물로 저수지에 버려져 진흙 속에 파묻힌 상태였기 때문에, 보존상태가 매우 좋지 않았고 지층을 통해 유물 간의 시간적인 선후 관계를 확인하기도 어려웠다. 고인제 한대 유지 출토 유물 중 가장 특징적인 것은 바로 90매의 木牘·木楬·封檢 등 후한대 간독이다.

3. 내용

고인제 한대 유지에서 출토된 90매의 간독은 모두 探方 T1에서 나왔다. 木牘·木楬·封檢 등

의 형태이지만 파손이 매우 심해서 대부분 반듯하지 않은 나무 조각 상태였다. 또 출토 이후 자연 건조 탈수되면서 처음 찍은 사진 도판은 매우 좋지 않은 상태였다. 1987년 출토 이후 10여 년이 지난 1997년이 되어서야 비로소 호남성문물고고소의 張春龍과 중국문물연구소의 胡平生·李均明 등이 함께 정리 작업을 시작하였다. 우선 상해 복단대학 文博學院으로 간독을 보내 적외선 기기로 보면서 석문 작업을 했고 이어서 항주 절강성 박물관에서 간독에 대한 도판 촬영을 다시 하게 되었다. 간독의 문자가 본래 분명하지 않았기 때문에 완전할 수는 없지만 그럼에도 처음에 비해 상당히 양호한 상태의 석문 내용을 확인하게 되었다.

그 결과 장가계 고인제 한대 유지의 발굴 상황과 석문이 2003년 「湖南張家界古人堤遺址與出土簡牘槪述」과 「湖南張家界古人堤簡牘釋文與簡注」에 전면적으로 소개되었다. 이후 호남성 문물고고연구소에서 최신 적외선 촬영기를 사용하여 고인제한간에 대한 적외선 재촬영을 하게 되었고, 이에 따른 일부 간독에 대한 석문 보정이 「湖南張家界市古人堤漢簡釋文補正」(2016)과 「湖南張家界市古人堤漢簡釋文補正續(上)」(2018) 등에 수록되었다.

장가계 고인제한간은 간독 중에 후한 和帝의 연호인 '永元元年(89년)'과 '永元二年(90년)' 및 安帝의 연호인 '永初四年(110년)' 등이 분명히 확인되기 때문에 시기는 비교적 명확하게 후한 중기로 특정할 수 있다. 간독은 석문 내용에 따라서 각각 漢律, 醫方, 官府文書, 書信·禮物楬, 曆日表, 九九表, 習字簡, 人物像圖案 등 8종으로 구분할 수 있다.

① 漢律 : 2매의 목독으로 길이 22.2~23㎝, 너비 2.6~3㎝, 두께 0.3㎝이다. 한률 중 「盜律」과 「賊律」의 목록이다. 상당히 파손된 상태로 판독하기 어렵지만 賊殺人·毆封·鬪殺以刀·謀殺人已殺·父母告子·奴婢賊殺·毆父母·奴婢悍·父母毆笞子·賊燔燒宮·失火·賊殺傷人·犬殺傷人·奴婢射人 등의 율명이 확인된다.

② 醫方 : 2매의 목독으로, 그중 하나에 「治赤散方」이라는 처방전 제목이 쓰여 있다. 「治赤散方」은 『千金方』, 『外

앞　　　뒤

〈張家界 古人堤 漢簡 29+33+34호간〉

臺祕要』, 『肘後方』 등의 의서에도 실려있는데, 약물의 배합이 기본적으로 서로 동일하다.

③ 官府文書 : 10호간은 封檢이다. 43호간은 簽牌로 정면에 '永元二年七月以來發書剌本事'라고 하고 배면에는 '功曹'라고 기재되어 있다. 이는 후한 和帝 永元2년(90년) 7월 이래로 功曹에서 보낸 문서의 副本을 보관한 것이다. 43호간의 기년을 통해 고인제한간의 시기를 후한 중기로 특정할 수 있다.

④ 書信·禮物謁 : 禮物謁은 일종의 답례품 목록이다. 하급 관리가 제사 등을 지내면서 상급 관리에게 답례품을 줄 때의 목록이다.

⑤ 曆日表 : 한 률의 목록을 쓴 목독의 背面에 3단으로 나누어 쓰고 있다. "……, 五月朔……戊戌一, 己亥二……"에서 "甲子卄七"까지 배열하고 이하는 잔결이다. 후한대 五月朔日이 戊戌日인 경우는 광무제 建武 中元 元年(57년)과 靈帝 光和三年(180년) 2차례 뿐인데, 고인제 한간 역일표가 어디에 해당하는지는 확정하기가 어렵다.

⑥ 九九表 : 1매의 목독에 구구단 계산법이 기재되어 있다.

⑦ 習字簡 : 잘못 썼거나 불필요한 간독을 다시 활용해서 글자를 연습한 간독이다.

⑧ 人像圖案 : 3건의 人像圖案 木片은 두께가 매우 얇고 구멍이 뚫려 있어 줄로 매달아두는 형태였을 것이다. 인물 도상의 형태가 상당히 특이하다.

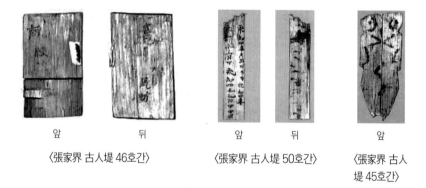

앞　　뒤
〈張家界 古人堤 46호간〉

앞　　뒤
〈張家界 古人堤 50호간〉

앞
〈張家界 古人堤 45호간〉

4. 참고문헌

張春龍·胡平生·李均明, 「湖南張家界古人堤遺址與出土簡牘槪述」, 『中國歷史人物』 2003-2.

張春龍·胡平生·李均明, 「湖南張家界古人堤簡牘釋文與簡注」, 『中國歷史人物』 2003-2.

張春龍, 「湖南張家界市古人堤漢簡釋文補正」, 『簡牘學硏究』 6, 2016.

周琦, 「張家界市古人堤醫方木牘 治赤散方 新證」, 『出土文獻硏究』 16, 2017.

張春龍·楊先雲, 「湖南張家界市古人堤漢簡釋文補正續(上)」, 『簡牘學硏究』 7, 2018.

원릉 호계산 한간(1999)

沅陵 虎溪山 漢簡

1. **출토지** : 호남성 원릉현 城關鎭 호계산 1호 한묘(吳陽)

2. **개요**

    1) 발굴기간 : 1999년 6월~9월

    2) 발굴기관 : 호남성 문물고고연구소

    3) 유적종류 : 고분

    4) 시대 : 한대

    5) 시기 : 한초 문제 後元2년(기원전 162년)

    6) **출토상황** : 1999년 5월 호남성 원릉현 성관진 서편 호계산에서 건물 공사 도중 異穴 부부합장묘가 발견되어 6월부터 9월까지 호남성 문물고고연구소에서 구제 발굴 조사를 진행했다. 호계산 1호 한묘(편호 YHM1)는 沅水의 좌안, 沅水와 酉水의 교차점에 위치하는데, 전한 沅陵侯의 가족 묘지가 있는 곳이었다. 묘에서 '吳陽'의 印이 출토되었기 때문에, 묘주는 한초 沅陵侯 吳陽이라는 사실이 확인되었다. 오양은 제2대 장사왕 吳臣의 아들로, 여후 원년(기원전 187년)에 沅陵侯로 책봉되어 문제 後元2년(기원전 162년)에 사망한 인물이다.

    호계산 1호 한묘는 장방형 수혈식 토갱묘의 구조로 경사진 묘도를 갖추고 있다. 정동 방향으로 향하고 있으며, 봉토와 묘 입구는 이미 건설 공사로 파괴된 상태였다. 본래의 입구에서 묘도는 37m, 깊이는 12.97m 정도에 묘실이 있고, 묘도 옆으로 2개의 耳室이 있다. 묘실은 덮여 있던 대량의 진흙 무게로 완전히 붕괴되었는데, 본래 묘실 내부는 主墓室과 外藏槨으로 구성되어 있었다. 외장곽은 남·북 2개로 구분되며, 주묘실은 곽실로 1곽2관에 길이 6.92m, 너비 3.9m, 높이 3.6m의 규모이다. 곽실은 頭箱·南邊箱·北邊箱 등 3개의 箱과 관실로 구성되며, 관실은 길이 3.5m, 너비 1.5m, 높이 1.52m에 내·외관을 갖추고 있다.

수장 기물은 주로 頭箱·南邊箱·北邊箱 및 내관과 外藏槨·耳室 등에서 도기·칠목기·동기·옥기·골석기·견직품·식품류·죽간 등 1,500여 건이 나왔다. 내관에서 나온 옥인장에 '吳陽'이라는 글자가 새겨져 있다. 죽간은 주로 頭箱과 北邊箱에서 1,346매가 나왔고, 봉니갑은 南邊箱·北邊箱에서 20건 출토되었다.

3. 내용

호계산 1호묘에서 출토된 죽간은 모두 1,346매로, 有字簡은 1,290매이다. 내용에 따라 計簿·

〈沅陵虎溪山漢簡 計簿(2020 彩版209轉載)〉

閣昭(上)(下)·食方 등 3종류로 구분된다.

① 計簿 : 頭箱에서 나왔는데, 출토 시 진흙과 물속에서 흐트러져 파손 상태가 비교적 심한 편이다. 전부 241매에 완전한 형태의 간이 120매이다. 완전한 형태의 간은 길이 14㎝, 너비 0.6㎝, 두께 0.13㎝이다. 위아래 두 줄로 편철한 흔적이 있다. 글씨는 예서체이다. 계부는 군국에서 중앙에 보고하는 호적·토지·부세·병기 등의 기본 장부인데, 전한 초 원릉후국의 행정기구·관리·호구·토지·부세·가축·과수·병기·선박 등의 수량과 그 증감 및 증감 원인, 도로·교통·취락·장안까지의 노선과 수륙 거리 등을 상세하게 기록하고 있다.

호계산 한간의 계부는 전한대 행정·호적 관리제도 및 사회·경제 방면 연구에 매우 의미 있는 자료라고 할 수 있다.

② 閣昭(上)(下) : 호계산 한간의 대부분을 차지하는데, 北邊箱에서 출토되었고, 食方과 함께 총 1,105매이다. 완전한 형태의 간은 약 500매에 길이 27㎝, 너비 0.8㎝이며, 상·중·하 세 줄로 편철했다. 간문은 『紅圖之論』의 논술을 인용하고 있는데, 이미 실전된 책이다. 『閣昭』는 『한서』 예문지에 기록된 『閣昭』일 가능성이 있다. 내용은 출행, 이사, 출산, 결혼, 벌목 등에 관한 것과 진말한초의 역사 인물과 사건을 기술하고 있어서, 당시 역사와 천문·역법 및 數術書 등의 연구에 직접적인 자료를 제공해준다고 할 수 있다.

③ 食方 : 北邊箱에서 나왔으며 잔간 약 300매에 길이 27㎝, 너비 0.8㎝, 두께 0.1㎝이다. 상중하 세 줄로 편철했다. 모두 잔간으로 출토 시 파손이 심해서 완전한 간은 하나도 없다. 다만 300매 중 약 100매 정도는 완전한 형태의 간일 경우 길이 46~50㎝ 정도에 간마다 60~70자 정도 쓰여 있었을 것으로 추정된다. 현재 남아있는 글자는 전부 약 2,000여 자이다. 식물성 식품과 동물성 식품으로 나누어, 매 간마다 대개 한 가지 요리 방법을 기록하고 있다. 다만 일반적인 요리책은 아니고, 제후를 위한 고급 요리법이다. 물고기, 말, 소, 양, 돼지, 개, 닭, 거위, 기러기 등의 식재료에 소금, 술, 장, 생강 등의 조미료를 더한 여러 가지 요리를 소개하고 있다.

호계산 1호 한묘는 전한 제후급의 묘장제도, 특히 이성 제후의 묘장제도 연구에 중요한 의의를 가진다. 출토된 호계산 한간 역시 진말한초의 역사를 비롯하여 한대 지방 행정·호적 및 사회·경제·천문역법·음식문화 등의 연구에 의미 있는 자료를 제공해준다고 할 수 있다.

〈沅陵虎溪山漢簡 閣昭(2020 彩版210轉載)〉

〈沅陵虎溪山漢簡 食方(2020 彩版210轉載)〉

「沅陵虎溪山一號漢墓發掘簡報」(2003)에 발굴 상황 및 일부 도판과 석문이 소개되었고, 「虎
溪山一號漢墓葬制及出土竹簡的初步研究」(2004)에 앞서 「發掘簡報」(2003)의 내용을 부분 수정

한 분석이 나와 있다. 2020년에 『沅陵虎溪山一號漢墓』(上)(下)가 공간되어, 상세한 발굴 성과의 소개와 함께 죽간 전체의 도판사진과 석문이 공개되었다. 현재 호남성 문물고고연구소에서 소장하고 있다.

4. 참고문헌

湖南省文物考古研究所·懷化市文物處·沅陵縣博物館, 「沅陵虎溪山一號漢墓發掘簡報」, 『文物』 2003-1.

劉樂賢, 「虎溪山漢簡閻氏五勝及相關問題」, 『文物』 2003-7.

郭偉民, 「虎溪山一號漢墓葬制及出土竹簡的初步研究」, 『新出簡帛研究』, 文物出版社, 2004.

湖南省文物考古研究所 編著, 『沅陵虎溪山一號漢墓(上)(下)』, 文物出版社, 2020.

주주 등공당 한간(2009)

株洲 鄧公塘 漢簡

1. **출토지** : 호남성 주주시 醴陵縣 등공당 후한 유지

2. **개요**

    1) 발굴기간 : 2009년

    2) 발굴기관 : 주주시 문물국

    3) 유적종류 : 우물[古井], 생활폐기물 하치장 유적

    4) 시대 : 한대

    5) 시기 : 후한

    6) 출토상황 : 2009년 호남성 주주시 예릉현에서 한~위진시대 유지로 2곳의 古井과 2곳의 생활 폐기물 하치장 유적이 발견되어 발굴작업이 진행되었다. 유지에서는 6매의 후한대 죽간과 대량의 파손된 陶罐·青瓷 등의 유물이 출토되었다. 이는 주주시에서 처음으로 발견된 고정 유지 및 한대 죽간이다.

이 유지는 호남성 주주시 예릉현 해방로 등공당에 위치하는데, 공사 현장에서 발견되어 긴급 구제 발굴을 진행하게 되었다. 유지에서 출토된 한~위진시기의 유물은 陶罐·釉陶罐·青瓷·青砖·釜·礪石·五銖錢·楔子·植物 種子 및 竹簡 등이다.

2곳의 古井은 서로 5m 정도 떨어져 있는데, J1은 공사 중 심하게 파괴되어 복원이 힘들고 J2는 비교적 보존 상태가 좋은 편이다. 古井에서 약 700m 떨어진 곳에 생활 폐기물 하치장이 있다. 등공당 유지의 발굴과 출토 유물을 통해, 후한대 예릉현 치소의 위치를 추정하는 것이 가능해졌다고 할 수 있다.

3. 내용

주주 예릉 등공당 후한대 유지 출토 6매의 죽간은 예서체로 쓰여 있는데 희미하게나마 판독이 가능한 상태이다. 죽간에는 음양오행과 관련 있는 내용이 기록되어 있고, 모두 100여 자에 四言句·五言句로 되어 있다. 가장 긴 죽간은 길이 약 12㎝ 너비 3.5㎝ 정도로, 시기는 후한대이다.

4. 참고문헌

沈曉, 「醴陵鄧公塘古井發掘漢晉簡牘」, 『株洲年鑑 2010』, 方志出版社, 2011.

4. 호북성 湖北省 출토 한간

운몽 대분두 한간(1972)

雲夢 大墳頭 漢簡

1. **출토지** : 호북성 운몽현 대분두 1호 한묘

2. **개요**

　　1) 발굴기간 : 1972년

　　2) 발굴기관 : 호북성박물관, 효감지구 문교국, 운몽현 문교국, 운몽현 문화관

　　3) 유적종류 : 고분

　　4) 시대 : 한대

　　5) 시기 : 전한

　　6) 출토상황 : 1972년 호북성 박물관은 孝感地區 文教局, 雲夢縣 文教局, 雲夢縣 文化館 등과 함께 운몽현 대분두의 1호 한묘를 발굴했는데, 이 묘는 수호지진간이 나온 11호 진묘와는 400m 정도 떨어져 있다.

　　대분두 1호 한묘는 1관1곽으로, 모두 150여 건의 유물이 출토되었다. 칠목기 100여 건, 죽기 9건, 동기 18건, 도기 6건, 옥기 4건으로 수습되었으며, 관 머리 부분의 상자에서 견책 목독 1매가 나왔다.

3. **내용**

　　대분두의 1호 한묘 출토 목독은 견책류로 길이 24.6㎝, 너비 6.1㎝, 두께 0.3㎝인데, 正面은 3칸 背面은 4칸으로 나누어 수장품의 명칭과 수량을 기록했다. 정면 제1칸에는 동기, 제2칸에는 칠기, 제3칸에는 칠기·동기·도기 등을 기재했고, 배면 제1칸에는 음식물 및 죽기, 제2칸에는 목·도기 및 견직품 등, 제3칸에는 木俑·俑車馬·銅兵器·木梳 등, 제4칸에는 기록 후 추가된 수장품을 기록했다. 이런 식의 배열은 마왕퇴·봉황산 등의 견책에서도 확인되는 것으로, 한대 喪

葬禮 및 遺策制度 연구에 매우 유용한 자료라고 할 수 있다.

1973년 『文物』 제9기의 「湖北雲梦西漢墓發掘簡報」와 「雲夢西漢墓出土木方初釋」에 대분두 한간에 대한 석독이 수록되어 참고할 만한데, 특히 목독에 기재된 물품과 실제 출토된 유물이 대부분 서로 부합한다. 서로 맞지 않는 경우는 비교적 적으며, 어떤 물품은 명칭 아래에 '毋(無)'라고 쓰여 있는데, 이는 매장 시 물품을 미처 준비하지 못해 넣지 못했음을 표시한 것이다.

4. 참고문헌

陳振裕, 「湖北雲夢西漢墓發掘簡報」, 『文物』 1973-9.

陳振裕, 「雲夢西漢墓出土木方初釋」, 『文物』 1973-9.

광화 오좌분 한간(1973)

光化 五座墳 漢簡

1. **출토지** : 호북성 광화현 오좌분 3호 한묘

2. **개요**

   1) 발굴기간 : 1973년 12월

   2) 발굴기관 : 호북성박물관

   3) 유적종류 : 고분

   4) 시대 : 한대

   5) 시기 : 전한

   6) 출토상황 : 1973년 12월 호북성박물관은 호북성 광화현 오좌분에서 7기의 전한대 묘장을 발굴했다. 광화현은 진 이래 酇縣으로, 고조 유방이 蕭何를 酇侯로 봉한 이래 전한 말까지 소하의 후예인 역대 酇侯의 식읍이었다. 따라서 오좌분 한묘군은 소하 후손의 묘일 가능성이 있다. 오좌분에서 발굴한 7기의 한묘는 모두 수혈식 토갱묘인데, 그중 3호묘에서 동기·칠기·목기·옥기 등의 유물이 출토되었고 아울러 30여 매의 죽간도 함께 나왔다.

3. **내용**

   광화 오좌분 3호 한묘 출토 죽간은 모두 30여 매인데, 그중 5매에서만 '十一'과 같은 글자의 흔적이 보이고, 나머지는 판독할 수 없다. 알아볼 수 있는 글자로 볼 때, 죽간의 내용은 수장품의 이름과 수량을 기재한 견책류이다.

4. **참고문헌**

楊權喜, 「光化五座墳西漢墓」, 『考古學報』 1976-2.

강릉 봉황산 한간(1973, 1975)

江陵 鳳凰山 漢簡

鳳凰山은 荊州城에서 북쪽으로 약 5㎞ 떨어진 곳에 위치한다. 원래 江陵縣 將台區에 속했는데, 현재는 荊州市 荊州區 紀南鄉에 속한다. 봉황산은 비교적 평탄한 고지대로 주위의 평지보다 겨우 10여m 높은 정도이다.

이러한 봉황산의 남쪽과 가운데에서 진한시대 古墳群이 발견되어, 1973년 가을 그중 9기의 고분에 대한 발굴이 長江流域 제2기 文物考古工作人員訓練班에 의해 진행되었다. 그 결과 8호·9호·10호묘에서 대량의 유물과 함께 다수의 죽간과 목독이 출토되었다.

이어서 1975년 3월에서 6월까지 紀南城 亦工亦農文物考古訓練班과 湖北·湖南·北京·長江流域規劃辦公室 文物考古隊가 함께 168호漢墓發掘組를 조직해서 발굴을 진행했다. 또 紀南城 亦工亦農文物考古訓練班은 吉林大學 歷史系 考古學팀·호북성박물관·형주지구박물관·강릉현문화관 등과 함께 167호 漢墓發掘整理小組를 결성해서 1975년 10월부터 11월까지 167호묘에 대한 발굴을 진행했다. 169호묘는 南京大學 歷史系 고고학팀과 형주박물관이 공동으로 발굴을 진행했는데, 이 묘는 168호묘와 나란히 있는 異穴夫婦合葬墓이기 때문에 아마도 167호묘와 비슷한 시점에 발굴이 이루어졌을 것으로 추측된다. 발굴 주체는 달랐지만 1975년 봄과 가을에 걸쳐 각각 발굴이 이루어진 168·167·169호묘에서도 여러 유물과 함께 일련의 죽·목간 등이 출토되었다.

이상 1973년과 1975년 호북성 강릉 봉황산의 8호·9호·10호·167호·168호·169호 한묘에서 나온 간독을 통칭해서 강릉 봉황산 한간이라고 하는데, 대체로 시기는 한초 문·경제 시기에 해당한다. 출토시기가 2차례로 나뉘고 간독이 나온 6기 한묘의 발굴기관도 서로 다르기 때문에, 그 출토상황과 상세한 간독의 내용에 대해서는 각각 따로 소개한다. 다음의 표는 전체적인 이해를 돕기 위해 강릉 봉황산 한간을 세부적으로 간단히 다시 정리한 것이다.

출토시기	명칭	수량	내용
1973년	봉황산 8호묘	죽간 175매	遣策類
	봉황산 9호묘	죽간 80매, 목독 3매	安陸守丞 문서 및 견책류
	봉황산 10호묘	죽간 170매, 목독 6매	복역 규정 문서 및 견책류
1975년	봉황산 167호묘	죽간 74매, 木楬 5매	견책류
	봉황산 168호묘	죽독 1매, 죽간 66매	告地書 및 견책류
	봉황산 169호묘	죽간 1매	견책류

강릉 봉황산 8·9·10호 한묘 출토 한간

1. **출토지** : 호북성 형주시 강릉현 기남성 봉황산 8·9·10호 한묘

2. **개요**

　　1) 발굴기간 : 1973년

　　2) 발굴기관 : 형주박물관

　　3) 유적종류 : 고분

　　4) 시대 : 한대

　　5) 시기 : 전한 문제~무제

　　6) 출토상황 : 1973년 호북성 강릉 기남성 봉황산 고묘군 9기에 대한 발굴이 진행되었는데, 그중 8호, 9호, 10호 한묘에서 모두 죽간 428매, 목독 9매가 출토되었다.

　8호묘는 묘의 입구가 길이 5.3m, 너비 3.5m이고 묘의 바닥은 길이 4.4m, 너비 2.6m로, 1관 1곽의 구조이다. 곽실은 길이 4.31m ,너비 2.60m, 높이 1.96m로 頭箱·邊箱·主室로 나뉘어져 있다. 관은 길이 2.34m, 너비 0.78m, 높이 0.76m인데 관 내의 유골은 남성으로 비교적 보존상태가 좋은 편이었다. 9호묘는 묘의 입구가 길이 5.38m, 너비 3m이고 묘의 바닥은 길이

4.92m, 너비 2.62m로, 1관1곽의 구조이다. 곽실은 길이 4.1m, 너비 2.38m, 높이 1.68m로 頭箱·邊箱·主室로 나뉘어져 있다. 관은 길이 2.22m, 너비 0.74m, 높이 0.68m로, 관 내의 유골은 이미 부패한 상태였다. 10호묘는 묘의 입구가 길이 3.15m, 너비 1.50m이고 묘의 바닥은 길이 3m, 너비 1.48m로, 1관1곽의 구조이다. 곽실은 길이 2.9m 너비 1.38m 높이 0.92m로 頭箱·邊箱·主室로 나뉘어져 있다. 관은 길이 1.88m 너비 0.6m 높이 0.46m인데 관 내의 유골은 이미 부패했지만 흔적은 남아있는 상태였다.

1973년 봉황산의 9기 한묘 발굴의 결과, 수장품은 전부 800여 건 이상으로, 그중 8호묘는 400여 건, 9호묘는 200여 건, 10호묘는 200여 건에 이르며 종류는 주로 칠기·목기·도기·죽기·동기·석기·골기 등이다. 특별히 10호묘에서 木印이 하나 나왔는데, 양면에 전서로 '張伯', '張偃'이라고 각각 새겨져 있다. 묘장 연대는 대개 전한 문제~경제시기라고 할 수 있다. 9호묘의 묘주는 아마도 출토 목독에 쓰여 있는 安陸守丞 縮과 관련 있는 사람이고, 10호묘의 묘주는 木印에 새겨져 있는 張偃일 것이다.

3. 내용

8호묘는 죽간 175매이며 그중 완전한 형태의 간은 165매이다. 길이는 22~23.8㎝ 너비 0.55~0.8㎝ 두께 0.1㎝이다. 내용은 遣策類이다. 衣物·奴婢俑·食器 등의 명칭과 수량을 기재한 목록인데, 특히 예를 들어 '大婢庫養'과 같이 奴婢俑의 신분과 이름을 40건 이상 병기하고 있는 점은 흥미롭다고 할 수 있다. 謁者·侍女·船夫·牧牛童 등의 명칭을 확인할 수 있어서, 한대 士人 지배층의 일상생활을 짐작할 수 있으며, 또 사후 세계에서도 생전의 삶을 그대로 이어가고자 했던 한대인들의 사후 세계관도 엿볼 수 있다. 묘장 시기는 전한 문제에서 무제 시기에 해당하며 서체는 草隷이다. 함께 石硯·研墨石이 출토되었다.

9호묘 출토 간독은 죽간 80매 목독 3매이다. 내용은 安陸守丞의 문서 및 遣策類이다. 출토 당시부터 글자가 이미 흐려져서 판독하기 어렵지만 내용은 견책류이다. 3매의 목독은 길이 16.5㎝, 너비 3.8~4.9㎝, 두께 0.25~0.4㎝인데, 安陸守丞이 상급 관부로 발송했던 문서이다. 서체는 중후한 八分體로 다리 부분을 늘어뜨려서 종으로 길어진 모양이다.

10호묘는 전한 문제에서 경제 시기의 묘장인데, 죽간 170매 목독 6매가 출토되었다. 내용은 견책류 및 복역 규정 등의 문서이다. 10호묘의 죽간은 길이 23㎝, 너비 0.7㎝, 두께 0.15㎝인데 그중 2매는 길이가 약 37.3㎝, 너비 2.9㎝, 두께 0.25㎝로 큰 편이다. 1호 목독에 '四年後九月辛亥'라는 기년이 있는데, 이를 묘주의 사망 혹은 매장 날짜라고 본다면 10호묘의 하한 시기는 전한 경제 4년(기원전 153년)일 것이다. 서체는 예서체이다.

현재 형주박물관에서 소장하고 있다.

4. 참고문헌

長江流域第二期文物考古工作人員訓練班,「湖北江陵鳳凰山西漢墓發掘簡報」,『文物』1974-6.

弘一,「江陵鳳凰山十號漢墓簡牘初探」,『文物』1974-6.

裘錫圭,「湖北江陵鳳凰山十號漢墓出土簡牘考釋」,『文物』1974-7.

金立,「江陵鳳凰山八號漢墓竹簡試釋」,『文物』1976-6.

李孝林,「世界會計史上的珍貴資料 江陵鳳凰山10號漢墓簡牘新探」,『江漢考古』1983-2.

湖北省考古研究所,『江陵鳳凰山西漢簡牘』,中華書局, 2012.

강릉 봉황산 167·168·169호 한묘 출토 한간

강릉 봉황산 167호묘 한간

1. 출토지 : 호북성 형주시 강릉현 기남성 봉황산 167호 한묘

2. 개요

   1) 발굴기간 : 1975년 10월~11월

   2) 발굴기관 : 길림대학 역사과 고고학팀

3) 유적종류 : 고분

4) 시대 : 한대

5) 시기 : 전한 문제~경제(기원전 179~141년)

6) 출토상황 : 1975년 10월~11월 길림대학 역사과 고고학팀은 호북성 강릉 기남성에서 현지 문물공작 담당자와 협력하여 봉황산 167호 한묘를 발굴했다. 167호묘는 전한 문제~경제 (기원전 179~141년)시기의 묘장으로 묘주는 노년의 여성으로 보인다. 부장품으로 칠목기 110건, 죽기 10여 건, 도기 10여 건, 동기 10건 등이 출토되었다.

3. 내용

봉황산 167호 한묘에서 출토된 목간은 74매인데, 길이 23㎝, 너비 1.0~1.5㎝, 두께 0.2~0.3㎝이다. 내용은 견책류 문서로, 기록되어 있는 수장품의 명칭이 실제 출토 유물과 거의 일치한다. 木楬(簽牌)은 5매가 나왔는데, 식품의 이름과 수량을 기재해서 식품을 넣어두는 絹袋에 붙여두었다. 24.9㎝의 毛筆도 함께 나왔다. 서체는 예서체이다. 현재 형주박물관에서 소장하고 있다.

4. 참고문헌

鳳凰山一六七號漢墓發掘整理組, 「江陵鳳凰山一六七號漢墓發掘簡簡報」, 『文物』 1976-10.
湖北省考古研究所, 『江陵鳳凰山西漢簡牘』, 中華書局, 2012.

강릉 봉황산 168호묘 한간

1. 출토지 : 호북성 형주시 강릉현 기남성 봉황산 168호 한묘
2. 개요
1) 발굴기간 : 1975년 3월

2) 발굴기관 : 호북성 기남성 文物保護與考古發掘工作領導小組

3) 유적종류 : 고분

4) 시대 : 한대

5) 시기 : 전한 문제 13년(기원전 167년)

6) 출토상황 : 1975년 3월 호북성 강릉현 기남성 봉황산 168호 한묘에 대한 발굴이 진행되었다. 북쪽에 167호묘, 남쪽에 169호묘가 있고 168호묘는 그 중간에 위치한다.

수장 유물이 500여 건 정도 나왔는데, 그중 죽독 1매, 죽간 66매 및 天稱 1건과 畢·墨·硯·削刀·공백 목독 등의 서사용 물품도 포함되어 있다. 특히 168호묘에서는 마왕퇴 1호묘의 軑侯夫人 辛追의 遺體보다도 보존 상태가 양호한 시신이 출토되었다. 묘주는 사망 당시 약 55세의 남성으로 신장 165㎝, 체중 52.5㎏ 정도에, 입 안에 '遂'자라고 음각되어 있는 玉을 머금고 있었다.

3. 내용

봉황산 168호묘에서 나온 1매의 죽독은 길이 23.2㎝, 너비 4.1~4.4㎝의 草隷로 쓴 告地書이다.

고지서 죽독의 내용에서 168호묘의 묘주는 市陽 五大夫 遂라는 사람이고, 묘장 시기는 전한 문제 13년(기원전 167년)이라는 점이 확인된다.

함께 나온 죽간 66매는 길이 24.2~24.7㎝, 너비 0.7~0.9㎝, 두께 0.1㎝의 견책류 문서이다. 간 마다 2~14자 정도에 예서체로 쓰고 있다.

또 168호묘에서는 天稱도 출토되었는데, 길이 29.2㎝, 너비 1㎝, 두께 0.3㎝로 대나무로 만들었다. 위에 작은 銅環이 부착되어 있고, 3면으로 42자가 예서로 쓰여 있다.

筆鋒은 대나무로 길이 24.8㎝, 직경 0.3㎝이고, 筆套는 이미 넣어둔 붓

竹牘(168:256)

〈江陵鳳凰山168號漢墓 告地書 竹牘(考古學報 1993-4 圖版壹 轉載)〉

털이 썩어버린 상태에서 출토되었다. 石硯·研墨石 및 자그마한 墨 조각들도 나왔다.

4. 참고문헌

紀南城鳳凰山一六八號漢墓發掘整理組,「湖北江陵鳳凰山一六八號漢墓發掘簡報」,『文物』 1975-9.

黃盛璋,「關于江陵鳳凰山168號漢墓的几个問題」,『文物』 1977-1.

陳振裕,「江陵鳳凰山一六八號漢墓」,『考古學報』 1993-4.

湖北省考古研究所,『江陵鳳凰山西漢簡牘』, 中華書局, 2012.

강릉 봉황산 169호묘 한간

1. 출토지 : 호북성 형주시 강릉현 기남성 봉황산 169호 한묘

2. 개요

　　1) 발굴기간 : 1975년

　　2) 발굴기관 : 남경대학 역사과 고고학팀·형주박물관

　　3) 유적종류 : 고분

　　4) 시대 : 한대

　　5) 시기 : 문제~경제 시기

　　6) 출토상황 : 봉황산 169호 한묘에 대한 상세한 자료는 아직 공개되지 않았다.

3. 내용

봉황산 169호 한묘에서는 죽간 1매가 출토되었는데, 수장품의 명칭과 수량을 기재한 遣策이다.

4. 참고문헌

俞偉超, 「古史分期問題的考古學觀察 一」, 『文物』 1981-5.

陳振裕, 「從鳳凰山簡牘看文景時期的農業生産」, 『農業考古』 1982-1.

張一諾, 「鳳凰山一六九號漢墓遣策匯釋」, 『首都師範大學學報(社會科學版)』 2011-S1.

胡平生, 『長江流域出土簡牘與研究』, 湖北敎育出版社, 2004.

湖北省考古硏究所, 『江陵鳳凰山西漢簡牘』, 中華書局, 2012.

강릉 장가산 한간(1983~1984, 1985, 1988)

江陵 張家山 漢簡

　　江陵 張家山漢簡은 湖北省 江陵縣 張家山의 漢墓群에서 출토된 일련의 간독들을 지칭한다. 張家山漢墓竹簡이라고도 한다. 장가산은 본래 荊州市 江陵縣에 속해서 강릉 장가산한간으로 보통 지칭하지만, 현재는 荊州市 荊州區 郢城鎭 太暉村에 속한다. 장가산은 강릉현성에서 동남으로 약 1.5㎞, 전국시대 초의 옛 도읍지 紀南城에서는 동북으로 약 3.5㎞ 떨어진 곳에 위치하는데, 북쪽으로 점점 지세가 높아지는 평탄하지 않은 언덕 지형이다. 장가산은 이미 강릉현 벽돌공장의 取土場으로 오랫동안 사용되면서 상당 부분 파괴되었는데, 이곳에는 상당히 밀집된 先秦·秦漢시기 古墳群이 분포하고 있었다. 이에 1983년 12월부터 1984년 1월까지 荊州地區博物館은 현지 벽돌공장의 取土 작업에 맞추어 3기의 한묘(M247·249·258)에 대한 발굴을 진행하였는데, 여기서 일련의 죽간을 비롯한 한초의 시대 특징을 갖춘 유물들이 출토되었다. 형주박물관은 계속 이어서 1985년 가을에는 127호 한묘를, 1988년 초에는 136호 한묘의 발굴을 진행하여 역시 일련의 죽간이 출토되었다. 이상 호북성 강릉 장가산의 한묘군 5기에서 모두 3차례에 걸쳐 출토된 간독에 대해 강릉 장가산한간이라고 통칭할 수 있다. 다만 그중 247호묘 죽간만 현재 전체 도판과 석문이 공간되어 지금까지 많은 연구가 이루어졌기 때문에 장가산한간이라고 하면 사실 247호묘 출토 죽간을 지칭하는 것이라고 해도 과언이 아니다. 그럼에도 강릉 장가산한간은 3차례에 걸쳐 247·249·258·127·136호묘에서 각각 나온 죽간 전체를 포괄하기 때문에 다음의 표로 간단히 전체적인 이해를 돕고, 상세한 내용은 각각 나누어 정리해서 소개한다.

출토시기	명칭	수량	내용
1983~1984년	장가산247호묘	죽간 1,236매	율령·주언서 등 사법문서, 의서 등
	장가산249호묘	죽간 400여 매	日書
	장가산258호묘	죽간 58매	曆譜
1985년	장가산127호묘	죽간 300여 매	日書
1988년	장가산127호묘	죽간 300여 매	日書
	장가산136호묘	죽간 829매	율령, 서적, 曆譜, 遣策 등

강릉 장가산 247호·249호·258호 한묘 죽간

1. **출토지** : 호북성 형주시 강릉현 장가산 247호·249호·258호 한묘

2. **개요**

   1) 발굴기간 : 1983년 12월~1984년 1월

   2) 발굴기관 : 형주지구박물관

   3) 유적종류 : 고분

   4) 시대 : 한대

   5) 시기 : 전한 呂后2년(기원전 186년) 이후

   6) **출토상황** : 1983년 12월에서 1984년 1월까지 호북성 형주시 강릉현 장가산의 한묘군 중에서 247호묘, 249호묘, 258호묘 등 3기의 한묘에 대한 발굴 조사가 진행되었다. 그 결과 3기의 한묘에서 모두 1,700여 매의 간독이 나왔는데, 247호묘에서 1,236매, 249호묘에서 400여 매, 258호묘에서 58매이다.

   247호묘는 묘갱의 길이 3.48m, 너비 1.58m에 남아있는 깊이가 1.2m 정도로 규모가 비교적 작은 편이다. 1곽1관으로 곽실은 頭廂과 棺室로 구성되어 길이 3.29m, 너비 1.4m, 높이 1.5m이고 그 안에 관실은 길이 1.90m, 너비 0.6m, 높이 0.66m로 관 내의 유골은 이미 부패하

여 남아있지 않은 상태였다. 247호묘 출토 죽간은 두 곳으로 나누어져 있었는데, 한쪽은 頭廂 내에서 곽실 서쪽 판의 바닥 부분에 붙어서 진흙과 칠목기 등에 눌려 있는 상태였다. 다른 한쪽은 頭廂 내 남쪽 판 바닥 부분 근처에서 도기·칠기와 진흙 등에 덮여 있는 상태였다. 죽간은 대나무 상자 안에 들어 있었지만, 대나무 상자는 이미 썩어버려 덮개도 없었고 죽간은 위로 세워져 있으면서 주위는 진흙으로 채워졌고 위는 글자가 없는 몇 매의 목독으로 덮여 있었다. 윗부분의 죽간은 대부분 파손된 상태이지만 아래쪽은 비교적 온전하게 보존되어 있었다. 아마도 본래 죽간은 권을 나누어 보관되었겠지만, 지하수가 들어오면서 죽간이 떠올라 산란된 것으로 보인다.

249호묘는 묘의 입구가 길이 4.42m, 너비 2.84m, 잔존 깊이 1.84m로 역시 1관1곽의 형태이다. 곽실은 길이 3.3m, 너비 1.86m, 높이 1.46m 정도의 규모로 頭箱과 邊箱 및 棺室이 갖추어져 있는데 관실과 두상·변상 사이는 문으로 서로 통하게 되어 있다. 249호묘도 관 내의 유골은 이미 부패하여 남아있지 않았다. 249호묘의 죽간은 변상 서북쪽 바닥에 위치하는데, 일부분은 두상에 가까이 있기도 하다. 죽간은 변상과 두상의 나무판에 눌리고 수장 기물과 진흙에 덮여서 압박을 받으면서 대부분 훼손되었지만, 곽의 벽판 쪽에 붙어 있던 일부분만 온전하게 남아있었다.

258호묘는 일찍이 도굴당해 곽실 내는 도기와 칠목기 잔편만이 약간 남아있었다. 죽간은 頭廂 동북쪽 바닥에 진흙 속에 흩어져 있었는데, 배열에 순서도 없고 수량도 많지 않은데 모두 끊어지고 부서진 채였다.

247·249·258호 한묘는 3곳을 모두 합쳐서 수장품이 동기·도기·칠기·죽목기 등 160여 건 정도도 나왔다. 동기는 鼎·扁壺·蒜頭壺·鐎壺·洗·鍪·虎子·盤 등 20건이고, 도기는 小壺·圜底罐·小罐·盂·甑 등 15건이다. 칠기는 耳杯·盤·盂·圓盒·圓奩·樽·匕·杖 등 79건이고, 목기는 木俑·木車·木馬·木劍 등이 있으며, 또 산가지 묶음과 원형 石硯과 研墨石도 나왔다.

3. 내용
247호묘의 묘장 시기는 한초 여후에서 문제 초기로 모두 1,236매의 죽간이 출토되었다. 죽간을 구분하면 「二年律令」 526매, 「奏讞書」 228매, 「盖盧」 55매, 「脈書」 66매, 「引書」 112매, 「算數書」 190매, 「曆譜」 18매, 遣策 41매 등이다.

247호묘는 규모가 비교적 작은 편으로 수장품의 수량이나 수준이 그리 높지 않아서 묘주의 신분은 높은 편이라고는 할 수 없다. 묘주의 이름은 알 수 없지만, 수장품의 내용으로 볼 때 관중 지역에서 온 진 출신 관리로 법률과 計數에 밝고 경맥과 질병에 관심이 있는 사람으로 생각된다. 출토된 「曆譜」를 통해 확인할 수 있는 묘주의 경력은 진의 하급 관리로서 한 고조 5년(기원전 202년)을 전후한 시기 한에 항복하여('新降爲漢'), 본래 자신의 지위를 유지하다가 혜제 원년 6월(기원전 194년) 병으로 면직되었고 대략 여후2년(기원전 186년) 전후한 시기에 사망한 것으로 보인다.

① 曆譜

죽간 18매로 길이 23㎝이다. 한 고조 5년(기원전 202년) 4월부터 여후 2년(기원전 186년) 9월까지의 曆譜이기 때문에, 묘주는 기원전 186년 이후 사망했을 것으로 추정된다. 지금까지 발견된 역보 중에서는 가장 빠른 시기의 것이다.

② 二年律令

죽간 526매, 길이 31㎝이다. 첫 번째 간의 뒷면에 '二年律令'이라고 제복이 있어서 한초 실제 시행된 율로서 분명히 확인된다. 그 아래 세부 율명과 율문은 각각 賊律·盜律·具律·告律·捕律·亡律·收律·雜律·錢律·置吏律·均收律·傳食律·田律·□市律·行書律·復律·賜律·戶律·效律·傅律·置後律·爵律·興律·徭律·金布律·秩律·史律 등 27종의 율과 津關令이라는 1종의 영을 포함하고 있다. 마지막 간에 '律令二十□種'이라고 마침하고 있어서 27종의 율과 1종의 영을 합친 28종의 '율령모음집'이라는 것을 알 수 있다. 이 중에는 수호지진간의 진율십팔종에 보이는 金布律·效律·行書律 등도 있어서, 漢承秦制의 구체적인 내용을 비교할 수 있으며 또 史律·告律·錢律 등 지금까지 나오지 않은 처음 보이는 율명도 확인된다. 具律의 내용 중에는 呂后의 부친 呂宣王 등 일족을 우대하는 조문도 있기 때문에, 함께 나온 역보와 다른 사료 등을 감안하면 이년율령은 한초 여후 2년(기원전 186년)에 시행된 법률로 추정할 수 있다. 다만 이년율령의 모든 율 조문들은 여후 2년에 일시에 반포되었다기보다는, 진 이래 축적된 율령 조문의 정

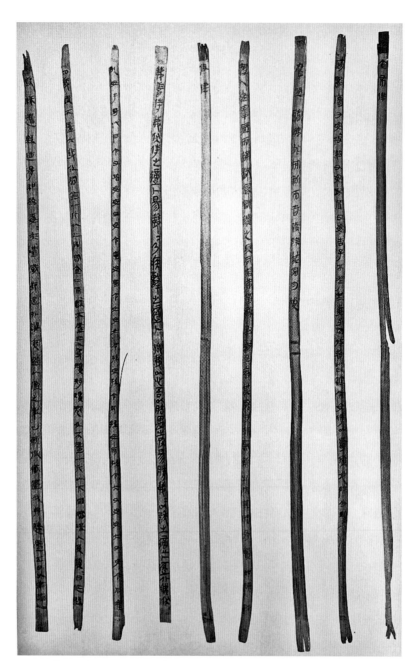

〈장가산한간 이년율령 죽간(『張家山漢墓竹簡(247號墓)』(2001) 彩版 轉載)〉

비 작업 중 하나라고 보아야 할 것이다.

한률의 실제 내용을 풍부하게 담고 있는 이년율령의 발견은 지금까지 산견되어 있던 한률의 복원과 정리 및 연구에 귀중한 자료의 가치를 가진다고 할 수 있다. 아울러 상앙변법 이래 진한 율령의 변화 및 계승 관계를 확인하고, 당률로 발전 지속되는 측면을 비교함으로써 중국고대 율령사 연구에 매우 중요한 자료이다. 또한 이년율령의 율문들이 포괄하고 있는 한초 정치·사회·경제·군사·지리 등 제방면의 내용들은 전한 정치·사회·경제·역사지리사 연구에도 직접적인 당대의 1차자료로서의 가치를 가지고 있다.

이년율령은 정리소조가 처음『張家山漢墓竹簡』(2001)을 공간하면서 전체 석문이 수록되었고, 이어서 석문 수정본『張家山漢墓竹簡[二四七號墓](釋文修訂本)』(2006)도 나왔다. 적외선 촬영 등을 통해 석문을 일부 교감 수정하고 관련 연구 성과 등을 주석으로 포함한『二年律令與奏讞書 張家山二四七號漢墓出土法律文獻釋讀』(2007)도 출간되었다. 따라서 장가산한간의 이년율령은 原刊版(2001)과 修訂版(2006) 및 赤外線版(2007) 등 3종을 저본으로 서로 대조해서 활용할 수 있다.

초기 集釋으로는『張家山漢簡〈二年律令〉集釋』(朱紅林, 社會科學文獻出版社, 2005)이 있고, 일본어 역주로『江陵張家山二四七號墓出土漢律令研究: 譯註篇』(冨谷至編, 朋友書店, 2006)과 「張家山漢簡『二年律令』譯註」(1)~(13)」(專修大學『二年律令』研究會,『專修史學』35~47, 2002~2009) 등도 참고할 수 있다. 영문 번역본 및 연구서로『Law State and Society in Early Imperial China(Volume 1·2)』(BRILL, 2015)도 출간되었다.「二年律令」관련 초기 주요 연구 성과는『張家山漢簡〈二年律令〉研究文集』(中國社會科學院簡帛研究中心 編, 廣西師範大學出版社, 2007)에 실려있으며,『張家山247號墓漢簡法律文獻研究及其述評(1985.1~2008.12)』(李力, 東京外國語大學, 2009)는 張家山漢簡이 처음 출토된 이래 2008년까지의「二年律令」과「奏讞書」관련 많은 연구 성과를 쟁점을 중심으로 정리하고 있다.

③ 奏讞書

죽간 227매의 재판 안례집으로, 춘추에서 한초까지 모두 22건의 안례가 있다. 본래 표제가 없었는데, 재판 안례의 내용에 부합되게 한대 지방 군현에서 疑罪를 상급기관에 보고하여 회답을 받는 '奏讞'을 제목으로 붙인 것이다. 주언서 22건 안례는 대체로 춘추의 2안례부터 시기가 빠른 안례는 뒤쪽에 두고 열람자에게 가까운 뒷 시기는 앞쪽에 두어서 참고하기에 편리하도록 배치하고 있다. 또 대부분 안례가 사건의 발생에서 수사, 범인의 체포, 고핵, 심문, 심리, 판결, 재심 등 일련의 전체 사법절차 과정이 온전히 담겨있다. 주언서는 진한 사법 소송제도의 직접적인 기록으로 이년율령과 함께 중국고대 법제사 연구에 중요한 의미를 가진다고 할 수 있다. 즉 이년율령은 '율령모음집'이고 주언서는 일종의 '판례모음집'이라고 할 수 있어서, 서로 짝을 이루면서 진한대 율령 정비가 고도로 이루어졌음을 확인시켜준다. 장가산한간·주언서는 진대 수호지진간·봉진식과 악록서원장진간·위옥등상사종 등과 유사한 형태로, 당시 사법관료가 직무에 참고하기 위한 용도로 제작되었다고 추정된다. 이를 통해 진한 사법제도의 구체적인 운용 및 재판 안례에 담겨져 있는 당시 사회의 실상 등에도 미시적으로 접근할 수 있는 좋은 자료라고 할 수 있다.

주언서는 주로 위의 이년율령과 함께 법률문헌으로 묶여서 석문, 역주, 연구가 진행되었는데, 蔡萬進의 『張家山漢簡〈秦讞書〉研究』(廣西師範大學出版社, 2006)는 주언서 관련 專著로 참고할 필요가 있다.

④ 算數書

죽간 190매로 길이 29.6~30.4㎝, 너비 0.6~0.7㎝이다. 상·중·하 세 줄로 편철했다. 산수서는 算術(分數·加減乘除)과 기하(體積·面積) 등 수학 문제 및 해답집이다. 69개의 제목 아래 완전한 算題는 92개이고 단독으로 문제의 문장을 구성하는 것도 6개가 있다. 첫 번째 간의 背面에 검은 方形의 부호와 함께 '算數書'라고 쓰고, 간의 끝부분에는 校讐者로 생각되는 '楊'과 '王' 두 사람의 서명으로 '楊已讐', '王已讐'라고 쓰고 있다. 장가산한간의 산수서는 악록서원장진간의 산수서와 함께 비교적 이른 시기의 것으로, 대체로 전국 말에서부터 한초까지 각각 다른 시기의 수학문제들을 모아놓았다고 할 수 있어서 중국고대 수학 수준을 이해하는데 매우 중요한 자료이다. 彭浩의 『張家山漢簡〈算數書〉注釋』(科學出版社, 2001)을 참고하면 된다.

⑤ 蓋廬

55매의 죽간에 전부 9장으로 나뉘는데, 각 장의 마지막 간 背面에 제목이 있다. 개려는 『춘

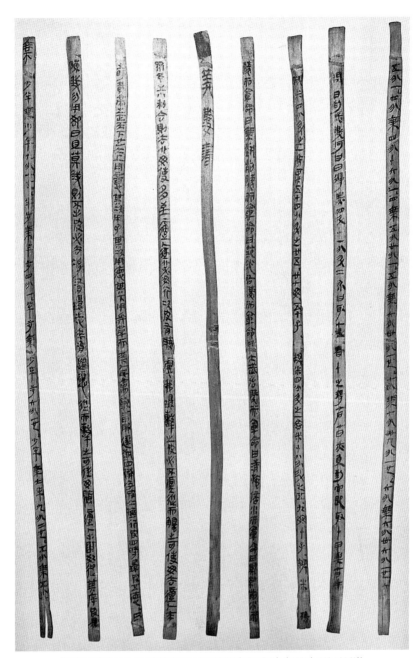

〈장가산한간 산수서 죽간(『張家山漢墓竹簡(247號墓)』(2001) 彩版 轉載)〉

추좌전』에 보이는 오왕 합려를 가리킨다. 내용은 합려와 오자서 사이의 문답을 통해 오자서의 군사사상을 기술한 것으로 병가의 저작이다. 국가의 통치와 전쟁의 용병을 논하면서 '天之時'·陰陽·刑德·'用五行之道'·'用日月之道' 등을 강조하고 있다.

내용상으로 개려는 병가의 저작이면서 陰陽·數術의 특징도 있으며 유가·묵가·명가·법가 등의 색채도 가지고 있다. 따라서 개려는 『한서』 예문지의 잡가류 『伍子胥』의 한 편일 가능성이 있으며, 성서 시기는 춘추 말~전국 초로 보이지만 죽간에 초록한 시기는 한초 고조 유방이 사망한 이후이다.

⑥ 脈書

66매의 죽간으로 길이 34.2~34.6㎝이다. 제목은 첫 번째 간의 뒷면에 쓰여 있다. 내용은 각종 질병과 經脈에 대해 논하고 있다. 각종 질병의 이름은 60여 종으로 위에서 아래로, 머리에서 발끝까지 순서대로 배열하고 있는데, 마왕퇴백서의 「五十二病方」과 내용이 비슷해서 서로 보완해서 살펴볼 수 있다. 또 인체 경맥의 흐름과 관련된 병증 부분은 마왕퇴백서 「陰陽十一脈灸」, 「脈法」, 「陰陽脈死候」의 내용에 상당해서 마왕퇴백서의 缺字를 보완하는데 유용하다. 맥서는 『黃帝內經』 靈樞·經脈편의 원 텍스트에 해당하는 것으로, 이를 통해 『황제내경』이 오랫동안 전해온 각각의 다른 텍스트들을 모아서 만들어진 문헌이라는 것을 알 수 있다. 일찍이 高大倫의 『張家山漢簡〈脈書〉校釋』(成都出版社, 1992)이 나와서 참고할 수 있다.

⑦ 引書

길이 30~30.5㎝의 죽간 112매에 전부 3,235자이다. 첫 번째 간의 뒷면에 제목이 있다. '引'은 養生法으로서의 導引術이다. 인서는 마왕퇴백서의 導引圖와 내용상 관련이 깊다. 마왕퇴백서의 도인도는 상면에 44개의 인체 동작을 그려 도인의 방법을 묘사하고 있지만 아래에 반 이상이 잔결이어서 구체적인 동작은 추측할 수 밖에 없었는데, 장가산한간 인서의 문장을 통해 도인의 상세한 내용을 보완할 수 있게 된 것이다. 高大倫의 『張家山漢簡〈引書〉研究』(巴蜀書社, 1995)가 있다.

⑧ 遣策

죽간 41매로 수장 물품의 목록을 기재한 것이다. 의류·식품·器具 등과 함께 '版圖一', '書一

筒', '筆一, 有管', '研一, 有子' 등 문구류, '矛一', '劍一' 등 무기류도 있다.

장가산 247호묘 한간의 서체는 기본적으로 예서체이다. 현재 형주박물관에서 소장하고 있다.

함께 발굴된 249호묘 죽간은 400여 매의 日書, 258호묘 죽간은 58매의 曆譜라는 정도만 확인되고 자세한 내용은 알려지지 않았다.

4. 참고문헌
張家山漢墓竹簡整理小組, 「江陵張家山漢簡槪述」, 『文物』 1985-1.

荊州地区博物馆, 「江陵張家山三座漢墓出土大批竹簡」, 『文物』 1985-1.

彭浩, 「江陵張家山漢墓出土大批珍貴竹簡」, 『江漢考古』 1985-2.

張家山漢墓竹簡整理小組, 『張家山漢墓竹簡(247號墓)』, 文物出版社, 2001/2006.

彭浩·陳偉·工藤元男 主編, 『二年律令與奏讞書』, 上海古籍出版社, 2007.

강릉 장가산 127호·136호 한묘 죽간

1. 출토지 : 호북성 형주시 강릉현 장가산 127호·136호 한묘

2. 개요

　1) 발굴기간 : 1985년, 1988년

　2) 발굴기관 : 형주지구박물관

　3) 유적종류 : 고분

　4) 시대 : 한대

　5) 시기 : 127호묘 한초 惠帝시기

　　　　　 136호묘 文帝 前元7년~13년(기원전 173~167년)

6) 출토상황 : 형주지구박물관은 1984년 강릉 장가산에서 247·249·258호 한묘를 발굴한 후, 1985년과 1988년에 계속해서 장가산 127호묘와 136호묘에 대한 발굴을 진행하여 일련의 죽간을 출토 정리했다.

127호묘는 장방형의 토갱수혈묘로 묘갱의 길이는 4m, 너비는 2m이다. 1곽1관으로 곽은 길이 3.4m, 너비 1.6m, 높이 1.53m인데, 보존상태가 별로 좋지 않아서 관곽이 이미 부패한 상태였다. 136호묘도 장방형 토갱수혈묘이며 묘갱은 길이 4.5m, 너비2.5m이다. 1곽1관으로 곽은 길이 4m, 너비 2.2m, 높이 1.75m이다. 곽실은 頭箱·邊箱·棺室로 구성되었는데, 관은 길이 2.3m, 너비 0.81m, 높이 0.78m로 관 내의 유골은 이미 부패한 상태였다.

127호묘와 136호묘의 수장품은 모두 170여 건으로, 127호묘는 칠목기·동기·도기 등 46건이고, 136호묘는 칠목기·동기·도기 등 122건이다. 묘장 시기는 127호묘가 136호묘보다 조금 빨라서 대체로 한초 혜제 시기로 추정되며, 136호묘는 대략 문제 前元7년~13년(기원전 173~167년) 무렵이다.

3. 내용

1985년 발굴된 127호 한묘의 출토 죽간은 300여 매이다. 죽간은 형태상 2종류로 구분되는데, 하나는 길이 35~36.5㎝, 너비 0.6~0.7㎝, 두께 0.1~0.2㎝이고 다른 하나는 길이 17.4~17.6㎝, 너비 0.7~1.1㎝, 두께 0.2~0.25㎝이다. 죽간은 日書로 알려졌는데, '祠日', '八者八風' 등의 표제 등에서 길흉 택일의 내용인 것으로 보여 아마도 『수호지진간』의 일서 등과 비슷할 것으로 생각된다. 1988년 발굴이 진행된 136호 한묘의 출토 죽간은 829매로 내용에 따라 다음과 같이 구분할 수 있다.

① 遣策

56매로 길이 25㎝, 너비 0.7~1㎝, 두께 0.15㎝이다. 수장 기물의 이름과 수량을 기록하고 있다.

② 「功令」

184매로 길이 29.8㎝, 너비 0.7㎝, 두께 0.1㎝이다. 「功令」은 간에 篇名으로 쓰여있는 것으로, 내용은 한초 변경에서 전투에 공을 세웠을 때 공적의 기록 방식 및 포상·승진 등에 관한 상세한 규정이다. 일부 간에는 번호가 있지만 대부분 잔결이 많아서 온전하지 않은 간이 많다.

③ 「却穀去病」

93매로 길이 26.3㎝, 너비 0.7㎝, 두께 0.1㎝이다. 본래 간에 제목이 없는데, 마왕퇴백서의 「却穀去病」편과 같은 내용으로 문장은 보다 완전한 편이다. 따라서 편명으로 했는데, 곡기를 멀리하면서 양생하는 방법을 이야기하고 있다.

④ 「盜跖」

44매로 길이 30㎝, 너비 0.5㎝, 두께 0.1㎝이다. 「盜跖」은 간에 篇名으로 쓰여 있는 것으로, 『莊子』外篇·盜跖과 내용이 비슷하지만 문장은 다소 차이가 있다. 공자가 도척을 만나 논쟁을 한 고사를 기록하고 있다.

⑤ 「七年質日」

70매로 길이 37.2㎝, 너비 0.5㎝, 두께 0.1㎝이다. 「七年質日」도 간에 편명이 쓰여 있다. 글을 쓰는 형식이나 배열 방식이 은작산한간의 역보와 비슷하다. '七年'은 한 문제 前元7년(기원전 173년)에 해당한다. '質日'은 진한대의 실용 달력에 해당한다고 할 수 있다. 장가산한간 136호 묘 「七年質日」 이후로노 악록서원상신산, 북경대학장신산 등의 진시황 시기 質日簡과 수호지 한간의 한 문제 시기 質日簡 등이 계속 나오면서 '質日'이 日·月의 干支와 記事 및 忌諱 등을 기재한 실용 달력의 성격으로 만들어졌음이 확인되고 있다.

⑥ 「漢律十五種」

372매로 길이 30㎝, 너비 0.6㎝, 두께 0.1㎝이다. 15종의 편마다 모두 篇名이 쓰여 있고 내용은 이년율령과 비슷하지만, 잔결이 많은 상태이다.

⑦ 음식 조리 기구의 명칭

10매로 길이 23.5㎝, 너비 0.6㎝, 두께 0.1㎝이다. 간에 편명이 따로 적혀 있지는 않다.

다만 이상 강릉 장가산 127·136호 한묘 출토 죽간의 도판과 석문은 아직까지 공개되지는 않았다.

4. 참고문헌

院文淸, 「江陵張家山兩座漢墓出土大批竹簡」, 『文物』 1992-9.

『中國考古學年鑒 1987』, 文物出版社, 1988.

강릉 모가원 한간(1985~1986)
江陵 毛家園 漢簡

1. **출토지** : 호북성 강릉 모가원 1호 한묘

2. **개요**

    1) 발굴기간 : 1985년 11월~1986년 3월

    2) 발굴기관 : 호북성박물관

    3) 유적종류 : 고분

    4) 시대 : 한대

    5) 시기 : 전한 문제 12년(기원전 168년)

    6) 출토상황 : 호북성 강릉 모가원은 형주시 紀南古城의 동남부에 위치한다. 서로 봉황산과 110m, 남으로 기남고성에서 190m 떨어져 있다. 모가원 1호 한묘는 선진시대 건축물의 기초 위에 있으며, 발굴 과정에서 후한 磚室墓 2기도 함께 정리되었는데 그중 하나가 1호묘의 서벽을 깨뜨리기도 했다.

모가원 1호묘는 수혈식 토갱 목곽묘이다. 묘구는 길이 5.73m, 너비 3.6m이고 바닥은 길이 4.91m, 너비 2.96m로 깊이가 7.34m에 달한다. 묘장은 1곽1관으로, 곽실은 頭箱·邊箱·棺室로 구성된다. 출토 유물은 漆·木·竹·陶·銅·骨器 및 죽간·목독 등 모두 230여 건이 나왔다. 칠·목기의 대부분은 보존 상태가 양호한데, 그중 耳杯가 100여 건으로 수량이 가장 많으며 그밖에 盤·盂·奩·圓盒·卮·壺·木俑·木船·車馬 등이 있다. 도기는 倉·灶·罐 등이 있다.

3. **내용**

강릉 모가원 1호 한묘 출토 죽간은 74매로 수장 기물의 목록을 기재한 견책류이다.

목독은 1매로 길이 22.1㎝, 너비 4.2㎝에 정면에 예서체로 쓰고 있다. 내용은 명부의 관리에게 고하는 告地書인데, 처음 소개한 「江陵縣毛家園1號西漢墓」(『中國考古學年鑒1987』)에서는 목독에 이름이 「碟書」라고 쓰여 있다고 했지만 실제 석문은 牒書로 읽고 있다.

지금까지 모가원 告地書 목독은 『중국고고학연감1987』에 처음 모가원 1호 한묘의 발굴 소개와 함께 초보적인 석문이 수록되었으며, 『書寫歷史: 戰國秦漢簡牘』(2007)에 목독의 사진 도판과 함께 진전된 전체 석문이 게재되었다. 이어서 劉國勝이 「江陵毛家園一號漢墓『告地書』牘補議」(簡帛網 2008-10-27)를 통해 일부 석문을 보완하면서, 牒書 등 관련 해석을 더하고 있다.

지금까지의 모가원 고지서 목독 3종 석문을 함께 참고하면, 묘장 시기는 목독의 '十二年八月壬寅朔己未'가 한 문제 12년 8월 18일에 해당하므로, 문제 12년(기원전 168년)으로 특정할 수 있다. 따라서 모가원 1호 한묘 목독은 문제 12년(기원전 168년)에 사망한 과부 大女 精이 關內侯의 부인이라는 자신의 신분에 맞게 家屬과 馬牛를 함께 저승세계로 데리고 가면서, 사후에도 생전과 마찬가지로 요역 면제와 같은 특권을 인정받는 등 자신의 생활을 그대로 유지해줄 것을 명부의 관리에게 요청하는 告地書인 것이다. 다만 석문의 關內侯가 사실인지는 확증하기 어렵다.

4. 참고문헌

楊定愛, 「江陵縣毛家園1號西漢墓」, 『中國考古學年鑒1987』, 文物出版社, 1988.

湖北省博物館 編, 「書寫歷史: 戰國秦漢簡牘」, 文物出版社, 2007.

劉國勝, 「江陵毛家園一號漢墓『告地書』牘補議」, 簡帛網 2008.10.27.

http://www.bsm.org.cn/show_article.php?id=89

형주 관저 소가초장 한간(1992)

荊州 關沮 蕭家草場 漢簡

1. 출토지 : 호북성 형주시 沙市區 관저향 소가초장 26호 한묘

2. 개요

   1) 발굴기간 : 1992년 11월 10일~16일

   2) 발굴기관 : 형주시 周梁玉橋遺址博物館(原 沙市市博物館)

   3) 유적종류 : 고분

   4) 시대 : 한대

   5) 시기 : 전한 초 문제·경제 시기(기원전 179~141년)

   6) 출토상황 : 1992년 11월 호북성 형주시 周梁玉橋遺址博物館(原 湖北省 沙市市博物館)은 宜(昌)黃(石)公路 건설 과정에서 소가초장의 한대 수혈식 토갱 목곽묘 1기를 발굴하여 26호 한묘(XM26)라고 명명했다. 바로 이어서 1993년 6월에는 인접한 周家臺에서 30호 진묘(ZM30)도 발굴되었다. 소가초장은 형주시 사시구 관저향 岳橋村五組에 속하는데, 사시구 서북쪽 太湖港 동안의 고지대에 위치하면서 서남쪽으로는 주가대 묘군과 0.8㎞, 형주 고성과는 5.2㎞ 떨어져 있다.

   26호 한묘는 소가초장 묘지 동부의 방형 대지 서남쪽에 있는데 북편으로 9.5m 떨어져 27호 한묘(XM27)가 있다. 현지에서는 이 방형 대지를 '印臺'라고 하는데 주변의 지면보다 3m 정도 높게 형성되어 있다. 26호묘의 발굴은 1992년 11월 10일부터 시작하여 1주일 만인 16일 종료되었는데, 지면 위에 봉토층은 없으며 묘장은 장방형 수혈식 토갱묘이다. 묘의 입구에서 바닥까지 깊이는 3.9m 정도이며 내부는 묘갱과 묘실 두 부분으로 구성되어 있다.

   묘장은 1곽1관으로 보존 상태는 양호한 편이다. 곽실은 평면 정방형으로 길이 3.38m, 너비 1.68m, 높이 1.53m인데 각각 頭箱·邊箱·棺室로 이루어져 있다. 관실은 곽실의 서북편에 위

치하는데 길이 2.32m, 너비 0.96m에 1.1m의 깊이로 위에는 3㎝ 두께의 덮개판 6개로 덮여 있다. 관은 장방형으로 바닥이 평평한데 길이 2.09m, 너비 0.68m, 높이 0.61m에 안팎으로 칠이 되어 있다. 관 내에는 앙신직지형으로 안치되어 있는 인골 1구가 있는데 비교적 보전 상태가 양호한 편이다. 묘주는 남성으로 대략 40~45세 전후에 신장은 160㎝ 정도로 추정된다. 묘장 시기는 늦어도 문·경제 시기로 전한 초이다.

수장 기물은 주로 두상·변상 및 관 내에서 나왔는데, 모두 107건에 생활용구·목용·車馬모형·식품·죽간 등이다. 圓盒·盂·匕·盤·耳杯·卮·圓簠 등 칠기는 45건인데 문자 부호가 낙인되거나 새겨져 있는 것들이 많다. 목기는 17건으로 목용과 車馬모형 등이다. 죽기는 16건으로 笥·笭·簍·筒·筷籠·簽·杖 등이며, 도기는 9건으로 甗·盂·罐·壺·瓮·盤 등이며, 동기는 6건으로 鼎·鈁·蒜頭壺·勺·盤 등이다. 이외에도 미투리 1쌍과 식품·조미료·약재·연료 등이 나왔다. 죽간은 모두 35매가 頭廂 남측의 竹笥 위에서 나왔다.

3. 내용

소가초장 26호 한묘 출토 죽간 35매는 遣策으로 길이 23.7~24.2㎝, 너비 0.6~0.9㎝, 두께 0.1~0.11㎝ 정도이다. 죽간은 위아래 두 줄로 편철한 흔적이 남아있고, 문자는 모두 예서체로 간의 안쪽 면에 쓰여 있지만 글씨가 분명하지는 않다. 매간 3~6자로 모두 139자인데, 내용은 견책류로 '車一乘', '馬一匹', '御者一人', '從者四人' 등 묘주를 매장할 때 수장했던 물품의 명칭과 수량·단위 등을 기재하고 있다. 그중 26매의 간은 가운데에 '方'과 '⊕' 모양의 묵적이 있는데, 아마도 수장품을 넣을 때의 표식으로 생각된다.

출토 기물에 기년이 없지만, 묘장의 형태나 출토 기물을 통해서 묘장 시기는 한초 문·경제 시기 혹은 그 이전일 가

〈關沮 蕭家草場 遣策簡(文物 1999-6 彩版3 轉載)〉

능성이 높다. 묘주의 이름도 알 수 없지만, 40~45세 정도의 남성으로 신분은 官大夫 이하로 추정된다.

소가초장 26호 한묘 죽간의 도판은 먼저 「關沮秦漢墓淸理簡報」(1999)에 1·4·23호 간 등 일부 간의 도판이 소개되었고, 이후 『關沮秦漢墓簡牘』(2001)에 35매 전체 간독 도판 및 석문과 석독이 공개되었다. 또 于麗微의 「高臺, 關沮, 胥浦漢墓簡牘集釋與文字編」(2014)에 35매 죽간에 대한 석문 및 집석과 문자편까지 제공하고 있어서 참고할 만하다. 현재 荊州市周梁玉橋遺址博物館에서 소장하고 있다.

4. 참고문헌

湖北省荊州市周梁玉橋遺址博物館, 「關沮秦漢墓淸理簡報」, 『文物』 1999-6.

湖北省荊州市周梁玉橋遺址博物館 編, 『關沮秦漢墓簡牘』, 中華書局, 2001.

于麗微, 「高臺, 關沮, 胥浦漢墓簡牘集釋與文字編」, 吉林大學碩士學位論文, 2014.

형주 고대 한간(1992, 2009)
荊州 高臺 漢簡

형주 고대 6호·18호 한묘 목간

1. 출토지 : 호북성 형주시 형주구 기남진 고대촌 고대 6호·18호 한묘

2. 개요

　1) 발굴기간 : 1992년 3월

　2) 발굴기관 : 형주지구박물관

　3) 유적종류 : 고분

　4) 시대 : 한대

　5) 시기 : 한 문제 前元7년(기원전 173년)

　6) 출토상황 : 1991년부터 호북성 宜(昌)黄(石)公路 건설 공사 도중, 형주지구박물관은 도로 연변에서 고고 발굴을 시작했는데, 1992년 3월 형주시 형주구 기남진 고대촌 일대의 진한묘 44기에 대해 구제 발굴을 하게 되었다. 고대 진한 묘지는 형주성 이북 약 5㎞ 정도 떨어진 기남진 고대촌에 위치하는데, 이 중 6호묘와 18호에서 일련의 간독이 출토되었다. 18호묘 출토 목독에 '七年十月丙子朔'이라는 기년이 기재되어 있어, 묘장 시기는 한 문제 前元7년(기원전 173년)으로 추정할 수 있다.

　6호 한묘는 장방형 수혈식 토갱묘로 1관1곽의 형태로 곽실 내부는 頭箱·邊箱·棺室로 이루어져 있다. 관 내의 유골은 보존상태가 별로 좋지 않은 편이다. 6호묘의 수장품은 칠목기 107건과 도기 15건 및 동경 1面이 나왔으며, 頭箱에서 목간 53매가 출토되었다.

　18호 한묘도 장방형 수혈식 토갱묘이며, 묘갱은 이미 무너졌고 1관1곽의 구조이다. 곽실 내 중앙에 관을 두고 아래 邊箱이 있지만 頭箱은 분명하지 않다. 관 내 유골은 부패하여 이미 남아

있지 않다. 수장품은 주로 도기·칠목기 38건 정도이다. 18호묘에서 출토된 목독 4매는 遣策 및 告地書이다.

3. 내용

① 高臺 6호묘 목간 : 고대 6호 한묘에서 출토된 목간 53매는 견책류인데, 그중 글자가 있는 것은 14매에 불과하고 모두 이미 잔결된 상태로 가장 긴 것이 23㎝이다. 본래 간의 길이는 漢尺 1尺2寸에 해당하는 26㎝ 전후로 추산된다. 간문에 남아있는 글자는 '□牡馬二匹', '漆壺一', '小卮一', '牛車一', '醬□一', '肉盤一' 등으로 수장 기물의 명칭 및 수량을 기재한 것이다.

② 高臺 18호묘 목간 : 고대 18호 한묘 출토 목독은 4매가 甲-乙-丙-丁의 순서로 겹쳐진 상태로 나왔는데, 背面에는 실로 묶은 흔적이 남아있었다.

목독 甲은 길이 14.8㎝ 너비 3.15㎝ 두께 0.4㎝의 封檢으로 상단에 '安都' 하단에 '江陵丞印'이라고 쓰여 있다. 즉 강릉현의 승이 安都로 가는 묘주 大女 燕에게 발급한 통행 증빙 문서인 '檢'인 것이다. 安都가 실제 지명인지 사후세계의 가상의 지명인지는 논자마다 의견이 달라서 확정하기 어렵다.

목독 乙은 길이 23㎝, 너비 3.7㎝, 두께 0.4㎝의 告地書로, 묘주인 大女 燕의 저승세계로 가는 통행증으로 4행에 63자를 기재해 놓고 있다.

간문 중의 '七年十月丙子朔庚子'에서 이 묘의 조성 시기가 전한 문제 前元7년(기원전 173년) 이후라는 것을 알 수 있다. 背面의 상단에는 2군데 실로 묶었던 흔적이 남아있고, 하단 왼쪽에는 '産手'라고 쓰여 있다. '亭手'는 亭長 혹은 亭父의 서명이거나 아니면 亭이라는 이름의 사람이 서명한 것이라고 볼 수 있다. '産手'도 같은 의미이다. 이야진간 등에서도 확인되듯이 '某手'는 인명+

〈형주 고대 18호 한묘 목독 乙(荊州重要考古發現, 2009 轉載)〉

手의 형식으로 서사자가 서명하는 것이다.

목독 丙은 길이 23.2㎝, 너비 4.5㎝, 두께 0.4㎝의 名數(혹 告地書)인데, 묘주 大女 燕이 大奴甲·乙 및 大婢 妨과 함께 저승세계인 安都로 옮겨가고 싶다고 요청하는 내용을 4행 26자로 쓰고 있다.

목독 丁은 길이 23.1㎝, 폭 5.5~5.7㎝, 두께 0.4㎝의 견책으로 2단 6행으로 '壺一雙', '檢一合', '脯一束' 등 수장 기물의 명칭과 수량을 기재하고 있다.

서체는 모두 草隸로 썼는데, 목독 丁과 같이 여전히 篆書의 풍격이 남아 있기도 하다. 현재 형주박물관에서 소장하고 있다.

고대 6호 한묘 목간의 석문은 호북성 형주박물관에서 펴낸 『荊州高臺秦漢墓:宜黃公路荊州段田野考古報告報告之一』(2000)에 수록되어 있다. 18호 한묘의 목독 4매에 대한 석문과 도판은 처음 호북성 형주지구박물관의 「江陵高臺18號墓發掘簡報」(1993)에서 확인할 수 있다. 특히 고대 18호 한묘 목독에 대해서는 黃盛璋을 비롯하여 지금까지 여러 연구자들의 석문 및 관련 연구가 활발하게 진행되어서, 호적제도, 계승제도, 여성지위 등 한대 사회를 이해하는데 매우 중요한 자료라고 할 수 있다.

4. 참고문헌

湖北省荊州地區博物館, 「江陵高臺18號墓發掘簡報」, 『文物』 1993-8.

黃盛璋, 「發往地下的文書――告地策」, 『文物天地』 1993-6.

黃盛璋, 「江陵高臺漢墓新出"告地策"、遣策與相關制度發復」, 『江漢考古』 1994-2.

黃盛璋, 「地下書與告地策·遣策新論證」, 『徐中舒百年誕辰紀念文集』, 巴蜀書社, 1998.

湖北省荊州博物館, 『荊州高臺秦漢墓:宜黃公路荊州段田野考古報告報告之一』, 科學出版社, 2000.

張萬高, 「高臺墓地的發現與發掘」, 『荊州重要考古發現』, 文物出版社, 2009.

趙海龍, 「湖北江陵高臺18號漢墓的再認識」, 『牡丹江大學學報』 2014-7.

尹在碩, 「漢婦女的繼産承戶」, 『史學月刊』 2009-12.

于麗微,「高臺, 關沮, 胥浦漢墓簡牘集釋與文字編」, 吉林大學碩士學位論文, 2014.

형주 고대 46호 한묘 한독

1. 출토지 : 호북성 형주시 형주구 기남진 고대촌 고대 46호 한묘
2. 개요
    1) 발굴기간 : 2009년 1월
    2) 발굴기관 : 형주박물관
    3) 유적종류 : 고분
    4) 시대 : 한대
    5) 시기 : 元狩5년(기원전 118년) 이전 무제 초
    6) 출토상황 : 형주 고대 46호 한묘는 호북성 형주시 형주구 紀南鎭 高臺村5組에 있는 고대 진한묘지군 중 남쪽 끝자락에 위치한다. 이곳은 이미 1992년 형주박물관에서 45기의 고묘를 발굴하여 그중 44기의 진한묘에서 대량의 동기·옥기·칠목기·죽간·목독 등의 유물이 출토된 적이 있었다. 그 후 2009년 1월 고대 진한묘지군 주변의 양어장 제방이 무너지면서 새로 1기의 고묘가 추가로 발견되어 형주박물관은 이를 '荊州高臺墓地M46'으로 편호하고 구제발굴을 진행하였다.

  46호 묘는 장방형 수혈 토갱묘로, 묘의 입구는 이미 파괴되어 길이 4.5m, 너비 3.2m만 남아있다. 묘갱은 바닥까지 바로 내려가면서 2.8m의 깊이로 남아있다. 묘 내부는 회·황·갈색이 섞인 매우 치밀한 점토로 메워져 있으면서 1곽1관의 葬具를 갖추고 있는데 도굴된 상태로 보여진다. 곽실은 길이 4.1m, 너비 2.6m, 높이 1.62m로, 棺室·頭箱·邊箱 등의 구역으로 구분된다. 곽실 동북쪽 관실 내에 장방형의 길이 2.24m, 너비 0.8m, 높이 0.75m 정도의 관 하나가 안치되어 있지만 묘주의 인골은 이미 부패하여 흔적을 확인할 수 없다. 46호 묘의 남아있는 수장품은 모두 곽실 내 邊箱 동단에서 발견되었는데, 도기 11건 목독 9매 및 소량의 칠목기 잔편

정도이다.

46호 한묘의 곽실 면적은 약 11㎡로 형주의 전한 묘 중에서는 비교적 큰 편이며 수장품도 비교적 풍부한데, 묘주의 생전 지위는 한대 제6급에서 제9급(五大夫) 사이로 추정되며 또 수장 기물의 특징을 통해서 묘장 시기는 무제 元狩5년(기원전 118년) 이전 무제 초기라고 할 수 있다.

3. 내용

고대 46호 한묘 목독은 보존 상태가 비교적 좋지 않고 결자도 많은 편이기는 하지만, 파악할 수 있는 주요 내용은 대부분 화폐 수량과 관련 있는 것으로 당시 鄕·里에서 돈을 거둔 장부(收費賬簿)로 보인다. 예를 들어 M46:12-5 목독의 내용을 보면, □里 53가와 西里 31가를 합해서 84가에 집마다 20전을 내어 모두 1,680전을 거두었는데 필요한 돈 2,000전에서 320전이 부족해서 다시 집 마다 4전씩을 내니(84×4=336전) 2,000전에서 16전이 남았다고 기록한 후 각각 □里에서 1,272전 西里에서 744전을 내었다고 적고 있다. 2차례에 걸쳐 □里와 西里에서 2,016전의 비용을 거둔 장부임을 알 수 있다.

고대 46호 한묘 목독 9매에 대해서는 「湖北荊州高臺墓地M46發掘簡報」(2014)에 발굴 상황 및 사진·석문이 수록되어 있다. 재원과 내용은 다음과 같다.

형주 고대 46호 한묘 목독 개괄

간 번호	길이	너비	두께	내용
M46:12-1	23.3㎝	5.1㎝	0.2㎝	越伯이 자신이 소유한 種馬를 번식 목적으로 향리에 제공. 그 비용으로 매월 현금 18錢과 술 2斗를 받는데, 父老 8인이 각각 5錢 씩 갹출하여 총40전의 種錢을 부담한다는 내용
M46:12-2	23.1㎝	5㎝	0.2㎝	5월 향리 공유 담장 수리 비용 重錢 1,311錢, 輕錢 1,812錢
M46:12-3	23.1㎝	4.4㎝	0.1㎝	공백
M46:12-4	23.1㎝	3.1㎝	0.1㎝	향리 공유 저수지의 수입 및 저수지 관리 지출 비용에 대한 내역

간 번호	길이	너비	두께	내용
M46:12-5	23㎝	5.2㎝	0.2㎝	□里 53家와 西里 31家가 공동으로 2차례에 걸쳐 1家 당 24錢 씩 갹출, 2,016전을 거두어 필요 비용 2,000전에 충당하고 16전이 남았다는 내용
M46:12-7	22.9㎝	4.7㎝	0.1㎝	□成中의 길이 1丈6尺5寸, 너비 1丈, 높이 6尺5寸
M46:12-6	21.5㎝	1.5㎝	0.1㎝	6, 8, 9호 목독은 하나로 철합. 徐伏의 廟에서 제사를 지낸다는 내용.
M46:12-8	12.6㎝	1.5㎝	0.1㎝	
M46:12-9	8㎝	1.4㎝	0.1㎝	

「發掘簡報」(2014)의 목독 정리 및 석문에 대해서, 何有祖는 「荆州高臺M46西漢木牘解讀」(2019)에서 수정한 석문을 제시하고 있어서 비교할 만하다. 또 石洋은 「荆州高臺M46出土記錢木牘考釋」(2019)에서 고대 46호 목독에 나오는 輕錢·重錢과 子錢 및 '家' 등에 대해 분석해서 참고할 만하다. 이처럼 형주 고대 46호 한묘 목독은 수량이 비교적 많으면서 내용도 독특한 점들이 있어서 전한 형주 지역의 정치·경제·문화 방면 연구에 매우 중요한 학술 가치를 가진다고 할 수 있다.

4. 참고문헌

荆州博物館, 「湖北荆州高臺墓地M46發掘簡報」, 『江漢考古』 2014-5.

石洋, 「荆州高臺M46出土記錢木牘考釋」, 『江漢考古』 2019-2.

何有祖, 「荆州高臺M46西漢木牘解讀」, 『江漢考古』 2019-2.

〈형주 고대 46호 한묘 목독 M46:12-5(『江漢考古』 2014-07, 圖版柒-5 轉載)〉

수주 공가파 한간(2000)
隨州 孔家坡 漢簡

1. 출토지 : 호북성 수주시 공가파 8호 한묘

2. 개요

    1) 발굴기간 : 2000년 3월

    2) 발굴기관 : 수주박물관

    3) 유적종류 : 고분

    4) 시대 : 한대

    5) 시기 : 전한 초 경제 後元2년(기원전 142년)

    6) 출토상황 : 호북성 수주에서는 1978년 전국 초 曾侯乙墓가 발견되어 240매의 간독이 출토되었다. 孔家坡 묘지는 수주시 교외 북쪽 2㎞ 떨어진 위치의 언덕인데, 증후을묘에서는 동쪽으로 4~5㎞ 정도 떨어져 있다. 공가파의 기와 공장에서 흙을 채취하다가 고묘군이 발견되어, 1999년부터 호북성 문물고고연구소와 수주시 문물국이 함께 16기의 묘장에 대해 발굴 작업을 시작하여, 2000년 3월 8호 한묘에서 죽간과 목독이 출토되었다.

수주 공가파 8호 한묘는 지표 위 봉노는 없고 묘 입구는 지표 아래 0.75m에 위치한다. 묘장은 장방형 수혈식 토갱묘로 깊이는 3.08m 정도이다. 1곽1관의 형태로 보존 상태는 양호한데, 곽실은 길이 2.92m, 너비 1.66m, 높이 1.2m에 邊箱과 관실로 구분된다. 관은 장방형으로 길이 2.06m, 너비 0.8m, 높이 0.65m로 안팎으로 칠이 되어 있다. 관 내에 유골은 부패하여 남아 있는 것이 없다.

공가파 8호 한묘의 수장품은 모두 59건으로, 도기는 邊箱에, 칠목기와 죽간은 주로 곽실 북측에 놓여 있었다. 도기는 鼎 2건, 盒 2건, 鈁 2건, 甕 1건, 雙耳罐 1건, 灶 1건 등이다. 동기는 銷 1건, 帶鉤 1건이다. 칠기는 扁壺 1건, 匲 1건, 盒 1건, 卮 1건, 耳杯 13건, 盤 4건이다. 목기는 俑 4건, 器盖 2건, 장방형 板 1건, 璧形器 1건이다. 간독은 죽간 780여 매 목독 4매인데, 두 덩어리로 뭉쳐서 진흙 속에 묻힌 상태로 계속 위로부터 압력을 받아 대부분 본래 편철한 면모를 잃고 흐트러진 상태였다.

3. 내용

공가파 8호 한묘 출도 간독은 죽간이 780여 매에 목독이 4매이다. 죽간은 각각 703매의 日書와 78매의 曆日이 있다. 그중 완전한 형태의 간으로 볼 수 있는 것은 日書가 약 406매, 曆日이 68매로 모두 약 528매 정도이다.

① 日書

대부분 邊箱에서 흩어져서 출토되어 전부 703매로 편호되었지만, 본래는 400매 이상의 죽간을 하나의 책으로 편철해서 竹笥 안에 넣어 하장했을 것으로 추측된다. 완전한 형태의 간 406매는 길이 34㎝, 너비 0.7~0.9㎝, 두께 0.2㎝로, 간의 상중하 세 줄로 편철한 흔적이 있다. 매 간의 자는 보통 20자 이상으로 가장 많은 간은 36자이고 가장 적은 간은 4자이다. 전체 일서간의 자수는 10,000자 이상이다.

일서는 길흉과 일시를 점치는 數術書로 전국시대부터 진한대에 걸쳐 각 지역에서 광범위하게 사용되었지만, 시대와 지역에 따라 내용에는 다소 차이가 있다. 공가파한간 일서도 내용은 다른 일서와 대체로 비슷하지만, 수호

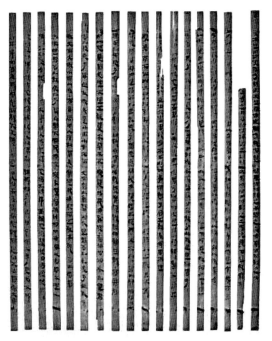

〈수주 공가파 한간 日書簡(隨州孔家坡漢墓簡牘, 2006 彩版五 轉載)〉

지진간·방마탄진간 등 다른 일서와 비교하면 「生子」, 「艮山」 등 몇 개의 편목과 내용이 지금까지 없던 부분들이 있어서 진한대 일서류 연구에 중요한 가치를 가지는 자료이다.

② 曆日

邊箱 쪽에서 나왔는데, 모두 79매로 편호되었고 보존 상태가 양호한 편이다. 완전한 형태의 간의 경우 길이 27㎝, 너비 0.5~0.7㎝, 두께 0.2㎝로, 일서간에 비해 7㎝ 정도 짧다. 매 간의 글자 수는 대부분 2자이며 일부 4자도 있는데, 전체 자수는 120자 정도이다. '甲辰 冬至 正月大(56-26)'와 같이 상단에 간지, 중단에 절기, 하단에 월의 대소 등 전부 3부분으로 나누어 기록하지만, 대부분의 간은 '甲子', '辛卯' 등 월 삭일 간지만을 쓰고 있다.

③ 목독

모두 4매의 목독도 邊箱에서 나왔는데, 대략 길이 23㎝, 너비 3.5~ 5.5㎝ 정도이다. 내용은 시간, 묘주, 수장품 목록

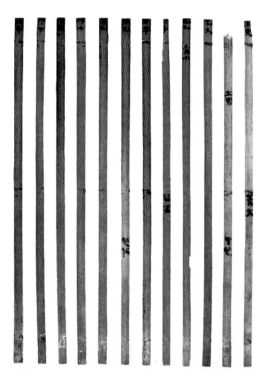

〈수주 공가파 한간 曆日簡(隨州孔家坡漢墓簡牘, 2006 彩版 八 轉載)〉

등을 기록하고 있는 전형적인 告地書 종류라고 할 수 있다.

목독의 背面 하단에는 서사자의 서명으로 定手가 기재되어 있다. 사자가 車와 馬 등의 수장품을 가지고 사후세계로 향할 때는 생전의 호적 소재지 지방관로부터 지하세계의 관리에게로 인수인계하는 절차가 필요한데, 바로 이러한 용도로서 지하세계로 가는 통행증의 목적으로 작성되는 문서가 告地書이다. 다만 고지서는 장례 습속으로 내용은 허구일 뿐 사실과는 무관하다.

목독의 '二年正月壬子朔甲辰'을 통해 묘장의 하장 시기를 분명히 확인할 수 있다. 다만 '二年

〈공가파 한간 목독(M8:59)(隨州孔家坡漢墓簡牘, 2006 彩版四 轉載)〉

正月壬子朔甲辰'은 '二年正月甲辰朔壬子'를 잘못 쓴 것으로, 8호묘 曆日의 삭일 간지 '甲辰, 正月大'와도 서로 부합한다. '二年正月甲辰朔'이라는 기년은 한초 역법에 대조해보면 景帝 後元2년(기원전 142년)에 해당하는 것으로, 공가파 8호 한묘의 시기를 특정할 수 있다.

공가파 8호 한간은 「隨州市孔家坡墓地M8發掘簡報」(2001)에 처음 발굴 정황 및 출토 간독에 대해 간략하게 소개하면서 일부 도판과 석문을 수록하고 있다. 이어서 「隨州孔家坡墓地出土簡牘槪述」(2004)은 공가파 8호 한묘 간독에 대한 소개와 함께 일서간에 대해 좀 더 상세한 석문을 제공하고 있다. 『隨州孔家坡漢墓簡牘』(2006)은 일부 컬러 도판과 함께 전체 도판과 석문을 수록하고 있다. 서체는 예서체이며, 현재 隨州博物館에서 소장하고 있다.

4. 참고문헌

湖北省文物考古硏究所·隨州市文物局, 「隨州市孔家坡墓地M8發掘簡報」, 『文物』 2001-9.

張昌平, 「隨州孔家坡墓地出土簡牘槪述」, 『新出簡帛硏究』, 文物出版社, 2004.

湖北省文物考古硏究所·隨州市考古隊, 『隨州孔家坡漢墓簡牘』, 文物出版社, 2006.

劉樂賢, 「孔家坡漢簡日書"司歲"補釋」, 簡帛網 2006.10.10.

陳斯鵬, 「孔家坡漢簡補釋」, 『中國歷史文物』 2007-6.

何有祖, 「孔家坡漢簡叢考」, 『中國國家博物館館刊』 2012-12.

형주 인대 한간(2002~2004)

荊州 印臺 漢簡

---

1. 출토지 : 호북성 형주시 沙市區 關沮鄉 岳橋村 岳橋古墓群 내 印臺漢墓 9기(59·60·61·
   62·63·83·97·112·115호묘)

2. 개요

   1) 발굴기간 : 2002년 1월~2004년 1월

   2) 발굴기관 : 형주박물관

   3) 유적종류 : 고분

   4) 시대 : 한대

   5) 시기 : 전한 경제 前元2년(기원전 155년) 이후

   6) 출토상황 : 형주박물관은 2002년 1월부터 2004년 1월까지 약 2년간에 걸쳐 襄荊고속
도로 건설 공사의 일환으로 岳橋考古隊를 조직하여 형주시 沙市區 關沮鄉 岳橋村 4·5組에 위
치한 岳橋 古墓群 내 麻子塘·印臺·岳家草場 등 3개의 묘지에 대해서 구제 발굴을 진행했다. 그
결과 진한시기를 중심으로 전국시대에서 당송대까지의 중소형 수혈식 토갱 목곽묘 및 전실묘
147기를 정리하고, 도기·철기·옥기·석기·죽기·목기 등 각종 수장품 1,900여 건을 수습했다.

   진한시기 묘장은 악가초장과 인대 묘지에 집중되어 있는데, 그중 인대 묘지는 형주시 太湖港
남안에 위치하는 높이 약 1m에 바닥 지름 10여m 정도의 봉토층이다. 이곳에 황제의 印臺(인
주함)가 떨어졌다고 전해져서 지명이 된 것이다. 인대 묘지에서의 발굴 작업은 2002년 9월 18
일부터 시작되어 한묘 59·60·61·62·63·83·97·112·115호묘에서 각각 전한대 죽·목간
2,300여 매와 목독 60여 매가 출토되었다. 인대 한묘 9기는 모두 소형 묘장으로 1곽1관의 구
조인데, 그중 비교적 큰 115호묘는 곽실이 길이 3.7m, 너비 1.84m, 높이 1.54m에 頭箱과 邊箱
이 있으며 가장 작은 97호묘는 곽실이 2.56m, 너비 0.7m에 관만 놓여져 있다. 112호묘만 관

내의 인골 왼편에 한 묶음으로 죽간이 놓여져 있고, 나머지 묘장에서는 모두 곽실 내 頭箱 쪽에서 나왔는데 竹笥 내에 들어있는 경우도 있었다.

3. 내용

9기의 인대 한묘에서 나온 간독은 모두 죽·목간 2,300여 매와 목독 60여 매인데 이를 세분하면 다음과 같다.

59호묘	죽간 800매, 목독 1매	60호묘	죽간 200여 매, 목간 11매, 목독 22매
61호묘	목독 3매	62호묘	목독 1매
63호묘	잔간 16매, 목독 8매	83호묘	목독 1매
97호묘	죽간 1,198매, 잔간 10여매		
112호묘	죽간 44매	115호묘	목독 33매

출토 죽·목간은 길이 23~23.6㎝, 너비 0.45~0.57㎝, 두께 0.2~0.35㎝ 정도이다. 목독은 길이 23.65㎝, 너비 2.8~2.85㎝, 두께 0.35㎝ 정도이다.

내용은 죽·목간의 경우 公文書, 卒簿, 曆譜, 葉書, 日書, 律令 등이며 목독은 遣策, 器籍, 告地書 등으로 구분된다. 공문서 중에는 전한 경제 前元2년(기원전 155년) 중앙의 승상 申屠嘉가 내린 문서를 臨江國의 승상이 수취했다는 기록도 있다. 따라서 해당 묘의 묘장 연대는 적어도 경제 前元 2년(기원전 155년) 이후이다. 卒簿는 해당 지역 丁卒의 수 및 복역과 力田 등의 상황이 기재되어 있다. 曆譜는 상하로 칸을 나누고, 干支 아래에 절기 및 행적을 적고 있다. 葉書는 수호지진간의 葉書(편년기)와 비슷한데, 진 소양왕에서 진시황, 한초까지의 편년과 사실이 기록되어 있다. 律令은 60호묘 출토 죽간 200여 매와 97호묘 출토 죽간 중 800여 매가 漢律이다. 지금까지 그 내용이 공개되지는 않았지만, 대체로 2006년 수호지 77호 한묘 출토 죽간과 2019년 호가초장 12호 한묘 출토 죽간의 율명과 차이가 크지 않다고 한다.

발굴을 담당한 형주박물관은 『荊州重要考古發現』(2009)에서 인대한간의 발굴 정황에 대해 간략하게 소개하면서 24매의 日書 죽간 도판을 공개했다. 이 24매 일서 도판 사진에 근거하여 劉樂賢은 「印臺漢簡日書初探」 (2009)에서 석문 및 분석을 진행했는데, 인대한간 24매 일서 죽간은 수호지진간 및 공가파한간의 일서와 많은 부분 관련이 있기는 하지만 구체적인 부분에서 차이가 있고 또 기존에 찾아볼 수 없던 새로운 내용도 확인된다고 했다. 따라서 중국고대 日書 및 數術 연구에서 인대한간의 일서는 매우 중요한 학술 가치를 가진다고 할 수 있다.

목독 중 견책은 수장품의 명칭과 수량이 기재되어 있고, 고지서에는 묘주를 매장한 절대연대를 확인할 수 있다. 그밖에 銅鼎·蒜頭壺·陶倉 및 漆木器 중에도 문자가 있는 경우가 있다. 이상 인대 한묘 출토 간독은 전한대 喪葬풍속 및 사회·경제 방면 연구에 매우 높은 가치를 가지는 실물자료이

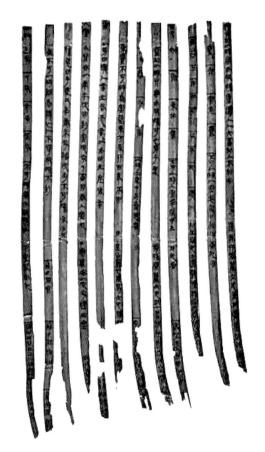

〈印臺漢簡·日書簡(『荊州重要考古發現』, 206쪽 轉載)〉

지만, 지금까지 24매 일서간 이외에는 아직 공개되지 않은 상태이다. 서체는 예서이며, 현재 형주박물관에서 소장하고 있다.

4. 참고문헌

鄭忠華, 「印臺墓地出土大批西漢簡牘」, 『荊州重要考古發現』, 文物出版社, 2009.

「荊州市岳橋秦漢墓葬」, 『中国考古学年鑒 2003』, 文物出版社, 2004.

劉樂賢, 「印臺漢簡日書初探」, 『文物』 2009-10.

형주 기남 송백 한간(2004)

荊州 紀南 松柏 漢簡

1. **출토지** : 호북성 형주시 형주구 기남진 송백촌 1호 한묘

2. **개요**

   1) 발굴기간 : 2004년 말

   2) 발굴기관 : 형주박물관

   3) 유적종류 : 고분

   4) 시대 : 한대

   5) 시기 : 전한 무제 전반기

   6) 출토상황 : 2004년 말 호북성 형주시 형주구 기남진 송백촌 6組에서 현지 주민들이 양어장 진흙 제거 작업을 하다가 우연히 몇 기의 고묘를 발견하였다. 이에 형주박물관은 긴급 구제 발굴을 진행하여 4기의 한묘는 M1~M4, 2구의 선진 古井은 J1~J2로 편호하였다. 이 중 송백 1호 한묘(M1)에서 글자가 있는 57매를 포함한 전부 63매의 목독과 10매의 목간이 출토되었다.

   전국시대 초나라의 옛 도읍이었던 기남성 유지는 남쪽으로 형주 고성과 약 5㎞ 정도 떨어져 있는데, 송백촌은 기남성 유지 동남부에 위치한다. 송백촌 6조는 송백촌의 동남부 봉황산 이동으로, 그 가운데 1호묘(M1)가 위치하면서 봉황산 168호 한묘와는 약 340m 정도 떨어져 있다. 남쪽으로 高臺 진한묘지군과는 약 380m 거리이다.

   1호묘는 장방형 수혈식 토갱묘로 현존 묘벽은 수직으로 내려간다. 묘 입구의 잔존 부분은 길이 4.04m, 너비 2.2m인데, 묘의 입구와 바닥이 길이와 폭이 동일하다. 묘갱의 잔존 깊이는 1.3m이며, 묘갱 내는 모두 청회색 진흙으로 채워져 있다. 묘갱 내 곽실은 길이 3.8m, 너비 2m에 높이 1.28m이고, 곽실 동남부에 관이 놓여 있다. 관은 잔존 형태로 평평한 방형으로 추정된

다. 수장 기물은 칠목기를 중심으로 도기, 동기, 목독, 목간 등이 출토되었다.

3. 내용

63매의 목독 중 글자가 있는 목독이 57매인데 그중 31매는 한쪽 면에만 기록하고 있고, 26매는 양면을 모두 쓰고 있다. 6매는 글자가 없는 공백 목독이다. 공백 목독은 문서 목독을 종류별로 묶어서 봉하는 용도로 사용한 것으로 추측된다. 목독의 길이는 22.7~23.3㎝, 너비 2.7~6.5㎝, 두께 0.2㎝이다. 내용은 遣策, 簿冊, 牒書, 律令, 曆譜 및 공문서 초록 등으로 분류할 수 있다. 견책은 수장 기물의 명칭과 수량을 기록하고 있고, 부책은 南郡 江陵縣 西鄕 등지의 戶口簿, 正里簿, 免老簿, 新傅簿, 罷癃簿, 歸義簿, 復事算簿, 見(現)卒簿, 置吏卒簿 등이다. 첩서는 진 소양왕에서 한 무제 7년까지 역대 제왕의 재위 연수를 기재한 기록이다. 율령은 한 문제 때 반포한 율령의 일부이다. 역보는 주로 한 무제 시기의 역보이다. 공문서 초록은 묘주인 周偃의 功勞기록과 한 경제·무제시기 주언의 승진기록·승진문서 등이다.

한 무제 때의 연호인 建元~元光 연간(기원전 140~129년)의 간지가 기록된 역보가 나옴에 따라, 송백 1호묘의 묘장 시기는 한 무제 전반기라고 할 수 있다. 묘주의 이름은 주언인데, 관직은 강릉현 西鄕의 有秩嗇夫이며 작위는 제8급인 公乘으로, 묘주 주언은 재판과 세금 등을 담당하는 鄕의 관리였음을 알 수 있다.

송백한간독 중 지금까지 도판 사진 및 석문이 공개된 것은 35호, 47호, 48호, 53호, 57호 목독과 5호 목간뿐이다. 35호 목독과 5호 목간은 「湖北荊州紀南松柏漢墓發掘簡報」(2008)에 송백 1호묘의 발굴 정황 소개와 함께 도판 사진 및 석문이 수록되었고, 47·48·53·57호 등 목독 4매는 「罕見的松柏漢代木牘」(2009, 210~211쪽)에 컬러 도판 사진이 공개되었다. 35호 목독은 〈南郡免老簿〉〈南郡新傅簿〉〈南郡罷癃(癃)簿〉 등 3종의 부책이고, 48호 목독은 〈二年西鄕戶口簿〉라는 향급 호구부이다. 47호와 53호 목독은 문서의 표제가 없지만, 내용상 47호 목독은 「簡報」(2008)에서 언급하는 〈見(現)卒簿〉, 53호 목독은 〈復事算簿〉로 보인다. 57호 목독은 〈令丙第九〉라는 표제로 한 문제 시기의 영을 초록하고 있다. 5호 목간은 '右方除書'라고 관련 목독 문서를 끝맺는 제목이 쓰여있다. 지금까지 공개된 송백한간독의 5매 목독과 1매 목간에 대해 간단히 정리한다.

35호 목독은 正面·背面 양면에 걸쳐, 남군 관할 13개 縣·道 및 4개 侯國의 요역에 관한 통계를 기재하고 있다. 역에서 면제되는 연령에 도달한 노인들의 명부인 〈南郡免老簿〉, 남군지역에서 새로 傅籍에 등재되어 역이 부과되는 성인 남성들의 명부인 〈南郡新傅簿〉, 신체에 장애가 있어서 역을 면제받는 대상인 〈南郡罷癃(癃)簿〉 등이다.

48호 목독 〈二年西鄕戶口簿〉은 남군 강릉현 소속 서향의 호구부를 기록한 것이다. '二年'은 한 무제 建元二年 혹은 元光二年일 것인데, 주언이 스스로 기록한 공로문서의 이력을 보면 建元元年(기원전 140년)에 강릉현 서향의 유질색부로 임직하고 있기 때문에 建元二年(기원전 139년)일 가능성이 크다.

53호 목독은 따로 표제가 없지만 내용상 「發掘簡報」(2008)의 〈復事算簿〉, 혹은 楊振紅 (2010)의 〈南郡事復口算簿〉라고 문서의 표제를 명명할 수 있다. 내용은 남군 관할의 각 縣·道 및 侯國의 算錢·口錢 납부 의무가 있는 인구 수 및 면제 수를 기록한 簿冊이다.

47호 목독도 따로 표제는 없지만, 내용상 「發掘簡報」(2008)의 〈見(現)卒簿〉 혹은 陳偉(2010)의 〈南郡卒更簿〉라고 문서의 표제를 명명할 수 있다. 내용은 남군 관할 각 縣·道·侯國의 卒 수 및 각각 윤번 복역[更]의 배치를 기록한 부책이다.

57호 목독은 문제 10년 6월 甲申日에 반포한 영이 〈令丙第九〉라는 표제 하에 내용이 초록되어 있다. 영문은 西成·成固·南鄭 등 3개 현에서 비파를 진헌하는 일에 관한 것으로 비파의 진헌 수량, 수송 방식, 고과 등의 내용이다. 기존 사료에는 없는 새로운 자료로 한초 진헌제도 연구에 중요한 의미를 가진다고 할 수 있다.

5호 목간에는 '右方除書'라고 기재되어 있다. '右方'은 앞의 문서에 대한 일종의 끝맺음이라고 할 수 있고, '除書'는 관리를 임명하는 문서이다. 공개된 5호 목간을 포함해서 송백 1호 한묘에서 출토된 10매의 목간은 길이 19.7~22.8㎝, 너비 1.3㎝~1.4㎝, 두께 0.15㎝이며 모두 한면에만 글씨를 썼다. 내용은 모두 5호 목독의 '右方除書'와 같이 관련 목독 문서를 끝맺음하면서 그 제목을 쓰고 있다.

송백한간독은 진한시기, 특히 전한 문제에서 무제 초까지의 문서 및 지방행정제도 연구에 중요한 의의를 가진다. 또한 전한 남군 지역의 역사지리 및 인구·호적·요역 등의 연구에도 매우 가치 있는 자료라고 할 수 있다. 따라서 현재까지 일부 내용만 공개되었음에도 불구하고 관련 연구 성과가 상당히 활발하게 나오고 있다. 간독 문자의 석독과 관련해서는 「發掘簡報」 (2008)을 비롯하여, 彭浩의 「讀松柏出土的四枚西漢木牘」(2009), 胡平生의 「松柏漢簡五十三號木牘釋解」(簡帛網 2009-04-12), 陳偉의 「簡牘資料所見西漢前期的"卒更"」(2010), 楊振紅의 「松柏西漢墓簿籍牘考釋」(2010), 朱紅林의 「紀南松柏漢墓35號木牘研究」(2012) 등을 참고할 필요가 있다. 趙寧의 「散見漢晉簡牘的蒐集與整理 上」(2014)은 공개된 송백한간독의 석문을 종합하면서 관련 연구성과를 망라하는 주석을 제공하고 있다.

서체는 예서체이며, 현재 형주박물관에서 소장하고 있다.

4. 참고문헌

荊州博物館, 「湖北荊州紀南松柏漢墓發掘簡報」, 『文物』 2008-4.

朱江松, 「罕見的松柏漢代木牘」, 『荊州重要考古發現』, 文物出版社, 2009.

彭浩, 「讀松柏出土的四枚西漢木牘」, 『簡帛』 第四輯, 2009.

胡平生, 「松柏漢簡五十三號木牘釋解」, 簡帛網 2008.4.12.

陳偉, 「簡牘資料所見西漢前期的"卒更"」, 『中國史研究』 2010-3.

楊振紅, 「松柏西漢墓簿籍牘考釋」, 『南都學壇』 2010-5.

朱紅林, 「紀南松柏漢墓35號木牘研究」, 『吉林師範大學學報(人文社會科學版)』 2012-3.

趙寧, 「散見漢晉簡牘的蒐集與整理 上」, 吉林大學 碩士學位論文, 2014.

운몽 수호지 한간(2006)

雲夢 睡虎地 漢簡

1. **출토지** : 호북성 운몽현 수호지 77호 한묘(M77)

2. **개요**

   1) 발굴기간 : 2006년 11월

   2) 발굴기관 : 호북성 문물고고연구소, 운몽현 박물관

   3) 유적종류 : 고분

   4) 시대 : 한대

   5) 시기 : 전한 문제 말~경제 시기

   6) 출토상황 : 2006년 11월 호북성 운몽현 수호지에서 철로 공사 중 한묘가 발견되어, 호북성 문물고고연구소와 운몽현 박물관에서 긴급 구제 발굴을 진행하였다. 묘장이 철로와 인접해 있어서 어려움이 있었지만, 수호지 M77로 번호를 매기고 곽실 내의 칠목기·도기 등 37건의 유물을 수습할 수 있었다. 그중에서 특히 중요한 것은 풍부한 내용을 갖춘 일련의 한간이다.

   수호지 77호 한묘는 장방형 수혈식 토갱묘이다. 토갱의 윗부분은 이미 파괴되었고, 묘구는 철로 노반에 밀려 지표에서 3.5m 정도 내려간 상태이다. 묘구는 길이 2.48m, 너비 1.85m이고 묘의 바닥 부분은 길이 2.37m, 너비 1.75m로, 묘갱의 남아있는 부분은 깊이 1.93m 정도이다. 묘 내부는 1곽1관에 邊箱이 하나 있는 형태이다. 관곽은 칠을 하지 않았으며, 관 안에서 비단 직물 조각과 함께 두골의 흔적과 치아 조각 등이 발견되었다. 수장품은 도기 8건, 칠·목·죽기 26건, 동기 1건, 鉛器 1건, 석기 1건 등 모두 37건으로, 대부분 邊箱 내에 놓여 있었다. 죽간은 邊箱에 있던 竹笥에 담겨 있었는데, 출토 당시 약간 파손되었다. 묘장의 형태 및 출토 유물의 양식, 간독의 내용 등에서 수호지 77호 한묘는 전한 문제 後元7년(기원전 157년) 11월을 하한으로, 문제 말에서 경제 시기라고 할 수 있다. 묘주는 越人으로 문제 10년(기원전 170년) 이후로

약 10여 년 동안 安陸縣의 佐 등을 지냈으며 기원전 157년경 사망했다는 사실 등을 알 수 있다.

3. 내용

호북성 운몽 수호지 77호 한묘(M77) 당시의 간독은 모두 묘 내 邊箱 쪽에 놓여 있던 竹筒 내에 담겨 있었다. 다만 출토 당시 竹筒가 약간 파손되면서 안에 있던 간독도 일부분 파손되었지만, 대부분은 그대로 보존된 상태로 정리될 수 있었다.

정리 작업 후 편호된 죽간은 전부 22개조 총 2,137매이고, 그 밖에도 간독 잔편이 다수 있다. 죽간은 상·하 양단이 고르게 반듯하며, 완전한 형태의 간은 길이가 26~31㎝ 정도이다. 상·중·하 세 줄로 실로 묶어 편철했는데, 출토 당시 그 흔적이 여전히 남아 있었다. 죽·목독은 6조 128매에 길이 22~44㎝이다. 대부분 상하 두 줄로 편철했고, 일부 앞뒤 양면에 글자를 썼다. 글씨는 모두 예서체이고, 내용 상 質日·官府文書·私人簿籍·律典·日書·書籍·算術 등 7종류로 분류할 수 있다.

① 質日

완전한 형태의 간 700여 매에 다수의 잔편이 있는데, 문제 前元10년(기원전170년)에서 後元7년(기원전157년)까지의 기록이다. '質日'은 기본적으로 曆譜를 바탕으로 간단한 공·사의 사건을 기록하는 형태의 문서이다. 기존 문헌에서는 찾아볼 수 없고 간독 자료에서만 처음 확인되는 진한대 유행했던 서사 방식으로 매우 중요한 사료적 가치를 가진다.

수호지한간의 '質日'은 매 간을 6칸으로 나누어, 月名과 干支를 기재 한 후 그 아래에 공·사의 사건을 기록하고 있다. 뒷면에는 '元年質日', '七年質日' 등의 제목이 있다.

개인 기록으로 예를 들면 「(後元)六年質日」 "七月乙亥 母廷食病, 庚辰 母日下餔死, 辛巳 歸寧, 乙未 母以葬"과 같이 묘주의 모친이 발병하여 사망, 장례하기까지 날짜 별로 상세하게 기록하고 있는 것을 확인할 수 있다. 공무 기록도 묘주와 직·간접적으로 관련 있는 사건을 기록하고 있다. 따라서 質日은 묘주의 공·사간의 사건을 시간대별로 기록한 것으로, 당시 기층 하급 관리의 일상생활 및 관제·행정·부세제도 등의 연구에 중요한 자료를 제공해 준다고 할 수 있다.

② 官府文書

관부문서 간독은 대체로 竹笥의 중·하층에 편중되어 있었는데, 죽간과 죽·목독이 있다. 그 중「五年將漕運粟屬臨沮令初殿獄」문서는 보존상태가 비교적 좋은 편인데. 일종의 사법안건으로 조운에 참여했다가 考課 결과 "殿"을 받은 후 탄핵되어 심문을 받는 일련의 과정이 기록되어 있다.

그 밖에 畜息문서와 功次문서는 매우 심하게 파손된 상태여서 복원하기가 쉽지 않다.

③ 私人簿籍

50여 매의 죽간과 2매의 목독이 해당한다. 주로 모친이나 누이와 같이 가족 성원이 사망했을 때의 부조 기록들이다.

④ 律典

2권 850매로 대부분 완전한 형태의 간이다. 그중 V조 306매는 길이 27~27.9㎝, 너비 0.55㎝이고, 盜·告·具·賊·捕·亡·雜·囚·興·關市·復·校·廄·錢·遷律 등 15종의 율문이다. W조 544매는 길이 27.5㎝, 너비 0.5㎝에 金布·均輸·戶·田·徭·倉·司空·尉卒·置後·傅·爵·市販·置吏·傳食·賜·史·奔命·治水·工作課·臘·祀·贅·行書·葬律 등 24종의 율문이다. 각 律名은 해당 율 조문의 첫 번째 간의 정면에 기재되어 있고, 율명 위에는 검정색의 방형 혹은 원형 표식이 있다. 또 각 권의 첫 번째 간의 背面에는 "□律(V組 盜律 背面)", "旁律(W組 金布律 背面)"이라고 쓰여 있고 역시 그 위에 검정색의 방형 표식이 있는데, 이는 각 律典의 총제목에 해당한다고 할 수 있다. 따라서 운몽 수호지한간 律典의 출토는 진한대 律典의 성립과 관련해서 매우 중요한 가치를 가진다고 할 수 있다.

수호지한간 39종의 律은 이미 장가산한간·이년율령이나 수호지진간 등에서 이미 상당 부분 나왔던 것이기는 하지만, 여전히 불명확하고 논쟁도 계속되고 있는 부분이 적지 않다. 또 葬律이나 市販律과 같이 수호지한간에서 처음으로 확인되는 율도 있어서, 수호지한간의 한율은 진한 율령 연구에 새로운 진전을 가져다 줄 중요한 발견이라고 할 수 있다.

⑤ 算術

1권 216매로 모두 완전한 형태의 간이다. 그중 1~76간은 길이 26㎝, 너비 0.4㎝ 정도이고, 77~ 216간은 길이 28.2㎝, 너비 0.55㎝이다. 서명인「算術」은 1호간의 뒷면에 쓰여 있다. 내용은 수학문제집으로 算數書 종류인데, 일부 算題는 『장가산한간』算數書에서도 보이지만 차이점도 확인되며 새로운 내용도 적지 않다.

⑥ 書籍

출토 시 상단에 모두 잔결이 있었는데, 정리 후 1권 207매로 편호되었다. 완전한 형태의 간의 길이는 약 29㎝, 너비는 0.6㎝ 정도이다. 그밖에 잔편이 천여 매인데 그중 20여 매는 비교적 죽간의 꼬리 부분이 온전해서 서적류 죽간의 총수는 230매 이상이 된다. 간의 상단과 하단에 공백을 두고 상중하 세 줄로 편철했다. 서적류 죽간은 다른 간에 비해 폭은 다소 좁고 서체는 더 뛰어난 편이다. 간문은 대화 형식으로 30여 개의 고사를 기록하고 있는데, 『설원』, 『신서』, 『한비자』, 『열녀전』 등에 보이는 내용이지만 문장의 차이는 다소 있다.

⑦ 日書

완전한 형태의 간이 없고 대부분 잔간으로 천여 매가 넘는다. C조82호 간의 背面에 '日書'라는 제목이 있다. 본래 간의 길이는 약 29㎝ 정도로 추정된다. 죽간의 머리 부분이 온전한 것이 150여 매이고 죽간 꼬리 부분이 온전한 것은 20여 매로, 일서간의 총수는 150매 이상일 것으로 생각된다.

편명은 모두 상단의 끈을 묶는 홈[契口] 위에 쓰여 있는데, 有子·日失·浴·牝牡月·不宜畜·蓋屋·入室·天地·生子·誘犬·浴室·日長 등이다. 문자 외에 도표도 그려져 있는데, 그중 〈死失圖〉는 수호지진간, 공가파한간, 주가채한간 등의 〈失死圖〉와는 차이가 있다.

운몽 수호지 M77 한묘의 발굴 및 간독에 대한 초보적인 소개는 「湖北雲夢睡虎地M77發掘簡報」(2008)에 처음 수록되었고, 또 간독에 대한 전반적인 분류 설명은 「湖北雲夢睡虎地77號西漢墓出土簡牘槪述」(2018) 등을 참고하면 된다. 아직 운몽 수호지 M77 한묘 간독의 전체 사진 도판과 석문이 공간되지 않았다.

4. 참고문헌

湖北省文物考古研究所 等, 「湖北雲夢睡虎地M77發掘簡報」, 『江漢考古』 2008-4.

熊北生 等, 「湖北雲夢睡虎地77號西漢墓出土簡牘槪述」, 『文物』 2018-3.

형주 사가교 한간(2007)

荊州 謝家橋 漢簡

1. 출토지 : 호북성 형주시 沙市區 關沮鄕 淸河村六組 謝家橋 1호 한묘

2. 개요

    1) 발굴기간 : 2007년 11월

    2) 발굴기관 : 형주박물관

    3) 유적종류 : 고분

    4) 시대 : 한대

    5) 시기 : 한 초 呂后5년(기원전 183년)

    6) 유적과 출토상황 : 2007년 11월 7일 형주시 沙市區 關沮鄕 淸河村의 謝家橋 서북쪽 언덕에서 토사 채취 작업을 하던 중, 마침 근처를 지나던 고고 연구원이 우연히 흙 속에 섞여 있던 木片을 보고 고묘의 토광을 발견했다. 이곳은 진한대 남군 강릉현의 현성이 있었던 위치로, 郢城의 동쪽 약 2㎞ 정도 떨어졌고 초나라 紀南城 유지에서는 동남쪽으로 약 5.5㎞ 떨어져 있다. 고묘 발견 후 1주일이 지나 도굴당했다는 사실을 알게 되어, 긴급 조치로 11월 20일부터 정식 발굴 조사가 시작되었다. 수혈식 목곽묘로 출토 유물은 도기·동기·철기·칠목기·견직품·간독 등 모두 860건인데, 전국 말부터 진대까지의 특징을 보여주면서 초문화와 진문화 양쪽으로부터의 영향을 모두 확인할 수 있다.

3. 내용

죽간은 모두 208매인데, 수장품의 명칭과 수량을 기록한 견책이 197매이고, 나머지 11매는 그 통계를 기록한 것이다. 3매의 竹牘은 告地書로, 그 내용에 따르면 이 묘의 매장 연대는 한초 여후5년(기원전 183년)으로 추정되며 묘주는 이름이 恚라는 여성으로 아들 4명과 딸 1명 모두

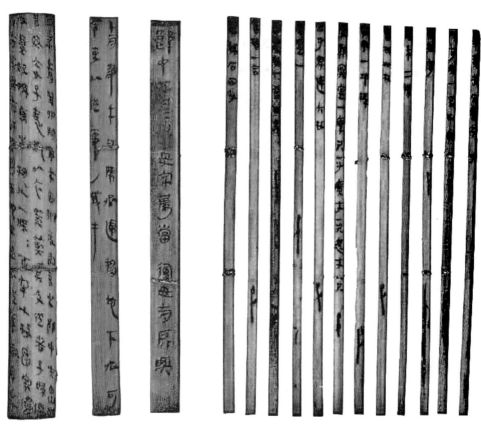

〈사가교 1호 한묘 출토 竹牘(『荊州重要考古發現』, 191쪽 轉載)〉

〈사가교 1호 한묘 죽간(『荊州重要考古發現』, 192쪽 轉載)〉

5명의 자식이 있었다는 사실을 알 수 있다.

죽독의 서체는 예서체이다. 견책 죽간의 하단에 '已', '訇'자가 있는데, 이러한 글자는 매장시 실제 수장품과 대조 확인할 때 표시하는 것이다.

이 지역은 진한대 중요한 고묘들이 곳곳에 있는데, 기원전 278년 진의 백기가 초의 도읍이었던 郢을 빼앗은 뒤에도 여전히 郢은 형주의 정치·경제·문화 중심지였기 때문이다. 주변에 蕭家草場, 周家臺, 楊家山 등의 古墓群이 여럿 발견되고 있다.

4. 참고문헌

王明欽,「湖北荊州謝家橋一號漢墓發掘簡報」,『文物』2009-4.

曾劍華,「謝家橋一號漢墓簡牘槪述」,『長江大學學報(社會科學版)』2010-2.

劉國勝,「謝家橋一號漢墓告地書牘的初步考察」,『江漢考古』2009-3.

楊開勇,「謝家橋1號漢墓」,『荊州重要考古發現』, 文物出版社, 2009.

張文瀚,「謝家橋一號漢墓告地策補釋」,『中原文物』2012-6.

의도 중필 한간(2008)

宜都 中筆 漢簡

1. **출토지** : 호북성 宜昌市 宜都縣 陸城鎮 中筆村 1호 한묘

2. **개요**

   1) 발굴기간 : 2008년 5월

   2) 발굴기관 : 의창박물관

   3) 유적종류 : 고분

   4) 시대 : 한대

   5) 시기 : 전한 초

   6) 출토상황 : 2008년 5월 22일 호북성 宜都市 도로 건설 공사 현장에서 전한대 관곽묘가 발견되자, 이에 의창박물관 고고대는 6월 초까지 구제 발굴을 진행하게 되었다. 이 묘는 의도시 육성진 중필촌에 위치하기 때문에, 중필묘지 1호묘로 지칭되었다.

   중필 1호묘는 수혈식 토갱 목곽묘로 1곽2관의 구조이다. 도로 공사 때문에 묘 입구는 이미 파괴되었고, 4.77m 깊이의 곽실 내 棺室·頭箱·邊箱이 배치되어 있는 형태이다. 頭箱과 邊箱에서는 동경·도기·칠목기 등 비교적 많은 유물이 출토되었다. 관에서는 앙신직지형으로 안치되어 있는 여성 인골이 나왔지만 이미 심하게 부패한 상태였다.

   정리가 끝난 중요 유물은 모두 80여 건으로, 금기·동기·채회도기·목독·칠목기·죽기·거마기·골기 등이 나왔다. 특히 무게 10.3g의 금조각 하나가 인골 주변에서 발견되었는데, 본래 묘주의 입속에 물려 있던 것으로 추정된다. 또 의도를 비롯한 호북성 서부지역에서는 처음으로 발견된 한대 간독으로 衣物疏 목독 1매도 나왔다.

   중필 1호묘의 묘장 시기는 전한 초기로 판단되며, 묘주는 45~50세 정도의 여성으로 비슷한 묘장 형태를 가진 봉황산 168호 묘와 비교하면 대체로 오대부의 작위를 가졌거나 600석 전후

의 질록을 가진 관원의 부인으로 추측할 수 있다.

중필 1호 한묘 출토 유물은 宜都를 비롯한 호북성 서부 지역의 전한 초 喪葬제도 및 매장 습속을 연구하는데 귀중한 실물자료라고 할 수 있다.

3. 내용

2008년 호북성 의창시 의도현 중필 1호 한묘 출토 목독 1매는 길고 가는 형태의 목판으로 길이가 46.6㎝, 너비는 6㎝, 두께가 0.4㎝이다. 앞뒤 양면 모두 표면이 매끄럽고 가늘고 긴 나무 문양이 있다. 앞면에 예서체로 7칸으로 나누어 모두 154자가 쓰여있다. 그중 판독 가능한 글자는 48자이다.

중필 1호묘 출토 목독은 호북성 서부지역에서 처음 발견된 한대 간독으로 중요한 가치를 가지는데, 내용은 수장품의 명칭과 수량을 기재하는 견책류 중에서 衣物疏에 해당한다. 아직 정식으로 발굴 보고나 목독의 도판 및 석문이 공개되지는 않았다.

현재 의창박물관에서 소장하고 있다.

4. 참고문헌

王志琦 等, 「宜都中筆墓地一號墓發掘收穫」, 中國文物報 2008.8.29.

http://www.wenbao.net/wbw_admin/news_view.asp?newsid=1067

형주 유가대 한간(2011)

荊州 劉家臺 漢簡

1. 출토지 : 호북성 형주시 기남진 고대촌 유가대 1호 한묘

2. 개요

    1) 발굴기간 : 2011년

    2) 발굴기관 : 형주시박물관

    3) 유적종류 : 고분

    4) 시대 : 한대

    5) 시기 : 전한

    6) 출토상황 : 2011년 형주시박물관은 호북성 형주시 기남진 고대촌 유가대의 한대 부부 합장묘를 발굴하여, 도기류를 중심으로 오수전·목독 등 90여 건의 수장 유물을 출토했다. 묘실 내 두 관 중 동쪽 관이 여성이고 서쪽 관이 남성이다. 동쪽 관 내 여성의 유골은 이미 완전히 부패한 상태였지만, 서쪽 관의 남성 유골은 비교적 온전한 편이었다. 양쪽 관에서 나온 유물은 도기를 중심으로 五銖錢·花紋木板·木俑·烏紗帽·簪·梳篦·木牘 등 90여 건의 유물이 출토되었다.

3. 내용

    형주 유가대 목독은 여성 관에서 1매, 남성 관에서 1매 씩 나와서 모두 2매가 출토되었다. 여성 관에서 나온 목독은 길이 약 20㎝, 너비 10㎝ 정도인데, 발굴 시 이미 12조각으로 파손된 상태였다. 목독의 내용은 告地書이다. 남성 관에서 나온 목독은 대형이며 비교적 온전한 상태로 글자도 비교적 분명해서 판독 가능하다고 보도되었지만, 아직 정식으로 공개되지 않아서 자세한 사항은 확인하기 어렵다. 이 목독도 내용은 告地書라고 한다.

4. 참고문헌

李曉梅, 「劉家臺漢墓出土"告墓牘"男出墓主明日揭謎」, 『中國文博』 2011.11.29.

수주 주가채 한간(2014)

隨州 周家寨 漢簡

1. 출토지 : 호북성 수주시 주가채 8호 전한묘

2. 개요

   1) 발굴기간 : 2014년 9월~12월

   2) 발굴기관 : 호북성 문물고고연구소, 수주시 증도구 고고대

   3) 유적종류 : 고분

   4) 시대 : 한대

   5) 시기 : 전한 무제 元光元年(기원전 134년)

   6) 출토상황 : 주가채 한묘는 호북성 수주시 曾都區 周家寨村 八·九組 및 孔家坡社區 1組에 위치한다. 2014년 9월~12월 현지 건설 공사 과정에서 호북성 문물고고연구소는 수주시 증도구 고고대와 협력하여 주가채 한묘군에 대한 긴급 구제 발굴을 진행하여 모두 24기의 한묘를 수습 정리했다. 그중 8호묘(M8)에서 漆木器 및 간독 등 중요 유물이 출토되었다.

   8호묘는 수혈식 토갱묘로, 묘의 관곽 위부분은 모두 파괴된 상태였다. 묘장은 1곽1관으로 곽 내부는 관과 함께 頭箱과 邊箱이 각각 있는 형태이다. 출토 유물은 칠목기와 목기를 중심으로 모두 77건의 다양한 기물이 나왔는데 도기류는 비교적 적은 편이다. 관 내부에서는 대량의 식물 종자가 나오기도 했다. 목기류 중에는 10건의 木俑이 다채로운 형태로 나와서 흥미로우며, 竹筒도 6건이 나왔다. 간독은 죽간 566매, 목독 1매, 竹簽牌 3매가 각각 출토되었다.

   주가채 8호묘는 告地書 목독의 '元年後九月丙戌'이라는 기년이 역법상 한 무제 元光 元年(기원전 134년)에 해당하므로, 기원전 134년이 분명하고 이는 출토 기물의 특징과도 부합한다. 묘주는 桃侯國 都鄕 高里 출신에 작위가 公乘의 신분을 가진 사람으로, 수장 기물 중에 筆·硯·六博盤·竹簡 등이 나온 것에서 일정한 지식을 갖춘 인물로 보인다.

3. 내용

호북성 수주시 주가채 8호 한묘 출토 간독 중 죽간은 곽 내부 邊箱 동측에서 출토되었는데, 대체로 온전한 卷을 이루면서 매장 당시의 모습을 유지하고 있어 특별한 의미를 가진다. 모두 566매로 그중 완전한 형태의 간은 약 360매이다. 그밖에 일부 글자가 있는 잔편과 글자가 없는 잔간이 있다. 완전한 형태의 간은 길이 27.8~28.2㎝에 너비에 따라서 0.8m와 1㎝의 2종류로 구분된다. 대부분의 간이 상·중·하 세 줄로 편철한 부분이 남아있고, 간의 위아래에 각각 약 1㎝의 공백을 두었다. 정교한 예서체로 썼는데, 폭이 넓고 좁은 간이 각각 서체가 달라서 한 사람이 쓴 것은 아니다.

죽간은 한권으로 이루어진 것이지만, 별도의 서명은 없다. 내용상으로 일서류인데, 인접한 공가파한간의 일서와 가장 비슷하다. 편장으로 '建除', '星', '艮山', '禹須臾所以見人日', '根山禹之離日', '禹湯生子占', '五龍', '嫁女', '入官', '反支', '死失', '置室門', '歲' 등이 각각 있다.

목독 1매는 竹笥 안에서 나왔는데 길이가 25.5㎝, 너비 3.5㎝로 정면에만 예서체로 글씨를 썼고 뒷면에는 문자가 없다. 내용은 告地書로 「湖北隨州市周家寨墓地M8发掘简报」(2017)에 그 석문이 수록되어 있다.

竹籤牌 3매는 나중에 정리하는 과정에서 발견되어 정확한 출토 위치는 분명하지 않다. 죽간을 가공하여 만들었는데, '大婢可', '大奴求人', '大婢益夫' 등 노비의 성명이 기록되어 있다. 아마도 함께 수장한 木俑에 붙인 이름으로 추정된다.

2014년 출토 호북성 수주 주가채 8호묘 간독은 보존 상태가 양호하고 수량도 비교적 많으며 내용도 풍부하고 문자가 명료해서, 근래의 출토 중국 간독에서 중요한 성과 중 하나라고 할 수 있다. 간독의 내용을 통해 한대 數術史, 풍속사, 사회사, 사상사 및 역사지리 연구에 귀중한 자료를 제공해 준다고 할 수 있다. 특히 기존에 없던 새로운 일서의 내용은 진한대 일서 연구 및 민간의 擇日풍속 등을 진일보 이해하는데 의의가 크다고 할 것이다. 호북성 수주 주가채 8호 한묘의 발굴 상황과 출토 간독은 「湖北隨州市周家寨墓地M8发掘简报」(2017)에 자세히 소개되어 있고, 일부 석문도 수록되어 있다.

4. 참고문헌

羅運兵, 「湖北隨州市周家寨墓地M8發掘簡報」, 『考古』 2017-8.

史德勇, 「隨州周家寨墓地M9·M22發掘簡報」, 『中國國家博物館館刊』 2019-9.

형주 호가초장 한간(2018~2019)

荊州 胡家草場 漢簡

1. **출토지** : 중국 호북성 형주시 호가초장 M12호 한묘

2. **개요**

   1) 발굴기간 : 2018년 10월~2019년 3월

   2) 발굴기관 : 형주박물관

   3) 유적종류 : 고분

   4) 시대 : 한대

   5) 시기 : 문제 後元年(기원전 163년)~선제 元康2년(기원전 64년)

   6) **출토상황** : 호북성 형주시 紀南 생태문화 관광구 건설 과정에서 형주박물관은 2018년 10월부터 2019년 3월까지 형주시 호가초장의 고분군 18곳에 대한 발굴 조사를 진행했다. 그 중 M12 한묘에서 칠목기, 간독 등 111건의 문물이 출토되었다. 출토 기물의 형태와 죽긴 중 歲紀의 기록을 통해서 M12 한묘는 시기가 늦어도 한 문제 後元年(기원전 163년) 이후의 전한 초 무덤이다.

   M12는 장방형 토갱 수혈목곽묘로, 현존 토갱의 입구는 길이 7.7m, 너비 5.72m이며 바닥은 길이 6.54m, 폭 4.56m에 깊이는 5.32m이다. 목곽은 頭箱·邊箱·足箱·棺室로 구분되며, 수장 기물은 주로 두상·족상·변상에 놓여 있었다. 대부분의 간독은 頭箱 내 2개의 竹笥 안에서 출토되었다. M12에서 나온 간독은 모두 4,642매인데, 보존 상태가 매우 좋으며 내용에 따라 歲紀, 曆, 日至, 律令典, 日書, 醫方, 簿籍, 遣策 등으로 구분할 수 있다.

3. **내용**

   형주 호가초장 M12 한묘 출토 간독은 정리 작업 후, 죽·목간은 1~4,636까지 편호되었고 목

독은 1~6까지 편호되었다. 호가초장 한간독의 내용은 다음과 같다.

① 歲紀

약 165매. 호가초장의 세기는 중국 고대 朔日에 대한 인식을 새롭게 할 수 있는 내용으로 주목된다. 「세기」 죽간은 길이는 모두 27.5㎝이지만 너비는 0.5㎝, 1㎝의 두 종류로 구분된다. 세기 0.5㎝간은 진 소왕 원년에서 진시황 때까지의 大事記이다. 1년을 하나의 죽간에 한 줄로 기록했는데, 월·일을 기록한 해도 있고 월·일이 기록되지 않은 해도 있다. 『사기』 육국연표의 "獨有秦記, 又不載日月, 其文略不具"라는 기사를 참고한다면, 세기 0.5㎝간은 秦記와 관련이 있을 가능성이 있다. 세기 1㎝간은 표제간의 정면에 제목으로 '歲紀'를 쓴 진 이세황제에서 한 문제 때까지의 대사기이다. 역시 1년을 하나의 죽간에 기록하고 있다. 『한서』 예문지에 『漢大年紀』 5편이 있다고 했는데, 세기 1㎝간은 바로 이 한왕조의 대사기와 관련이 있을 수도 있다. 예를 들어 세기 죽간에 "九年, 七月, 以丙申朔. 朔日食, 更以丁酉"라는 내용이 있는데, 이는 『漢書』 高帝紀의 "(高帝9년) 夏六月乙未晦, 日有食之"에서 한 고제 9년의 일임을 알 수 있다. 다만 간문에서 기록하는 일식 날짜는 『한서』의 6월 그믐이라는 기록에 비해 하루가 늦어서 7월 삭일이고, 본래 7월 삭일이 丙申日인데 일식이 있어서 丁酉日로 고쳤다는 것이다. 일식으로 인해 삭일을 변경했다는 기록은 여기서 처음 나오는데, 중국 고대 삭일에 대한 인식을 새롭게 하는 중요한 자료라고 할 수 있다.

이상 두 종류의 세기는 진 소왕에서 한 문제까지의 국가 대사만을 기록하고 개인의 행적은 따로 기재되어 있지 않다. 수호지진간 편년기가 국가 대사와 묘주 희의 행적을 함께 기록한 것과 비교해 보면, 호가초장 한간 세기는 순수한 관찬 사서일 가능성이 크다고 할 수 있는데, 이는 지금까지 출토된 진한 간독 중에서는 처음 나온 것으로 중국 사학사에 매우 중요한 자료의 발견이라고 할 수 있다.

② 曆

모두 101매로 길이는 46㎝, 너비는 0.7㎝이다. 첫 번째 간의 뒷면에 卷題 '曆'을 쓰고, 앞면에는 10월에서 後9월까지 월별로 月名을 기재하고 있다. 나머지 100매의 간은 모두 간 머리 부분에 숫자를 써서 1에서 100까지 편호를 하고, 간 마다 12칸으로 나누어 1년 중 매달 삭일 간지

를 문제 後元年(기원전 163년)에서 선제 元康 二年(기원전 64년)까지 100년을 기록했다. 호가
초장 曆簡의 기록은 대체로 한초 역법과 부합하면서, 기존 은작산한간·장가산한간·공가파한
간의 曆日簡에 비해 수량도 가장 많고 기간도 가장 길어서 전한 역법 연구에 매우 중요한 의미
를 가진다고 할 수 있다.

③ 日至

모두 102매로 길이는 46㎝, 너비는 0.7㎝이다. 첫 번째 간의 앞면에는 '立冬, 立春, 立夏, 立
秋' 4개 절기를 이에 대응하는 월에 맞추어 기술하고 뒷면에 元年 刑德의 해당 방위를 기록했
다. 두 번째 간의 정면에는 "冬至, 立春, 春分, 立夏, 夏至, 立秋, 秋分, 立冬" 8개 절기의 명칭을
기재하고 뒷면에 卷題 '日至'를 쓰고 있다. 역시 편호된 나머지 100매의 간은 8칸으로 나누어
문제 後元年(기원전 163년)에서 선제 元康 二年(기원전 64년)까지 100년을 기록했는데, 대체
로 한초 절기 간지가 일치해서 曆簡과 함께 호가초장 日至簡의 발견은 진한대 역법과 절기 등
의 연구에 귀중한 가치를 가진다.

④ 律令典

약 3,000여 매의 죽간으로 지금까지 나온 전한 출토 법률자료 중에는 가장 완전한 형태의 律
典·令典이라고 할 수 있다. 죽간의 길이는 30㎝, 너비 0.6㎝이다.

律典은 3권으로, 제1권은 수호지 77호 한묘 출토 율전 "□律"과 기본적으로 서로 대응되지
만 卷題는 없다. 제2권은 卷題가 "旁律甲"이며, 제3권은 卷題가 "旁律乙"이다. 3권 모두 목록이
있고 목록에는 小結로 "凡十四律", "凡十八律", "凡十三律"로 기재되어 있다.

처음 보이는 율명으로 '外樂律', '蠻夷雜', '蠻夷士' 등 6종의 율명이 있다. 외악율은 전한 종
묘 樂舞에 관한 내용이고 만이 관련 여러 율은 한초 非漢族 지배에 관한 구체적인 내용들이다.
예를 들어 2636간은 "蠻夷邑人各以戶數受田, ∟平田, 戶一頃半, ∟山田, 户二頃半, 阪險不可狠
(墾)者, 勿以爲數."라는 내용으로 만이의 授田에 관한 자세한 규정이 나온다.

令典은 2권으로 제1권에 卷題 '令散甲'이 있고 두 권 모두 목록이 있는데 목록에 소결로 "凡
十一章", "凡卄六章"이라고 쓰고 있다.

호가초장한간독 律令典은 지금까지의 출토 법률문헌 중에서 수량이 가장 많고 체계가 가장

완비되어 있으며, 특히 전한 영전은 처음 나온 것이어서 이후 漢令의 분류, 편집 및 令典의 형성 과정 등의 연구에 새로운 진전이 기대된다고 할 수 있다.

율령전 외에 11매의 목간이 있는데, 사건 안례를 기록한 공문 형식으로 수호지진간의 봉진식과 유사하다.

⑤ 日書

죽간 약 490매로 5권으로 구분된다. 편목과 내용은 대부분 기존 일서에 보이는 것이지만 다소 차이나는 부분도 있다. 제1권은 간의 길이가 30.3㎝, 너비는 0.7㎝이며, 建除·叢辰·时·牝牡月·吉日 등의 편을 포함하고 있다. 제2권은 길이 27.5㎝, 너비 0.6㎝인데, 처음 확인되는 卷題로 '五行日書'가 있다. 내용은 建除·叢辰·五时·五産·五日·刑德行时·宿將·日夜·犬罜·时·大小徹 등 약 30편이다. 제3권은 길이 29.8㎝, 너비 0.7㎝이며, 내용은 雷·家·失火 등 3편이다. 제4권은 길이가 27.6㎝, 너비 0.5㎝이며, 첫 번째 간 뒷면에 卷題로 '詰咎'가 나온다. 앞 부분은 수호지진간·일서·甲種·詰篇과 비슷하지만 다른 내용과 처음 나오는 내용도 적지 않다. 제5권은 길이 27.6㎝, 너비 0.5㎝인데, 처음 발견되는 卷題로 "御疾病方"이 나온다. 각각 문자와 도표로 구성되어서, 죽간 상단에는 길흉의 설명이 기재되고 하단에는 이에 대응하는 도표가 있다. 호가초장 한간독의 일서는 지금까지의 진한대 일서와 유사하면서도 전혀 새로운 내용도 많아서 향후 진한대 일서 연구에 새로운 자료가 제공되었다고 할 수 있다.

⑥ 醫方

죽간 약 450매에 별도로 목독 4매가 있다. 죽간은 2권으로 나뉘는데, 제1권의 죽간은 길이 약 29㎝, 너비 약 0.6㎝로, 모두 45개의 의방에 각각 일련번호가 매겨져 있다. 내용은 복잡해서 식물재배, 가축사육, 巫祝, 病方 등으로 巫術 색채가 강하다. 제2권은 길이 약 27㎝, 너비 약 0.6㎝의 죽간에 30개의 의방이 기록되어 있다. 역시 각각 일련번호가 매겨져 있다. 각종 질병을 치료하는 의방이 주된 내용으로 巫術 색채가 상대적으로 약하다.

호가초장 의간은 수량도 많고 내용도 풍부하며 편목 구성도 분명해서, 진한대 의서 편찬과 분류 및 당시 의료 이념과 의료 수준을 이해하는데 중요한 가치를 가진다.

⑦ 簿籍

목간 60여 매에 목독 2매이다. 목독은 길이 약 22㎝, 너비 1㎝로, 1매는 한면에만 썼고 다른 1매는 앞뒤 양면에 썼다. 내용은 주로 물품 가격과 금전 출납 기록이다.

⑧ 遣策

약 120여 매로 간의 길이는 약 23㎝, 너비 약 0.6㎝이다. 다른 간에 비해 죽간 뒷면의 청색이 비교적 생생하며 편철한 끈이나 契口가 보이지 않아서 하장 시 묶지 않았을 수 있다. 수장 기물의 이름과 수량을 기재하고 있다.

호가초장 12호 한묘 및 출토 간독에 대해서는 「湖北荊州市胡家草場墓地M12發掘簡報」 (2020)와 「湖北荊州市胡家草場西漢墓M12出土簡牘槪述」(2020) 등에서 자세한 발굴 정황 및 출토 간독에 대해 소개하고 있다. 또 2021년에는 『荊州胡家草場西漢簡牘選粹』가 발간되어 일부 간독의 컬러도판과 석문을 공개했다.

4. 참고문헌

李志芳·蔣魯敬, 「湖北荆州胡家草場西漢墓出土大批簡牘」, 國家文物局 2019.12.12.

李志芳, 「十大考古候選項目 湖北荆州胡家草場西漢墓地發現大量秦漢簡牘」, 『中國文物報』 2020.1.13.

荊州博物館, 「湖北荊州市胡家草場墓地M12發掘簡報」, 『文物』 2020-2.

李志芳·蔣魯敬, 「湖北荊州市胡家草場西漢墓M12出土簡牘槪述」, 『文物』 2020-2.

荊州博物館·武漢大學簡帛研究中心 編著, 『荊州胡家草場西漢簡牘選粹』, 文物出版社, 2021.

5. 하남성·안휘성·강서성 河南省·安徽省·江西省 출토 한간

섬현 유가거 한간(1956)

陝縣 劉家渠 漢簡

1. **출토지** : 하남성 삼문협시 섬현 유가거 23호 한묘

2. **개요**

　　1) 발굴기간 : 1956년 4월~10월

　　2) 발굴기관 : 黃河水庫考古工作隊

　　3) 유적종류 : 고분

　　4) 시대 : 한대

　　5) 시기 : 후한

　　6) 출토상황 : 하남성 삼문협시 陝縣은 중국 고대 중원지역의 수륙교통의 요충지로 번영했지만, 송대 이후로 점차 쇠락하였다. 黃河水庫考古工作隊는 1955년 가을 섬현 일대를 조사하다가 적지 않은 한대 묘장을 발견하게 되어, 1956년 4월~10월까지 섬현 동쪽으로 약 3㎞ 정도 떨어진 황하 이남의 평지에 위치한 劉家渠 한묘군 45기의 발굴을 진행했다. 유가거 묘장군은 동서 450m, 남북 300m의 규모로 한묘 45기 외에 수당시기 묘 118곳, 송금시기 묘 38곳 등이 밀집해 있는 곳이다. 유가거에 인접한 북쪽 上村嶺의 후한 묘 1기를 포함해서 모두 46기의 한묘 중 2기만 전한대 묘이고 나머지는 모두 후한대 묘이다. 전한대 묘 2기는 묘장 구역의 서편에 서로 붙어있고 규모도 작은 편인데 비해, 후한 묘는 가지런히 배치되어 있으며 비교적 규모도 큰 편이다. 다만 5기의 비교적 작은 묘 외에 나머지는 모두 이미 도굴당해 묘실이 파괴되고 내부는 진흙으로 가득 차 있어서 대부분의 유물이 진흙 속에서 발견되었다.

　　발굴작업은 1956년 4월 8일부터 10월 9일까지 6개월간 진행되었다. 발굴은 중국과학원 고고연구소, 고궁박물원, 남경박물원, 상해박물관, 흑룡강성박물관, 하북성문화국 문물공작대, 하남성문화국 문물공작대, 산동성 문물관리처, 산서성 문물관리위원회, 사천성 문물관리위원회,

호남성문화국 문물정리공작대, 천진시문화국, 광주시문물관리위원회 등의 관련인원 25명이
참가했다.

46기의 한묘는 竪穴土坑墓 1기, 竪穴墓道土洞墓 2기, 斜坡墓道洞室墓 43기 등 3종류로 구분
된다. 이 중 竪穴墓道土洞墓 2기 M96·M97은 전한 묘로 도기·철기류 등과 오수전이 출토되었
다. 경사진 묘도를 가진 斜坡墓道洞室墓는 후한 묘로 시기는 후한 초·중·후기에 걸쳐있으며,
磚室墓가 28기, 土洞墓가 15기이다. 출토 유물은 전체 46기의 묘에서 도기류 1,135건, 동기
124건이 나왔다. 화폐는 반량전 8매, 오수전 6,710매, 왕망 신 화폐 大泉五十·貨泉·布泉 3종
108매, 후한대 철전 11매, 冥錢으로 보이는 鉛錢 4매 등이 있다. 철기는 93건으로 대부분 鏵·
鏟·斧·劍·刀 등 實用器이다. 鉛器는 모두 50건으로 대부분 明器類이다. 그 밖에 銀·琉璃·瑪
瑙·綠松石·骨·石·木 등의 기물이 많지는 않지만 약간씩 나왔다. 목간은 M23에서 2매가 나왔
고, 관련해서 5건의 墨이 발견되었는데 그중 3건은 보존 상태가 비교적 좋은 편이다.

3. 내용

1956년 유가거 한묘군 발굴조사에서 출토된 2매의 목간은 후한대 묘인 M23에서 나왔다. 2
매의 목간은 모두 한쪽으로 잔결이 있는데, 그중 한 목간(23:61)은 예서체로 '□門一'이라고 쓰
여 있고, 그 아래로 한 두 글자의 흔적이 희미하게나마 약간 남아있다. 남아있는 간의 길이는
18.4㎝, 너비 3.15㎝, 두께 3.5㎝ 정도로, 封檢類의 목간으로 보인다. 다른 목간(23:60)은 글자가
없는데, 남아 있는 간의 길이는 18㎝, 너비 4㎝, 두께 5㎝ 정도이다.

4. 참고문헌

黃河水庫考古工作隊, 「一九五六年河南陝縣劉家渠漢唐墓葬發掘簡報」, 『考古通信』 1957-4.
葉小燕, 「河南陝縣劉家渠漢墓」, 『考古學報』 1965-1.

부양 쌍고퇴 한간(1977)

阜陽 雙古堆 漢簡

1. 출토지 : 안휘성 부양시 潁州區 쌍고퇴 전한 1호묘(汝陰侯 夏侯竈)

2. 개요

　1) 발굴기간 : 1977년

　2) 발굴기관 : 부양지구박물관

　3) 유적종류 : 고분

　4) 시대 : 한대

　5) 시기 : 전한 文帝 15년(기원전 165년)~16년

　6) 출토상황 : 1977년 봄 안휘성 부양현 교외에서 토지 정리 작업 도중 쌍고퇴에서 도기가 발견되자, 부양시구박물관에서는 1977년 7~8월 발굴 조사를 진행하였다. 쌍고퇴는 부양현성 서남쪽 약 3㎞에 위치한다. 본래 봉토는 약 20m의 높이에 동서 약 100m, 남북 약 60~70m의 규모인데, 봉토 위에 2개의 언덕배기가 있어서 '雙古堆'라고 부르게 되었다. 1957년 取土 작업으로 봉토는 4m 정도만 남으면서 판축으로 다져놓은 상태였다. 봉토를 정리한 후 동·서 2개의 墓口가 발견되어 각각 東墓를 M1, 西墓를 M2라고 지칭했다. M2가 M1보다 조금 이른 시기인데, 묘구는 서로 17.7m 떨어져 있고 묘도는 모두 남쪽으로 향하고 있다.

　M1은 묘구가 길이 9.2m, 너비 7.65m이며 묘도는 너비 4.1m이다. 곽실은 길이 6.2m, 너비 3.8m에 1곽1관의 구조인데 곽실 서편에 도굴을 위한 구멍이 뚫려 있었다. 곽실 내의 목곽은 목탄으로 덮여 있으며 관곽의 목질은 이미 부패한 상태였다. 곽실 내부는 각각 頭箱·東邊箱·西邊箱·北邊箱으로 구분해서 수장품을 안치해 두었다. M2는 묘구가 길이 23.5m, 너비 13m에 묘도는 길이 23m, 너비 13m에 달하며 묘갱은 M1보다 더 깊다. 곽실은 길이 5.35m, 너비 3.3m이며 M1과 기본적으로 같은 구조이다. M2도 곽실 동편으로 도굴당한 흔적이 남아있다.

M1과 M2 모두 관 내에 유골이 남아있지 않다.

　두 묘는 도굴당하면서 기물이 이미 파손되고 위치가 흩어져서 온전한 상태가 별로 많지 않다. 남아있는 기물은 모두 頭箱과 邊箱 내에서 나왔고, 관에는 동경과 허리띠 외에 별 다른 것이 없었다. M1에서는 동기·도기·칠기·목기·철기 등 모두 206건의 기물이 나왔다. M2에서는 동기·도기·죽기 등 64건의 기물이 나왔는데, '女(汝)陰家丞' 봉니 3건이 나오기도 했다. 또 출토 기물 중 칠기와 동기에도 '女陰侯'라는 명문이 있고 칠기 명문 중에는 '元年', '四年', '六年', '七年', '八年', '九年', '十一年' 등의 기년이 나온다.

　한대 '汝陰'은 汝南郡에 속하면서 오늘날 안휘성 阜陽市에 해당한다. 汝陰侯는 처음 한 고조 6년(기원전 201년) 한의 공신인 夏侯嬰이 받은 封號이며, 이후 무제 元鼎2년(기원 115년)까지 4대 86년 동안 유지되었다. 칠기 명문의 기년 중 가장 긴 것이 '十一年'인데, 한초에 문제 前元 16년 이외에 8년을 넘는 기년은 없다. 따라서 칠기 명문의 '十一年'은 문제 前元11년(기원전 169년)에 해당한다. 하후영은 문제 8년에 사망했기 때문에, 그의 묘장 수장기물에 '十一年'이 나올 수 없다. 전부 4명의 여음후 중 3대와 4대 여음후는 무제 때 사망했는데, 쌍고퇴 한묘의 묘장 형식과 수장 기물에는 무제 시기의 특징은 없다. 따라서 쌍고퇴 M1의 묘주는 제2대 여음후인 夏侯竈라고 추정할 수 있다. M1은 M2의 봉토를 무너뜨리고 만들어져서, M2는 M1보다 약간 시기가 이른데 아마도 M2의 묘주는 하후조의 부인으로 추정된다. 하후조는 부친 하후영이 사망한 후 문제 9년 여음후를 이어받아 문제 15년(기원전 165년)에 사망했으니, 쌍고퇴 M1의 묘장 시기는 문제 15년(기원전 165년) 전후라고 할 수 있다.

　쌍고퇴한간은 M1 東邊箱에서 출토되었는데, 이미 도굴되면서 지반이 무너지고 죽간이 들어 있던 漆笥도 부패했기 때문에, 압박을 받은 간독은 검게 변색되고 수축되어 얇은 종이처럼 한 덩어리로 뭉쳐져 있었다. 일일이 벗겨서 분리하는 작업이 현지에서는 매우 힘들었기 때문에, 결국 1978년 중국 국가문물국 문물보호연구소로 간독을 덩어리 채 옮겨가게 되었다.

　근 1년에 걸친 세심한 분리 작업을 거친 후, 국가문물국 문물보호연구소는 문물국 고문헌연구실의 于豪亮·胡平生과 阜陽地區博物館의 韓自强 등 전문가들로 阜陽漢簡整理·研究小組를 조직하고 본격적인 정리 작업을 진행했다. 본래 변질되어 한 덩어리로 뭉쳐져 있던 간독을 하나하나 분리해서 정리하는 작업은 매우 지난한 과정이었다. 하지만 결국 2년여 만에 일부분의 파손에도 불구하고, 죽간을 하나하나 분리해서 번호를 부여하고 사진 촬영과 석문 작업까지 마친 후 10여 종의 전적으로 내용별 분류를 했다.

3. 내용

안휘성 부양 쌍고퇴한간은 전한 문제 때 여음후 하후조의 무덤에서 출토된 간독으로, 지난한 분리 작업을 거친 후 모두 죽·목간 6,000여 매와 목독 3매로 정리되었다.

1) 죽·목간

죽간은 대체로 잔간의 형태인데, 가장 긴 것은 17.5㎝에 너비 0.5㎝ 정도이다. 내용별로 분류하면 『蒼頡篇』, 『詩經』, 『周易』, 『萬物』, 『作務員程』, 『年表』, 『大事記』, 『呂氏春秋』, 『莊子』, 『刑德』, 『日書』, 『星占』, 『相狗經』 등 10여 종의 典籍이다.

① 『蒼頡篇』

120여 잔편에 李斯의 『蒼頡』, 趙高의 『爰曆』, 胡毋敬의 『博學』 등을 포함하는데, 현재 기본적으로 온전한 글자 541자가 남아있다. 『流沙墜簡』, 『거연한간』 등의 『창힐편』 잔간은 모두 한대 수정된 텍스트로 부양한간 『창힐편』과 비교하면 다소 다른 문장이 있다. 또 진시황의 이름 '政'을 피휘해서 '端'으로 쓰는 '筋端修法'과 같은 구절을 보면, 한대 수정되기 이전의 본래 진대의 텍스트라는 것을 알

C001 C002 C003 C004 C005 C006 C011 C010 C012

〈부양 쌍고퇴 한간 『蒼頡篇』(「阜陽漢簡簡介」, 『文物』 1983-02, 24쪽 轉載)〉

수 있다.

②『詩經』

170여 매의 잔편을 정리했는데, 현행본『시경』중 國風의 약 65편과 小雅의「鹿鳴之什」,「伐木」등의 시를 포함하고 있다. 다만 온전하게 시가 남아있지는 않고 심지어 편명만 있는 경우도 있다. 본래 간에는 '「日月」九十六字', '「南有樛木」卅八字'와 같이 시 마다 편제와 글자 수가 있었고, 國風의 시는 '右方「北國」', '右方「鄭國」'과 같이 끝부분에 제목이 있다. 한대『시경』학파는 魯詩·韓詩·齊詩·毛傳 등이 있는데, 부양한간의『시경』은 이와도 차이가 있어서 다른 문장이 100여 군데에 이른다. 동음의 가차자가 많고 다른 뜻의 다른 문장인 경우도 있다. 예를 들면「邶風·燕燕」의 '燕'자를 '匽'자로 쓴다던지,「邶風·終風」의 '惠而好我, 携手同車'의 '而'자를 '然'자로, '車'자를 '居'자로 쓴다던지 하는 경우이다.

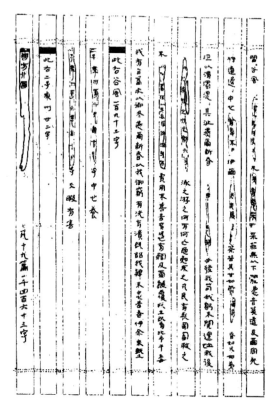

〈부양 쌍고퇴 한간『詩經』죽간 복원도(『阜陽漢簡詩經硏究』, 108쪽 轉載)〉

③『周易』

약 700여 잔편에 완전한 간은 하나도 없다. 가장 긴 간이 대략 15.5㎝ 정도에 20자가 쓰여있다. 현행본『주역』64괘 중 40여 괘를 포함하고 있다. 그중에는 卦辭·爻辭가 200여 片이고 또 현행본과 다른 점괘가 400여 片이 있다. 매 爻辭 사이는 둥근 점으로 끊으면서, 효사 다음에 점괘가 나온다. 점괘는 날씨, 사냥, 결혼, 질병, 여행 등 일상의 일에서부터, 관직에 나아가 군주

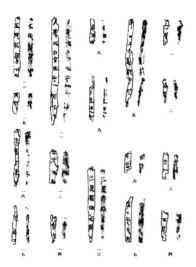

〈부양 쌍고퇴 한간 『周易』 도판 및 摹本
(『阜陽漢簡周易研究』, 3쪽 轉載)〉

를 섬기는 군왕과 대신의 정무에 이르기까지 다양한 내용이다. 부양 『주역』의 경문은 현행본과 다른 내용이 많은데, 通假字가 많은 편이다. 또 卦畫는 臨卦·离卦·大有卦 3곳에 보이는데, 현행본이나 마왕퇴백서와도 다른 모양이다.

④ 『萬物』

약 200여 잔편에 약초·방술·의약 관련 내용을 포함해서, 정리소조는 임시로 『雜方』이라고 명명하였다. 부양한간 중에서는 비교적 온전한 편으로, 많은 경우 잔간 1매에 30여 자가 있기도 하다. 1구절로 1단을 만들어, 매단 사이는 흑점으로 구분하였다. 주된 내용은 의약 관련이지만 物性·物理에 관한 설명도 있어서 중국 고대 의·약학사를 포함해서 과학사 연구에 중요한 자료이다.

⑤ 『作務員程』

170여 잔편이다. '作務'는 수공업 작업이고 '員程'은 그 작업 인원 및 일수를 헤아린 공정을 뜻한다. 즉 『作務員程』은 수공업 작업에서 사용하는 인원·자원의 수량과 규격을 규정한 것이다. 주요 내용은 기물제조·건축공정·농산품 가공 등에서 규격·표준 및 1인 1일 작업량 등이다. 노동력은 上工·中工·下工으로 구분하고, 작업량은 夏日·春秋日·冬日로 구분하고 있다. 또 관련 도량형 자료도 있어서 참고할 만하다. '均輸' 등의 내용을 포함한 『算術』 30여 편도 있지만 잔결이 심해서 판독하기가 어렵다.

⑥ 『年表』, 『大事記』

『年表』는 서주부터 진시황까지 각국의 군왕 재위 기간을 기록한 것이다. 200여 개의 잔편이지만 잔결이 매우 심해서 판독하기 어렵다. 『年表』에서 王·公·侯·伯은 대부분 시호로 지칭하면서, 그 앞에 國名은 붙이지 않았다.

『大事記』는 진왕 정 즉위 후부터 한 초까지 수십 년의 일을 기록한 것인데, 10여 개의 잔편만 남아 있고 가장 긴 것은 8자만 남아있다.

⑦ 『呂氏春秋』

약 40여 片으로 현행본의 「十二紀」 내용과 유사하며, 「孟夏」, 「勤學」, 「蕩兵」 등 20여 편이다.

⑧ 『莊子』

약 40여 片으로 현행본 『莊子』 內篇의 「大宗師」, 「應帝王」와 外篇의 「駢拇」, 「在宥」, 「天地」, 「至樂」, 「達生」, 「田子方」, 「知北遊」 및 雜篇의 「徐無鬼」, 「則陽」, 「天下」 등의 내용을 포함하고 있다. 다만 잔결이 너무 심해서 내용의 전모를 확인하기는 어렵다.

⑨ 『說類雜事』

수천여 잔편이 『說苑』, 『新序』 및 『春秋』의 내용과 부합해서 『說類雜事』로 명명해서 묶었다. 이 중 공자의 언행과 관련 있는 것도 상당수 있다.

⑩ 『天文曆占』

수백여 잔편으로 天文과 人世를 연결해서 그 길흉을 예측하는 내용이다. 『日書』, 『刑德』, 『五星』, 『向』, 『楚月』, 『星占』, 『天曆』, 『干支』, 『朔閏表』 등이 있다.

⑪ 『相狗經』

몇 개의 잔편만 있는데, 개의 체형과 잘 달리는 것의 관계에 대해 설명하는 내용이다.

⑫ 『楚辭』

2片의 『楚辭』 잔편이 나왔는데, 하나는 「離騷」로 4자만이 남아있고 또 하나는 「涉江」으로 5자만이 확인된다. 그밖에 辭賦로 추정되는 잔편이 좀 더 있지만 분명하지 않다.

⑬ 『行氣』

잔편이 많지 않은데, 주로 行氣의 기능 및 방법을 설명하는 내용이다.

2) 목독

부양 쌍고퇴 M1 한묘 출토 목독은 3매로서 길이 23㎝에 너비 5.5㎝이다. 온전한 목독 1매(1호 목독)와 파손이 심한 목독 2매(2·3호 목독)인데 모두 서적의 篇題를 기록한 것이다. 1호 목독은 앞뒤 양면에 각각 3행으로 46개의 편제를 썼는데, 내용은 '子曰北方有獸', '孔子臨河而嘆',

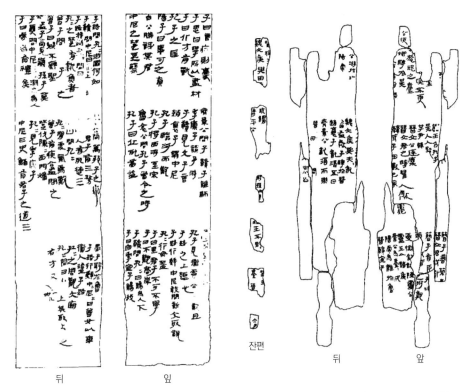

〈부양 쌍고퇴 한간 1호 목독 「儒家者言」 摹本
(『阜陽漢簡周易研究』, 152쪽 轉載)〉

〈부양 쌍고퇴 한간 2호 목독 「春秋事語」 摹本(『阜陽
漢簡周易研究』, 168쪽 轉載)〉

'衛人醢子路'와 같이 공자 및 그 제자와 관련이 있어 「儒家者言」으로 명명되었다. 대부분 현행
본 『孔子家語』에서 확인된다.

　2호 목독은 앞뒤 양면에 서사했는데, 20여 개의 편제가 확인된다. '晉平公使叔罷聘于吳', '吳
人入郢', '趙襄子飮酒五日' 등과 같이 춘추·전국의 고사인데, 『說苑』, 『新序』 등에서 볼 수 있는
제목들로 「春秋事語」라고 명명되었다. 3호 목독은 한면에만 서사하여 편제가 '樂論', '智(知)遇',
'頌學' 등과 같이 간단한 편인데, 아마도 『荀子』 등 유가 서적과 관련 있는 것으로 보인다.

　서체는 모두 예서체이지만 각 서적의 서풍이 각기 달라서 한 사람이 쓴 것은 아니다. 따라서 각 서적의 서법을 서로 비교하면 한초 書法史 연구에도 매우 의미 있는 자료라고 할 수 있다.

현재 阜陽地區博物館에서 소장하고 있다.

1977년 처음 출토된 부양 쌍고퇴 한간은 지난한 분리 작업을 거친 후 바로 정리소조가 결성되어 간독의 배열 및 편호, 도판 사진 및 모본, 석문 등의 작업을 진행하였다. 그 결과는 먼저 현지 발굴기관인 安徽省文物工作隊·阜陽地區博物館·阜陽縣文化局 등이 「阜陽雙古堆西漢汝陰侯墓發掘簡報」(1978)로 묘장의 형태와 수장 기물 및 『창힐편』, 『시경』, 『형덕』 등의 일부 간독 사진을 소개했다. 이어서 國家文物局 古文獻研究室과 安徽省阜陽地區博物館이 결성한 阜陽漢簡整理組가 「阜陽漢簡簡介」(1983)에 출토 죽간에 대한 전면적인 소개를 했다. 정리소조는 동시에 「阜陽漢簡〈蒼頡篇〉」도 게재하여 「창힐편」의 석문·주석 및 모본과 일부 도판 등을 발표했다. 또 『阜陽漢簡〈詩經〉』(1984)에 『시경』간의 석문과 모본 및 분석이 공개되었고, 「阜陽漢簡〈楚辭〉」(1987)에 『초사』 잔편의 사진이 수록되었다. 「阜陽漢簡〈萬物〉」(1988)에는 『만물』간의 석문·주석 및 일부 모본이 실렸다. 胡平生·韓自强의 『阜陽漢簡〈詩經〉研究』(1988)는 『시경』간의 전체 도판 사진 및 석문을 수록했으며, 특히 부록으로 죽간의 모본 및 본래 『시경』의 죽간본 복원도까지 실려 있다. 「阜陽漢簡〈莊子〉」(1990)은 부양한간 『장자』간에 대해 소개하는데, 모본도 함께 수록하고 있다. 「阜陽漢簡〈年表〉整理札記」(1991)는 『연표』에 대한 고증과 추정을 했다. 「阜陽雙古堆漢簡數術書簡論」(1998)은 부양한간의 『日書』, 『五星』, 『楚月』, 『天曆』, 『算術書』, 『刑德』, 『向』, 『周易』, 『相狗』, 『漢初朔閏表』, 『干支表』 등 數術書 서적에 대한 소개와 考釋을 진행하였다. 「阜陽雙古堆漢簡與〈孔子家語〉」(2000)는 부양한간 1·2호 목독 및 『說類雜事』簡의 내용을 소개했다. 또 「阜陽漢簡 國之瑰寶」(2000)는 부양한간에 대한 일반적인 소개를 하기도 했다. 「阜陽漢簡〈周易〉釋文」(2000)은 『주역』간의 석문과 일부 모본을 수록했다. 『阜陽漢簡〈周易〉研究』(2004)는 『주역』간의 전체 도판 사진·모본·석문을 공개했는데, 부록으로 1호(儒家者言)·2호(春秋事語) 목독의 사진·모본·석문도 함께 수록했다. 『長江流域出土簡牘與研究』(2004)에서도 부양한간에 대해 상세한 소개를 하고 있으며, 『中國簡牘集成』(2005)에도 부양한간의 『蒼頡篇』, 『萬物』, 『詩經』, 『周易』, 『年表』, 『相狗』, 『算術』 및 목독의 사진 및 석문·주석을 수록하고 있다. 「阜陽雙古堆漢簡〈莊子〉」(2013)은 『장자』간의 전체 사진 및 석문을 실었다.

4. 참고문헌

安徽省文物工作隊·阜陽地區博物館·阜陽縣文化局,「阜陽雙古堆西漢汝陰侯墓發掘簡報」,『文物』1978-8.

阜陽漢簡整理組,「阜陽漢簡簡介」,『文物』1983-2.

阜陽漢簡整理組,「阜陽漢簡〈蒼頡篇〉」,『文物』1983-2.

阜陽漢簡整理組,「阜陽漢簡〈詩經〉」,『文物』1984-8.

阜陽漢簡整理組,「阜陽漢簡〈楚辭〉」,『中國韻文學刊』創刊號, 1987.

阜陽漢簡整理組,「阜陽漢簡〈萬物〉」,『文物』1988-4.

胡平生·韓自强,『阜陽漢簡〈詩經〉研究』,上海古籍出版社, 1988.

韓自强,「阜陽漢簡〈莊子〉」,『文物研究』6, 黃山書社, 1990.

胡平生,「阜陽漢簡〈年表〉整理札記」,『文物研究』7, 黃山書社, 1991.

胡平生,「阜陽雙古堆漢簡數術書簡論」,『出土文獻研究』4, 中華書局, 1998.

胡平生,「阜陽雙古堆漢簡與〈孔子家語〉」,『國學研究』7, 北京大學出版社, 2000.

李曉春,「阜陽漢簡 國之瑰寶」,『文史知識』2000-6.

中國文物研究所古文獻研究室·安徽省阜陽市博物館,「阜陽漢簡〈周易〉釋文」,『道家文化研究』18, 三聯書店, 2000.

韓自强,『阜陽漢簡周易研究』,上海古籍出版社, 2004.

胡平生·李天虹,『長江流域出土簡牘與研究』,湖北敎育出版社, 2004.

中國簡牘集成編輯委員會,『中國簡牘集成』,敦煌文藝出版社, 2005.

宋迎春,「阜陽漢簡發現整理與研究綜述」,『阜陽師範學院學報(社会科学版)』2006-1.

阜陽漢簡整理組,「阜陽雙古堆漢簡〈莊子〉」,『出土文獻研究』12, 中西書局, 2013.

胡旋,「阜陽漢簡詩經集釋」,吉林大學碩士學位論文, 2013.

王聰潘,「阜陽漢簡周易集釋」,吉林大學碩士學位論文, 2013.

陳敏學,「阜陽漢簡研究綜述」,『阜陽師範學院學報(社会科学版)』2015-6.

천장 기장 한간(2004)

天長 紀莊 漢簡

1. 출토지 : 안휘성 천장시 안락진 기장촌 19호 전한묘

2. 개요

　　1) 발굴기간 : 2004년 11월

　　2) 발굴기관 : 천장시박물관

　　3) 유적종류 : 고분

　　4) 시대 : 한대

　　5) 시기 : 전한 중기, 무제 元狩6년(기원전 117년) 이후

　　6) 출토상황 : 안휘성 천장시는 高郵湖의 서안에 위치하는 水鄉지대이다. 2004년 11월 26일 천장시 북쪽 205호 국도에서 동쪽으로 3㎞ 정도 들어가는 곳의 안락진 기장촌에서 저수지 공사 도중 고묘가 발견되어, 천장시박물관은 이를 19호묘(M19)로 편호하고 구제 발굴을 진행했다. 19호묘의 위치는 안휘성 동북부로 강소성 盱眙와의 접경 지역이면서 북쪽의 北崗 한묘군과는 1㎞ 떨어져 있어서 위치상으로 북강 한묘군에 속한다.

　천장 기장 19호 한묘는 묘 위에 봉토층은 없고, 수혈식 토갱묘에 1곽1관의 형태이다. 곽은 길이 3m, 너비 1.8m이며, 邊箱과 頭箱을 갖추고 있다. 관내에 인골은 이미 부패하여 남아 있는 것이 없어서 묘주의 성별은 확인할 수 없다. 관·곽의 수장품은 주로 邊箱·頭箱에 놓여져 있었는데, 모두 119건의 유물이 나왔다. 도기 8건, 동기 8건, 철기 7건, 칠기 47건, 목기 49건으로 그중 목독 34매가 출토되었다.

　19호묘의 위치는 한대 臨淮郡 東陽縣에 속하는데, 출토 목독의 내용으로 묘주가 謝孟이라는 이름의 동양현 관리였다고 추정하고 있지만 이를 분명히 확정하기는 어렵다. 19호묘의 출토 문자에 명확한 기년은 없지만, 묘장의 형식이나 출토 유물의 특징으로 보아, 묘장 연대는 전한 중

엽으로 볼 수 있는데 또 서체의 특징에서 무제 중엽에서 선제 무렵으로 추정할 수 있다.

3. 내용

천장 기장한간의 목독 34매는 길이 22.2~23.2㎝에 너비 3.6~6.9㎝이다. 글자는 약 2,500여 자 정도이고, 頭箱 쪽에서 출토되었는데 보존 상태가 비교적 완전하나 약간의 잔결이 있다. 앞 뒤 양면으로 글씨를 썼는데, 한면에만 쓴 것도 있다. 서체는 예서이고 일부 글씨가 분명하지 않은 부분도 있다. 내용은 공문서로 戶口簿·算簿, 사문서로는 서신·木刺·藥方·禮單 등이다. 목독 마다 필체가 서로 달라서 서사자는 복수일 가능성이 크다.

한편, 19호묘에서는 靑石의 板硯이 들어있는 漆硯盒도 함께 출토되었는데, 길이가 23㎝, 너비 8.6㎝의 장방형이다. 장방형 硯은 주로 무제 이후 전한 중후기에 주로 출토된다는 점에서도 19호묘의 시기는 무제 이후 전한 중후기로 볼 수 있다.

천장 기장한독은 「安徽天長西漢墓發掘簡報」(2006)에 발굴 상황과 목독 사진 및 석문이 소개 되어 있다. 천장 기장 19호 출토 목독은 특히 호구부와 산부가 중요한 의미를 가지는데, 한대 호적·부세·의약 등 여러 분야의 연구에 중요한 문자 자료를 제공해 준다고 할 수 있다. 현재 天 長市博物館에서 소장하고 있다.

4. 참고문헌

天長市文物管理所·天長市博物館, 「安徽天長西漢墓發掘簡報」, 『文物』 2006-11.

何有祖, 「安徽天長西漢墓所見西漢木牘管窺」, 簡帛網 2006.12.19.

남창 해혼후묘 한간(2011~2016)

南昌 海昏侯墓 漢簡

1. **출토지** : 강서성 남창시 新建區 大塘坪鄕 觀西村 해혼후 묘

2. **개요**

   1) 발굴기간 : 2011년 3월~2016년 10월

   2) 발굴기관 : 강서성 문물고고연구소, 남창시박물관, 신건구박물관

   3) 유적종류 : 고묘

   4) 시대 : 한대

   5) 시기 : 전한 중기(宣帝)

   6) 출토상황 : 전한 소제의 뒤를 이어 황제로 즉위했다가 27일만에 폐위되었던 廢帝 海昏侯 劉賀 묘는 강서성 남창시 신건구 대당평향 관서촌에 위치한다. 2011년 3월 해혼후 묘가 도굴당하게 되자, 강서성 문물고고연구소는 남창시박물관·신건구박물관과 협력하여 정식 발굴 조사를 2016년 10월까지 5년에 걸쳐 진행하고 일단락지었다.

   소제의 뒤를 이어 황제가 되었다가 27일 만에 폐위된 유하는 한 선제 元康3년(기원전 63년)에 지금의 강서성 남창시 서북부에 해당하는 지역에 해혼후로 봉해졌다가 神爵3년(기원전 59년)에 사망한다.

   해혼후 묘는 지금까지 발견된 한대 列侯급 묘장 가운데 가장 규모가 크고 보존상태가 양호한데, 묘원은 해혼후국의 도성이었던 紫金城 서편에 위치한다. 묘원 내는 2기의 주묘와 7기의 배장묘와 1기의 거마갱 및 園墻·門闕·사당·廂房 등의 건축물이 있다. 2011년 발굴이 시작된 이래 1만여 건의 유물이 대량으로 출토되어 한대 정치·경제·문화·사회 제 방면 연구에 중요한 의미를 가지게 되었는데, 특히 5,200여 매에 달하는 죽간과 66매의 목독과 110매의 木楬이 나와서, 중국 고대 간독 발견에서 더욱 풍부하고 새로운 자료를 얻게 되었다. 출토 유물은 간독

외에 漆耳杯 수천 점, 오수전 200만 매를 비롯하여, 편종·편경 등의 악기류, 목용·거마용 등의 목기류, 마제금·호박 등의 황금·보석류, 동경·동화로 등 동기, 옥검·옥이배 등의 옥기류 등 진귀한 유물들이 대량으로 출토되었다.

3. 내용

출토 한간은 죽간이 5,200여 매, 목독이 66매, 木楬이 110매에 달한다. 2015년 10월 荊州文物保護中心의 지도 하에 출토 간독에 대한 정리 보호 작업이 정식으로 시작되었다. 간독은 본래 3개의 漆笥 안에 들어있었지만, 漆笥는 이미 부패한 상태였다. 일부 목독은 죽간 사이에 섞여 있었고, 공문 奏牘은 漆笥 내에 별도로 놓여 있었다. 출토 당시 간독의 상태는 매우 좋지 않아서 완전한 형태의 간은 10%도 되지 않았다. 2018년 3월 북경대학의 출토문헌연구소와 강서성문물고고연구원이 함께 간독 정리작업을 진행하여, 죽간 대부분은 서적류에 속하고 나머지 500여 매 죽간은 昌邑王國과 海昏侯國의 행정과 의례 등과 관련있는 내용이라고 분석했다. 목독 66매는 서적 외 공문서이고, 木楬 簽牌는 수장 의물의 내용과 수량 등을 기재한 것이었다. 해혼후묘 출토 간독을 내용별로 분류하면 다음과 같다. 『論語』, 『詩經』, 『禮記』類, 『春秋』, 『孝經』類, 祀祝禮儀類와 諸子類, 『子虛賦』, 『葬賦』 등의 詩賦, 六博 棋譜, 數術類 및 方技類 서적들이다.

1) 典籍

(1) 六藝類

해혼후묘 한간 중 『詩經』, 『禮記』類, 祠祝禮儀類, 『論語』, 『春秋』, 『孝經』類 등의 유가 문헌은 『한서』 예문지의 '六藝類'와 관련 있다.

①『詩經』

현존 1,200여 매로 상중하 세 줄로 편철했다. 1매에 20~25자 정도이고 대부분 잔결된 상태로 완전한 형태의 간이 없다. 간문은 篇目과 詩文으로 구분된다. 편목간은 칸을 나누어 썼는데, 약 20자이다. 간문에 "■詩三百五扁(篇)", "頌卌扁(篇)", "大雅卅一扁(篇)", "國百六十扁(篇)" 등이 보이므로, 이로 추산하면 小雅는 74편이 되어서 현행본 『毛詩』와 편수가 일치한다. 다만 간문에 "凡千七十六章"은 현행본 1,142장과 차이가 크다.

詩文은 예를 들어 "日止日時, 築室于兹. 兹, 此也. ●其三, 六句."와 같이 본문에 훈고를 부기하는 형식이며, 장의 말미에는 원점으로 장의 순서와 句의 수를 기재했다.

매 편의 말미에는 예를 들어 "匪風三章, 章四句. ●凡十二句. 刺正(政)."와 같이 전체 章의 수 및 매 장의 句 수를 기록한 뒤, 작은 원점을 찍고 전체 句 수와 시의 요지를 썼다.

해혼후묘 한간 『시경』은 지금까지 출토된 부양한간 『시경』, 夏家臺 초간 『시경·패풍』, 안휘 대학장전국간 『시경』에 이은 가장 많은 분량의 『시경』 간독으로 한대 경학사에서 『시경』 연구에 매우 중요한 새로운 자료를 제공해 준다고 할 수 있다.

② 『禮記』類

현존 약 300여 매로 대부분은 잔간이다. 간독의 형태, 글자 수, 서체, 내용 등에서 4조로 나눌 수 있다. 제1조는 네 가닥으로 편철했는데, 매 간의 글자는 약 40자로 문자 간의 간격이 조밀한 편이다. 내용은 현행본 『예기』의 曲禮上과 曲禮下에 해당하는 것으로, 판독 가능한 문자는 그중 30장 정도이다. 제2조는 세 줄로 편철했는데, 완정간의 글자는 26자이다. 내용은 현행본 『예기』의 祭義, 喪服四制 등의 편과 부합한다. 현행본 『大戴禮記』의 曾子疾病·曾子事父母 등의 편과도 부합한다. 다만 문자는 현행본과 차이가 크고 현행본에는 없는 문구도 일부 있다. 제3조는 잔결이 심해서 본래 형태를 추정하기 어렵다. 내용은 현행본 『大戴禮記』 保傅편에 해당한다. 제4조는 출토 시 『논어』간과 뒤섞였다. 상중하 세 줄로 편철했고 매 간당 글자 수는 24자이다. 내용은 현행본 『예기』의 中庸편에 해당하는데, 현재 판독 가능한 문자는 그중 10여 장이다. 또 『예기』 祭義와 『大戴禮記』 曾子大孝와도 부합하는 내용이 있지만, 현행본에는 보이지 않는 내용도 일부 있어서 『예기』류 문헌이나 『논어』의 일편일지도 모르지만 확정할 수는 없다.

③ 祠祝禮儀類

해혼후묘 간독 중 100여 매는 祝禱·祭祀와 관련이 있어서 '祠祝簡'으로 칭한다. 상하 두 줄로 편철했고 1매 당 28~32자를 썼다. 핵심 내용은 祈福이다. 간문의 형식은 진한시기 祠祝類 문헌과 비슷해서, 먼저 발어사 '皋'로 시작해서 '敢謁(某神)'로 기도 대상을 특정한 뒤 기도 말[祝辭]

과 신의 승낙이 이어진다. 기도의 대상은 先農, 五帝 등이고, 기도 말[祝辭]은 4자의 운문이다. 기도의 목적은 기우, 풍년, 수명, 자손 등인데, 그중 농사에 관한 것이 대다수이다. 이런 종류의 죽간은 해혼후국 혹은 창읍왕국의 祝官이 실제 사용했을 祝文이었을 가능성이 크다. 특히 기도의 대상으로 간문에서 언급되는 五帝는 五方, 五色 등으로 배열되는 '五色帝'이다. 五色帝는 선진 문헌에서 이미 확인되며 한대 국가제사에도 있지만 상세한 제사의 내용은 지금까지 알려진 바가 없었다. 五色帝를 기도 대상으로 하는 문헌은 해혼후묘 한간에서 처음 출현한 것으로, 한대 국가제사와 관련해서 새로운 자료라고 할 수 있다.

또 의식 관련 죽간은 주로 특정 의식에서 참여자의 위치, 진퇴 시의 행동, 주관자의 호령 등을 기록하고 있는데, 내용이 『儀禮』 등의 문헌과 비슷하다. 죽간 기록의 주체가 모두 '王'으로 호칭되고 있어, 아마도 해혼후 유하가 창읍왕일 때 행했던 의식에서 사용되었을 것으로 보인다. 『의례』 외에는 실제 의례를 행하는 문헌 기록을 찾아보기 어렵다는 점에서, 처음 발견된 한대 제후왕의 실제 의례 기록은 매우 중요한 의의를 가진다. 한대 실제 의례의 내용을 이해하는 것 뿐만 아니라, 『의례』 등 예와 관련된 경전 문헌과의 관계를 살펴보는데에도 크게 도움이 되는 자료라고 할 수 있다.

④ 『論語』

현존 500여 매로, 상중하 세 줄로 편철했다. 매 간 24자를 썼고, 重文·合文·句讀 등의 부호를 사용하지 않았다. 서체는 차이가 있어서 한 사람이 쓴 걸로는 보이지 않는다. 보존 상태가 좋지 않아서

〈해혼후묘 한간 논어 智道簡(考古 2016-07, 圖57, 58 轉載)〉

완전한 형태의 간은 매우 적고, 판독 가능한 문자는 현행본 『논어』의 1/3 정도이다.

각 편의 첫 간 뒷면에 '雍也', '子路', '堯', '智道' 같은 표제가 확인된다. 현행본과 차이가 비교적 큰데, 특히 글자 사용에서 완전히 다른 부분이 많다. 예를 들어 현행본의 '知'자는 모두 '智'로, '政'은 '正'으로, '能'은 '耐'로, '舊'는 '臼'로, '焉'은 '安'으로, '如'는 '若'으로 쓰는 식이다. 주목할 만한 내용으로 해혼후 한간 『논어』의 「智道」편은 그 편제나 내용이 현행본에는 보이지 않는다는 점이다. 이는 해혼후 한간 『논어』가 현행본 『논어』의 원류가 되는 한대 『魯論』 계통이 아니라, 『한서』 예문지에 저록된 『齊論』 계통에 속할 가능성을 보여준다. 전한대 『齊論』을 익힌 유가 중 王吉이 창읍왕 유하의 國中尉를 지냈다는 사실에서, 해혼후묘 출토 『논어』가 바로 왕길로부터 나왔다고도 추정할 수 있다. 따라서 해혼후묘 출토 『논어』의 발견은 한대 『논어』 텍스트의 변화 및 경전 성립 과정을 이해하는데 매우 중요한 의미를 가진다.

⑤『春秋』

현존 죽간 200여 매로 모두 잔결된 상태이며 완전한 형태의 간이 없다. 문자도 대부분 분명하지 않아 판독하기 어렵다. 지금까지 판독 가능한 간은 40여 매로, 대부분 『춘추경』의 僖公條 기사이다. 간문 중에는 일부 『춘추공양전』의 내용도 있지만 문장은 차이가 크다.

⑥『孝經』類

현존 죽간 600여 매로 모두 심하게 파손된 상태이다. 내용은 '孝'에 관한 해석이다. '孝', '親', '兄弟'가 높은 빈도로 사용되며, 일문일답의 형식이 많다. 간문에서는 『효경』을 한번도 언급하지는 않지만, 문구는 『효경』과 유사한 점이 많다. 해혼후묘 출토 『효경』류는 지금까지 출토된 관련 문헌 중 가장 풍부한 내용이어서, '孝'와 관련된 한대 유가 학설을 연구하는데 중요한 의의를 가진다.

(2) 諸子類

해혼후묘 한간 중 체제가 政論書에 가까운 죽간이 50여 매 있다. 대부분 상태가 양호해서 글자도 분명하다. 상하 두 줄로 편철했고, 1매 당 32자 정도 썼다. 간문의 내용은 周와 秦을 비교해서 '輕徭薄賦', '偃武行文', '仁義治國' 등을 주장하는 전형적인 유가의 政論이다. 간문에서 '春秋曰'로 언급되는 몇 부분은 현행본 『춘추』 경전에는 없는 내용이어서 주목된다.

(3) 詩賦類

詩賦類 문헌은 현존 약 200여 매인데, 완전한 형태의 간이 많지 않다. 현재 석독한 바로는 漢賦로 『子虛賦』와 『葬賦』(잠정 명칭)가 있다. 이외 歌詩 일부가 있다. 목독에도 詩賦 1편이 있지만 문자가 흐릿해서 내용을 판독하기 어렵다.

『子虛賦』는 10여 매이지만, 손상이 심해서 판독은 3매 정도만 가능하다. 문구는 『사기』, 『한서』에 실린 『子虛賦』와 거의 비슷하지만, 약간 다른 부분도 있다. 『葬賦』는 현존 20여 매로 상하 두 줄로 편철했다. 글자 수가 비교적 많은 간은 15매이다. 간문은 발병, 장례, 조의, 상곡, 제사 등에 詠嘆하는 내용인데, '君侯', '侯', '夫人' 같은 글자가 자주 사용되어서 해혼후 유하와의 관련을 고찰해볼 필요가 있다.

『子虛賦』와 『葬賦』 등 시부는 은작산한간의 『唐勒』, 윤만한간의 『神烏賦』, 북대한간의 『反淫』과 함께 전한 중기 漢賦의 변화 발전을 연구하는데 새로운 자료를 제공해 준다. 또 일부 歌詩는 돈황한간의 『風雨詩』 이래 또 하나의 중요한 발견으로, 한대 樂府의 '采風', '采詩'를 연구하는데 중요한 의미를 가진다.

(4) 六博

六博 棋譜는 1,000여 매이지만, 손상이 심하고 완전한 형태의 간이 매우 적다. 상하 두 줄로 편철했고, 서로 다른 서체가 3종 이상이어서 서사자는 3인 이상인 것으로 보인다. 간문에 篇題가 있지만 알아보기 어렵다. 편제 아래에 '靑', '白'으로 상대를 지칭하면서 순서대로 행마의 위치를 기술한 뒤, 말미에 원점을 찍고 '靑不勝', '白不勝'의 판정을 했다. 지금까지 출토된 六博은 모두 점복에 관련된 것으로, 해혼후묘에서 처음 六博의 실제 棋譜가 발견된 것이다. 한대 우주 관념, 六博의 규칙 등 사상·문화·사회·생활사 연구에 중요한 의미를 가진다고 할 수 있다.

(5) 數術類

해혼후묘 출토 간독 중에는 지금까지 볼 수 없었던 數術類 문헌들이 있다. 현존 죽간 300여 매로, 그중 60여 매는 음양오행·五方五帝와 관련된 것이다. 『易占』類는 180여 매인데, 간문의 손상이 심한 편이다. 상하 두 줄로 편철했는데, 대략 1매 당 35자이다. 직접 『역경』의 괘사와 효사를 인용하지는 않으면서, 『역경』을 사용해서 일상의 길흉을 점치는 數術書이다. 이외에 雜占

書 100여 매가 있는데, 종류를 확정하기 어렵다. 내용은 刑德과 十二時를 서로 배치해서 길흉을 점치는 것으로, 윤만한간의 『刑德行時』와 비슷하다. 해혼후묘 한간 數術類 문서의 발견은 한대 數術學 연구에 중요한 신자료이며, 관련된 사상사·과학기술사·사회사 방면 등의 연구에 중요한 의의를 가진다.

(6) 方技類

方技類 문헌은 대체로 房中·養生·醫方 등의 내용으로, 현존 죽간은 200여 매이다. 방중은 마왕퇴 한간백 『天下至道談』의 '八道'에 '虛', '實'을 더해서 '十道'를 다룬다. 양생은 容成氏의 입을 빌려 "貴人居處安樂飮食"을 이야기하는데, "●黃帝一"이라는 장 제목이 보인다. 의방은 일부 처방의 명칭이 보이는데, 그중 해충 구제 방법도 있다. 해혼후 한간의 方技書는 무위 한간, 마왕퇴 한간백, 북대 한간, 노관산 한간 등의 의서 간독 출토에 이은 또 하나의 중요한 중국고대 의학 관련 출토 문헌의 발견이다.

2) 文書

해혼후 한간 중 목독 66매는 공문서 목독으로, 이미 글자가 심하게 손상된 상태여서 대부분 판독하기가 어렵다. 내용은 奏牘, 議奏 등이다. 奏牘은 해혼후 유하와 그 부인이 황제와 황태후에게 올린 문서로, 宣帝 元康3년~5년(기원전 63년~61년)의 연호가 보인다. 내용은 朝獻·秋請·酎金 등의 일과 관련 있다. 議奏는 유하 본인과 관련된 議奏나 詔書인데, 목독의 파손이 심해서 내용이 분명하지 않다. 판독 가능한 글자로 '今賀淫', '天子少', '列土封', '乙巳死', '葬謹議' 등을 확인할 수 있는 정도이다.

3) 簽牌

해혼후 묘에서 나온 110매의 木楬 簽牌는 모두 머리가 반원형인 장방형이다. 반원형 부분은 검은색으로 칠하고 구멍을 하나 뚫어 놓았으며, 그 아래 '第一', '第二', '第三' 등의 서수를 표기했는데 가장 큰 편호는 '第百一十'이다. 이런 형태를 '楬'이라고 한다. 앞뒤 양면에 수장 기물의 명칭과 수량을 기록하고 있는데, 특히 衣物이 대부분이다.

해혼후 묘 출토 간독은 그중 『시경』, 『논어』, 『예기』, 『효경』 등 유가 경전 서적이 대량 포함되어 있어서, 한대 경학사에서 학파 간의 사승 관계나 경전 성립 등 전통 시대 이래 지금까지 논쟁이 지속되어 왔던 중요한 학술 사상사의 쟁점을 연구하는데 매우 귀중한 신자료의 출현이라고 할 수 있다. 또한 묘장 연대나 묘주의 신분이 명확하기 때문에, 전한 중기 소제~선제 연간의 사상·학술 및 황실 교육 등에 관해서도 문헌 사료의 부족함을 보완할 수 있는 의미 있는 실물 자료라고 할 수 있다. 아울러 대량의 해혼후묘 간독은 중국 고대 簡牘書冊에 대한 제작, 편철, 篇章, 표점 등 기초적인 연구에도 풍부한 자료를 제공해 준다. 또 한대 隸書를 비롯한 서법의 변화 발전 과정에 대해서도 전한 중기 무렵의 중요한 자료라고 할 수 있다.

2016년 발굴이 일단락되고 현재 간독의 보존, 복원, 정리 및 판독 작업이 계속 진행 중이기 때문에 아직 간독 전체의 전모를 확인하려면 좀 더 시간을 필요로 한다. 그럼에도 해혼후묘 한간 자료가 가지는 중요성은 학계의 많은 관심을 불러와 활발한 연구가 진행 중이어서 아래 일부 제시한 참고문헌 등을 이용하면 해혼후묘의 전반적인 발굴상황과 출토 간독의 개괄적인 이해는 어느 정도 가능하다. 특히 2020년 출판된 『海昏簡牘初論』은 그동안 해혼후묘 간독에 대해 발표된 각종 소개 문장과 연구 성과를 종합하면서, 해혼후묘의 발굴 상황·학술 가치·간독의 출토 상황 및 정리·보존과 해혼후묘 한간의 여러 전적에 대한 석문 및 분석, 그리고 일부 적외선 사진까지 수록하고 있다. 따라서 정식의 석문이 출간되기 전 해혼후묘 한간을 이해하는데 가장 기본적인 참고자료라고 할 수 있다.

4. 참고문헌

江西省文物考古研究院 等, 「南昌市西漢海昏侯墓」, 『考古』 2016-7.

劉慧中, 「南昌墎墩漢墓發掘紀實-揭祕西漢廢帝劉賀之墓」, 『大衆考古』 2016-7.

楊軍, 「西漢海昏侯劉賀墓出土-論語 知道簡初探」, 『文物』 2016-12.

王意樂, 「海昏侯劉賀墓出土的奏牘」, 『南方文物』 2017-1.

江西省文物考古研究院 等, 「江西南昌西漢海昏侯劉賀墓出土簡牘」, 『文物』 2018-11.

朱鳳瀚 主編, 『海昏簡牘初論』, 北京大學出版社, 2020.

편저자

윤재석　중국고대사 전공
尹在碩　현 경북대학교 사학과 교수, 인문학술원장 겸 인문한국플러스지원사업(HK+) 사업단장
　　　　中國社會科學院 簡帛研究中心 객원연구원, 河北師範大學 歷史文化學院 객원교수 겸 학술고문

논저　　『睡虎地秦墓竹簡譯註』(소명출판사, 2010)
　　　　「東アジア木簡記錄文化圈の研究」(『木簡研究』第43號, 2021), 「秦漢《日書》所見"序"和住宅及家庭結構再探」(『簡帛』
　　　　第8期, 2013), 「秦漢初의 戶籍制度」(『中國古中世史研究』第26輯, 2011), 韓國·中國·日本 出土 論語木簡의 비교 연
　　　　구(『東洋史學研究』第114輯, 2011), 「睡虎地秦簡日書所見'室'的結構與戰國末期秦的家族類型」(『中國史研究』第67期,
　　　　1995) 등

저자

김진우　중국고대사 전공
金珍佑　현 경북대학교 인문학술원 HK연구교수
　　　　중국사회과학원 역사연구소 방문학자, 고려대학교 사학과 BK21 연구교수, 한국국학진흥원 전임연구원 등 역임

논저　　『동아시아 고대 효의 탄생』(평사리, 2021), 『중국의 지역문명 만들기와 역사 고고학 자료 이용사례 분석』(공저, 동북
　　　　아역사재단, 2008) 등
　　　　「잊혀진 기억, 사라진 역사들, 그리고 각인된 하나의 역사」(『중국고중세사연구』59, 2021), 「중국 고대 도량형과 수량
　　　　사의 변화 과정」(『木簡과 文字』24, 2020), 「새로 나온 山東 靑島 土山屯 上計文書類 漢牘」(『木簡과 文字』23, 2019),
　　　　「진·한초 국가권력의 '田制'—新출토자료의 田律을 중심으로」(『중국고중세사연구』52, 2019), 「중국고대의 新출토자
　　　　료와 사마천 연구 - 『장가산한간』이년율령·사율을 중심으로 - 」(『史叢』97, 2019) 등

오준석　중국고대사 전공
吳峻錫　현 경북대학교 인문학술원 HK연구교수

논저　　「秦·漢代 중앙 행정문서의 하달체계 연구」(『동양사학연구』145, 2018), 「秦代 공문서의 분류와 서사형식」(『중국고중
　　　　세사연구』51, 2019), 「秦·漢初 촌락(里)의 조직과 통치방식 연구」(『중국고중세사연구』56, 2020), 「秦代 '以吏爲師'
　　　　와 '史'職의 위상」(『동양사학연구』152, 2020), 「秦代 '舍人'의 존재 형태와 인적 네트워크」(『중국고중세사연구』59,
　　　　2021) 등

다이웨이홍　중국고대사 전공
戴衛紅　현 中國社會科學院 古代史研究所 研究員 · 魏晉南北朝史研究室 主任
　　　　경북대학교 인문학술원 HK연구교수, 성균관대학교 동아시아학술원 방문학자, 中國魏晉南北朝史學會 秘書長, 中國
　　　　魏晉南北朝史學會 부회장 등 역임

논저　　『北魏考課制度研究』(中國社會科學出版社, 2010), 『韓國木簡研究』(廣西師範大學出版社, 2017) 및 40여 편의 논문 등

금재원　중국고대사 전공
琴載元　현 경북대학교 인문학술원 HK연구교수
　　　　중국 서북대학 역사학원 부교수 역임

논저　　「家傳하는 簡牘 문서 - 睡虎地秦簡 법률문서 성격의 재고」(『중국고중세사연구』60, 2021) 「前漢 시기 鴻溝 水系 교통
　　　　의 재건 - 梁楚 지역 郡國 변천을 중심으로」(『중국고중세사연구』56, 2020), 「里耶秦簡所見秦代縣吏的調動」(『西北大
　　　　學學報』(人文社會科學版)2020 - 1, 2020), 「秦漢帝國 수도 권역 변천의 하부구조 - 秦嶺과 黃河 교통망을 중심으로」
　　　　(『동양사학연구』149, 2019) 등